COLLECTION
L'IMAGINAIRE

Alexandre Vialatte

Les fruits du Congo

Gallimard

Alexandre Vialatte est né à Magnac-Laval, en Haute-Vienne, où son père était en garnison. Après des études secondaires au collège d'Ambert où un accident l'empêche de préparer Navale, il fait ses études de lettres, publie son premier roman, *Battling le ténébreux*, en 1928, en même temps que la première traduction française de *La métamorphose* de Kafka, dont il a découvert l'œuvre avant tout le monde et qu'il ne cessera plus de traduire (*Le procès* en 1933, *Le château* en 1938, jusqu'aux *Lettres à Milena* en 1956).

Tout en poursuivant ses traductions de l'allemand (Goethe, Thomas Mann, Nietzsche notamment), Alexandre Vialatte mène une activité de journaliste — il disait de ses fameuses chroniques à *La Montagne* qu'elles étaient d'un genre plus sérieux que le roman.

Après *Le fidèle berger* en 1942, témoignage sur la guerre, Alexandre Vialatte publiera *Les fruits du Congo* en 1951, son troisième et dernier roman, qui lui vaudra le prix Charles Veillon.

Il meurt à Paris, le 3 mai 1971, et sera enterré dans le caveau de famille à Ambert.

A Monsieur
CHARLES VEILLON
en témoignage de vive reconnaissance,
et à
PIERRE MAC ORLAN
avec mes fidèles enthousiasmes.

PREMIÈRE PARTIE

Les Iles

Sur l'Pont du Nord un bal y est donné.
(Chanson populaire.)

Quand on disait au docteur Peyrolles qu'il faut malgré tout une ceinture pour retenir un pantalon, il répondait que les sauvages n'en portent pas et ne souffrent jamais de varices. Et quand on lui reprochait de coiffer son neveu d'un melon, il répondait que le gibus est trop cérémonieux pour un enfant et que tout le monde juge le chapeau mou bien débraillé. Et il en concluait : « Que voulez-vous qu'on lui mette ? »

Lorsqu'il avait appris la mort de sa pauvre sœur, déjà veuve de M. Lamourette, chef de musique d'infanterie de ligne qui avait été tué en 1914, il se trouvait dans un chalet des Alpes. Miss Cavendish y peignait la Jungfrau sous son jour le plus symétrique, avec soleil couchant et premier plan de fleurettes. Il ne put arriver si vite que son neveu ne fût déjà là. Il le trouva comme un parapluie sous l'escalier du vestibule, ruisselant sur le couloir dallé.

Le docteur n'avait pas l'habitude des enfants et traita son neveu comme une maladie. Il en fit le tour (en levant les pieds à cause des flaques) et l'ausculta. Il lui trouva une excellente constitution. Il lui fit mettre des vêtements secs. Il l'embrassa, le dépouilla de toutes ceinture, bretelles et autres jarretières qui sont contraires à la circulation du sang, puis le regarda de pied en cap, à la distance où l'on juge d'un tableau, et se demanda ce qui manquait encore.

Le béret du petit, au portemanteau, s'égouttait sur le carrelage. Le docteur décida d'acheter une coiffure sèche. Il emmena le jeune homme chez Piéprat, le meilleur chapelier de la ville, dont le fils était un mort célèbre de l'aviation, et demanda « un chapeau sec pour un enfant ». On lui proposa un melon. Il dit : « C'est cela, mais un melon bien sec. Et prenez-le à la taille de son âge. » Fred sortit donc coiffé d'une « cape » du modèle le plus coûteux, qui était doublée de soie blanche et portait dans la coiffe une inscription dorée disant « best quality ». M. Piéprat avait assuré que c'était un modèle « très coiffant ».

Le neveu étant sec, le vestibule essuyé, le docteur ne sut plus que faire, Mariette, la vieille bonne de famille, trouva l'enfant un peu cérémonieux. Elle reprocha à son maître de lui avoir peut-être choisi une coiffure au-dessus de son âge.

— Ça l'avantage ! assura le docteur. On a toujours besoin d'une cape. Avec sa taille ce garçon-là peut porter n'importe quelle coiffure.

C'est pourquoi Frédéric fut voué au melon. Ce couvre-chef lui fit le plus grand honneur dans toute la classe de troisième. Il le porta d'abord honteusement, puis s'y habitua comme à une maladie chronique.

Quant au docteur, il écrivit immédiatement à Miss Cavendish, sur le dos d'une carte postale qui représentait l'Avenue de la Gare, pour lui expliquer que la vie présente des tournants impérieux dans lesquels on découvre parfois sous l'escalier du vestibule un neveu qu'il faudra garder sec toute la vie.

Cet homme brusque croyait en Dieu, et des touffes de poils gris lui sortaient des oreilles ; en un mot c'était un tendre.

Le résultat fut que Fred, qui n'avait pas de hanches, partit sur la route du bachot, coiffé comme un chef de rayon, en retenant son pantalon à pleine poignée.

*

A cette époque-là nous devions avoir seize ans, ou un peu plus ou un peu moins, et nous étions amoureux de la négresse, et Frédéric fut roi des Iles, du Labyrinthe, et du Moulin à Vent, et vous saurez comment se fit la chose, et comment elle se défit. Je vous dirai pourquoi elle se chanta dans le grenier des *Plaisirs de Corée* et sur les places des villages, tantôt à la lueur des lampes, et tantôt au soleil d'été. Et je sais bien que tous les journaux en ont parlé, mais c'est une méprisable erreur que de penser que leurs photos noires aient rien à voir avec notre aventure. Ils l'ont plumée comme une vieille poule pour la jeter dans leur marmite. Je vous la montrerai avec tout son plumage, vous verrez comme elle était belle quand elle faisait la roue en liberté dans les jardins éclatants du mois de juin.

Et ces choses se sont passées du temps de M. Panado, dont un proverbe du collège affirme qu'on peut être tranquille à la condition qu'on l'ait vu. Mais peut-être ce proverbe était-il téméraire, et Frédéric agit inconsidérément.

C'était pendant ce noir hiver où le satyre de Rieutort fit tant de ravages dans la contrée. L'aveugle des

Petites Ames chantait à ce sujet une complainte horrifique et le *Petit Départemental* vendait en édition spéciale en première page, un portrait du lubrique tout rongé par l'héliogravure : il était cravaté d'un petit nœud papillon pour garçon d'honneur de noces rustiques, coiffé d'un canotier de paille, armé d'une grosse moustache forme demi-touriste, et souriait comme un idiot de village. Il se cachait, disait-on, dans les bois de Rieutort.

Peu avant Noël, en décembre, un élève aperçut pendant l'étude du soir une lumière qui s'était allumée dans la tour du Moulin à Vent, à l'extrême pointe des Iles. Le club des « Plaisirs de Corée » décida à la majorité des voix que c'était le satyre de Rieutort qui avait allumé cette lumière.

Cet hiver-là s'enrichit donc non seulement de loups et de corbeaux, mais d'un satyre de complainte avec une suite au prochain numéro.

Un soir de janvier Frédéric me héla à la sortie de notre vieille école, le collège Parmentier-Maussert. On l'appelait Nick Carter à cause de sa silhouette de détective américain : il était long comme un jour sans pain, fibreux, osseux et cartilagineux, mais son grand nez aquilin lui donnait un profil de roi de France.

Il me dit : « Soldatss (car c'est ainsi qu'à cette époque nous nous appelions entre nous, par abréviation d'un slogan qui fut à la mode pendant un certain temps), soldatss, on dit que tu fais des vers. Tu nous feras une complainte sur le satyre du Moulin à Vent. » Et il partit.

Sa silhouette agile se détacha un instant sur la devanture du pharmacien dans le brouillard de la rue des Cordières, devant les ceintures orthopédiques et les jambes en cuir percé. Son profil au-dessus de son âge lui prêtait l'apparence d'un acteur égaré dans un rôle de collégien.

Fred jouissait d'un grand prestige. Il faisait des dessins dans le journal du collège. Il jouait de l'accordéon, gagnait les courses de bicyclette, et sa place au football était celle d'ailier droit parce qu'il courait vite et « shootait » mal du gauche. Comme il redoublait ses « math. élém. » il était censé préparer Saint-Cyr et ne portait jamais de serviette, mais seulement un ou deux livres à la main. Son couvre-chef lui donnait l'air trompeur d'un membre utile de la société. Il montait à cheval avec le lieutenant de gendarmerie et on le voyait parfois en bottes et en éperons. Le président du club des « Plaisirs de Corée » voulut même le condamner à aller dans cet équipage, monté sur la jument Timbale, demander à l'internat Sainte-Mathilde, de la part de M. Vantre, le principal de notre collège, pour le meilleur élève de physique, la main de la pensionnaire la plus forte en chimie. Cette scène devait se passer à la récréation de quatre heures sous les tilleuls qui embaumaient. Mais il y fut renoncé en faveur d'autres projets plus urgents, quoique moins grandioses.

Quant à moi, je restai devant le perron, flatté jusqu'aux moelles d'avoir été distingué dans la foule par Nick Carter qui fréquentait des artistes, et notamment Théo Gardi, le « violon tzigane » du Café Russe, orgueil de cet établissement.

Le vent soufflait aigrement, vaporisant de la pluie. Le réverbère clignotait déjà contre le mur sale. Il faisait palpiter des ombres sur l'affiche qui annonçait précisément Théo Gardi avec les « Papillons de la Côte », le fameux orchestre niçois. Sur le bas-relief, au-dessus de la porte, le tremblement de la lumière arrachait aux ténèbres les deux démons de la vieille muraille : d'un côté M. Parmentier, en uniforme de Penseur, c'est-à-dire nu (car la pensée est grecque, et les Grecs vivent nus au bord des piscines bleues), de l'autre M. Maussert, en costume d'architecte : trois tours de cravate, redingote et gibus. Tous deux ressemblaient étonnamment, affreux détail, à Robespierre. Cette œuvre était signée du sculpteur Cardonneau. Entre les deux hommes une balance. L'un déposait dans un plateau une pile de livres : la pensée ; l'autre, dans l'autre plateau, une maison : le collège. L'un fournissait le Dieu, l'autre donnait le Temple. On eût dit Adam et Guizot pesant du sel pour un client précis.

(Il m'en est resté dans l'idée que toutes les choses vraiment sérieuses ont été fondées par deux frères qui ressemblaient à Robespierre aux environs de 1847.)

Voilà, Messieurs, les fondateurs que nous avions ! Et nous avions aussi, Mesdames, une montagne derrière la ville et, devant, un fleuve avec des Iles, et des faubourgs qui sentaient la futaille, et des clochers avec des cloches qui sonnaient le soir d'une façon mélancolique, et la grosse tour Saint-Gilles où s'allumaient des lampes, et la passerelle des Petits Meuniers sous laquelle les eaux s'engouffraient en formant et en déformant des entonnoirs retentissants et des écumes de dentelle. La voûte qui perçait les maisons chantait au passage du flot noir comme un harmonica chimique, et quand on lâchait sur le gouffre le curieux chapeau de Frédéric en le tenant par le bout de l'élastique, les remous du vent étaient si forts qu'ils vous le renvoyaient au visage.

★

Notre Principal s'appelait M. Vantre, et nous le surnommions Buffalo. Il portait toute sa barbe et des lunettes en or. Il nous conseillait fortement pendant la traduction de Virgile d'exécuter « des choses grandes et magnifiques ». Car il faisait sa classe tout de suite après avoir bu de la chartreuse et trois autres liqueurs moins connues.

C'était une classe héroïque : elle commençait à une heure, comme pas une autre — ainsi en avait-il décidé, — à un moment où il n'avait jamais fini d'avaler la dernière bouchée du déjeuner, ce qui était une excuse excellente pour ne débuter que dans l'enthousiasme des alcools, vers une heure vingt, de sorte qu'il avait à la fois le bénéfice de la paresse et le prestige du sacrifice.

Sa première classe fut pour nous dire que nous étions là comme des frères, et que c'est « comme une huile qui vous coule sur la barbe » ; car il ne reculait devant aucune métaphore, et il en puisait dans la Bible. Il nous dit plus exactement, que le plaisir d'être entre frères ressemblait à « une huile précieuse qui s'égoutte de la tête sur la barbe d'Aaron et qui descend jusqu'au bord de ses vêtements ». En même temps, il caressait la sienne qui descendait jusqu'au bord de sa jaquette et qui était toute dorée de chartreuse. Nous trouvâmes la chose si belle que nous en fîmes un proverbe, et que l'écoulement de l'huile sur la barbe servit de mesure à toutes nos félicités.

M. Vantre n'était lui-même qu'huile sur la barbe. En second lieu, à propos de la Sibylle que nous venions de rencontrer au deuxième vers du chant de Virgile qu'il expliquait, il déclara qu'il était inutile de le raconter dans nos familles, mais que nous étions assez grands pour savoir à quoi nous en tenir sur ces mystères de la Pythie et les manigances de ses prêtres : qu'on échauffait cette demoiselle, pour lui donner le frisson sacré, en l'asseyant sur un trépied et allumant sous son derrière un feu d'herbes aphrodisiaques. Si bien que nous n'eûmes plus d'elle que la vision d'un poulet flambé.

M. Vantre était toujours pour ce qu'il y a de plus beau. Quand il traduisait *Quirites,* il s'écriait « Messieurs les Juges » en levant vers le ciel un doigt prémonitoire, et il aimait la chasse sur tout autre plaisir parce que c'est un sport grandiose. Nous étions d'ailleurs faits comme lui : comme lui, nous aimions les choses parce qu'elles sont belles et incroyables.

Cette chasse, il nous la décrivait telle qu'il l'avait vue passer dans son pays, « sur les rives de la Dordogne, dans ses immenses propriétés » (où sa femme, qui n'était alors que sa fiancée, se serait égarée sans le flair de son chien, sur le coup de quarante-cinq ans, bien qu'il l'eût appelée trois fois, comme Roland, avec une trompe de berger suisse). On ne savait plus, au bout de quelques minutes, dans quel pays avaient bien pu se dérouler ces chevauchées du moyen âge, ces fanfares, ces cris forcenés, tant ce récit lui donnait d'enthousiasme, tant il passait de bois et d'eaux, tant il ruait contre les bancs, tant il gonflait les joues pour souffler dans le cor. Il sautait les taillis, il découplait la meute, il rabattait les oreilles comme le lièvre, il suait par la langue comme le chien.

En avons-nous couru des cerfs, entre une heure et demie et deux heures, au collège Parmentier-Maussert ! Il nous est arrivé de forcer une antilope !...

Mais à la fin, quand il avait bu le sang de la biche, quand il l'avait lapé à grands coups de langue avide et en cherchait encore le goût sauvage dans sa moustache toute parfumée de chartreuse, il en devenait intransigeant. Il ne permettait plus à personne de savoir discerner mieux que lui, sur le plancher de la classe où il les dessinait du doigt, dans la poussière de la craie, les traces du dix-cors, celles du coq de bruyère, celles même, — Dieu me pardonne, — un jour qu'il avait mieux mangé, oui, je suis bien obligé de le dire, celles même du tigre royal.

Car il ne se sentait à l'aise que dans les rôles de satrape. Il nous décrivait le sérail et les confitures à la rose, les almées, les jets d'eau, les parfums d'Arabie ; il jetait au milieu de la classe son grand mouchoir de marchand de veaux à carreaux jaunes pour expliquer comment le sultan distingue la favorite du jour : « Alorsss, il jette à la plus belle son mouchoir de soie parfumé. »

Voilà quel était M. Vantre. Il vous menait de surprise en surprise, et avec lui jamais on n'avait vu le plus beau. Nous assistions à M. Vantre, et c'était comme une huile qui coulait sur nos barbes.

Il avait inventé, par illumination, la « philosophie schématique » qui ramène tout à la géométrie, et il s'en soulageait sur nous, privé qu'il était par le sort d'une vraie classe de philosophie. Il l'exposait au tableau noir ; la vérité était un cercle, la conscience était un triangle, le libre arbitre « une ellipse à deux foyers, je le prouve ». A partir de principes si simples on résolvait tous les problèmes par des intersections de figures. Il avait mis le jansénisme en équations, et il les effaçait si vite qu'on n'avait le temps de rien objecter. Il prouvait par l'éblouissement. C'est la méthode de la fusée volante.

Le jour où Dieu lui donna un fils, il arriva en classe de latin, les manches de sa jaquette retroussées jusqu'aux coudes, et ne nous entretint que du rut des baleines et des amours des éléphants.

A travers la porte vitrée, deux tilleuls jaunes servaient de témoins à ces carnages. Le ciel d'automne était bleu pâle comme un ruban d'enfant de Marie. L'été couvrait le vieux rempart de coquelicots en démence. Parfois, au bout de longues landes, les nuages déferlaient avec des remous blancs. Et au printemps l'écho de la rue Vouzène répétait les cris de chasse de la classe de latin, et les lilas sentaient trop bon, et nos poitrines de gymnastes faisaient sauter nos boutons de gilets.

Sordides splendeurs, folies, merveilles, littératures, réalités !... Les chats se battaient sur les gouttières avec des cris d'enfants qu'on assassine, le vent sifflait et criait avec eux ; les nez rouges dans des visages blancs avaient l'air de carottes emphatiques piquées dans des boules de neige, les vieux couloirs sentaient le chou, les internes tapaient aux portes de la cuisine et juraient de scalper la vieille bonne, et la vieille bonne parlait de renverser la marmite.

Mais je puis affirmer qu'aux pires jours de disette notre Principal, M. Vantre, sut toujours relever les courages abattus par la splendeur de hautes visions cynégétiques. Les assiettes purent être vides, il y eut toujours un cerf à courre « dans ses immenses propriétés »...

Et c'est pourquoi, voulant lui obéir pour « être grands et magnifiques », nous aimions la sombre négresse, les grands avaient fondé les « Plaisirs de Corée » et Frédéric fut roi « des Iles, du Labyrinthe et du Moulin à Vent ».

*

Ces Iles on les voyait à l'autre bout de la ville, du haut des remparts du collège, et il n'y eut jamais rien de si plat, de si nu, de si blanc, de si aveuglant, de si infécond, de si désolé, si ce n'est le fond d'une assiette du collège Parmentier. Mais la distance et notre bonne volonté se conjuguaient pour en tirer merveille, et c'est par elles que tout a commencé.

La première, dans notre jargon, était l'île de la Mâchoire, parce qu'un triste jeudi, perdus dans le vent glacé, nous avions trouvé sur le bord, dans le clapotement des eaux vertes, une mâchoire de bœuf ou d'âne, et c'était vraiment bien tout ce qu'on pouvait demander à un endroit si lamentable. Nous avions porté ce débris aux « Plaisirs de Corée », sur une plaquette en bois recouverte de velours rouge, avec une étiquette gommée : « Mâchoire de Poète breton du XXe siècle (Finistère). Mammifères européens. »

Mais ce n'est pas dans l'île de la Mâchoire que la lumière s'est allumée. C'est dans la troisième île, celle du Moulin à Vent. Et la lumière vint trois fois dans la tour. Nous l'y vîmes une fois nous-mêmes ; pour les autres nous en crûmes les bruits.

Le Moulin à Vent n'avait plus de toit : une tour en ruine avec une aile cassée. Qui pouvait venir dans ce Moulin des Iles ?... Le satyre de Rieutort ?... Quel que fût l'occupant, c'était l'usurpateur. Car les Iles étaient à nous, par affinité élective. En été, nous venions parfois avant la classe pour les voir sortir petit à petit de la grosse chenille de brouillard qui marquait au loin le cours du fleuve. Quand la tour du moulin émergeait de ce coton, c'était une émotion profonde. Nous rêvions d'elles, juchés sur le rempart, à la récréation de quatre heures, une main sur les yeux à cause du miroitement. Elles nous parlaient. Il n'y avait que nous pour les entendre, mais c'était un secret prodigieux. Que fut-ce quand la tour s'alluma ? Nous éprouvâmes la même impression qu'un auteur qui trouve dans le livre d'un autre une pensée qu'il ne croyait qu'à lui ! On nous frustrait de notre création la plus secrète, mais ce bien lyrique, en le volant, on lui donnait valeur réelle et cote en Bourse.

Nulle personne sensée, de mémoire de riverain, n'avait jamais conçu l'idée fausse d'aller chercher quoi que ce fût dans ces Iles. C'était la chose la plus vraiment inutilisable du monde, une rêverie stérile du soleil sur les sables, une réverbération sans but. Elles se suivaient comme des ossements blanchis sur la route des caravanes. On ne pouvait y accéder qu'à la nage, ou en faisant des kilomètres par l'autre rive. Un bac, parfois, facilitait le passage, on se demande pour quel parieur désespéré.

Pour être franc, il y avait eu une brève époque où le collège et l'Ecole Supérieure s'étaient disputé ces Libyes comme deux chiens peuvent se disputer un os sans moelle. Lamourette y avait fait merveille, grâce à deux dictionnaires Riemann qui lui avaient servi de masse d'armes. Mais il faut avouer que, même alors, l'Ecole Supérieure était déjà blasée sur les plaisirs que pouvait procurer l'immatérielle possession de ces bagnes ensoleillés, et que le collège ne tarda pas, une fois vainqueur, à se rendre compte de la parfaite chimère de régner sur ces désolations. En tout cas, à l'époque où la lampe s'alluma, personne ne voulait plus des Iles.

Seuls Fred et moi persistions à errer dans leurs aridités humides ou brûlantes comme sur la piste des choses « Grandes et Magnifiques ». Et il fallait l'inquiet génie qui nous portait à chercher en tous lieux, comme des chiens dans un taillis, l'impalpable trace du grandiose ou le remugle du Grand Songe, pour nous lancer sur ces pistes stériles. C'était avec des frissons de setter que nous errions parmi ces buissons désolés, ces herbes pâles dont nous mâchions les feuilles pour en extraire un philtre amer. Ces sables nous donnaient la fièvre. Nous délirions dans leur soleil comme le chat dans la valériane.

Car déjà nous aimions le désert pour lui-même. Déjà Psichari et Lyautey, la sécheresse du fortin, le lyrisme des dunes, nous grisaient derrière nos pupitres sous les lampes de l'étude du soir. Nous aimions le Sahara et l'Extrême-Orient, tout ce qui est lointain, brûlant et inutilisable. Nous aurions aimé l'île du Diable : nous ne pouvions plaindre Dreyfus.

*

Tristes jeudis, ciels de janvier, sombres dimanches !... Nous avons fouillé toutes les Iles pour y trouver le secret du Moulin. Nous n'y avons appris que les Iles mêmes. Un soir pourtant, nous y trouvâmes les cendres d'un feu encore chaud.

Des bruits couraient. Forcefil raconta qu'une nuit, en revenant du cinéma avec sa tante qui le faisait sortir le dimanche, il avait vu passer sur l'eau une barque ornée d'une lanterne vénitienne, et qu'une jolie fille y chantait à pleine voix une chanson assez bizarre qui parlait du fleuve. Forcefil, fortement nourri de tout ce qui se mange, n'était pourtant pas un rêveur. D'ailleurs Potter et Pechmarty affirmaient qu'à la nuit, le jeudi et le dimanche, vers sept heures, on entendait monter des chants qui venaient du milieu du courant, et que d'autres fois des rames clapotaient dans le silence et qu'il y avait dans les roseaux une sorte d'agitation. Les chanteurs revenaient souvent dans ces histoires, avec des voix de soprani. Elles parlaient aussi d'un contralto de femme, un contralto extrêmement étendu, qui faisait peur tant il montait haut.

Le petit Bonheur, le fils de M. Bonheur qui tenait les « Plaisirs de Corée », nous dit qu'un jour il avait vu sur la table moisie du moulin la bourse bleue brodée d'argent que nous avions admirée si souvent chez l'antiquaire de la rue des Ferronniers (à côté du nègre automate qui joue de la flûte en gilet vert). Il avait regardé partout pour voir qui avait posé cette bourse, il avait même battu tous les buissons et quand il était revenu, il n'avait plus trouvé l'objet. Je ne le taxerai pas de rêverie, il nous advint une aussi folle histoire : nous vîmes un jour des pas qui menaient au moulin, qui allaient jusqu'au seuil de la porte, et qui ne revenaient nulle part. Nous fouillâmes tout, mais nous ne pûmes trouver personne. Il ne nous vint pas à l'idée que l'homme avait pu revenir en marchant sur les herbes. Ou plutôt le besoin que nous avions de merveilleux nous fit repousser une hypothèse aussi banale.

Le club des « Plaisirs de Corée » décida provisoirement de reconnaître en ces aventures des tours de M. Panado, un personnage à qui nous avions décidé d'attribuer dans la vie du collège la personnelle responsabilité de tous les mystères inquiétants ; on allait jusqu'à en créer pour épaissir sa geste et sa légende. Le coup de la bourse et celui des empreintes portaient la signature de M. Panado ; leurs énigmes et leurs menaces avaient le ton de dérision poétique et de loufoquerie inspirée qui était le trait même du personnage. C'était dans les buissons des Iles qu'il cachait certainement son ventre de notaire, sa chaîne de montre et ses yeux globuleux qui regardaient dans le vide avec indifférence.

Mais nous eûmes beau fouiller, nous ne trouvâmes que le vent, le rhumatisme, et ce poison que distillaient les roseaux.

*

Il faut avoir goûté les soirs désespérés dont on pouvait jouir dans ces tristes Hollandes pour en comprendre les attraits. Le ciel ou le nuage y tenaient toute la place. Ils commençaient à hauteur d'homme. Rien n'existait plus là que par rapport à eux. Sombres plaisirs du mois de janvier ! On vivait dans ce Zuiderzée au ras du flot, les mains violettes, dans une rumeur de coquillage, sur le balcon d'un monde à l'envers qui remontait du fond des eaux, fragile, précieux, immatériel, énigmatique, tremblant et déchiré comme sur un vieux film.

Dora, te souviens-tu de ces choses ? Te souviens-tu des soirs dorés comme des icônes qui figeaient le ciel autour des clochers des églises et faisaient clapoter sur l'eau l'ombre chinoise de toute la ville dans une laque de gelée de coing ? de ces crépuscules déchirants du faubourg qui pouvaient promettre tant de choses ? C'était le royaume du bonheur qu'on attend et qui ne viendra pas. Et le secret génie des Iles n'était jamais plus fort ni plus aigu qu'au crépuscule, quand le soleil s'en allait comme un dernier espoir, salué parfois par le clairon lointain de la Société de Gymnastique.

Nous revenions par les barrières, la tour Saint-Gilles, l'impasse des Trois-Voleurs. Baudelaire y rôdait dans l'ombre, Shakespeare s'y sentait comme chez lui. « Je me souviens, dit-il dans *le Roi Jean,* je me souviens que quand j'étais en France les jeunes gens s'y montraient tristes comme la nuit pour le seul plaisir de la chose. » Nous cultivions ces tristesses du roi Jean. Dans les faubourgs et dans les Iles nous connûmes cent façons d'être mélancoliques, cent façons d'être heureux par la mélancolie, cent contre-façons de l'amertume. Et, privés de malheurs illustres, nous les demandions à la chanson de l'aveugle.

Elle donnait le ton à l'énigme des Iles et aux tours de M. Panado.

*

L'aveugle était le roi du faubourg. Sa chanson faisait partie de la rumeur des Iles.

Car le faubourg s'ajoutait esthétiquement à elles

comme la Corse à la carte de France. Il en formait le prolongement sentimental. Son frisson complétait la fièvre de l'archipel. Nous y passions pour prolonger le vertige.

Par vent propice on entendait ses noirs refrains, où culminait le génie du fleuve, comme un bruit mélangé au fond d'un coquillage aux voix du flot et des peuples frontières. Le vieil aveugle était le barde de cette limite, le génie barbu de cette marge inspirée qui séparait la ville du fleuve et de ses prestiges, l'administrateur du Grand Seuil.

Nous avions fait de cet homme énigmatique le concierge du Grand Secret. Et vous ne comprendrez jamais notre aventure si vous ne sentez pas cet homme, si vous ne l'aimez pas, s'il ne vous fait pas peur.

Nous l'appelions M. Panado, du nom de ce personnage mythique qui commençait à prendre corps dans la cour du collège au moment où le jour et les lampes se combattent. M. Panado eut par la suite une importance considérable dans nos vies. Produit inquiétant de la pénombre, il était issu du faux jour, de rumeurs vagues, de souvenirs confus et de nécessités poétiques catalysées par une gravure anglaise. C'était le lézard mou né dans les alluvions d'une subconscience collective qui se cherchait en tâtonnant. Sa silhouette inconsistante et sa fibre gélatineuse faisaient de lui le plus maléfique têtard de notre mare la plus morte, un personnage si inquiétant, dès cette époque embryonnaire, que nous avions dû inventer un slogan, et un slogan que nous savions menteur, afin de nous rassurer nous-mêmes à son égard. « Heureusement, disions-nous à voix basse, que nous avons vu M. Panado » ; et le rite obligeait à répondre : « Et que nous pouvons être tranquilles de ce côté-là. »

Ce n'était pas vrai. Jamais personne ne pourra être tranquille du côté de M. Panado. Et il sera toujours possible, en tous lieux et à tout moment, qu'il intervienne dans nos destins comme le boucher de Hambourg. Un monstre mou, un mucilage à tentacules. Aussi, vaut-il bien mieux se faire croire qu'on l'a vu. Et c'est pourquoi nous l'incarnions provisoirement dans le vieil aveugle.

Quand il ne chantait pas au carrefour de l'impasse et de la rue des Nonnains-Saint-Gilles nous cherchions du moins à le voir derrière le petit rideau rouge du débit de la « Femme Sauvage ». Nous partions vaguement rassurés quand nous avions entrevu dans un coin, au-dessus d'un verre de vin violet posé sur une table poisseuse, le halo de sa calvitie qui blanchoyait comme une espèce d'hostie infâme au-dessus d'un calice de sorcier, car ce fond de bistro voûté sentait vaguement le couteau sanglant et la messe noire.

Dora, Dora, te souviens-tu de cet homme si digne dans sa jaquette aux reflets marron ? Te souviens-tu de cet homme si vraiment solennel auquel nous prêtions le pouvoir de détenir la clef des choses et même celle du Moulin à Vent ? Il avait une grande barbe blanche et portait la tête en arrière, se rengorgeant, lorsqu'il chantait, comme un pigeon, un gros pigeon à lunettes vertes. Ses cheveux blancs bouclaient autour de la peau de son crâne quand il posait son melon à terre en gémissant. Il avait l'air d'un roi de mélodrame, un vieux roi qui a eu tant de malheurs qu'il a rouillé sa couronne de ses larmes… Dora, Dora, te souviens-tu du vieux roi Lear et de son orgue de Barbarie ? Le monde passait dans sa chanson mélancolique.

« L'Homme aux Folies », c'était le plus beau ! L'Homme aux Folies, l'aviateur de la mort ! Que les reflets du soleil étaient rouges quand l'avion de l'Homme aux Folies venait promener sur le couchant groseille le paraphe de la mort subite !... Et quand l'Hirondelle s'affaissait sous le couteau du voyou de la barrière !... Voilà la vie et ses tristes méprises !... Voilà son ardente aventure ! Le vieil aveugle la savait toute et la chantait en voix de poitrine. Et sa chanson tremblait dans le soir comme une guenille au vent qui passe entre la tour Saint-Gilles et la ruelle des Trois Voleurs.

★

Le bac arrivait dans la nuit, telle une barque de l'autre monde, avec sa lanterne fumeuse. Et quand sa cloche se mettait à sonner, — pareille à celle du pont du Nord dans la chanson, — cette cloche qui ne permet pas d'attendre, il fallait se dépêcher de partir, et on ne pouvait s'y décider parce qu'il semblait qu'on laissât l'essentiel, qu'on abandonnât tout dans ce sable infertile.

Quels bonheurs on pouvait s'inventer dans les Iles !...

Depuis, nous avons voyagé, nous ne sommes jamais allés plus loin qu'à cette époque : à la tour du Moulin à Vent.

Qu'elle était belle, quand tes chanteurs chantaient, quand tes petits bateliers ramaient, quand tes petits cuisiniers soufflaient sur les feux de bois, le long du fleuve, en turbans à rayures. Alors nous chantions la chanson des *Patriotes de l'Archipel* et le refrain chinois des « Plaisirs de Corée ». Rien n'égalait notre jeunesse.

Et quelquefois on entendait un coup de fusil. C'était le Principal du collège qui venait de tirer un corbeau pour la soupe des pensionnaires. On assure qu'il le jetait encore vivant, avec ses plumes, dans une marmite immense qui chauffait toujours sur le fourneau. Il y précipitait aussi les croûtons de pain qu'il ramassait dans les couloirs, et jusqu'aux restants de pharmacie, au grand scandale de la vieille bonne. Et quand le corbeau était bien digéré dans les abîmes du chaudron, M. Vantre soulevait le couvercle et regardait monter du fond de cet alambic un œil d'or qui s'ouvrait dans la nuit de la marmite sur toute la surface du potage.

Il y avait un élève atteint de diabète graisseux, qui « forcissait » malgré ce bouillon. M. Vantre profitait de toutes les occasions pour lui donner à faire des commissions en ville, et quand il recevait les parents d'un élève, il s'arrangeait toujours pour lui demander de venir. C'était Forcefil, de troisième, et quand il mourut, en juillet, le Principal fit déposer sur son tombeau une couronne en faïence jaune de format « mignonnette » (de la série *Pro Patria* dans le tarif des Pompes Funèbres) qui le regrettait personnellement.

Les légendes du collège se fabriquaient surtout, ou se perfectionnaient, aux « Plaisirs de Corée » ; mais on les ourdissait aussi dans la salle de gymnastique, entre conspirateurs, dans la sciure (nous avions une fausse clef de l'endroit), ou encore dans la salle des malles, et plus généralement dans tous les coins discrets où un jour faux favorise le mystère, permet de lyncher un délateur, de vitrioler le derrière du chien du Principal ou d'uriner dans un flacon d'acide pour décevoir le professeur de chimie. Car nous avions des vengeurs, des voyous, des poètes, et toutes sortes de techniciens de la rancune ou du grandiose. Mille spécialités. Elles avaient leur folklore. Frédéric n'était pas le dernier à ajouter des fleurs à ce bouquet.

Mais depuis quelque temps il délaissait le vélo et les réunions des Sachems sous la planche à tractions de la salle de gymnastique pour pouvoir rôder dans les Iles. Il allait à sa malaria. Et, comme le chien rapporte une pierre pour obéir à un ordre de l'homme, il en rapportait dans sa gueule, pour obéir à des dieux impérieux, des croquis : le Moulin à Vent, les vieux cafés de la berge ou les roulottes des vanniers, et d'étranges trésors sans nom, des fétiches de clochards : une racine d'arbuste aux formes surprenantes, un reste de papier peint de la chambre du meunier. Il les gardait dans une boîte particulière, avec un chausson de danseuse, héritage de Lily Bürstner qui avait joué un rôle important dans l'existence de son grand-oncle Emmanuel, le musicien et le maudit de la famille, celui que Wagner avait encouragé dans une carte postale mémorable (« ... vos clarinettes sont des velours verts... ») et qui était mort à Budapest, à l'hôpital, laissant pour héritage un lot de factures d'hôtel de Bruxelles, de Rome et de Vienne. Ce chausson c'était de la gloire et de la défaite, c'était de l'Europe. Ça allait avec la racine, et ça ne pouvait servir à rien. Mais c'étaient des jalons. Sur la piste de quoi ? Sur la Grande, à coup sûr. Il y tenait plus qu'à son succès aux examens. Peut-être à force de chercher trouverait-il ce qu'il fallait trouver... Car dès qu'on était dans les Iles, on sentait bien qu'il y a quelque chose à trouver.

Dans les Iles ou les Maisons Mortes. Les Iles

n'auraient pas eu le quart de leurs attraits désespérés sans la berge qui leur faisait face du côté ville et qui prolongeait le faubourg, à son entrée dans la plate campagne, par une série de coins lépreux, de maisons ruineuses et de cafés désaffectés qui avaient été roses ou lie-de-vin. On voyait leurs jardins descendre jusqu'au fleuve avec un pampre sur la porte, un jeu de grenouille sous un hangar. Des tables se rouillaient parmi des tonneaux vides. Une balançoire pourrissait dans un tilleul. C'était le royaume abandonné de cette Velléda de Verlaine, « dont le plâtre s'écaille au bout de l'avenue ». Un tambour égaré traînait dans la rhubarbe sous un lilas envahi d'escargots, et dans le squelette d'un arbre, sur une terrasse au bord de l'eau, pendait encore une carcasse de lanterne vénitienne.

Après ça il n'y avait plus rien, sauf, un peu plus loin sur la route, une maison haute et mince qui était comme aplatie, sans épaisseur, fantomatique à force de banalité. On l'appelait la maison du Grand Tournant. Mais elle était hors du rayon de nos terrains de chasse. Le pays de tout le monde recommençait à cet endroit.

Au bout du compte, c'était lui-même que Frédéric venait chercher au bord du fleuve. Il y fouillait sans se lasser, comme le chien dans une poubelle, et dessinait à tour de bras.

Ce qu'il voulait trouver, n'était-ce pas seulement ce qu'on met de plus dans un dessin que ce qu'il y avait dans le modèle ? C'était lui qui avait inventé, sur de grandes feuilles de papier bleuté, l'âme du quai interminable et vide ; le mystère de l'enseigne banale de la fabrique de meubles Cardonneau dans le ciel, à sept heures, en été ; la maison plate du Grand Tournant, et cette dame seule qui passe sur la berge, en plein soleil, l'après-midi, anonyme comme un banc de square, le cou entouré d'un boa, mais pareille, on ne savait pourquoi, à l'Epouvante.

Et ce fut avec ça qu'il remplit son attente. Et tant il attendit qu'il fit venir Dora.

C'était au mois de février. Le soleil tombait à l'horizon comme une boule de feu sur la plaine. Et le vide, le froid, le vent aigre nous tourmentaient dans les déserts de l'Ile. Nous y passâmes la journée du carnaval sans voir personne.

Elle n'arriva que le jeudi suivant.

*

La journée avait commencé par une matinée noire et toutes les rues étaient désertes. Seuls des enfants couronnés d'or apparaissaient furtivement, masqués de barbes en coton, devant les portes, et trébuchaient sur le verglas. Ce fut ce jour-là que je connus Théo Gardi.

Au début de l'après-midi, j'étais allé prendre Frédéric chez son oncle à la villa des Buis. C'était une villa vaguement Louis XIII, au bout d'une allée de graviers qui vous amenait jusqu'au perron. Une carcasse de parapluie traînait dans une grande jarre verte. Une girouette rouillée, au-dessus du toit d'ardoises, représentait un astronome regardant les étoiles au moyen d'une longue-vue.

Frédéric habitait le grenier. Non qu'il n'eût au premier une chambre confortable, mais les greniers sont l'antre du génie. Le rez-de-chaussée était occupé par un peuple de Romains de bronze, juchés sur des pendules dans toutes les positions, et par le grand portrait du père de Lamourette, qui ressemblait à un bœuf empaillé (il était mort machinalement pendant la guerre de 1914 en écrasant un buisson dans sa chute, laissant en héritage à Fred la *Mazurka des Libellules* qu'on avait trouvée dans sa poche, fraîchement composée au dernier cantonnement, et que le 2e génie joue encore à Versailles). Le docteur avait fait un Romain de bronze de plus, un bas-relief éducatif, de ce grand ruminant inquiet de danses d'insectes. Il l'enrichissait constamment d'intentions et de traits antiques : il fallait que Frédéric fût élevé virilement... Il vivait dans le trépas de son père comme dans une étable où vole un papillon.

Le club siégeait à l'autre bout de la ville dans les greniers de l'épicerie Bonheur, qui avait pour enseigne « Aux Plaisirs de Corée ». Et tout n'était à l'intérieur que miroirs, laque rouge et pénombre chinoise ; tout y baignait dans un mystère de miel et d'or, confit dans une odeur d'épices. M. Bonheur y présidait d'un air lointain. Il portait un lorgnon attaché à l'oreille par une de ces chaînettes dont les opticiens faisaient cadeau parce que, s'accrochant partout, elles assurent prématurément la fin des instruments d'optique. On comprenait difficilement que cet homme si vraiment sérieux logeât dans ses greniers, au cœur de ses marchandises, dans le tabernacle même de sa raison sociale, notre horde de frénétiques, comme des rats dans un fromage d'Edam. Nous étions le mauvais songe de cette maison bien tenue. Nous y trônions comme le sabbat dans une tête de mauvais moine. Mais M. Bonheur était taciturne et distrait. Qui saurait dire ce qui se cache d'extravagance foncière sous le chapeau d'un vieux gentleman ?... — Et puis, si le « club » était l'extravagance, ce chaos portait l'étiquette d'une marchandise honorable, il présentait la fantaisie sous une forme domestiquée. Il s'appelait Club, bref il était social.

Or M. Bonheur était éperdument pour tout ce qui est société et pour tout ce qui se préside, depuis le tribunal de commerce jusqu'aux sociétés de gymnastique, de musique, de philatélie, d' « originaires » ou d'amis des cardiaques. Il avait leurs drapeaux dans une petite pièce qui prenait jour sur un couloir. De temps en temps il allait y rêver, rajustait son lorgnon, toisait leur perspective. C'était son vice, il les soignait comme des enfants, brossait leurs soies, secouait leurs franges et les glissait avec des mains de nourrice dans leurs langes de papier mousseline et leurs maillots de toile cirée. Le drapeau du club n'était pas le moins beau, et quand on le retrouvait le 14 juillet entre les mains de la statue de M. Petermaës, dans le ciel d'été, c'était une réclame magnifique ! Et d'ailleurs Fred eût à lui seul, par son melon d'administrateur et son nez de directeur de grande firme, rassuré tout le Bottin français. M. Bonheur lui accordait de la considération. Ils se parlaient au comptoir, entre adultes, se prenaient par le bouton du gilet, baissaient la voix, levaient l'index et déploraient les malheurs de la France.

Voilà pourquoi M. Bonheur traitait notre troupeau de Sioux comme une espèce de firme respectable. Il entrait quelquefois dans notre pandémonium pour écouter la fable express, respectueusement, le menton levé, après avoir essuyé son lorgnon, et partait sur la pointe des pieds en hochant flatteusement la tête. Je crois — Dieu me pardonne — qu'il avait l'impression d'assister à un grand moment de la civilisation française. Il lui arriva de traiter d'une façon extrêmement ferme et directement humiliante un commissaire de police qui voulait troubler nos ébats.

Le plus sage d'entre nous était le petit Bonheur qui était toujours brossé et repassé par sa mère comme un costume de première communion. Elle le menait en gants blancs aux exercices du mois de Marie, ce qui le gênait aux yeux de Balèze, dont le frère, cuisinier à Biarritz, était tatoué par un artiste. Le petit Bonheur rougissait de ses gants blancs, de sa culotte courte et de sa politesse. Il cumulait à lui seul dans la bande trois des spécialités scolaires, celles d'être le plus petit, le plus jeune, et celui qui a une tête de Chinois (elle lui venait d'une grand-mère auvergnate). Cette tête l'assortissait au ton du magasin (où tout n'était que magots, thé de Ceylan, et Empire du Soleil Levant) et à la nuance du Club, où régnait une démence chinoise dans les esprits, le décor et tous les leitmotive. *Iu-Kiao-Li* était un de nos aliments de base. Ce bréviaire nous dictait nos maximes. Sa poésie nous enchantait, la loufoquerie qui résultait de son exotisme intraduisible nous ravissait comme l'huile sur la barbe d'Aaron. Nous savions remercier poliment, en disant à notre bienfaiteur : « Vous êtes mon père et ma mère, et je ferai certainement ces choses dans l'intérêt de la courge et de la plante Ko ». Il était convenu que M. Vantre était « un cheval qui fait mille li en un jour », ce qui disait la promptitude de ses esprits ; qu'il « avait vu le cheval de bronze », c'est-à-dire qu'il valait un académicien ; qu'en un mot « c'était un grand Kong », autrement dit « un homme d'Etat du premier ordre ». Ainsi parlions-nous en chinois. Le collège était la « Maison de la Fumée », et le Club le « Pavillon de la Plante du Songe ». Et nous savions nommer aussi les « Fleurs des Roseaux de la Lune ». Quant à M. Vantre, il était évident qu'il avait « avalé la rivière de l'Ouest ».

Ce style chinois se retrouvait à l'entrée du grenier qui avait été traité en porte de pagode au moyen de papiers d'argent tirés des paquets de chocolat et de dragons peints au minium. Deux mannequins de cire montaient la garde ; c'étaient Parmentier et Maussert : l'un portait une casquette de livreur, sur laquelle nous avions écrit « parricide » en lettres de cuivre, l'autre s'intitulait « père de famille breton ». Car nous étions pour les décorations chinoises et les zoologies bretonnes et la paléontologie de l'époque contemporaine. Tout devait concourir, aux « Plaisirs de Corée », à la création mirifique du style breton dans l'atmosphère chinoise : c'était un article des statuts. Le nom des gens devait se doubler du mot breton. Si on se trompait on donnait un gage...

Le professeur de philosophie nous avait expliqué que notre intention profonde avait été de mettre aux portes du grenier, dans le parricide et le père de famille, le génie créateur de la nature et son génie de la destruction. Il avait même expliqué ça par Freud, et nous avait donné une grande idée de la chose. Il nous avait fait bien de l'honneur. Une pancarte annonçait que l'entrée était gratuite pour tous les condamnés à mort et les nègres des communes rurales.

Les murs portaient des inscriptions : « Menteurs, soyez précis », « N'abusez pas de vos torts », « Si vous ne vous sentez pas bien, faites-vous sentir par un autre ». Une pancarte qui disait : « Faites des choses grandes et magnifiques » était clouée à la place d'honneur au-dessus d'un agrandissement photographique qui représentait, selon la légende, « M. Vantre tuant un corbeau pour la soupe des pensionnaires ». Sa canne-fusil était de la marque Buffalo ; elle venait de la Manufacture de Saint-Etienne. Il se cachait derrière le gros tilleul, et la rhubarbe lui montait jusqu'aux oreilles. A côté de lui, sur le même mur, on pouvait voir un « autographe de Verlaine », don de M. Joseph Vingtrinier, et le dressoir intitulé « Musée breton » dans lequel on apercevait notre « mâchoire de poète du Finistère du XXe siècle européen ».

Une lanterne de mineur pendait à une poutre basse, au milieu d'un cirque de sacs sur lesquels se vautrait le public. Elle éclairait des verres fumants de punch sur des barils qui servaient de tables. L'atmosphère était étouffante, elle sentait le pétrole, le café vert et le vin chaud.

Le président s'appelait Désormeau ; il étudiait le droit à Paris. Il y avait Balèze (le tatoué), Potter, le fils du minotier (qui était trop grand, trop riche, trop long dans ses leggings), Lévy que nous surnommions Pantoufle, dont le père tenait « Tout pour le Faux Col », Poulmarie le fils du photographe, — celui qui avait « agrandi » M. Vantre, — le petit Bonheur, honteux de ses mollets nus, le trop grand, le trop petit, le trop gros, le trop maigre, et celui qui souffre de furoncles, et celui qui a une tête de fin de race. Le rôle du gnome était tenu par Brévier, qui était un peu cagneux, assez nettement bossu, avec des membres filiformes. On lui aurait donné douze ans à voir son corps, et vingt-cinq à regarder sa tête : il en avait dix-huit, et il était le premier en gymnastique de tous les « seconde ». Il portait la poitrine en pointe comme les poulets, ce qui rejetait sa tête en arrière et rendait son air prétentieux. Il n'était que faux col, cravate et gomina, mais il avait gardé ses bas et sa petite culotte de boy-scout sous une pelisse de millionnaire.

*

Son chapeau jaune d'éclaireur était jeté sur une mandoline qui aidait un biniou et un accordéon à joncher un baril d'olives. Son père était marchand de primeurs dans la rue des Nonnains-Saint-Gilles. Aussi exhalait-il une odeur de cerfeuil ; il portait une énorme fleur à son veston et fumait un cigare coûteux. Des masques pendaient aux solives. Une lanterne vénitienne éclairait le coin du piano.

Quand nous entrâmes, on répétait un air de jazz, *les Grillons se frictionnent en Haute-Savoie,* œuvre musicale de Potter, paroles de Maxime Lévy, et le poète criait à la cabale, parce que la musique, disait-il, étouffait le texte, qui se composait — mais avec quelles nuances ! — des paroles « crrrac » et « brrrou », réparties en trois strophes, dont une muette (pour la pause des grillons).

Ce texte devait évoquer, en même temps que la friction et l'élytre, la haute montagne et le coucher du soleil. Or, Lévy prétendait à tort ou à raison que le mi bémol de la seconde mesure empêchait de voir coucher le soleil.

Notre entrée fit cesser le vacarme. Brévier frappa un coup de mailloche sur le tub en zinc. Tout le monde poussa le cri chinois. On se dressa comme un seul homme.

— Soldatss, dit Nick, en levant l'index...

— Du haut de ces pyramidesses..., fit toute la salle au garde-à-vous...

— Quarante siècless vous contemplonth.

C'était, comme je l'ai dit, le slogan de cette époque.

Sur quoi on expédia les affaires courantes : la bibliothèque contenait déjà deux livres de paranoïaques et le catalogue de la Manufacture des Armes et Cycles de Saint-Etienne. On décida de l'enrichir d'un indicateur Chaix de l'an 1903 trouvé dans le grenier de Poulmarie.

Il fut également statué que l'élève Baffeyre serait puni pour avoir eu jusqu'à un douze à la composition d'histoire : c'était un succès trop voyant. Il devrait passer deux heures à cheval sur les épaules du buste de M. Petermaës. L'élève Baffeyre était une création du club, une pure fiction comme M. Panado. On l'avait fait entrer au collège, en novembre, en troisième A, en portant son nom sur les registres. Il remettait parfois un devoir, et, comme on le voit, il venait de se classer quatrième à la composition d'histoire, mais, à force d'oreillons, de rougeoles et de circonstances particulières, il n'était jamais venu en classe. Le professeur de physique s'intéressait à lui, mais d'autres l'avaient pris en grippe et le punissaient pour absence. Jamais élève n'avait tant existé. On le menaçait du conseil de discipline. Les plus patients voulaient le mener jusqu'au bachot. On ne pouvait plus le faire disparaître. Quand une force est lancée dans le monde on ne sait jamais ce qui en sortira. Son père même n'est plus maître d'elle. L'homme est mangé par les enfants de son esprit.

On en parlait encore quand apparut Théo, Théo Gardi, le « violon tzigane » du Café Russe. Il portait un smoking sous un raglan de voyage. Son col était douteux, ses façons surprenantes. Il assurait : « J'ai mangé de l'homme, ça a le goût de chèvre », pour bien montrer qu'il ne s'étonnait de rien. Tant de flegme nous en imposait. Il avait le « pouce du lama » : des moines du Thibet étaient tombés à genoux en le voyant lever sa main droite. C'était du moins ce qu'il affirmait.

On ne savait s'il était Roumain, Polonais, Italien, Hongrois, Tchèque, ou Slovène : on pouvait le dire Breton-Chinois, c'était le membre idéal des « Plaisirs de Corée ».

Peut-être, comme il le disait, était-il le fils naturel d'un compositeur remarquable, peut-être aussi d'un organiste de village, et il avait dû faire des études à Paris et être régisseur de théâtre on ne sait où, dans les Carpathes ou sur la Sprée. Ce qu'il y a de certain, c'est que pendant tout un hiver, il avait tenu les écritures chez M. Sorbon, le marchand de bois et d'anthracite, où il restait en pardessus, devant un poêle rouge, dans un bureau d'un mètre carré, pour ne pas noircir son unique costume; qu'on le retrouvait plus anciennement domestique de bonne maison, et servant le rôti en gants blancs chez les de Bref, dans leur propriété de campagne, et qu'il était venu au moins une fois en France, comme prisonnier allemand. A cette époque, il portait un nom polonais qu'on abrégeait en disant Milch, parce que le nom complet était trop compliqué ; il avait alors le crâne rasé, le curieux petit béret de l'armée allemande, et il tapait avec un pic au grand soleil, sur le quai des Vinaigriers, sous la surveillance négligente d'un territorial fatigué. On le retrouvait, comme je l'ai dit, domestique de bonne maison (il n'avait pas voulu retourner en Allemagne), puis secrétaire du camp nudiste qu'un Américain de Montparnasse avait monté sur le plateau de Lans, dans un camp de bûcherons canadiens désaffecté après la guerre; puis secrétaire du marchand de charbon, puis marchand de singes occasionnel, ce qui est bien la profession la moins considérée du monde, puis plus du tout, puis violoniste au Café Russe. Il écrivait en même temps des poèmes surréalistes et un petit roman policier. C'était le caporal de la Falèze, du 6ᵉ régiment d'infanterie coloniale, un de nos anciens, qui avait confié M. Théo aux soins de Fred pour la correction du roman et, comme rien d'humain ne lui était étranger, M. Théo venait aux « Plaisirs de Corée » où il trouvait ce qu'il préférait, c'est-à-dire un public facile, jouait la *Sérénade* de Toselli, et récitait macabrement du Rollinat.

Quand il était de bonne humeur, il empruntait vingt francs avec assez d'aisance. Il racontait, avec un jeu d'acteur, comment, ne pouvant plus ni vendre, ni nourrir le dernier de ses singes, lorsqu'il commerçait de ces bêtes (à moindre échelle qu'il ne le prétendait), il était allé l'étrangler un soir de lune dans les Iles. On eût dit une histoire de crime. Elle me procurait le même malaise que celle du vieux M. de Bref, qu'il avait lancé sur une pente, dans son fauteuil d'hémiplégique, par manière de facétie.

En un mot, il était bluffeur, inquiétant, et un peu crasseux. Ses vers étaient idiots, ses mémoires passionnants, et il avait une voix magnifique. Toutes les femmes lui couraient après. Il était chauve, avec une tête de mort dont il cultivait la pâleur, des yeux splendides, vingt ans de plus que son âge, et un mauvais goût raffiné. Certains le prétendaient de la police, et il ne s'en défendait pas. Il se vantait d'avoir quitté les siens à l'âge de douze ans en insultant son père. Il n'était retourné chez lui qu'une fois, quinze ans plus tard. C'était dans une rue incendiée, tous les habitants étaient morts, prisonniers, pendus, fusillés. Il n'y avait plus, sur un reste de mur, qu'un portemanteau et sa pelisse.

— Et ma pelisse, terminait-il, n'avait plus de poils...

Cette conclusion était impressionnante.

Quand il parlait de l'Allemagne, il l'écartait des mains avec un geste germanique, en s'exclamant *Ein Dreck,* d'une voix de Feldwebel. Il faut lui rendre cette justice qu'il ne l'aimait pas.

Tel quel, il étonnait les enfants que nous étions.

Il récita du Rollinat : on eut de la tombe et du fantôme à pleines brouettes, de l'ortie, de la mare stagnante, de la vipère jaune et du minuit sanglant. Il chanta la *Mort de Biron,* que Potter lui avait apprise, et une curieuse et jolie chose, toute en nuances, que Potter lui avait apprise aussi et que j'avais quelquefois entendue sur le fleuve, jamais ailleurs, d'un certain Olivier que Potter connaissait par des revues d'avant-garde comme ayant habité notre ville.

Là-dessus, je dus chanter ma complainte probative, tandis que Nick jouait de l'accordéon. Le président s'avança vers moi d'un air totalement dégoûté :

— Monsieur, me dit-il, vous êtes complètement nu ! Un postulant doit être surmonté de la couronne initiatique. Ne vous l'a-t-on pas dit ?... Vous vous êtes oublié !... Greffier breton, coiffez ce vilain.

Et on me coiffa de la couronne initiatique, et on me fit faire la grimace numéro trois, avec l'appareil à grimaces.

— Monsieur, reprit le président, vous a-t-on appris votre rôle ? Vous devez d'abord vous rendre compte, en tant que membre conscient des « Plaisirs de Corée », que toutes vos pensées doivent tendre à réaliser dans la vie, dans un style nettement breton, une atmosphère purement chinoise. La chose bretonne du xxe siècle doit être votre premier souci. Etes-vous pénétré de cette idée ? Vous avez découvert sur les rivages du fleuve une mâchoire de poète breton du xxe siècle. Cette découverte vous honore. Vous en avez fait don au club, ce geste vous sera compté. En conséquence le conseil vous adopte, et nous vous exhortons vivement à porter dans les cérémonies la coiffe de Pont-Aven et la culotte bouffante. Le cri chinois !...

Tout le monde poussa le cri chinois.

— Le cri breton !...

Tout le monde poussa le cri breton, et le bureau fut appelé ensuite à prendre position sur les questions du jour : il fut décidé que le satyre occuperait le Moulin à Vent.

— Messieurs, dit le président, vous n'admettriez pas que notre municipalité consentît à se dépouiller d'un satyre si honorable, si flatteur, si folkloristique, si touristique, en un mot si local et départemental, un vrai satyre à épisodes, un satyre de journal bien fait. Nous le garderons donc intact pour le bon renom de la contrée. C'est lui qui occupera la tour et continuera fidèlement à allumer les feux de campement dans la région. Je suis certain que, dans votre bon cœur, vous ne lui refuserez pas vos voix.

— Non ! Non ! répondit l'assistance.

— Greffier breton, enregistrez, dit le président :

« Adopté par acclamations. » Nous ne lui refuserons pas, messieurs, notre admiration unanime. Nous lui voterons des félicitations bretonnes, et des applaudissements chinois parce que c'est un satyre d'hiver, race infiniment plus curieuse, plus résistante, plus agile, plus méritoire, plus passionnée, plus cruelle, plus énigmatique, plus convaincue, plus endurcie, plus vraiment incompréhensible que le vulgaire satyre d'été. Ouvrons ici une parenthèse, et n'oublions pas nos slogans :

— « Qu'il est doux de se trouver ensemble... »

— « C'est comme une huile qui vous coule sur la barbe ! »

— « Qu'est-ce que M. Vantre-Breton ? »

— « C'est un cheval qui fait mille li en un jour. »

— « A-t-il vu le cheval de bronze ? »

— « Oui, il a vu le cheval de bronze. »

— « Est-ce un grand Kong ? »

— « C'est un grand Kong ! »

— « Qu'a-t-il donc fait ? »

— « Il a tué le corbeau ! »

— « Pour qui, messieurs, a-t-il tué le corbeau ? »

— « Pour la soupe des pensionnaires. »

— « Que lui avait fait le corbeau ? »

— « Il lui avait mis du bois dans son pain. »

— « Que lui ferons-nous ? »

— « Nous ravagerons son figuier, nous rendrons sa chamelle stérile, nous l'attendrons au coin du chemin comme une ourse à laquelle on a enlevé ses petits, nous lui déchirerons le cœur avec nos mains, nous ferons cesser ses sabbats, ses fêtes et ses nouvelles lunes. »

— Très bien, messieurs, et enchaînons. Nous disions donc : quant aux phénomènes lumineux qui accompagnent la besogne du satyre, quant aux lucioles et autres phosphorescences, feux follets, télégrammes, lanternes vénitiennes et autres scintillements suspects, quant aux rumeurs du fleuve, froissements de roseaux, barques insolites, chansons plaintives, frissons de fantômes et autres fariboles, nous en ferons une pure légende pour soulager notre greffier breton.

— Non, non, s'écria l'assistance, nous les attribuerons à M. Panado !

— Mais non, dit le grand Potter qui ne voyait que par la musique ; c'est du gâchis ! Tout ce qui est légende revient aux fées ! nous le donnons à la reine des Iles ! Vous savez bien ! la reine des Iles, dans le *Ballet du Fleuve* d'Olivier !

— *Ballet du Fleuve ?* demandèrent plusieurs potaches.

Potter se fit méprisant :

— Vous ne connaissez pas ça ? C'est d'Olivier ! et ça vaut du Poulenc !

— Vous vous rendez compte, dit Balèze.

La prétention de Potter avait le don d'agacer tout ce qui n'était pas mélomane. Le président voulut apaiser les esprits.

— Messieurs, pour faire plaisir à notre ami Potter ou, pour nous exprimer plus régulièrement, sur la proposition de M. Potter-Breton, nous attribuerons les diableries du fleuve à la dame des Iles elle-même, la terrible sirène qui a été capturée dans les vases de l'Oubanghi par M. Vantre-Breton au cours de ses grandes chasses chinoises dans ses immenses propriétés sur les rives de la Dordogne, et qui se change en couleuvre bleue tous les samedis ! Et nous n'hésiterons pas, messieurs, j'en suis certain, la maison ne reculant devant aucun sacrifice pour satisfaire sa nombreuse clientèle, à donner sa main blanche, royale et aquatique au plus sympathique des garçons du club des « Plaisirs de Corée », j'ai nommé... (il chercha des yeux dans l'assistance).

— Brévier ! Brévier !... Balèze !... le petit Bonheur !... chuchotaient quelques-uns.

— Nick ! Nick ! réclamaient quelques autres.

Et un chœur s'éleva :

— Nick Carter... Nick, Nick... Nick Carter, Nick, Nick...

Et puis on cria tous ensemble « Nick Carter ! » sur l'air des lampions.

— J'ai nommé Nick Carter, continua le président, le plus Breton-Chinois des « Plaisirs de Corée ».

— Nick Carter vous êtes donc nommé Roi-Breton Délégué des « Plaisirs de Corée » sur les Iles de la Mâchoire, Administrateur du Moulin, Meunier-à-Vent-Chinois-Carter de toutes les Iles, Bourgmestre-Chinois du Satyre et Nick-Breton-Carter Général du Royaume. J'ai dit. Un ban...

On exécuta le ban.

— Un cri breton.

On poussa le cri breton.

— Un cri chinois.

On poussa le cri chinois.

— Messieurs, la séance est levée, M. Nick-Breton-Carter-Chinois ici présent épouse la reine des Iles, et M. Panado, qu'il importe de garder, travaille dans l'ombre contre ce couple sympathique !... Nul ne l'a vu...

— Nul ne l'a vu !

— Nul ne l'entend... Il rôde dans l'ombre... Vive la Chine !

— Vive la Bretagne !

— Vive le Finistère et le Thibet !

En revenant, par la rue Bonne-Nouvelle, une des plus anciennes de la ville, je vis une fenêtre éclairée. « C'est la fenêtre de Théo », m'expliqua Fred. Les persiennes étaient fermées, une lumière filtrait par les fentes, le couloir dallé sentait le noir et l'humide, les boîtes aux lettres étaient graisseuses.

Une femme noire, plus large que haute, couverte de châles et de bijoux, entra en boitant par la porte. C'était « Mme Irma, Voyante, Cartes, Tarots, Vérité garantie ». Elle avait des lunettes de fer et portait la moustache tombante. Qu'y avait-il donc autour de Théo qui sentait le soufre ? Son odeur vous restait comme celle de la valériane. Cela tenait sans doute à son pouce d'étrangleur : je ne cessais de le voir assassiner son singe : il le portait dans un grand sac de lustrine verte.

Nous suivions le quai sans parler, quand soudainement un coup de sifflet déchira l'air au bord du fleuve. Et on ne pouvait pas nier qu'une lumière brillât dans la tour du moulin. Il y eut un clapotis de rames. Une barque approcha des roseaux. Une lumière électrique qui venait de l'embarcation, nous fit voir, sur la plage de l'île de la Mâchoire, une silhouette mince et furtive, rapide, vêtue comme le pêcheur de l'émulsion Scott. Mais des cheveux blonds débordaient du suroît ; c'était une fille !...

Elle sauta dans la barque, la lumière s'éteignit, la petite ombre qui tenait la lampe s'assit aux rames et prit immédiatement du large.

Nous restâmes un instant contre le garde-fou, l'oreille tendue, le cœur battant. Nous venions de flairer la Grande Piste.

Ainsi Dora pénétra-t-elle dans notre nuit à la lueur d'un éclair sur le fleuve.

*

Le lendemain le ciel était noir, la ville déserte. A peine y rôdait-il un petit roi Hérode avec une barbe bleue et une couronne dorée. Il conduisait un petit chien couvert de grelots. Nous enfoncions au fond de nos poches nos mains violettes. L'après-midi sur l'île sentait le panier de pêcheur, le poisson mort, l'algue mouillée. Il semblait qu'il n'y eût rien au monde. Dora entra par la Porte du Vent.

Elle était maigre et plate, avec des coudes pointus, un vieux pantalon de plage, un blazer bleu marine, un chandail noir dont le col roulé faisait ressortir sa peau blanche.

Il n'y avait qu'elle. Qui serait venu là, sauf elle, sauf nous ?... Elle suivait le bord du fleuve. Parfois elle regardait au loin. Un long moment elle s'assit sur une pierre et jeta du sable dans l'eau avec des gestes de Pythie, et elle regarda se former des figures, comme si elle eût cherché, dans le reflet des roseaux, que l'eau quadrille et recompose, l'image des choses qui sont venues. A-t-elle vu à ce moment l'homme du jardin noir, l'homme de minuit qui cueille des fleurs au clair de lune ?..

Ensuite elle prit dans sa poche des cailloux plats choisis d'avance, et elle se mit à faire des ricochets avec une science étonnante, mieux qu'un garçon. On les entendait gifler l'onde, et leur vol lançait sur le fleuve un pont immatériel dont les dernières arches filaient sur l'eau comme une couleuvre et se perdaient au loin dans une traînée d'argent.

Ensuite on la vit très longtemps, du côté de l'île aux Buissons, sur le ciel rouge, comme une image de magazine.

Ensuite, il n'y eut plus rien. De gros nuages violets se défaisaient au fond du ciel.

Au bout d'un long moment encore, un soldat passa sur la rive, très loin, sur le quai des Petites-Ames.

★

Nous nous apprêtions à partir quand un homme descendit de la berge. Il était sans faux col et pauvrement vêtu. Il s'en alla tout de suite, comme saisi d'un malaise.

Le soldat, sur le quai des Petites-Ames, était devenu imperceptible. Une cloche se mit à sonner au sommet de la tour Saint-Gilles. Fred ramassa pensivement un caillou plat qui était tombé de la poche de la grande fille.

Au coin de la rue des Ténèbres, le petit Brévier, du fond de son magasin noir, nous héla d'une voix amicale. Son cri nous fit revenir à nous.

Je suis sûr que cette nuit-là, Fred l'a vue au milieu de ses rêves, pareille à ces prophètes qui parlent dans le vent. Elle passait à la hauteur des eaux, Douceur des Iles, Chardon des Dunes, Fleur de Tristesse, Porte de nos Félicités.

*

Le lendemain, comme nous allions partir des Iles, l'eau était pleine des reflets rouges du soleil. A ce moment-là, un coup de sifflet nous fit encore dresser la tête. Nous nous regardâmes et nous courûmes. La nuit tombait, nous courions de toutes nos forces dans la direction du moulin. On ne voyait plus de lui que son contour délabré, son aile cassée : on eût dit la Maison du Crime. Nous passâmes au galop le premier bras d'eau morte, les pieds noyés jusqu'à la cheville. Je rejetai ma pèlerine qui me gênait. Fred, lui, n'avait jamais de manteau. Au second bras d'eau nous dûmes nous arrêter, nous aurions perdu pied. D'ailleurs, à ce moment-là, une grêle de coups de pierre nous accueillit de l'autre rive. Nous restâmes longtemps tapis derrière les touffes d'un buisson. Quelques cailloux sifflèrent encore à nos oreilles. Nous ripostâmes au hasard. Ensuite, on se lassa de part et d'autre. Nous avions les pieds gelés. Quand il n'y eut plus de cailloux, notre exaltation s'affaissa. Nous ne comprenions plus pourquoi nous étions partis au galop.

La nuit était devenue si noire, et si pareille à toutes les nuits, que nous avions honte de notre fièvre. Il me fallut beaucoup de temps pour retrouver ma pèlerine.

Il n'y eut pas de bac, nous dûmes rentrer en faisant le tour par l'autre rive, à travers les sentiers où se tenaient en été les campements des bohémiens.

Il nous sembla qu'au loin, des sables, montait la chanson de Potter. Nous aperçûmes une barque qui partait du Moulin à Vent, elle portait un feu blanc et rouge.

Jamais Dora ne nous fut plus présente que ce jour où nous ne l'avons pas vue.

*

Il y eut ainsi plusieurs jeudis, plusieurs dimanches, et même plusieurs jours de la semaine, car tout nous ramenait aux Iles.

Tout se confirma d'une vie dont on retrouvait la trace encore chaude : empreintes de pas, tisons fumants. Une fois il y eut même une feuille de musique que le vent avait emportée.

Tout se passait comme si les Iles rêvaient en notre absence. Mais ce rêve protégeait ses frontières ; il y eut encore des grêles de pierres.

Le dernier jour, dans l'île du Moulin, là où sans doute on débarquait, nous vîmes une espèce de portique fait de deux pieux grossiers et d'une barre transversale qui avait dû être assez lourde à porter.

Trois fois Dora nous apparut au loin. Nous faisions d'elle, dans notre idée, celle qui mène le chant et les batailles, celle qui passe sous le portique. Une fois elle vint près de nous.

Mais l'excès même de notre attente nous paralysa subitement. Dora nous regarda de ses yeux verts, et retourna dans ses buissons, paisible, comme « le chat qui s'en va tout seul ».

*

Le jour suivant, nous nous flairâmes en silence. Elle fit des ricochets d'un air indifférent. Nous aussi. Notre attention se marqua seulement par une compétition rageuse, nous étions vexés de voir une fille plus adroite que nous. Mais Frédéric, par un heureux hasard, réussit avec un caillou un ricochet si magnifique, au jet si long, si régulier, si pur, que nous nous sentîmes désarmés. Nous éclatâmes tous de rire, et Dora dit « Bravo » et elle s'approcha de nous.

Mais ce fut encore une fois tout différent de ce que nous attendions, et si insignifiant que je l'ai oublié. Son vêtement d'homme était fané par le soleil, la pluie, l'usure. Comment pouvait-elle supporter d'être si peu vêtue dans cet endroit glacial ? Elle mettait ses mains avec prédilection dans les poches de sa vareuse. Elle nous offrit de rouler une cigarette et nous tendit le tabac dans une blague somptueuse. C'était du tabac de mégots. Quant à elle, elle bourra une pipe avec l'aisance d'une longue habitude. Et cependant tout dans ses manières disait le contraire d'une poseuse.

Ce qui m'intrigua le plus, ce fut la blague : c'était cette bourse bleue, fermée de deux anneaux d'or, que nous avions vue si longtemps chez l'antiquaire de la rue des Ferronniers à côté du nègre automate qui joue de la flûte en gilet vert.

Je ne me rappelle pas autre chose de cette première rencontre. Sans doute parce que ce n'était pas le vrai commencement. Dora avait commencé dans nos cœurs bien avant cette banale affaire.

Le soir, quand le bac arriva — c'était le dernier — elle nous dit que nous pouvions rester encore, qu'elle nous donnerait les moyens de revenir. Comment ?... je ne la crus qu'à moitié, j'hésitai, et je montai dans le bac. Mais Frédéric qui, lui non plus, ne la croyait peut-être pas, resta sans une hésitation.

Je les vis debout sur la rive, puis, noirs dans le noir, se fondre dans la nuit. Et je sentis une détresse affreuse à l'idée qu'ils restaient ensemble.

Ce fut sans doute ce soir-là qu'il osa lui prendre la main, quand ils furent assis sur une pierre et il lui dit — la nuit était toute noire et c'est à peine s'ils se voyaient — qu'un jour il serait capitaine au milieu des Méridiens bleus, dans des pays qui sentent l'alligator. Rien ne pouvait s'opposer à ça, sinon peut-être l'équation du mouvement accéléré, car autant il brillait en géométrie pure, autant cette équation lui causait de tourments, mais, avec l'aide de Destarac qui était très fort, il battrait aussi cet ennemi, il tuerait ce dragon de sa lance... Pour l'amour des Grandes Choses et des Jeunes Filles de l'île... Il n'eut pas besoin d'en dire plus. Elle comprit fort bien cette algèbre. Elle lui pressa la main, et lui dit à son tour, pour ne pas être en reste avec ce conquérant qui lui apportait les éléphants, les crocodiles et la peau de l'équation la plus ennemie au monde de l'avenir des enfants des Iles, elle lui dit, sans qu'on pût bien savoir si c'était l'ironie d'une jeune fille taquine ou le secret d'un enfant solennel, qu'elle était, elle, la reine des Iles, du Labyrinthe, des Maisons Roses, des Maisons Mortes et du Moulin à Vent. C'était si vrai depuis si longtemps au fond de nos cœurs qu'il ne put que la croire sur parole. Il savait déjà tout cela avant qu'elle n'eût ouvert la bouche.

Ce fut ainsi qu'ils échangèrent, comme Salomon et la reine de Saba — sur une pierre froide qui leur donna un rhume — des empires et des royaumes tandis que l'eau clapotait autour des roseaux noirs. Et l'amour devait toujours sentir pour Frédéric cette odeur de panier de pêcheur et de grand vent qu'avait le soir sur les Iles du fleuve.

Et, après ces orgies, Dora lui dit d'attendre, que quelqu'un viendrait le chercher et le ferait passer en canot. Puis elle partit et disparut dans les buissons.

*

Frédéric attendit. Il vit passer au loin une barque qui partait avec deux silhouettes assises dont l'une ressemblait à Dora. Il était seul. Pour revenir à pied il lui aurait fallu très longtemps. Il dut attendre tant et tant qu'il allait cesser de croire aux Iles et à leur reine, quand une lumière balaya les buissons et vint se poser sur son visage. Il ferma les yeux, ébloui. La lumière venait du fleuve. Elle s'éteignit. Une petite voix l'appelait. Il aperçut un enfant dans une barque.

— Où c'est que vous allez ? demanda le petit garçon.

Il lui faisait signe d'embarquer.

— Qui t'envoie ? lui répondit Fred, en s'asseyant et assurant l'équilibre de son melon.

L'enfant serra les dents et secoua la tête.

— Il faut que je vous conduise, lui dit-il, sans répondre. Où c'est ?

— C'est à la pointe Saint-Gilles. Passe-moi les avirons.

Le petit fit encore non.

— On m'a dit de vous mener, dit-il, en levant les rames.

— Oh ! oh ! fit Frédéric, surpris de son air sérieux.

Il regarda l'enfant avec curiosité. C'était un petit garçon trapu, avec une tête basanée d'Espagnol étroitement coiffée d'un béret basque qui la faisait ressembler à un gland.

Un vieux pardessus de couleur bleue le boudinait du haut en bas avec un col de velours râpé, et une déchirure à la manche. Un sarrau noir sortait de sous le pardessus.

Le petit garçon laissa retomber les rames.

— Attendez, dit-il, j'oubliais.

Il se dirigea d'un pas boiteux vers le fond de l'embarcation, et leva le couvercle du coffre sur lequel traînaient les cordes du gouvernail. Il en tira quelque chose de noir qui devint rouge quand il battit le briquet. Sa figure apparut dans la lueur de la flamme. Il avait cet air pénétré que donnent les missions solennelles.

— Comment t'appelles-tu ? demanda Frédéric.

— On m'appelle Pied-Volage.

— Et si je prenais les rames, maintenant ? dit Frédéric.

Le petit se retourna vers lui et sortit un couteau de sa poche. Il semblait si sérieux, son canif à la main, que Fred en éclata de rire. L'enfant lui jeta un regard mauvais et rentra son canif, un peu déconcerté.

— Vous n'avez pas le droit, dit-il, moins agressif.

Il s'affairait autour de sa chandelle, car il s'agissait d'une chandelle. Et Frédéric comprit enfin : Pied-Volage venait d'allumer une lanterne vénitienne. Elle était ronde comme une mandarine gigantesque et zébrée de rayures concentriques alternativement blanches et orangées. Il l'accrocha au bout d'une baguette qui était fixée au gouvernail.

Puis il rama avec une grave fureur et ne répondit plus un mot.

A cent mètres de la pointe Saint-Gilles, quand on se rapprocha de la rive habitée, il éteignit et rentra la lanterne.

— Pourquoi éteins-tu ? demanda Fred.

Il ne répondit pas.

— Qui t'a donc envoyé ? demanda encore Frédéric en posant le pied à terre.

Mais le petit ne fit aucune réponse.

Frédéric se tenait sur les marches du quai. L'eau qui lui léchait les souliers entraînait déjà le canot.

— Tiens, dit-il à l'enfant. Voilà vingt sous, mais qui t'envoie ?

L'enfant prit la petite pièce d'argent, leva les rames, et se mordit les lèvres.

Le bateau s'en allait déjà.

— C'est la demoiselle de M. Vingtrinier, jeta-t-il enfin, brusquement, comme au bout d'un débat de conscience.

Ce fut du moins ce que Fred crut comprendre.

Et le canot était déjà hors de portée...

*

Tous les Vingtrinier que j'ai connus avaient des pantalons rayés, des pantalons noirs rayés de blanc, c'était une espèce d'uniforme. Ils s'étaient abattus autrefois sur la ville dans le faubourg des Petites-Ames, pendant la guerre, un soir d'hiver, par un ciel bas. Ils venaient du nord.

Il y avait le père, Marcel l'aîné, qui fut tué au front, un autre fils dont nous ne savions pas grand-chose, et Joseph qui vint au collège. Ils arrivaient de Sédillac en file indienne derrière le cercueil de la mère qui venait de mourir tristement. Les pompes funèbres avaient été déraisonnables, et telle était la ruine des Vingtrinier qu'ils n'avaient pu leur confier le transport de la défunte. Ils durent la camionner eux-mêmes, avec ce qui restait des meubles, bien peu de chose : le piano à queue qui leur venait d'Albert Fourmeyre, le violoniste, et les candélabres de bronze de l'oncle Pons, qui avait été préfet de l'Empire, une table jaune extravagante, qu'ils appelaient « la table jaune », et enfin une petite plaque de cuivre, qui portait en lettres gravées : « Maître Vingtrinier, Avocat ». (Elle brillait à en faire mal aux yeux.) Il paraît que c'était l'emprunt russe qui leur avait joué ce tour, ou quelque peste en Cochinchine. Car leurs malheurs ne venaient jamais que des grands mouvements historiques, des astres, de la géographie.

Ils avaient tout chargé sur un traîneau à bâche, que conduisait Beylandrefour, le vieux cocher de l'Hôtel du Sauvage. Il fallait rattacher souvent le guéridon rose, qui était fragile et mal placé ; on lui avait fait pour l'épargner des molletières en papier journal.

Comme la route du nord est toute droite, les gens des Tanneries les virent venir de loin. Beylandrefour avait attelé le gros cheval de la « Bière Gauloise » qui portait un collier chargé de grelots jaunes et qu'on coiffe en été d'un petit chapeau pointu. La bise glaciale qui venait du fond de l'espace soufflait dans le sens de la marche, le traîneau glissait assez bien. Beylandrefour conduisait sur le siège ; il n'y avait place que pour lui. A côté du cheval, noirs, comme des fourmis, dans la neige, Me Vingtrinier et le petit Joseph, le père et le fils, vêtus de deuil, forçaient le pas pour suivre la bête, le dos courbé à cause du vent. Quand ils arrivèrent plus près, et qu'on entendit les grelots, on vit qu'ils tapaient dans leurs doigts et qu'ils avaient les oreilles rouges. Me Vingtrinier portait un chapeau noir, des escarpins, et un long pardessus avec un col frisé. Le petit Joseph sautillait par-derrière, coiffé d'un panama à ruban fantaisie, qu'on n'avait pas eu le temps de changer, les mollets bleus.

Beylandrefour dut s'arrêter chez Aubégny, à l'Auberge de la Maison Jaune, pour boire un marc et chauffer ses mains mortes.

— J'aurais voulu, dit-il, attendre jusqu'en ville, mais j'ai pas pu.

— Et tes clients ? demanda Aubégny.

Beylandrefour hocha la tête :

— Ils cassent la croûte en voiture ; ils ont dit qu'il ne fait pas froid.

De fait les Vingtrinier, profitant de son absence, étaient allés s'installer sur le siège. Ils avaient sorti quelques pommes d'un petit sac de charbon de bois et mangeaient sur leurs genoux tremblants.

Quand ils repartirent, les jeunes arbres se tordaient comme des aigrettes de modiste. Les Vingtrinier disparurent à la fin, au milieu de la place Gambetta, derrière un tourbillon de neige. Lorsqu'ils furent passés, les corbeaux, effrayés, vinrent les remplacer sur la route, tout pareils, noirs et sautillants.

Ce fut ainsi qu'ils arrivèrent sur le soir à leur nouveau logis de la rue Quattrebarbe. La maison de la rue Quattrebarbe, qu'on appelait aussi la maison des David, était une vieille demeure bourgeoise qui sentait le pipi de chat et le tabac à priser. Elle ne comprenait que des pièces d'apparat. Me Vingtrinier chercha la bonne clef dans le trousseau, sous le bec de gaz, et s'y reprit à quatre fois pour l'enfoncer dans la serrure.

Le petit le suivait comme une ombre. Il avait pris pour mieux marcher, comme alpenstock, la canne de promenade de son père, en acajou, à bec d'argent. L'emménagement fut rapide. Mais pour le piano et la morte il fallut le secours de Berthomas, le marchand de fromages qui avait hérité la maison et qui tenait au rez-de-chaussée le Café des Singes. On laissa le piano dans le couloir, et on organisa la chambre mortuaire dans le salon qui se trouva surtout meublé d'une grande porte d'apparat avec tambour et battants doubles, et d'un trumeau de bergers Louis XV. Beylandrefour, qui avait l'expérience des veuvages, alluma autour de la bière les candélabres de l'oncle Pons, et vissa la plaque de cuivre sur un panneau de la porte d'entrée.

L'après-midi on enterra la morte, et cette tombe acclimata les Vingtrinier dans notre ville. Quelle que fût jamais leur misère, ils en prirent toujours grand soin.

Ils étaient doux à l'ordinaire, éloquents, maigres, paresseux. Quand ils se virent seuls, dans cette maison inhabituelle, privés de la femme maternelle qui les avait soutenus dans la vie, ils la pleurèrent ensemble sur la provision de pommes qu'elle leur avait fait constituer au début de la mauvaise saison par un trait de prévoyance géniale. Ensuite Me Vingtrinier reprit à son enfant la canne à bec d'argent qui devenait nécessaire pour aller voir le président du tribunal et les notables de la ville, car ils partageaient tout en frères, le châle de Mme Vingtrinier, les pommes, les courants d'air, les faux cols, la parure et le chronomètre de première communion.

Les clients ne vinrent pas beaucoup. Me Vingtrinier avait une éloquence classique qui n'allait pas avec leur tour d'esprit concret. Leurs sordides histoires d'argent ne l'intéressaient que comme prétextes à métaphores et à divisions du discours. Il eût fait perdre ses clients pour une belle phrase, et les autres, têtus, ne cherchaient qu'à gagner. On lui fit la réputation de porter malheur à la pratique. Il en souffrit dans son budget.

En hiver, pour ne pas faire deux feux, il ne vivait que dans son cabinet. La pièce était jonchée de pelures. Aux fins de mois difficiles on remplaçait le charbon par une lampe Pigeon qu'on mettait dans la cheminée ; on rabattait le tablier, et on équilibrait en bas, derrière la fente, une plaque de mica rouge. Ce feu de théâtre ne réchauffait personne mais donnait aux clients l'illusion de l'opulence.

D'ailleurs il n'était rien autour des Vingtrinier qui ne fût semblable à ce brasier chimérique ; ils se nourrissaient de lampes Pigeon. Quand le fils rentrait du collège, il jetait sa serviette sur le bureau de son père, ce qui écrasait généralement la galantine, et lui faisait des réussites. Ensuite ils traduisaient ensemble Ovide ou les *Catilinaires,* et plaidaient en latin classique la cause mesquine de quelque campagnard. (Joseph, d'ailleurs, à ces jeux distingués, était devenu de première force et en latin, et en chicane. Il s'en servit quand il fallut, plus tard.) Après ces joutes et ces feux d'artifice, on dînait de petites choses modestes, en compagnie d'une vieille cousine qui était venue tenir le ménage et qui repartit un peu plus tard, découragée.

Ils prenaient très bien leur misère. « L'homme, disait Me Vingtrinier, creuse sa tombe avec sa fourchette. » Il ne la creuse pas avec des pommes. C'est du moins un travail très lent.

Les Vingtrinier ne creusaient pas leur tombe. Personne n'a jamais connu de gens qui creusassent aussi peu leur tombe.

Mais on ne pouvait même pas les plaindre. Car ils s'étaient fait de leur ruine une espèce de drame sacré à force de lui attribuer des origines astrologiques. Ce fut Joseph, le plus ingénieux, qui trouva le premier l'idée de monnayer les autographes qu'ils tenaient du cousin Fourmeyre, l'ami de Verlaine, le fameux violoniste. Il les « retrouvait » au grenier, dans le tiroir de la table jaune, et son père les vendait pour un assez bon prix au président du tribunal, qui faisait collection de souvenirs littéraires. Me Vingtrinier ne les reconnaissait pas tous, car son fils en « retrouvait » tellement dans ce tiroir de table jaune qu'il en était parfois inquiet et la voyait enfler en rêve. Mais sa bourse se trouvait bien qu'il n'allât pas toujours au fond des choses avec un si précieux enfant. Et puis tout, je l'ai déjà dit, baignait autour de Me Vingtrinier dans l'éclairage de la lampe Pigeon à mica rouge.

Tels sont les premiers souvenirs qui me reviennent à l'esprit dans ce grenier des Vingtrinier où je suis venu en pèlerinage avec une clef prêtée par Mme Berthomas, pour m'attendrir sur une photographie, comme un enfant qui revient dans le cirque vide chercher la trace de l'écuyère au maillot d'or.

Mais quels rapports pouvaient unir Dora à ces frivoles Vingtrinier ? Depuis que Joseph n'était plus au collège, nous ne pensions jamais à eux. De chez Fred, pourtant, on voyait quelquefois M. Vingtrinier sur son toit (par l'effet d'une architecture particulière à la maison David), comme une espèce de grand corbeau ou de sombre polichinelle.

*

Quand Frédéric me raconta son aventure, ses silences ne me trompèrent pas. Il me sembla qu'on me frustrait de mes raisons d'être. C'était en les perdant que je les découvrais. J'essayai d'affecter le dédain :

— Qu'est-ce que c'est que cette fille ? Tu sais son nom ?

— Elle s'appelle Dora, dit-il.

— Ce n'est pas un nom.

Il n'y avait pas pensé, mais mon doute ne l'ébranla point.

— Ce n'est pas un nom ? C'est un nom magnifique !...

— Et puis cette bourse ? Elle l'a volée !

— Tu ne comprends pas, dit-il... C'est peut-être un cadeau.

— Oui..., ou du vol !

— Du vol ! du vol !... d'abord ce ne serait pas du vol !...

— Quoi donc alors ?...

— Quoi donc ? quoi donc ?... ce serait...

Et il chercha.

— Ce serait de la poésie !...

Il avait dit exactement ce que je pensais.

J'éclatai de rire.

*

Il y a des cerfs qu'on ne court qu'à la classe de latin, dans les vapeurs de la chartreuse. Sortis de là, il n'en reste plus qu'un lapin dans un carré de choux.

Si Fred était encore, hélas, sous l'influence de la liqueur des Iles, la jalousie m'avait entièrement dégrisé. Ce fut en ricanant que j'appris assez vite, trop vite hélas, du lyrisme indécent de Nick, que sa Dora était la reine des Iles, du Labyrinthe et du Moulin à Vent, tous titres parfaitement normaux sous des latitudes exaltées, mais aussi ridicules dans la vie quotidienne qu'une robe de bal dans une cuisine. Et je dis, parlant contre mon cœur :

— Elle me fait rigoler, cette fille !... on lui aura allumé des herbes sous le derrière !

Fred me jeta un regard affreux, mais il était encore trop honteux de son lyrisme pour relever tout de suite mon ignoble propos. Et nous nous tûmes avec acharnement.

C'était sur le quai de la pointe Saint-Gilles, en contrebas du grand remblai, au-dessous de cette zone quasi industrielle où la fabrique de meubles Cardonneau allonge sa façade de caserne.

Soudain, — nous parlions de choses scolaires, — comme nous nous contredisions avec une espèce de passion dont l'indifférence du sujet n'expliquait pas l'acharnement, je laissai tomber ma serviette et envoyai à Fred un coup de poing terrible. Je l'atteignis au plexus solaire.

— Salaud ! me dit-il.

Et il se jeta sur moi.

Nous nous battîmes comme deux chiens. Je me fis mal aux poings tant que je pus en lui frappant l'arcade sourcilière. Il me réduisit en mortadelle.

Son melon avait roulé à terre. Des gamins, sur le quai Saint-Gilles, nous excitaient du haut du parapet. Un gros meunier vêtu de blanc nous insulta grossièrement en père de famille indigné. Fred, qui m'achevait sur le sol, rattrapa honteusement son melon et se releva de toute sa longueur. Quand le meunier vit dans la nuit cette grande silhouette sous cette coiffure d'adulte, il crut à je ne sais quoi, peut-être à un notaire qui assassinait au clair de lune. Il s'éloigna sur une insulte modérée, destinée à sauver sa retraite. Les enfants s'étaient dispersés. Frédéric partit à grands pas. Son melon était blanc de plâtre. Je rentrai chez moi, brûlant de fièvre, battu, sanglant, et dépouillé.

*

Le lendemain je dus garder le lit. La fièvre dura quatre jours. M. Panado se cacha souvent dans les buissons du papier peint où les bergers jouaient de la flûte, ou derrière la meunière qui conduisait son âne. M. Panado me joua plus d'un tour, car ses pas entraient au moulin et ne voulaient jamais en sortir. Il se passa des choses extrêmement compliquées entre Fred et M. Vingtrinier ; et le conducteur du bac promena le vieil aveugle sur une barque où ramait M. Vantre avec le parricide des « Plaisirs de Corée ».

Frédéric apparut aussi entre deux séances de ces inextricables histoires qui liaient les buissons, la meunière et son âne, ma mère et le vieil aveugle à toutes sortes d'aventures enchevêtrées. Il avait une poche violette autour de l'œil gauche. Mais il se retira aussitôt.

Finalement ce fut lui qui gagna la bataille. Les personnages du papier peint regagnèrent leur place normale, après avoir chassé M. Vantre, le vieil aveugle et M. Panado. M. Vingtrinier monta dans le saule sous lequel la bergère tenait un panier de pommes et, arrivé sur la plus haute branche, il disparut par le plafond. Il ne se retrouva que sur son toit, dans cette fenêtre qu'on appelait « l'arche des David », au-dessus de la ville, mais cette fois en chair et en os, à la place que lui assignait une réalité quotidienne.

Il n'y avait plus qu'un paysage d'hiver, une matinée glacée sous un ciel d'un bleu ciel si pur, si uni, si glacé, si transparent, fait d'un seul bloc, qu'il semblait prêter à la vie une dimension qu'on ne lui connaissait pas. On avait fait du feu dans ma chambre. Ma mère ne me parla de rien ; mon père me dit en souriant :

— Il paraît que tu as vu M. Panado ?

— M. Panado ? fis-je, surpris, car M. Panado restait encore le secret d'un petit groupe extrêmement fermé.

— Oui, dit mon père. Et même que tu peux être tranquille de son côté...

— Ah ! je disais ça ?...

— Ça et d'autres choses, dit mon père.

Frédéric vint me voir. Il avait l'œil violet et une lèvre tuméfiée. Il posa son melon sur la table, s'assit à côté de moi, écarta ses grandes jambes et m'entretint des « Plaisirs de Corée ». Il était chargé par Théo de lui voler un lorgnon d'opticien, un lorgnon d'enseigne, d'un mètre, avec un verre bleu et un rouge, pour sa collection de « choses étranges ».

Cette mission était délicate.

Nous ne parlâmes pas de Dora. Ça s'était passé autrefois, avant ce ciel bleu et ces bergères immobiles. J'étais sans haine. Ma jalousie ne s'adressait pas à Frédéric, il avait incarné fortuitement le voleur, ce n'était pas sa faute ni la mienne. D'ailleurs, il s'était acharné, lui qui jamais n'attaquait un moins fort. C'était par honte de son lyrisme, autant que par fureur de ma traîtrise. Il y avait eu certainement là des choses plus fortes que nous. Tout ça s'était passé comme dans les refrains de l'aveugle. C'était la loi du deuxième couplet ou du troisième, bref celui de la fatalité.

Dans le premier moment, je ne fis pas réflexion que c'était moi qui lui avais abîmé l'œil.

— Tu t'es fait mal ? lui dis-je.

— Oui..., me répondit-il, j'ai reçu le ballon... On me l'a shooté dans les yeux à trois mètres... On a gagné l'équipe des durs de Lans-le-Vent.

Il était là, pareil à la vie indulgente. Le ciel avait ce bleu que j'ai dit, ce bleu d'événement, cette couleur considérable. Nick se tenait à cheval sur sa chaise, comme un militaire d'opérette. Il était plein de nouvelles, de choses inattendues. Il me fit voir des aquarelles qu'il avait faites. Il y en eut une qu'il chercha à me cacher.

Ma main fut plus prompte que la sienne.

L'image représentait une barque avec une espèce de petit nègre qui ramait dans le crépuscule vert. Un personnage coiffé d'un melon était assis en face de l'enfant, et une lanterne vénitienne zébrée de blanc et d'orangé masquait une partie de la rive lointaine bordée de guinguettes et d'arbres nus.

— Donne-la-moi, lui dis-je.

Il me dit : « Garde-la. »

Je l'affichai au mur avec quatre punaises, une fois qu'il fut parti, et je pleurai comme un veau. Quand ce fut fini, je revis le ciel bleu de cette journée-là. Par moments il déborde encore sur ma vie.

Le feu brillait dans la cheminée où l'on n'en allumait jamais en temps normal. C'était comme une veille de Noël quand le temps est sec et qu'il fait froid dans la campagne. L'air était plein de rumeurs lointaines qui venaient du fleuve. La vie n'était plus qu'une histoire qui se racontait à voix basse dans cette chambre, mais qui se passait dans des pays lointains.

Cette nuit-là, pendant mes insomnies, je regardai souvent l'image.

Je n'ai jamais retrouvé vraiment le ciel impossible de cette journée, mais j'ai toujours gardé l'aquarelle de la barque.

Depuis elle, j'ai vu bien des choses ; j'ai vu... mais qui d'entre les hommes finirait de dire ce qu'il a vu ? J'ai été torturé, comme les autres sans doute, par l'arbitraire beauté de cette terre insolite, l'énigme de ses fascinations, au point de prendre rendez-vous avec des murs de brique ou des gares de village, le jour jaune d'une lucarne, une affiche décollée, mille merveilles de l'insignifiance. Je l'ai aimée de mes yeux et de mes pieds, de ma sueur et de mes songes. Elle m'a tourmenté parfois péniblement, elle m'a fait faire de longs voyages..., je ne suis jamais allé si loin que sur la barque de Pied-Volage qui passe devant les arbres nus et les guinguettes entre l'homme au melon et le petit boiteux.

*

Frédéric revint trois fois. La deuxième fois, il m'offrit du tabac pour rouler une cigarette, lui qui auparavant n'en fumait que des « toutes faites », et ce fut dans la bourse bleue. Je la pris ; je me souviens encore du crissement de sa soie sur ma peau et du frisson qu'elle me mit dans les coudes. J'en étais à cette période molle des journées de convalescence où l'on s'apitoie sur soi-même. Je sentis mon menton trembler. Je m'étais retourné furieusement pour que Frédéric ne le vît pas. Il devina sans doute, car, lorsque je lui rendis la bourse, il me dit :

— Prends-la, je te la donne.

A peine avait-il eu un temps d'hésitation.

Mais je ne voulus pas.

— Tu sais, dit-il, ce n'est pas du vol, tu peux la prendre.

— D'où vient-elle donc ?

Il m'expliqua que c'était la pie du Café Rose, dont on avait vu le nid dans le grand peuplier, qui avait dû l'enlever quelque part. Elle était dans ce nid avec une petite cuillère, et un gamin avait porté le tout à Dora. Il fallait qu'avec elle tout fût plus grand que nature.

— Tu avais raison, dis-je à Fred subjugué, ce n'était pas du vol, c'était de la poésie... mais est-ce qu'il ne faudrait pas la rendre ?

— Non, dit-il, on ne rend pas les choses qui viennent comme ça.

*

Lorsque Fred passait à deux heures, il me laissait son accordéon, il le reprenait en sortant du collège. Où allait-il ? Certainement aux Iles, et il jouait des chansons à Dora. Ils avaient pris des habitudes dans lesquelles je n'entrais plus.

J'appris cependant que Dora voulait être aviatrice, et comédienne, ou plutôt cantatrice. N'avait-elle pas à Paris une amie qui s'entraînait pour passer le brevet de pilote ? Quant au chant, sa carrière était autant dire faite : il suffit de se donner à l'un des membres du jury. Ce n'est pas officiel, du moins pas tout à fait, mais c'est la règle. Elle cherchait à prendre contact avec des ténors de province ou des célébrités de Paris pour se créer des possibilités ; elle avait écrit à Baugé, il y avait déjà plus d'un mois, et elle attendait la réponse.

Serait-elle aviatrice ? serait-elle cantatrice ? chanterait-elle en aéroplane ? Sa voix reliait tout ça du même fil de cristal et de bronze qui ne permettait de douter de rien. C'était cette voix qui accréditait dans notre esprit la légende de ce fiancé qu'elle s'était inventé (ou qu'elle avait vraiment ?) qui réunissait à lui seul tout ce qu'il y avait de plus beau dans le monde : la marine, la voyance, la musique et l'Amour.

Qu'y avait-il de vrai dans ce personnage mythique ? On ne savait pas s'il faisait son service à bord d'un contre-torpilleur, ou conduisait un paquebot dans les brumes de l'Atlantique nord. Il lui avait composé des chants et des musiques, il lisait dans l'avenir et ne se trompait jamais. Il lui avait dit, — était-ce une fiction lyrique ou un oracle ? — qu'elle serait la reine des Choses qui Volent, que les Choses qui Volent seraient toujours autour d'elle, qu'elles lui apporteraient des trésors, qu'elle mourrait à leur ombre, et que sur sa tombe leur hommage viendrait encore la trouver. D'ailleurs ces prédictions se réalisaient déjà : le nid de la pie en était une preuve. Et ce garçon avait prédit sa propre mort, si bien qu'on ne pouvait plus savoir si c'était triste ou poétique. De toute façon, c'était pour le 15 juin. Dora de son côté s'essayait à lire dans les mains, dans les cartes, avec du sable ou des épingles. Elle avait une brochure pour le sable, qu'elle avait achetée à l'aveugle, et une autre aussi pour les Songes. Tout y était prévu jusqu'au zouave, jusqu'au zébu, et jusqu'à l'Auvergnat : un signifiait mauvaise affaire, deux, bombances, et trois, ripailles. Je me rappelle aussi que le zouave, suivant les cas, était paillard ou héroïque. Mais savait-on avec Dora ce qu'il fallait croire ? ce qui était vrai de son âme solennelle de petite fille qui veut qu'on la prenne pour la reine parce qu'elle a mis un torchon sur sa tête, ou de femme qui fuit un songe dans d'autres songes ?

Dora, pardonne-moi aujourd'hui d'avoir douté des cartes, des épingles, du prophète et des Choses qui Volent. Je te vois encore au bord de l'eau, jetant du sable avec cette expression d'enfant, si grave, et t'entourant de toutes tes histoires comme une petite fille s'entoure de ses bons points pour s'enfermer dans un château, pour s'entourer d'une barrière bleue.

Peut-être n'étais-tu, t'accrochant aux brins d'herbe et t'inventant des fétiches protecteurs, que le gibier traqué de M. Panado ? une enfant qui recule de cachette en cachette et qui jette du sable, affolée, pour aveugler celui qui vient.

*

Sinon, pourquoi ne savait-on rien d'elle ? Elle s'enveloppait d'une magie puérile et devait se donner beaucoup de mal pour ressembler au portrait que son marin lui avait laissé d'elle. Peut-être jouait-elle à la fée avec les seuls moyens du bord, les galopins des Tanneries et des Petites-Ames, s'enveloppant d'un nuage de pipe et de grande musique ; car les fées ne doivent pas se faire connaître.

Ainsi tombaient des grêles de pierres sur ses frontières, ainsi s'organisait autour d'elle tout un barrage de prestidigitations.

On entendait des froissements dans les roseaux, des ombres apportaient des choses, des chansons naissaient du brouillard, des serviteurs sortaient des buissons noirs. Pied-Volage la suivait partout. Le portique avait été décoré de branches vertes et d'un grand écusson avec un cerf-volant. On eût dit un arc de triomphe.

D'un Vingtrinier, elle ne voulut jamais parler.

— Qui vous a dit ce nom ? demanda-t-elle à Fred.

Il répondit : « C'est Pied-Volage », et remarqua que désormais, elle ne lui laissait plus voir le petit garçon.

En revanche, elle ne se lassait pas de lui demander des détails sur Théo. Il dut lui expliquer le singe et la maison de la rue Bonne-Nouvelle. Elle paraissait surtout préoccupée de chant, de théâtre et de musique. Fred lui jouait sur l'accordéon toutes les complaintes de l'aveugle.

Il faut avouer qu'elles étaient étonnantes. Il ne les attendait pas de Paris. Il y avait sur place un poète qui pourvoyait à tous les besoins, les prévoyait et les comblait d'avance. A peine un événement tragique se produisait-il quelque part, déjà nous en avions une complainte en règle : crime, suicide, accident, incendie. Depuis le satyre de Rieutort, on avait eu un enfant martyr, et un accident de chemin de fer,

(L'aiguille tragique,
En mauvais état,
Sème la panique
sur l'Ouest-Etat),

un accident qui avait fait douze victimes, avec un refrain effrayant et le tableau du désespoir d'un chef de gare au clair de lune sur une voie dc garage désolée.

La « bête de l'étang des Viornes », beaucoup moins claire et plus locale, avait remplacé le chef de gare. Plusieurs fois, le cris de cette bête, de ce saurien, de ce singe-bœuf, de ce je ne sais quoi d'extra-humain, avait fait trembler les hameaux. Son cri venait tantôt des forêts de Plagnole, tantôt de l'étang, de préférence au crépuscule. On parlait de pillage de basses-cours et d'énigmes zoologiques.

L'ouvrier s'étonne,
Le fermier frissonne,
Chacun en raisonne,
C'est déconcertant.

C'était « Sylvio Marina, l'artisan-poète », qui versifiait ces malheurs surprenants et entretenait ainsi une atmosphère de panique dans les esprits et la grammaire. Mais qui était Sylvio Marina ? Certaines des feuilles portaient son portrait en médaillon : moustache classique et casquette plate. Il ressemblait à notre parricide. Et chaque fois, c'était fête aux « Plaisirs de Corée », on y faisait des concours de complaintes, on y vivait dans le crime et la fatalité.

On avait d'ailleurs essayé de recevoir en grande

pompe l'illustre ouvrier Marina, pour le nommer Sylvio-poète-chinois-breton au cours d'une séance en latin, mais on n'avait pas pu le joindre. Nul ne connaissait son adresse. Finalement on y avait renoncé, et d'ailleurs on n'avait que le choix dans le grandiose. Car on se proposait de crucifier M. Vantre, ou tout au moins sa silhouette en carton, sur la porte de la mairie, de faire l'ascension de la rue des Ursulines, avec piolets, feux de bivouac et observations scientifiques, ou de prendre d'assaut avec drapeau l'urinoir neuf de la place de la Législation.

C'était l'époque où l'on chantait *Cœur de Lilas.* Dora enseignait à Fred des refrains du fleuve que personne ne connaissait, sauf peut-être, exceptionnellement, pour avoir entendu chanter quelque chose d'eux dans les Iles cet hiver-là, ce qui n'est pas habituel en France où nul ne chante en hiver sur les fleuves (ces chansons en tiraient un prestige romanesque).

Que se passait-il encore ? Théo Gardi, qui employait Fred à corriger son français hésitant, en était au chapitre treize d'un roman policier dont tous les personnages parlaient comme en Europe Centrale.

Raoul de la Falèze, qui avait été recalé à la deuxième partie du « bac », et s'était engagé au 6e colonial, allait partir pour la Syrie. Fred buvait avec lui dans des cafés maudits d'où il rapportait le bon usage tel qu'on l'enseigne au 6e colonial, et des noms de consommations rares, lorsque Raoul venait en permission.

Ainsi la vie s'écoulait-elle loin de moi. On avait mis à la mairie depuis quelque temps une affiche qui exhortait à « s'engager et se rengager » dans les troupes coloniales, avec des jonques et un éléphant blanc. Un sergent blond, juché sur l'éléphant, du haut de son col orné d'ancres, semblait chanter la chanson de Kipling. Et Fred baissait la voix en me parlant de ces choses.

*

Le soir tomba, on entendit un hurlement. C'était un rugissement sans nom, qui tenait du cri d'enfant et de la sirène d'alarme, le cri de cette bête de l'étang dont nous nous étions tant moqués. Fred se rapprocha de la fenêtre. Il me sembla que je le voyais soudain très loin, et tout petit, comme au bout d'une lunette marine. Il avait la même expression — attente ? angoisse ? ou ravissement ? — que le jour où nous étions partis à toutes jambes du côté du Moulin à Vent quand il avait entendu le coup de sifflet.

Je le reverrai longtemps ainsi, le menton levé, comme un chien de chasse alerté par les voix de la nuit. Il avait déjà ce profil dur, maigre et luisant, qu'on voit sur des médailles romaines, le masque attentif et fatigué des sentinelles.

Nous statuâmes que ces bruits inhumains étaient l'appel de M. Panado qui poussait le « cri fondamental » dans les roseaux de l'étang des Viornes ; il avait dû laisser sur la vase du rivage l'empreinte de ses pieds étonnants.

Il y a longtemps que ces choses se sont passées. Rien n'a changé dans la petite rue. La lumière d'un bec de gaz tremble toujours sur le pavé du carrefour des Trois Voleurs. La tour Saint-Gilles allume ses lampes et la campagne reste vide, longue et brumeuse jusqu'à l'étang. Si on regardait sous les roseaux, peut-être trouverait-on encore la trace des pieds palmés de M. Panado dans cette vase molle qui sent la même odeur humide que les murs du faubourg autour de la petite rue. J'entends encore le cri de M. Panado : un mugissement d'animal, le hurlement d'un homme qu'on torture dans une geôle, ou les voix inidentifiables de la jungle et de la forêt.

★

La vie se passait loin de moi, Dora devenait un conte. La réalité ne m'était apportée que par Fred qui restait à peine un quart d'heure, et il finit par prendre lui-même dans mon esprit l'importance, le recul des réalités racontées. Il devint, jumelé au profil de Dora dans le filigrane du réel, ce que deviennent les choses sous vitrine : plus brillantes. Car il suffit d'un morceau de verre, d'une étiquette écrite en ronde, pour faire d'un tesson d'assiette un exotisme.

Ainsi m'apparaissait Frédéric, paré du prestige de Dora, de son accordéon et de ses aquarelles, auréolé de son melon.

Je n'avais encore jamais songé à le voir. Maintenant il devenait, mêlé aux personnages du papier peint, quelque chose comme un héros de livre.

Sa vie se racontait dans ma tête à l'imparfait, cette vitre de musée des héros littéraires.

Plus on connaît quelqu'un, plus il est mystérieux. En me donnant Fred du premier coup avec son étonnante coiffure, la réalité me le livrait sans aucune espèce de mystère. Ce fut en se compliquant qu'il devint énigmatique, quand il fut là un peu chaque jour, (pas assez pour devenir banal, trop pour ne pas m'apporter toutes sortes de problèmes), avec ses singularités, et le roman policier de Théo à corriger.

Le vrai est toujours inattendu. Il sort de sa boîte comme un diable. La maison de Fred elle-même m'apparut singulière. Cette villa Louis XIII, pleine de courants d'air, surmontée de l'astronome qui surveille les étoiles, dans l'odeur noire du buis mouillé, avec des plaques de neige sur des pelouses en faillite, cette espèce d'immeuble hanté par un oncle et un neveu pareils de costume, de taille, de silence, par ces deux longs célibataires parallèles, comme dans un film où le même acteur joue deux personnages à la fois, me travailla de sa fantasmagorie.

Je n'ai jamais connu de maison plus glaciale, car le docteur Peyrolles avait des théories : il luttait contre le froid par l'absence de chauffage et ne mettait jamais de pardessus, non plus, on le sait, que de bretelles, de ceinture ou quoi que ce fût qui retînt quoi que ce soit.

J'ai dit que dès le premier jour il avait dépouillé son neveu de tout accessoire de ce genre. On retrouvait chez l'un et l'autre le même affaissement du pantalon, la même débâcle des chaussettes, le même découragement de la cravate, les mêmes souliers merveilleusement cirés et les mêmes cheveux en brosse. Car ces deux hommes n'étaient que désordre et propreté, nez immense, poils durs, fibres et cartilages. Le docteur avait fait de son neveu une espèce de pendant de lui-même. Ils étaient aussi longs l'un que l'autre, avec des précipitations qui rompaient l'apathie générale de leur rythme. J'imaginais ces jumeaux de cinéma, montant ou descendant le grand escalier de bois, comme les contrepoids d'une horloge. La vieille Mariette, qui veillait pourtant depuis vingt ans, tapie contre son fourneau de cuisine, en compagnie des anges, des morts et de son chapelet, sur l'existence de ces deux longs hommes inoffensifs, les confondait parfois entre eux, et des quiproquos de music-hall la tracassaient au crépuscule. Le soir, elle devait les replier, glacés par le couloir, avec toutes leurs charnières, et les déposer dans leurs lits comme deux mètres pliants qu'on rentre dans leurs tiroirs. On sentait là quelque tour de physique. On se figurait qu'on voyait double. Les deux vélos, sous les deux melons, dans le grand vestibule dallé, en prenaient l'air d'accessoires de cirque.

J'ai dit que le docteur Peyrolles vivait au fond de sa glacière au sein d'un peuple de Romains. On entrevoyait du couloir cette armée de marbre et de bronze par les portes du cabinet, de la salle d'attente et de la salle à manger. Il y avait des penseurs, des guerriers et des aigles qui sommeillaient un peu partout dans la pénombre, au hasard des pendules, des cheminées et des stèles. Marius méditait sur les ruines de Carthage, le poing sous son menton rasé ; un « Aigle sur Forum » (c'était le nom du sujet dans le catalogue de la fabrique) portait au bout de son bec une montre sphérique, les ailes dressées sur une colonne tronquée. Napoléon, autre Romain, glissait la main dans son gilet. Le docteur Peyrolles avait acheté tout ça au poids, en bloc, à la fabrique elle-même, au moment où il avait monté son cabinet. Depuis il ne l'avait jamais regardé. Il ne savait pas où il habitait. C'était romain, payé, et respectable ; il ne s'inquiétait pas d'autre chose. Il avait aussi de pleines vitrines de gros cailloux de toutes sortes et de toutes couleurs, plus géologiques les uns que les autres, qui lui inspiraient une glaciale indifférence, mais dont il ne parlait qu'avec vénération, parce qu'il les tenait de la reconnaissance d'Antoine Duprat de l'Institut, qui était venu mourir par ses soins dans nos murs. (Il faut dire que le docteur Peyrolles avait une grande réputation.)

Au milieu de ces enfants de Tite-Live, qui disputaient au rez-de-chaussée des championnats de vertus civiques, le docteur recevait parfois l'abbé Chaumy, — le vicaire de la paroisse, — et M. Ramaison, le lieutenant de gendarmerie, des gens qui représentaient la Loi, la Justice et la Charité, des gens symboles vêtus de noir qui ne craignaient pas les courants d'air. Car il fallait une âme d'explorateur polaire pour venir voir le docteur Peyrolles. Le lieutenant Ramaison faisait monter Fred à cheval, et le vicaire lui confiait des tâches.

Les portraits étaient ceux de gens graves. Même celui de l'oncle Triple Croche, le compositeur, le propriétaire du chausson inspiré, était austère, correct et imposant, encore que l'oncle Triple Croche représentât la branche folle de la famille, le dissident, le canard sauvage couvé par les poules de basse-cour. Cet homme avait vécu dans le génie et le désordre, de champagne et de croûtons de pain sec. Sa vie s'était passée comme une valse de Strauss. Son héritage se composait de notes d'hôtel. Sa famille l'avait renié comme un tourbillon maléfique, mais c'était de lui que rêvaient les enfants. Le chausson de Lily Bürstner était un fétiche insidieux. Il promettait des palais, des gondoles, et la valse du monde entier.

La porte de la salle à manger (celle par où venait l'air le plus froid), montrait à la place d'honneur, au-dessus de la cheminée enrichie de dieux Thermes, — œuvre de sculpteur Cardonneau, — qui ressemblaient à s'y méprendre à Parmentier et à Maussert, — par conséquent à Robespierre, — un immense agrandissement d'une photographie de M. Lamourette, le père de Frédéric, vêtu en militaire, le col brodé de lyres d'or.

Frédéric était élevé dans le culte combiné de la vertu romaine et des frêles musiques de ce géant somnambule. Il le revoyait pliant avec grand soin, à la veille de partir en guerre, son pantalon dans une cantine, et s'inquiétant de ne pas trouver sa clarinette. Il se reprochait de n'avoir pas su voir tout ce que son oncle découvrait chez ce père qui devait servir d'exemple.

C'était au repas du soir que se donnaient ces leçons. L'oncle lisait le journal la tête reculée, en presbyte, puis le jetait dans un coin en haussant les épaules, avec un mélange de colère et de résignation fataliste. « Ah ! disait-il, ce n'est pas ton père qui aurait voté d'aussi stupides crédits ! » Ou encore : « Si ton pauvre père... » On imagine difficilement le nombre d'erreurs que Lamourette aurait épargnées à la France. Si Lamourette, ce Romain de Plutarque, eût été là pour la guider, elle eût rayonné sur le monde, gagné les concours de jeux d'échecs et les compétitions de sagesse. Des repas de la salle à manger, cet homme gros, indifférent et bon, machinal et couvert de lyres, de brandebourgs et de petits rubans, sortait en bronze moulé, pareil à la statue de ces généraux antiques qui sciaient en deux les prisonniers sur des pendules, et de ces grands avares qui frappaient des maximes sur la carotte et sur les lois.

Le portrait de Mme Lamourette montrait une dame lymphatique qui avait de l'âme et les cheveux frisés. Ses compagnes de pension l'appelaient « l'Escalope » ; elle était tendre et pâle, avec un lorgnon de myope qui cachait la timide ironie de ses yeux mauves.

Quant au docteur, le vicaire disait que c'était un

chêne. Il en avait les bosses et la rugosité. De toute façon, de sexe mâle, plus long que nature, bourru, coiffé en brosse, il portait la féroce moustache des tendres et des sentimentaux. C'était un brusque et un pudique. On lisait ça tout de suite dans ses soies de sanglier. Il ne manquait aucun match de football et ne lisait que des romans de midinette. Ces terrains neutres lui plaisaient. La force s'y montre innocente et le cœur y triomphe toujours. L'humanité, dans son ensemble, lui faisait l'effet d'un troupeau de bœufs qui risque à tout instant d'être piqué par une mouche. Quand il fermait les yeux, il en sortait tout triste, et attrapait immédiatement la première plaisanterie qui se présentait à lui. A cause de Fred, c'étaient des slogans de collégien. L'oncle et le neveu avaient fini par se mettre au même niveau, comme des vases communiquants. Le plus clair de leurs échanges consistait dans le mutisme, l'humour convenu et le précepte d'hygiène qu'ils se renvoyaient comme une balle. Il n'y avait rien de si étonnant que de les voir gonfler leurs vélos dans le couloir. On aurait dit que le même personnage s'était installé de chaque côté.

J'ai dit que Fred logeait dans le grenier pour des raisons particulières à cet âge-là, qui tiennent au code des choses « grandes et magnifiques ». Il y habitait une mansarde meublée d'une grande affreuse affiche de la bicyclette « Cyclamen » qui représentait grandeur nature un coureur acharné, le dos rond, sur ses pédales, avec un dossard numéroté. Par la fenêtre on voyait toute la ville, le moulin, la mairie, le tribunal, les îles blanches, le fleuve noir entre ses rives de neige, et M. Vingtrinier dans l'arche des David. Fred vivait là, entre ses fleurets, les souvenirs de Lyautey, le

Voyage du Centurion, les mandragores de l'archipel et le coureur de la marque « Cyclamen », dans une euphorie d'alpiniste.

Mariette s'acharnait à vouloir le faire descendre à des altitudes plus humaines. Il persistait à préférer ses murs de plâtre, son trapèze et le chausson de Lily. La magie vit mieux sur les cimes.

Quand cette maison m'apparaissait en rêve, je la voyais meublée de courants d'air, d'un peuple de Romains, d'un propriétaire double et d'une espèce de bœuf qui chantait la polka sur la cheminée de la salle à manger. Fred, dans cette mythologie, était l'enfant de ce bœuf qui jouait de la lyre. Tout cela sentait le fantôme, le cirque, l'histoire ancienne et la mythologie.

Mais le printemps arrivait. Le printemps fut pour Dora.

*

Nous la découvrions partout, et notamment dans les poèmes de Heine. M. Forestier, notre professeur d'allemand, était du style pompeux, mais jovialement lugubre, avec une barbe de monarque de jeu de cartes, une formidable voix de basse, et l'air du veuf qui remercie sur la tombe. Pénétré. C'est cela, il était pénétré. De quoi ? on ne sait, mais il l'était profondément. Avec des échappées soudaines. Disons allègre et pénétré. Il aimait nous courber sur des travaux écrits qui abrégeaient sa propre besogne, et faisait le tour de la classe en répétant sur un air personnel avec l'accent de Carcassonne : « Allong, allong !... Trrrravaillong... Traavaillong... si nous voulong... arrrriver à l'edzaming... Allong, allong !... Travaillong... Trrrravaillong... si nous voulong... arrrriver... à l'edzaming. » Il ne cessait lui-même de travailler cette phrase, d'en souligner, d'en ouvrager la mélopée, de sa grande voix caverneuse, montant en flèche sur les deux premiers mots puis redescendant par paliers, et prolongeant la fin dans un mugissement. C'était superbe. On aurait dit une robe à traîne qui descendait un escalier majestueux. Quand il avait fini, le son de sa belle voix de bronze retentissait encore longtemps. Il nous penchait sur des textes de Heine qui sentaient la brume et l'eau grise, l'Etoile du Nord, la mouette, le hareng frais. C'étaient des cabanes de pêcheurs, c'étaient nos Iles, c'était Dora... C'était Dora qui racontait au bord de la mer les palmiers et les Esquimaux, et les nègres qui ont la tête plate, et les Lapons qui boivent de l'huile de foie de morue. (Le soir tombe, un bateau passe et sa lumière s'éteint, et on reste envahi par le froid de la mer et l'énigme de la planète... Je n'ai pu m'empêcher de la chercher depuis sur les plages de la Hollande, au milieu des fauteuils-guérites épargnés par les bombes d'avion. Je l'ai revue, dans le jeu des phares, sur le dos des vagues... Dora, que tu es longue à mourir !...)

M. Forestier nous faisait traduire l'aventure de Peter Schlemihl qui avait vendu son ombre au diable pour la bourse de Fortunatus. Je ne pus plus voir la bourse bleue sans me rappeler cette histoire.

N'avions-nous pas vendu aussi notre ombre pour une bourse venue du ciel ? Ce n'était pas au diable, et c'était à Dora. Nous ne pensions pas que ce fût grand-chose de vendre son ombre à quelqu'un. Comme Peter Schlemihl, ce ne fut qu'à l'usage que nous vîmes combien il est nuisible dans la vie de s'être, en somme, séparé de soi.

Ainsi M. Forestier nous prouvait-il clairement que Dora avait été prévue par les poètes.

Ce fut à cette époque-là qu'un soir je vis une lumière qui se promenait derrière les fenêtres des Maisons Roses. Les Maisons Roses formaient un groupe à part, un peu plus loin que les Maisons Mortes ; mais de nuit il était difficile de discerner dans ce pâté de bâtiments de quel immeuble venaient les lumières. Je signalai le phénomène à Frédéric qui le rapporta lui aussi aux mystérieuses activités de Dora : c'était devenu une hantise.

★

Il fallut aller au moulin. L'après-midi était jaune et brumeuse. La vieille salle n'avait qu'une lucarne coupée en deux par le plafond du premier où l'on montait par un petit escalier à peine plus large qu'une échelle. Et tout, jusqu'au grand mécanisme, à la roue, aux arbres à vis, était en bois comme dans les anciens voiliers. Ils avaient allumé une lampe, et c'était encore comme du Heine quand les enfants se sont fabriqué une maison dans le poulailler pour y jouer aux grandes personnes.

Nous tapissions les caisses de la cour
Et nous y logions tous les deux
Dans le plus distingué des home...

Aux vieux tapis qui servaient de tentures, aux slogans écrits sur les murs, au feu de camp qui faisait tousser par sa fumée, aux piles de sacs utilisées comme sièges, on reconnaissait l'influence du club des « Plaisirs de Corée ». L'arc de triomphe, écussonné d'un cerf-volant, s'était enrichi de fioritures. Le feu de bois sentait anachroniquement le soir d'automne et le temps qui passe. On ne voyait plus le monde qu'à travers sa fumée, on ne voyait plus la vie qu'à travers les histoires de Dora.

Nous sortions de là ravis et dégoûtants, les yeux brillants et les mains charbonneuses. Nous nous lavions grossièrement, dans le fleuve glacé, mais la vieille Mariette se plaignait du pantalon de M. Frédéric : elle devait le battre dans le jardin comme une carpette. Il en sortait tellement de poussière qu'il s'en nimbait et cachait le soleil, et qu'on se demandait comment si peu de tissu pouvait contenir tant de fumée. La vieille Mariette avait fini par croire à quelque œuvre du diable. Il sortait des contes de Hoffmann.

Dora régnait, assise en tailleur sur les sacs, dans la salle du meunier, antre du romantisme. On dit qu'il est sur un rocher, au milieu du Rhin, une dame blonde qui peigne ses cheveux si adroitement que les capitaines des bateaux-mouches, intimidés par un tel tour de force, en lâchent leur pipe et le gouvernail. Ils sombrent dans le fleuve où les sœurs de cette dame leur font mener pour toute l'éternité une vie de danses folkloriques et de chansons plaintives. Dora, avec ses cheveux dorés, ressemblait à cette Loreley. Elle sortait décidément de tous les poèmes de Heine, parfumée par M. Forestier !

Que ses yeux étaient verts et son menton pointu ! Que ses cheveux étaient dorés ! La bourse de Fortunatus circulait de main en main, comme pour nous lier par un pacte. Que de fois nous avons écouté Dora autour du feu, le jeudi, frissonnant de la fièvre des Iles ! Et la plupart de ses histoires étaient tristes et merveilleuses, mais je me les rappelle mal et, sorties du moulin, elles perdent leur couleur. On ne peut pas toucher aux histoires du moulin sans les ternir ou les trouver insignifiantes. Sur le moment, autour du feu, où elles venaient papillonner, tantôt dans l'ombre et tantôt dans la flamme, elles nous faisaient sentir des choses si aiguës que nous savions qu'elles étaient vraies. Il y en avait une que j'aimais parce qu'elle vous laissait dans la bouche un goût de larmes et de désespoir (les larmes et le désespoir plaisent à la joyeuse jeunesse).

Dora avait cinq ans. On la menait en pension. La porte du couvent se refermait sur elle. C'était une immense porte noire. De l'autre côté elle entendait décroître le bruit du fiacre qui emportait sa mère. Elle restait toute seule au milieu d'une allée. La porte noire avait une poignée de cuivre, et quand Dora disait l'histoire, on entendait le bruit de la porte au moment où elle se refermait, et on voyait la poignée de cuivre.

Elle nous racontait aussi qu'elle cherchait les souterrains.

— C'était avec Marie, Chouquette et Amélie.

Elles voulaient explorer le souterrain de la pension ; on affirmait qu'il sortait au milieu de la campagne et qu'il avait dix kilomètres. Elles s'y étaient préparées trois semaines en mettant de côté des pommes et des morceaux de chocolat, et en économisant sur leurs portions parce qu'elles étaient sûres de se perdre. Aussi avaient-elles emmené le chat. Il leur avait fallu trois semaines pour l'apprivoiser. Elles lui avaient attaché un gros ruban rouge autour du cou afin de le rendre voyant quand il porterait le message pour alerter les sauveteurs. Elles avaient volé la clef de la cave et recruté dix adhérentes. Mais les adhérentes prirent peur. Il ne resta que l'état-major. On le retrouva dans la cave en train de compléter les provisions de voyage, et les petites furent traitées en voleuses.

La vie de pensionnaire de Dora faisait songer aux aventures d'une fourmi triste dans une rainure de parquet, sous les pieds de directrices aux chaussures oppressives.

Sa vie de famille semblait en revanche avoir été une existence de grandes vacances, présidée par un père grandiose et poétique.

Autant que j'aie pu comprendre à travers ses récits c'était un homme qui gagnait beaucoup d'argent, et en dépensait encore plus, à représenter d'un bout de la France à l'autre, et un peu à travers l'Europe, des marques de liqueurs célèbres.

Il avait acheté à ses femmes un vrai château avec des tours et un balcon, une terrasse qui croulait sous les roses, un précipice bleu et un horizon fou. Le clair de lune faisait partie du lot, la nature l'avait assorti aux exigences du précipice : il était plus bleu que n'importe où.

M. Dora arrivait au milieu de la nuit dans la chambre où dormaient ses femmes :

— Vous ne vivez pas, leur disait-il, vous gaspillez les heures, vous dormez votre vie !... Venez voir ! c'est encore plus beau qu'hier.

— Mais quoi donc ? quoi donc ? disaient-elles.

— Vous allez voir...

La lune éclairait le précipice. Il les tenait sur le

balcon et faisait des gestes en silence. Après quoi il citait Schiller. Son madras se terminait dans le ciel par deux pointes qui lui faisaient un profil d'escargot. Bien pris dans sa jaquette marron, d'une coupe merveilleusement soignée, sur un caleçon blanc rayé de noir, il avait l'air d'un gros insecte rare, d'une espèce de hanneton cornu qui délirait au clair de lune.

La petite fille rentrait ravie, transie, exaltée, reconnaissante.

Il la menait au théâtre et à la brasserie, elle léchait les fonds de verre après avoir bu son cassis avec les acteurs de passage. Ils voyaient tous les opéras. Il lui apprit à tresser des paniers et à l'automne ils fréquentaient des bohémiens. Toute la maison était décorée de vanneries.

Souvent il s'enfermait la nuit, dans la cuisine du château, avec des cartes, une lampe Pigeon, des dictionnaires et une géographie. Il se mettait sur les épaules un châle à fleurs, et il se chaussait de pantoufles. Il s'installait comme pour un hivernage. C'était pour étudier le régime des vents. On ne sait pourquoi cette question le tenaillait. Peut-être parce qu'il faisait des inventions. Il avait inventé une rave au fromage dont il gâtait la sœur Saint-Austremoine (qui portait une barbe en pointe, comme les sergents de chasseurs à pied) quand elle venait faire la garde-malade pour les vieilles tantes qu'on recueillait. Ces festins se passaient à minuit.

Toutes les tantes n'étaient pas dociles. Il y en avait une qui mordait. Elle était théosophe et elle mordait aux jambes quand on la mettait en colère. Elle vous regardait fixement d'un œil noir, sans bouger, pendant deux minutes, et tout à coup elle vous mordait aux jambes. Il n'y avait pas moyen de l'empêcher de mordre aux jambes. Si par hasard, dans sa perplexité, quand la scène se passait au petit déjeuner, on la coiffait par un réflexe de son bol de café au lait, elle attrapait le marteau à casser le coke, mais on la battait à la course et on l'égarait dans le grenier.

Pendant qu'elle cherchait la sortie, le père de Dora retournait à la cuisine pour travailler à son aspirateur modèle. C'était un nouvel appareil pour l'hygiène de la maison, une sorte de ramasse-poussière d'une intention extrêmement ingénieuse. Il avait acheté un cahier pour en rédiger le mode d'emploi, et le rangeait dans le coffre-fort avec de petits accessoires qui devaient servir à la fabrication. Il lui avait fait une étiquette en lettres gothiques.

Ce ramasse-poussière le poursuivait. Il en remplissait de pleines pages. Mais il avait une manie : il lui fallait des crayons neufs. Ça le prenait d'un seul coup, surtout sur les onze heures, ou alors vers six heures du soir, au moment de l'apéritif, quand on a l'estomac qui rêve. Il regardait soudain dans le vide, se touchait le front de l'index, levait ce doigt en l'air comme quelqu'un qui se rappelle soudain, par une grâce providentielle, une chose qu'il ne faut pas oublier, et il disait : « Je vais acheter un crayon chinois. » Il ne revenait que tard dans la soirée. Et il avait perdu le crayon. C'était dommage. Quand il avait le papier, il n'avait pas le crayon ; quand il avait le crayon, il n'avait pas le papier. Aussi pouvait-on dire de sa grande invention qu'elle était le fruit d'heureuses coïncidences. Mais, véritablement, elle le travaillait. Un jour, il ramena un comptoir qu'il avait trouvé d'occasion, chez des forains, par un trait de prévoyance, pour l'époque où le ramasse-poussière aurait des magasins à lui. C'était un très joli comptoir de chevaux de bois, à tranches rouges et vertes, assez majestueux, avec des glaces et des dorures, des têtes de chevaux en bas-relief sur les panneaux et en ronde-bosse aux quatre coins. On l'installa provisoirement dans le vestibule. La tante Cécilia en avait des cauchemars.

Il ne manquait plus que la caissière. Un jour l'épicier l'apporta.

C'était un épicier que le père de Dora avait entièrement subjugué par son étonnant magnétisme, on ne sut jamais ni comment ni pourquoi. On les retrouvait toujours ensemble, portant des paniers pleins, entrant dans des cafés ou trafiquant dans des boutiques. Il allait le chercher à toute heure du jour, l'autre suivait. Il l'arrachait à ses clients n'importe quand, laissant sa femme scier toute seule la morue sèche et pousser des cris inutiles. Cet épicier préférait M. Dora. Leurs relations avaient été inaugurées par une querelle épouvantable ; ils s'étaient battus en public en renversant le tonneau d'olives. Après ça, ils s'étaient compris, et ils ne cessaient plus de se comprendre.

Une fois donc, à onze heures du soir, cet épicier ramena une caissière au château, une femme superbe, et qu'il était allé chercher très loin. Elle complétait la caisse. Il avait compris le style. Elle avait elle-même une belle tête de cheval, de cheval doré, comme les boucheries hippophagiques. Mais le plus beau, c'était le buste évidemment. La mère de Dora ne dut pas s'en rendre compte, car elle ne fut pas du tout contente, et la tante Cécilia mordit tout le monde aux jambes. On la mit à la porte, elle ne revint jamais.

Ce fut alors que M. Dora resta dix mois à acheter le

crayon chinois. Les premières nouvelles qu'on eut de lui furent de Bruxelles. Elles vinrent par la suite de Vienne, de Berlin et de Rome. On aurait dit que le seul crayon chinois qui fût resté sur le globe terrestre faisait le tour des capitales européennes. Quand M. Dora revint, le fidèle épicier l'attendait sur le quai de la gare avec une bouteille de vin blanc.

Je trouvais un tel père grandiose et passionnant. Elle en parlait comme d'un opéra qu'on est allé voir à Paris. Elle s'en souviendrait toute sa vie.

Elle nous parlait souvent de la locomobile. C'était un rouleau-compresseur. Elle ne vivait plus que pour la voir partir. Son père l'avait achetée « pour en récupérer la force ». Une vieille locomobile qui traînait sur le chemin. Il n'en parlait qu'à mots couverts, d'un air mystérieux, important. « Ça prend corps, ça prend corps ! » disait-il fréquemment. Il y eut des jours où elle se détacha sur un soleil couchant groseille qui lui faisait une apothéose.

« Il n'entendait rien aux machines, il la chauffait, y mettait du bois, y versait de l'eau, du pétrole et de l'huile, il la tracassait, la démontait, mais elle ne partait jamais. Le jardinier avait fini par y faire pousser une glycine. Le cantonnier y lisait son journal. Les enfants s'y amusaient, c'était sur le chemin. Les oiseaux avaient fait un nid dans la cheminée. Et puis un jour, il a fait venir des mécaniciens. Il a tout fait réviser et astiquer. C'était superbe. (Elle parlait avec une amertume affreuse.) Mais ça n'a pas marché quand même. Et puis une nuit que je ne dormais pas, je l'ai entendu descendre l'escalier, j'ai attendu longtemps sans l'entendre revenir, je suis allée voir sur le balcon. Il faisait un clair de lune splendide, et j'ai vu la machine chauffer, j'ai entendu un bruit de soupapes, j'ai vu de la vapeur et des flammes, et tout d'un coup elle est partie à reculons. Au bout du chemin, il y avait une carrière... (Elle se cacha la figure dans les mains.) Ça a fait un fracas atroce. »

Tant il est vrai qu'une nuit plus belle que toutes les autres, l'homme finit toujours tôt ou tard par être mangé par sa chimère.

Elle se rappelait surtout avec horreur le bruit qu'avait fait la machine.

Le père n'était pas tout à fait mort. Pendant que l'ambulance l'emportait, la mère de Dora, qui n'avait plus un sou, avait ouvert le coffre-fort.

Elle y trouva la recette de la rave au fromage, le cahier du ramasse-poussière à couverture de moleskine, deux ficelles de vingt centimètres et un morceau de bois verni : les premières réalisations. Cette femme se sentit lâchée dans l'existence avec une fille, un château, deux ficelles et un bâton de trente centimètres, — parfaitement laqué du haut en bas, et muni d'un anneau pour le pendre, — dont le côté vraiment pratique ne pouvait échapper à personne, car il était noté dans le cahier écolier sous la mention « mode d'emploi ». Elle crut en faire une maladie, quand le père ressuscita, probablement parce qu'il n'était rien qu'on ne pût attendre de cet homme. Il ressuscita pour la guerre, qu'il fit avec exaltation, en s'aidant largement de toutes les liqueurs connues. Il se couvrit de gloire sans une blessure.

— Il est mort au repos à Verdun, concluait tristement Dora, en se battant avec un prisonnier.

Mais le prisonnier était un boxeur de Hambourg.

La mère de Dora dut revenir au petit bâton et aux

ficelles. Du haut du balcon, dans le ravin, la petite contemplait au fond de la carrière la locomobile renversée, les roues en l'air et désastreuse. « J'étais hantée par cette locomobile, je voyais la lune au ciel comme un gros coquelicot », disait-elle au bout d'un silence.

On demandait des détails sur la tante Cécilia et Fred jouait de l'accordéon, pour passer à des choses plus drôles.

Nous voulûmes faire tourner les tables, mais le guéridon ne marcha pas.

Et d'autres fois, Dora nous parlait du marin.

Il se confirmait qu'il devait mourir le 15 juin. « Le 15 juin », répétait-elle. Et elle partit en sanglots.

Ce fut une chose affreusement triste, car elle venait de rire à pleine gorge. Et tout d'abord il nous sembla que c'était encore du rire, et nous nous mîmes à rire aussi en vertu de la vitesse acquise, sur ce nouveau départ de la joie. Et puis nous fûmes atrocement gênés, quand nous vîmes que c'étaient des larmes, et des larmes désespérées. Elle se cramponnait à Fred, et elle pleurait sur son épaule. Et elle l'embrassait, le visage tout humide, et elle m'embrassait aussi, et nous nous serrions fort les uns contre les autres comme à l'approche d'un grand malheur. Ne disait-il pas la vérité ? Ne lui avait-il pas prédit qu'elle serait la reine des Choses qui Volent ?... Une pie lui avait apporté un trésor ! Comme dans une fable ! Il avait dit que ces Choses qui Volent ne cesseraient de lui donner des fêtes. Il y en aurait des foules dans le ciel pour ses fiançailles. Il y en aurait sur son tombeau.

Mais ce soir-là mon père s'inquiéta de contrôler si j'avais fait mon devoir de physique.

*

Ah, qu'elle fut bien la reine des Iles, du Labyrinthe et du Moulin à Vent !

Ce qui était royal, c'était son rire.

C'était une grande fille souriante qui avait l'air tendre, intelligent, ironique et grave des Françaises. Elle sentait la pipe, la lavande, l'eau de Javel et l'herbe mouillée. Et on aimait ce mélange dès qu'on approchait d'elle.

Je n'oublierai jamais non plus ses mains trop longues, ses cheveux lourds et ses dents blanches. Mais on ne la connaissait pas tant qu'on ne l'avait pas entendue rire. Car son rire ne lui ressemblait pas, du moins se le figurait-on la première fois qu'on l'entendait. Parce qu'elle avait l'air d'un maigre adolecent, on s'attendait à un rire âpre, aigu, ou même méchant, ou ironique tout au moins, qui eût senti, comme ses mains, le chlore et la lavande. Et c'était tout le contraire. Il s'épanouissait comme des grappes de lilas, et quand il éclatait en plein c'était comme un jardin de juin, de pivoines, de roses, de fleurs rouges, avec des timbres d'instruments, dorés, ambrés, des cuivres et des cordes, un carillon et un reposoir de Fête-Dieu, un rire de reine, je ne sais comment dire. Si bien que son corps de plante grimpante, son menton de chat, ses yeux de félin, tout ce qu'il y avait en elle de pâle et d'anguleux, son regard vert, son teint d'aquarelle, n'avaient plus l'air que de l'alibi de la femme inattendue qui se cachait en elle, — et qui devait être la vraie, car le rire est une chose sérieuse, — et que l'harmonie du tout rappelait celle d'une eau verte qui reflète le grand soleil (il fallait l'eau pour l'expliquer, sa fluidité, ses contrastes).

Si son fiancé avait fait d'elle, je ne sais trop pourquoi, la reine des Choses qui Volent, elle ne m'est jamais apparue que comme la reine des Choses Liquides, celles qui coulent et qui s'enfuient, — mais qui reflètent les châteaux et les villes, — la reine des brumes, des eaux, des algues. Et son rire, au milieu de cet océan vert, était comme une île de corail.

*

Mais où était-elle ? Dans son rire ? dans ses propos ? ou dans ses larmes ? ou dans ses jeux ? Qu'elle était sibylline !

Elle disait : je veux faire de l'aviation. Elle disait : je ferai du théâtre. Mais c'étaient sans doute des histoires qu'elle se racontait à elle-même. Etait-elle là ? Nous l'écoutions comme deux benêts. Le feu tombait, le jour mourait, les visages rougeoyaient dans l'ombre, par sursauts, et nous nous pleurions dans le gilet dans l'ivresse de notre amertume et de notre fraternité.

A la lueur d'une lampe Pigeon, nous faisions des festins de harengs et de gruyère arrosés de gentiane Bonal. C'est une recette que je déconseille à tous les gens vraiment sensés. Cette flamme funèbre et ces aliments froids, faits pour orner la pêche à la baleine, n'ont pour eux que la littérature. D'autres fois, le tabac, le rhum et la mélancolie nous berçaient l'âme d'une houle qui allait et venait entre la poésie et l'appréhension stomacale. L'odeur d'essence de la lampe Pigeon compliquait le tout d'une inquiétude particulière, le monde tournait comme sur un bateau.

Mais bientôt le grand air nous fouettait, un enfant silencieux nous ramenait dans le froid jusqu'à la pointe de la Porte Saint-Gilles, et une fois qu'il était parti il ne restait plus de notre vertige que le souvenir d'un songe marin.

Jamais Dora ne nous a dit son vrai nom. Nous ne sûmes pas où elle habitait. Nous ne savions pas d'où elle était venue. Elle n'était peut-être qu'un songe du fleuve. Elle était là avec ses coudes pointus, ses taches de son et ses histoires, assise à la façon du conteur oriental. Elle jouait de la flûte, nous dansions à ses pieds comme des pythons inoffensifs, ravis et parcourus, dès qu'elle ouvrait la bouche, par une ondulation magique. Elle fut notre danse et notre mal de mer, elle fut la transe de notre jeunesse.

Ce qu'elle racontait était-il vrai ? C'était vrai quand elle le disait. Elle parlait comme une somnambule ; elle s'embrouillait dans ses songes ; elle n'avait pas encore choisi ; on aurait dit qu'elle les battait comme un jeu de cartes pour en faire sortir le Roi après s'être prescrit à elle-même des conditions superstitieuses.

S'il eût fallu tout raconter à un Balèze, à un adulte, à un quelconque ricaneur, sans doute ses histoires auraient-elles été fausses. Sur le terrain de foot-ball elles ne voulaient plus rien dire ; mais Annibal non plus n'y était pas plus vrai, ni les guerres puniques ou les traités de Westphalie. Le songe des Iles, la voix de Dora, sa peur, son rire, n'étaient vrais qu'à certaines heures, mais qu'est-ce qui est vrai à tout moment ? On s'aperçoit assez souvent que c'est le moins croyable.

Et d'ailleurs, dès que nous étions seuls, nous savions bien qu'il n'y avait qu'elle, que rien au monde n'était vrai qui ne fût Dora, et ses histoires se recomposaient d'elles-mêmes dans nos cœurs, comme des remous, en tissant des rosaces.

*

Nous étions partisans décidés du mystère, mais d'un mystère à notre service, docile et sûr. Où il manquait nous en mettions, et là où il était nous ne l'apercevions pas. Il faut longtemps dans l'existence avant de bien situer les mystères. Encore changent-ils toujours de place. L'Amérique en fournit la preuve, et Christophe Colomb l'a bien vu, ou tout au moins ceux qui sont venus ensuite. M. Panado nous l'a montré, que nous avions bien cru inventer pour notre usage familier et nous faire peur en toute sécurité. (Il faut toujours faire bien attention aux démons familiers qu'on lâche dans le monde en les chargeant de missions de confiance. Il faut bien s'assurer de leur docilité. Ceux de Franz Kafka courent encore. Rappelez-vous qu'aujourd'hui on ne peut se fier à personne. Quant à ces êtres au teint de rave et aux pieds mous qu'on rencontre en fouillant sa cave, sous une caisse ou dans un placard, déposés là par les récits des hommes ou l'imagination d'une heure, l'expérience des siècles et Clemens Brentano enseignent à les laisser dans cet endroit sordide jusqu'à ce qu'ils y meurent de famine. Ne faites jamais l'aumône au pauvre sous l'escalier. Il est timide et gras, il a des mains qui tremblent, la peau trop douce et la barbe mal faite. Méfiez-vous de cet hydrocéphale sournois. Vous le nourrissez ? Il vous mangera.)

Mais il ne s'agit pas de M. Panado, je n'en parlais qu'à propos du mystère. Il ne s'agit pour le moment que du fils Badiche. Il venait de Londres, où Dora l'avait découvert vers l'époque de ses six ans, et elle avait donné son nom à une poupée qu'elle habillait en petit garçon. Il s'appelait Fred ou Freddy, comme celui qui vole les confitures dans l'histoire de Tom en Angleterre. Il avait pris dans l'enfance de Dora une importance particulière. Elle recevait toute sa famille le samedi soir ; elle leur servait le thé sous forme de morceaux de laitue infusés dans l'eau froide, et sa mère, qui entrait dans le jeu, lui prêtait un coin du salon pour cette cérémonie mondaine. Quand elle voyait Dora particulièrement affairée, elle lui demandait ce qui se passait. « C'est demain, disait la petite, que je reçois les Badiche. »

Bref les Badiche reçurent dans la famille Dora le droit de cité sous forme d'existence officielle. Et Fred Badiche accompagna Dora au cours de toute sa carrière. Il passa le brevet avec elle. Il navigua et fit de longs voyages, mais il devait revenir un jour pour la demander en mariage. C'était convenu entre Dora et elle-même.

Et un jour il était revenu sous la forme du long garçon qui faisait des ricochets coiffé d'un chapeau melon. Elle ne l'avait pas reconnu tout de suite, mais quand le soir était tombé et qu'elle lui avait demandé son nom, et qu'il lui avait dit que c'était Fred, elle avait bien vu que c'était lui.

Il avait l'air d'être sorti exprès du fleuve à l'heure étrange où la ville sombre au fond des eaux, et au moment de sa vie où une adolescente qui habille encore sa poupée en cachette regarde déjà les grands garçons.

Un jour, comme Frédéric lui avait demandé « Pourquoi tenez-vous à moi ? », elle lui avait raconté l'histoire, et qu'elle s'était inventé que le fils Badiche, qu'elle avait reçu si longtemps le samedi soir, l'arrachant au brouillard anglais, viendrait par un juste retour, sortant des eaux sur une barque, la prendre dans une île pour l'emmener avec lui. Bref, Fred était pour elle une histoire qu'on se raconte.

Et cette histoire était si belle qu'il la mit en images et en fit un album. Mais comme son génie était triste, il lui donna une suite étrange, merveilleusement découragée. Le fils Badiche y débarquait avec Dora au petit bal du Pont du Nord, dans un café des Maisons Roses, sous des tilleuls sans feuilles, parmi des tonneaux vides. Il y avait ensuite un festin chez le charcutier de la rue de la Lunette, et le plat central était une tête de veau dont l'air humain procurait un malaise. Ensuite venait une petite fille, et le fils Badiche jouait aux courses. Il portait un canotier de paille, et des vêtements d'une élégance inquiétante. Il rentrait ivre, à l'image suivante, dans une chambre où l'attendaient Dora et la petite fille terrorisées. A l'image suivante il les tuait toutes les deux. A la dernière on le guillotinait.

Je me demande encore quelle macabre lubie pouvait dicter à Fred des fantaisies si sombres dans un âge si peu avancé ?

C'était le luxe de la joie et l'influence de magazines jaunis. Mais je ne revois pas sans frémir les rideaux fignolés de la septième image, avec leurs dentelles prétentieuses, mises en valeur par l'éclairage d'un tramway (la seule lumière de la chambre où le crime se passait à l'aube). Les deux cadavres étaient plats comme des limandes, et l'ombre des barreaux du store rayait le rectangle de lumière sur le plafond. La lanterne vénitienne de la barque initiale se trouvait accrochée dans la dernière image au sommet de la guillotine. C'était elle qui éclairait cette scène matinale. Un résultat parfaitement déprimant. Si M. Panado ne fut pas de la partie je me demande qui inspira cet album.

Il y a longtemps de tout cela. Le soir est triste, et il ne passe pas un chat. L'Italien qui a succédé au petit Brévier dans l'épicerie de la rue des Nonnains, vend trois mandarines poussiéreuses à la chaisière de la chapelle Sainte-Opportune. Je l'aperçois en profil perdu. Les eaux mugissent sous la passerelle des Petits-Meuniers. Les cloches sonnent. L'odeur humide de l'impasse des Trois-Voleurs monte jusqu'à moi par la fenêtre ouverte, une odeur fade et qui sent le désespoir. Comment se fait-il que tous les gens de ce quartier noir ne se pendent pas à une heure pareille ? Comment se fait-il que la chaisière de la chapelle Sainte-Opportune résiste encore aux sollicitations de la potence du bec de gaz qui a l'air conçue exprès pour elle ? L'express de Paris vient de partir. On l'entend passer sur le pont de fer...

Frédéric dut sentir ces choses quand il chercha Dora dans la maison de Théo. Ce fut sa jeunesse qui en fit un rire.

*

La vie nous mène et nous déçoit, et passe comme les remous du fleuve sous la passerelle des Petits-Meuniers.

Ce fut au moment où l'histoire devenait si belle qu'elle se perdit comme un oued dans les sables, ou plutôt comme un fleuve qui entre sous le sol pour commencer sa vie cachée.

Nos parents se mirent soudain à s'inquiéter de notre travail. Il y eut des matches à disputer. Les « Plaisirs de Corée » eurent des exigences. Fred dut chevaucher plus souvent avec le lieutenant Ramaison, et plusieurs fois Dora ne vint pas au Moulin.

L'histoire ne vécut plus qu'à l'état d'un vieux songe. Mille impondérables s'associaient pour faire disparaître nos visions, la réalité soufflait toutes nos chandelles. Les Iles n'étaient plus défendues par les grêles de cailloux. Il n'y avait plus de chants sur le fleuve. Le monstre de l'étang des Viornes fut catalogué sans égards par le professeur de zoologie de la Faculté comme une sorte de héron, à la vérité assez rare, mais connu et étiqueté, qui fréquentait ordinairement les lacs d'Afrique. Adieu la bête du Gévaudan ! Adieu le satyre de Rieutort ! Trois filles avouaient, l'une qu'elle avait menti, l'autre qu'elle n'avait jamais rien vu, et la troisième qu'elle était consentante.

Qu'était-ce qu'une vie sans monstres, une province sans satyre, une patrie sans enfant martyr !

Nous devenions premiers en latin, brillants en trigonométrie, et notre cœur se desséchait loin des Iles, comme une éponge sortie de ses eaux nourricières. Nos doigts se couvraient d'encre noire. Notre nom s'inscrivait sur le tableau d'honneur, dans le parloir, au-dessus des deux cents canards, legs estimé de M. Petermaës, le bienfaiteur de notre ville, sur des étiquettes découpées dans des faire-part de décès. La vie ne présentait plus d'énigmes, sinon ce Labyrinthe dont Dora était reine ; mais il ne nous tracassait plus que comme quelque point obscur du règne de Charles le Chauve, et j'inclinais à lui donner un sens purement symbolique.

Nous inventâmes d'aller aider Brévier à dresser

chaque matin ses montagnes de carottes. Nous y gagnions des oranges ou des figues. Fred rapportait à sa vieille bonne des bottes entières de salsifis, et elle le bénissait avec quelque inquiétude.

Brouillards, neige fondue, Quinte-Curce, équations du deuxième degré...

Parmentier nu ressemblait de plus en plus, en face du Maussert en redingote, à un passant dépouillé de ses vêtements par un bandit masqué à l'ombre d'une balance.

Mais, tandis que j'oubliais ainsi, les lumières des Maisons Roses prirent une cadence mystérieuse. Elles semblèrent même télégraphier en Morse et, un soir, le cœur battant, je découvris qu'on répondait d'une autre fenêtre, très identifiable celle-là. Un point, un trait..., deux points, etc. C'était de la villa des Buis ! Frédéric me cachait quelque chose. Je lui en parlai et il avoua.

Mais, pas plus que moi, il ne situait l'immeuble. Il ne le logeait pas même dans le coin des Maisons Roses. A son idée les télégrammes venaient d'ailleurs, probablement des Tanneries.

Il battit tout le coin et ne trouva jamais rien. Quant au sens des messages, il avoua piteusement qu'il devait se servir du Larousse, à la page de l'alphabet Morse, pour former chacune de ses lettres. Il déchiffrait encore plus mal.

« Les Chinois, dit Victor Ségalen, se servent de la trompette européenne absolument au hasard. » Il n'en reste pas moins que c'est une trompette, et européenne, qui plus est. Ainsi Fred usait-il lui-même de l'alphabet télégraphique du Larousse. Presque au hasard. C'était quand même l'alphabet Morse, c'étaient quand même des signaux lumineux ! Mais il n'en tirait aucun air.

Il avait beau noter au crayon les messages, il n'arrivait jamais à se les traduire ensuite. Il avait compris « Zacruchlov » et ça ne voulait absolument rien dire... ou alors tout !

Mais, comme moi, secrètement, il pensait et il espérait, il était sûr que ça venait de Dora.

Zacruchlov ! Que de fois, depuis, nous sommes allés à Zacruchlov ! Et je ne dis pas que rien ne soit plus précis comme but, mais c'est quand même déjà quelque chose de se figurer qu'au bout de la route on trouvera un Zacruchlov.

★

Nous connaissions les Maisons Mortes, les Maisons Roses, et le Moulin à Vent. Le Moulin à Vent était en quelque sorte notre capitale, notre Mecque. Quant aux Roulottes, elles se situaient sur l'autre rive, comme une colonie lointaine : c'était une espèce d'Indochine. Les Maisons Roses, les Maisons Mortes, plus près de nous, étaient, si l'on veut, la Bretagne. Les Tanneries menaient aux Maisons Mortes, ensuite il y avait un espace, ensuite les Maisons Roses, plus mortes que les premières, et ensuite c'était la campagne.

Après les Tanneries, tout s'appelait les Petites Ames. Cette zone de maisons délabrées et de vieux cafés roses dont les jardins déserts descendaient à travers des vignes jusqu'au fleuve constituait le royaume même de Frédéric. J'ai dit qu'il en avait dessiné tous les coins, les tonneaux défoncés, les girouettes rouillées, les parapluies cassés perdus dans la rhubarbe, mais nous ignorions le Labyrinthe. Et quand Fred voulait obtenir quelque indication de Dora sur ce qu'était ce Labyrinthe, elle se taisait avec une gravité ou une ironie énigmatiques. Ce Labyrinthe nous irritait.

Car Dora aurait dû en savoir moins que Fred. Fred, au fond, connaissait mieux qu'elle tous ces royaumes. Elle ignorait les Fabriques et les Ponts : les Fabriques avec leurs enseignes qui avaient l'air de dissimuler sous l'apparence la plus banale un mystère d'autant plus sournois, mystère que les dessins de Fred perçaient avec intelligence et qu'ils rendaient hallucinant, et les Ponts, dont l'activité, la personnalité, les songes, les aventures empliraient beaucoup de gros livres, et que Fred savait tous par cœur. Il les aurait peints de mémoire. Ce n'est pas rien que les Fabriques et les Ponts ! Dora ne savait rien des Ponts et des Fabriques, mais le Labyrinthe nous échappait.

Un jour, à la sortie du collège, Fred me dit : « Regarde », en me montrant trois dessins. Le premier représentait une terrasse de café sous un auvent de verre cassé (une vigne encadrait le mur, il y avait deux tables de fer rondes et dans un coin un tambour qui se rouillait). Sur le deuxième, une carcasse de lanterne vénitienne pendait dans un arbre sans feuilles (on devinait au loin le fleuve et les Roulottes) ; sur le troisième, une Velléda, la Velléda du sonnet de Verlaine, se dressait devant une charmille.

C'était le Café Rose que nous connaissions bien, un peu plus loin que les Maisons Mortes, un peu plus loin que les Maisons Roses, à mi-chemin de celle du château des Bergères (qu'on appelait plus récemment du Grand Tournant). C'était là que le lilas était plein d'escargots.

— Sais-tu ce que c'est ? me dit Fred.

— Je crois bien ! c'est le Café Rose !

— C'est le Labyrinthe, expliqua Fred, le Labyrinthe ! Crois-tu que nous avons été bêtes !

— Mais comment as-tu pu savoir ?

— Nous ne l'avions jamais vu que de dos, je n'avais jamais dessiné que la charmille. Hier, par hasard, j'ai contourné et j'ai découvert la façade... elle est très belle... (Je savais ce qu'il appelait belle : ça devait être miteux.) L'enseigne a été recouverte d'un badigeon de lait rose, mais on peut lire encore le nom sous la peinture : *le Labyrinthe,* et, dans une espèce de cartouche, sur le côté, « Son Labyrinthe, Ses Fritures, Ses Billards. » C'est en marron..., alors, tu vois !... C'est toi qui m'avais dit que les signaux devaient venir des Maisons Roses...

— Tu y es entré ?

— Oui, par la fenêtre, par-derrière, on peut passer. Elles s'ouvrent toutes seules.

— Et alors ? dis-je, le cœur battant.

Il me répondit d'un air d'extase :

— C'est magnifique ! ! !

— Ah ! fis-je ravi et passionné. Raconte-moi tout. Qu'est-ce qu'on y trouve ?

— Rien ! dit-il. Rien ! (Comme il aurait dit « tout ! ») En bas il y a encore quelques chaises de café. Le reste est noir. Il y a encore des glaces et un rayon de lumière par la fenêtre...

On eût dit qu'il avait trouvé le paradis.

— Tu m'y mèneras ?

— Cet après-midi je veux dessiner le grenier et

copier le papier peint du cabinet de toilette. Mais le premier !... si tu voyais le premier !

— Ah ! qu'est-ce qu'il y a ?

— Mais rien ! dit-il. Mais si tu voyais la lumière qui passe par la fente des volets ! et le tapis ! et la fresque ! et le trumeau ! et les placards, et le billard démoli, et la petite pièce sous l'escalier ! Avec un zouave, un pot à tabac dans un placard ! Je l'ai rapporté. Mais, tiens, regarde.

Et il me fit voir quatre croquis dans lesquels en effet ce rien qu'il décrivait avait pris une telle importance qu'on n'en finissait pas de vouloir le regarder. Un pianola avec une image de Venise, des chapeaux de soleil sur un porte-manteau, un billard, un dessous d'escalier, mais il semblait autour de ces objets tourner comme un bal de fantômes. L'âme vulgaire et amoureuse de la guinguette, frappée de mort au milieu d'un bal ; l'enterrement d'un vieux dimanche ; la fin des choses...

— Du haut de ces pyramidesses !... me dit Fred en reprenant ses dessins. Je t'emmènerai cet après-midi, tu verras ce grenier, mon garçon..., et tu m'en diras des nouvelles !

Déjà nous prenions possession de la loque qui sèche sur la corde, de la lumière qui passe par la fente des persiennes, de l'araignée qui tisse dans le chapeau de soleil. Nous étions devenus les rois d'une maison morte, d'un bal fantôme, d'une musique éteinte, d'un vieux dimanche au bord du fleuve.

Et si nous avions su ce qui nous attendait !

— Alors, à ce soir, aux Tanneries !

— Ce n'est pas aux Tanneries, me dit-il, c'est au croisement des Petites Ames.

*

Nous nous retrouvâmes donc au carrefour des Petites Ames. Le jet d'une fontaine cassée qui avait été belle y coulait dans une auge usée. Il y avait de la paille dans la rue, et on voyait au loin un char attelé de deux bœufs sortir d'une porte de grange.

Les Maisons Roses étaient à gauche, comme des épaves. Fenêtres noires, volets fermés, vignes noircies au-dessus des portes. Des affiches jaunes que personne ne lisait annonçaient des ventes par notaire. C'était dans le ciel bleu et le vent froid qui ont rempli tout ce printemps.

Nous pénétrâmes dans le jardin, qui était derrière, par une petite porte de fer dont la serrure était cassée. Elle fermait un passage humide entre le mur du Labyrinthe et celui de la maison voisine, également désaffectée. Je reconnus la terrasse en ciment, le rose sale et passé des murs, les tables de fer et les tonneaux. Le jardin en pente se terminait par un berceau de vignes sans feuilles et le peuplier du nid de la pie, les marronniers et la carcasse de la lanterne. Au-delà on voyait les Iles. Je reconnus la Velléda.

Quels ferments pouvait-il y avoir dans ces vieilles choses ? Peut-être la pureté du ciel, la finesse des couleurs usées qui ne laissait plus de tout cela que le dessin. Et aujourd'hui encore je ne puis me rappeler le jardin sans y sentir cette immense promesse que la maison rose n'a jamais tenue.

Je n'entre que sur la pointe des pieds dans ce café du Labyrinthe. J'ai peur de soulever la poussière et de retrouver le reflet de nos seize ans dans les grandes glaces pareilles à des eaux mortes. Nous les vîmes miroiter au fond de la salle vide, une fois passée la fenêtre que nous franchîmes comme des cambrioleurs. Frédéric me fit prendre l'escalier du premier. Au passage, il ne manqua pas de me montrer, au ras du plancher, l'œil-de-bœuf qui éclairait les choses par-dessous. Un trumeau représentait un berger bleu sous un petit arbre en parasol. Dans la grande salle obscure le jour jaune arrivait par les fentes des persiennes. Une fresque faisait le tour de la pièce ; elle peignait les quatre saisons : une dame sur une escarpolette, une marquise qui passait un ruisseau, une chasse au lièvre et une scène de patineurs. Fred ouvrit de vieux placards vides ; on y trouva de la paille et un nègre coiffé d'un fez en terre cuite, qui servait de pot à tabac. Il nous regardait de ses yeux blancs, du fond de l'ombre. Des glaces sombres, ici aussi, nous reflétaient au milieu de ces choses mortes.

La poussière couvrait tout. Ce qui m'étonna pourtant, ce fut de sentir au sein de cette immobilité la présence d'une espèce de vie désordonnée. Une lampe à pétrole humide était posée sur le billard, à côté d'une mandoline qui était à peine poussiéreuse. Sur le sol on voyait des pas, et au milieu il me sembla que le plancher brillait encore.

La Venise du pianola était vivante comme si on l'avait fourbie : ses palais brillaient sur le ciel et ses gondoles faisaient trembler des reflets d'or dans les ténèbres du canal moiré de rose. Autour, des traces mates montraient que des enfants avaient dû s'amuser à dessiner du doigt sur le vernis, dans la buée de leur haleine. Les chapeaux de soleil disaient des farandoles. Un bal, qui était le rêve même de la vieille maison, devait passer là quand tout dormait. Mais je n'eus que le temps d'entrevoir, Frédéric me poussait déjà vers le grenier.

A peine y étions-nous entrés, le cœur battant, que nous entendîmes des pas monter dans l'escalier. Deux voix se mirent à chuchoter, juste au-dessous de nous, dans la grande salle. Ensuite, elles parlèrent plus fort, et les souliers ne se gênèrent plus. Le pianola eut un sursaut, un bruit d'entrailles, et se mit en branle comme une jument âgée. On entendit la *Valse brune.* C'était plein de tintements et de bruits de grelots. On aurait dit que la vieille guinguette se racontait un souvenir de jeunesse et se levait comme une centenaire qui entend jouer le rigodon.

La salle n'était pas plafonnée, tout s'entendait à travers les planches mal jointes.

Fred me fit « chut ».

Il y avait devant nous une montagne de vieux numéros du *Petit Départemental.* Nous en fîmes un matelas sur lequel nous nous étendîmes à plat ventre ; par les fentes des planches on voyait toute la salle.

Les deux enfants qui étaient entrés avaient ouvert un placard, ils en sortirent un tapis plus grand qu'eux-mêmes, qu'ils déplièrent et étendirent, à la façon des clowns qui préparent la piste. Puis ils se disputèrent une vieille boîte à conserves que l'un d'eux avait prise sur le rayon du placard. L'autre boitait, c'était le plus miteux. Fred reconnut en lui Pied-Volage, son petit batelier de la grande nuit.

— La demoiselle ne veut pas, disait-il.

— C'est pour faire marcher le pianola, répondait l'autre.

Pendant qu'ils se tiraillaient, la boîte tomba et répandit des sous sur le tapis.

— Tout le trésor, fit Pied-Volage.

Ils ramassaient les sous dans les coins, quand d'autres gamins arrivèrent, du même genre : tabliers noirs et bérets basques, pèlerines ou manteaux percés. Pied-Volage paraissait jouir parmi eux d'une considération particulière.

Il interdit l'usage du pianola « jusqu'à l'arrivée de la demoiselle ». Ils déroulèrent quatre tapis qui couvrirent toute la pièce, allumèrent la lampe à pétrole, et ce fut un étrange coup d'œil. D'autres avaient apporté des bûches ; chacun, ou presque, avait la sienne. Deux garnements allumèrent le poêle.

Au bout des tapis, ils empilèrent des sacs, des rideaux, des tentures et en firent une sorte de sofa. Devant, ils posèrent la vieille boîte à conserves.

Cette lampe fumeuse en plein jour, ces tapis, ce divan, ce fer-blanc, ce trésor… On eût dit les apprêts d'une fête orientale pour les bas-fonds du quartier des Tanneries.

Ce fut alors qu'arriva une jeune fille en béret basque et en imperméable. Elle jeta vivement le manteau et le béret sur le billard, en criant : « Bonjour, les Chinois ! » Elle avait des cheveux blonds, un caban de marin sur un tricot rayé, et une jupe écossaise. C'était Dora.

— Bonjour, Dora, crièrent les enfants, qui avaient soudain fait grand silence.

Elle en embrassa un tout petit, bourra sa pipe, regarda sa montre et tapa dans ses mains.

— Allez, tout de suite, dit-elle, l'hommage et les

serments ! mon uniforme ! les tapis ! Allons, allons, dépêchons-nous, les coussins, ma robe, et l'hommage !

Les petits s'affairaient, apportant des coussins qu'ils déposèrent sur le sofa.

— Et à vos places ! cria Dora, en sortant par une petite porte. Quand je rentrerai que tout le monde soit à la sienne.

Les petits s'assirent en tailleur, autour des longs tapis, par groupes. Il y en eut un que personne ne voulut, qu'on se repassa et qui, finalement, resta seul, debout, au milieu de l'espace vide. Pied-Volage le fit accroupir, comme les autres, mais au pied du divan.

— Tu feras ce qu'elle te dira, lui expliqua-t-il. Tu n'as qu'à attendre.

Quand Dora reparut, le silence était complet. Les enfants avaient sorti de leurs poches de petits sacs de papier, de petits paquets, certains des boîtes de pharmacie tout écaillées. L'un avait posé près de lui une énorme lampe à pétrole, un autre tenait entre ses doigts, solennellement, une ferraille. Le feu avait pris. Dora parut en princesse orientale, en reine du songe, en fée du moyen âge, en je ne sais quoi de biblique et de mythologique, en vision de porte-plume-souvenir, bref, pour tout dire, en bohémienne. Elle était ravissante : elle avait une robe verte taillée dans de vieux rideaux, une ceinture d'argent qui n'était autre chose, probablement, que la cordelière des mêmes rideaux, et un voile de mousseline surmonté d'un diadème orné d'une étoile qui brillait. Tous les petits s'étaient prosternés le front au sol, comme les Arabes en prière, tandis qu'elle s'asseyait à son tour sur les coussins du grand divan. Les enfants la mangeaient des yeux.

Elle claqua des mains, et ils s'assirent comme elle.

— A l'appel ! dit-elle. Par quartiers ! le Labyrinthe ?

— Présent !

— Les Maisons Mortes ?

— Présent !

Etc., chaque fois se levait un groupe qu'elle examinait avec soin.

— Où est l'Alouette ? Vous lui apporterez sa part chez lui. Et maintenant venez à l'hommage.

Le plus proche du divan, son paquet à la main, fit une génuflexion devant elle : « Tu es, Dora, dit-il, la Reine des Iles, du Labyrinthe et du Moulin à Vent, personne ne doit savoir ton nom ni ton adresse, et je t'apporte ton tabac. »

Il vida son paquet dans la boîte à conserves. C'était une enveloppe pleine de mégots.

Le second arrivait déjà et mettait un genou en terre :

— Tu es Dora, la Reine des Iles, du Labyrinthe et du Moulin à Vent, personne ne doit savoir ton nom ni ton adresse, et je t'apporte ton tabac.

Il ouvrit une boîte à pastilles et la vida de ses mégots.

Ils arrivèrent tous ainsi l'un après l'autre. La boîte de mégots débordait.

Pied-Volage apporta le nègre à la rescousse, comme l'enfant de chœur apporte les burettes, et le posa pieusement aux pieds de Dora.

Un des enfants, cependant, n'apportait pas de tabac. C'était celui qui tenait dans ses bras une énorme lampe à pétrole.

— Où est ton tabac ? demanda Dora sévèrement.

— Je n'ai pas pu, dit le petit.

— Alors ?

— Alors, je t'ai apporté ça.

Il offrait la lampe à pétrole, comme un chien qui apporte une pantoufle.

— Pourquoi ?

— C'est beau, dit-il.

Elle l'embrassa en riant, et lui fit déposer la lampe auprès du nègre. Pied-Volage la mit dans le placard. Il y eut aussi une bouteille d'apéritif.

Quand ce fut fini :

— A l'épluchage ! fit Dora en claquant des mains : l'Asticot et Balinkowski.

Un petit blond et un petit brun au crâne rasé vinrent s'asseoir au pied du sofa et écossèrent les mégots, d'un geste grave, au-dessus d'une boîte en carton.

— A mon tour, dit Dora, je vous apporte ma part.

Et elle lança sur le tapis le contenu d'un sac de billes.

Les petits se ruèrent au butin. Il y en eut deux qui se prirent aux cheveux. Elle claqua des mains, fit rasseoir tout le monde et mettre les lutteurs au milieu du tapis où elle leur ordonna de combattre. Ils s'acharnèrent comme deux petits coqs. D'un autre claquement de mains elle arrêta la lutte.

— C'est le Chat qui a gagné. Donne-lui ta bille.

Le vaurien s'exécuta et ils reprirent leur place. Les petits avaient applaudi.

— Chacun a eu sa part ? Que dites-vous à la Reine ?

— Un cri d'amour, dit Pied-Volage qui faisait les répons.

— Au cri d'amour, attention ! dit Dora. Le Labyrinthe commence, ensuite les Maisons Mortes. Un, deux...

Et, claquant dans ses mains, elle scanda le chant des enfants.

Un premier groupe chanta, détachant chaque syllabe :

— Elle est fich-tre-ment dis...

Un second :

— Elle est fich-tre-ment tin...

et un troisième

— Elle est fich-tre-ment guée...

Puis, tous ensemble, sur un rythme plus vif, plus chantant et lié :

— Elle est fichtrement distinguée...

Dora se mit à rire aux éclats, ce qui déconcerta les gamins, car ils avaient accompli le rite avec une gravité totale. Mais elle se reprit immédiatement.

— Il me faut une robe pour la fête des Cerfs-Volants.

Tous les petits réfléchirent :

— Nous, on peut pas, dit enfin le Chat gravement. Mais le petit des vanniers il pourrait peut-être, on lui dira.

— Bien, fit Dora. Il nous faudra aussi de la farine pour faire la colle des cerfs-volants, de l'osier, du papier de couleur, du papier d'argent, si vous pouvez, et trois cents cailloux plats pour la fête des Ricochets. A la sortie vous me demanderez votre carton noir pour la fête des Ombres chinoises.

Et elle distribua les rôles.

Quand ce fut fini, elle prit la guitare que Pied-Volage avait posée sur le divan.

— Toutes les spécialités sont là ? demanda-t-elle. Les Rameurs ?

Trois garçons se levèrent.

— Les Frondeurs ?

— Les Nageurs ?

— Les Gendarmes ?
— L'équipe des Ricochets ?
— Les Couteliers ?
— Les Cerfs-Volants ?

A chaque appel deux ou trois garçons, quelquefois cinq, quelquefois dix, se levaient, indépendamment de la place où se trouvait leur quartier. Certains se levèrent plusieurs fois, ils cumulaient.

— Bon, allons-y.

Et chaque groupe vint à son tour faire une génuflexion devant la Reine assise. C'était une sorte de ballet sur un air étrange et charmant qu'elle accompagnait de la guitare. En s'agenouillant, ils prononçaient une manière de serment.

— Tu es la Reine du Labyrinthe, des Iles, du Fleuve et du Moulin à Vent, dirent les rameurs avant de chanter. Nous sommes tes rameurs et nous prendrons les barques, et nous te passerons quand tu voudras.

Puis ils chantèrent avec de jolies voix :

Nous sommes tes Rameurs
Et tout le long du Fleuve
Nous ramerons pour toi.

L'équipe des Ricochets, ayant déposé des cailloux merveilleusement plats aux pieds de la Reine, ajouta au serment sa formule personnelle :

Et nous t'apportons des cailloux pour tes ricochets.

L'équipe des Frondeurs chanta :

Nous sommes tes Frondeurs,
Et tout le long du Fleuve
Nous nous battrons pour toi.

Les Couteliers chantèrent la même chanson, un genou en terre comme les autres, leurs couteaux ouverts à la main, mais au moment où ils disaient « nous nous battrons » ils plantèrent tous ensemble leurs canifs dans le plancher.

Ce fut fait avec une énergie féroce, et même quelque chose d'inquiétant.

L'équipe des Voleurs apporta un poisson, un tolet et une bille d'agate.

— Répétez le serment des Iles, dit Dora. Tous les Chinois.

(Décidément les Chinois étaient à la mode.)

Et les petits déclarèrent gravement : « Tu es la Reine des Choses-qui-Volent, du Labyrinthe, des Maisons Roses, des Maisons Mortes, des Roulottes, du Fleuve, des Iles et du Moulin à Vent. Et les Iles doivent rester à toi. »

— A qui sont les barques des Iles ?

— A toi, dirent les enfants d'une voix.

— Pourquoi ?

— Parce que tu es notre Reine.

— C'est bien, et celui qui désobéira ?

— Il sera puni, dirent les Gendarmes en s'avançant et en se mettant au garde-à-vous.

— Comme qui ?

— Comme le Borgne.

— Le Borgne, arrive ici, viens faire ta soumission.

Le Borgne s'avança, conduit pas deux Gendarmes, et fit une génuflexion.

— Tu es la Reine des Iles, dit-il (il dévida toute la formule), et je te fais ma soumission.

Ensuite Dora posa une série de questions :

— Quelqu'un a-t-il vendu mon nom ou mon adresse?... Quelqu'un a-t-il commis une trahison?... Quelqu'un a-t-il eu vent d'une invasion des Iles?

— Il y a des grands qui sont venus, dit Pied-Volage. On leur a jeté des cailloux. Je leur ai pris leur lampe électrique.

— C'est bien, dit Dora. Les Gendarmes, récitez l'exception. Quel est le grand qui a le droit de passer?

— Celui qui a un melon, dirent les Gendarmes au garde-à-vous.

— C'est bien, dit Dora. A vos places.

— Et maintenant à mon tour. Pied-Volage, mon serment.

Pied-Volage s'avança alors respectueusement, comme un maître des cérémonies ou un héraut du moyen âge et, tourné vers Dora, debout, lui demanda :

— Dora, le serment de la Reine. Prête le serment à tes Chinois.

Dora se leva, descendit du divan, les trois Gendarmes s'avancèrent à droite, et les trois Couteliers à gauche, formant la haie. Pied-Volage était à un bout, la Reine à l'autre.

Elle dit solennellement :

— Je suis la Reine des Choses-qui-Volent, du Labyrinthe, des Maisons Roses, des Maisons Mortes, des Roulottes, du Fleuve, des Iles et du Moulin à Vent, et vous êtes les Chinois de la Reine. Je ne donnerai ni votre nom, ni votre adresse, et je ne vous trahirai pas.

— Tu le jures? demandèrent les Chinois.

— Je le jure.

— Sur quoi ?

— La Croix, la Mèche, et le Pas-Chevalet.

— Et si tu nous trahis ? demanda Pied-Volage.

Les Couteliers et les Gendarmes, s'avancèrent sur une seule ligne, mirent un genou sur le tapis et plantèrent dans le plancher leurs couteaux qui vibrèrent :

— Les Couteliers sont là !

— Bien, dit Dora.

Elle se rassit, et ils retournèrent à leurs places, et les chœurs reprirent les mêmes thèmes, mais cette fois les équipes s'étaient faites différentes. Il y eut les Musiciens, les Chanteurs, les Danseurs, les Jongleurs, et même les Oublieurs, ce qui me parut bien littéraire. « Nous sommes tes Oublieurs », chantait la mélopée,

Et tout le long du Fleuve
Nous oublierons pour toi.

Le nouveau, celui qui n'était encore d'aucun groupe, s'enhardit à demander :

— Qu'est-ce que c'est, des Oublieurs ?

— Je ne sais pas, dit Dora, c'est dans le texte. Quand c'est dans le texte, il faut le dire comme c'est écrit.

— Qu'est-ce que c'est, le texte ? demanda encore le petit.

— C'est ce qui est écrit.

— Ah ! Et qu'est-ce que c'est qui est écrit ?

— Qu'on n'oublie pas tout seul, peut-être, et qu'il faut se mettre à beaucoup. Parce que c'est un gros travail.

— Ah ! dit le petit, moi j'oublie mon mouchoir tous les matins. Je l'oublie tout seul.

— Tu as de la chance, dit Dora. Allons, mes enfants, tous ensemble.

Et tous ensemble, encore une fois, tout le long du fleuve on oublia, chanta, dansa, jongla, joua.

Nous en profitâmes pour partir en silence.

— Dièse, petit, dièse, criait Dora.

Les premiers cerfs-volants d'essai s'élevaient au-dessus des Iles dans un ciel pâle. Il faisait plus doux.

*

La confrérie de la Reine du Labyrinthe nous donna beaucoup à penser, mais Frédéric ne dit pas à Dora que nous avions surpris son secret. Nous savions maintenant d'où venaient les barques et les chansons.

Je comprenais qu'elle ne m'en dît rien ; mais à Fred ?

Il apprit cependant que toute la musique lui avait été donnée par ce fiancé dont elle parlait avec des réticences et qui avait fait d'elle la « Reine des Choses-qui-Volent ». C'était lui qui avait composé pour elle ce ballet des Génies du Fleuve dont elle se donnait la fête avec son équipe de Chinois.

Etait-il normal qu'une jeune fille n'eût d'autres occupations dans cette vallée de misère que de collecter des mégots et de se faire chanter de la musique d'avant-garde par tous les vauriens des Petites Ames, des Roulottes et des Tanneries ? Nous ne nous le demandions même pas. Elle lisait dans l'avenir des choses mélancoliques et chantait les Génies du Fleuve, et ce n'était pas du vol, c'était de la poésie.

C'était même de la musique.

Ce n'était même que de la musique.

J'entends encore sa voix de cristal, de bronze et d'or, sur le palier du Labyrinthe : « Dièse, petit, dièse... »

C'était le bonheur.

*

Tout s'était mis (dièse, petit, dièse) à rebondir pour Frédéric dans une lumière d'apothéose.

Dièse, petit, dièse, le ciel fut bleu.

Il y eut des jours de grand soleil. La fête des Cerfs-Volants lança dans un ciel bleu, sur un vent aigre qui faisait briller les choses et donnait faim, douze cerfs-volants de toutes les couleurs, historiés des totems de la bande : on y voyait le Moulin à Vent découpé en papier d'argent, les Maisons Roses en papier rose, la Roulotte dorée, les Maisons Mortes en noir sur un fond jaune, et le Labyrinthe en forme d'escargot : tout un blason des bas-fonds des Tanneries, tout un jeu de l'Oie que le vent soulevait dans le ciel. Les cordes étaient tendues à craquer, les nez rouges, les genoux violets, les enthousiasmes frémissants. Dièse, petit, dièse, c'était comme si le moulin donnait toute sa voile.

Dora avait trouvé dans des dessins de Fred le modèle des images qui ornaient les cerfs-volants. Les Petites Ames étaient symbolisées par deux gamins de papier d'argent qui ressemblaient au panneau de la signalisation : « Attention, Ecole », sur la route.

Fred arriva au beau milieu de la fête, sortant de l'eau avec son cheval et le lieutenant Ramaison, comme un dieu de la mythologie, sous le nuage des cerfs-volants qui avaient l'air de disperser au ciel ses propres pages de croquis. Et l'enthousiasme était si grand qu'il jeta

Dora en travers de sa selle, la promena au galop, la fit entrer dans le fleuve. Elle poussait des cris en voyant le cheval qui marchait comme une écrevisse afin de couper le courant, l'eau qui filait dans une direction, la rive qui avait l'air de fuir dans l'autre. Il y eut des festins de sardines et de cornichons à la moutarde, et du poulet, dont l'origine — à la distance où j'écris cette histoire — me semble plus curieuse qu'alors, du vrai gâteau fait par Dora, des bouteilles d'apéritif, et des feux qui brûlaient avec une flamme toute pâle parce qu'il faisait grand soleil.

L'enthousiasme devint si fort que deux des enfants virent distinctement la terre tourner sous leurs pas à une vitesse vertigineuse, pâlirent d'effroi, et rendirent les sardines. Frédéric, au dessert, fut proclamé « fichtrement distingué » suivant les strictes traditions. On le nomma Prince consort du Moulin à Vent, Administrateur des Roulottes, des Maisons Mortes et des Petites Ames, Grand-Duc du Labyrinthe et Roi des Maisons Roses ; et en somme Nick-Breton-Carter-Général des Choses Magnifiques, comme il avait été prédit dans le grenier des « Plaisirs de Corée ». Il fut même fiancé à la Reine, et la Reine dut l'embrasser et chanter des chansons plaintives en s'accompagnant de la guitare, et Frédéric joua de l'accordéon.

Tout ce jeudi, il fut le Roi des Cerfs-Volants. Ce fut le grand jour des Choses-qui-Volent : la prédiction du marin s'accomplit.

Les cerfs-volants volèrent si bien qu'il y en eut un (je crois que c'était celui du Labyrinthe) qu'on chargea d'un message pour les sauvages Papous. Quand il fut si haut qu'on ne distingua plus rien de lui qu'un point noir et sa longue queue de papillotes qui sinuait dans l'espace bleu comme la courbe des vibrations du son à la page 43 du livre de physique, on lâcha la corde d'un seul coup, avec des hurlements barbares, et il s'effaça dans l'espace et disparut comme un souci mesquin.

Le message disait : « Celui qui trouvera ce papier recevra les salutations de tous les enfants du Labyrinthe, avec les amitiés choisies de Messieurs Parmentier-Maussert retenus par leurs fonctions sur les murs du collège, et voudra bien faire parvenir la lettre ci-jointe. » La lettre ci-jointe portait l'adresse de M. Vantre et déclarait : « Je suis la Reine des Iles, du Labyrinthe et de tous les Cerfs-Volants et je vous aimerai toute ma vie. »

Le lieutenant de gendarmerie était reparti depuis longtemps. Le cheval de Fred, attaché aux buissons, mangea la branche et partit à son tour, d'un petit trot vif qui secouait sa crinière. Il retourna directement à l'écurie et Frédéric n'eut plus le droit de le monter.

*

Cette journée fut sans lendemain. La vie ne dépasse pas de tels sommets.

Le retour du cheval solitaire fit tort à la suite de l'histoire. Mille difficultés naquirent de parents incompréhensifs, moins insouciants qu'on ne pensait, qui avaient trouvé que leurs enfants sentaient le vin un peu trop jeunes. L'origine des apéritifs et du poulet causa aussi quelques ennuis. Il y eut des bruits défavorables, des scènes pénibles, des détails humiliants qu'on résume dans une phrase pudique. Voilà qui est fait.

Le Roi, pourtant, retrouva la Reine ; la bande se réunit encore, mais diminuée. Le trafic des mégots continua. On se voyait à la nuit, dans la cave du Labyrinthe ; dans les sous-sols aussi, d'un commerce de vin où M. Pied-Volage père, bardé d'un tablier de cuir, rinçait toute la journée des foudres et des muids.

Il y faisait doux, c'était propre et dallé. Mais il y avait plus de mystère, plus de frisson, dans les caves du Labyrinthe.

Les dessous d'escaliers, les caves, les coins noirs... L'enfance n'a jamais inventé rien de si exaltant ni de si confortable que d'habiter un placard ou une niche à chien... Etait-ce seulement pour cela qu'on se retrouvait dans ces ténèbres ? Dora ne nous a pas tout dit. Nous apprîmes plus tard que sa mère avait des embarras d'argent. Cela ne suffit pas pour justifier certains soupçons que colportèrent des gens douteux. Dora aimait le romanesque. S'il y eut des choses répréhensibles, je crois, comme Fred, que ce fut de la poésie. En tout cas, ces trafics étaient surtout de mégots. Quant aux couplets des voleurs, dans les rites, c'était le ballet qui les voulait ; le ballet n'était pas de Dora : chercha-t-elle à se montrer la Reine des Choses-qui-Volent, ainsi que l'imposait la chanson ?... Dans ce cas, ce fut de la musique.

*

Quoi qu'il en fût, il n'y eut pas de fête des Ricochets. Sans les caves, tout aurait tourné platement. Car Dora se décourageait. Fred la revit encore dans les Iles. Elle ne voulut jamais dire son nom ni son adresse. D'ailleurs, il ne s'en inquiétait pas. N'étions-nous pas dans le secret de la Reine ? C'était celui d'une musicienne et d'une voyante.

Fred était jaloux d'elle. Il n'aimait pas ce fiancé lointain qui lui avait pré-formé ses rêves au point qu'elle n'avait l'air de vivre que pour réaliser le personnage que ce garçon avait fait d'elle dans ses songes. Il se tracassait du caractère puéril et douteux de ses « fiançailles » du Moulin. Il avait jeté sa vie dans le plateau d'une balance où il craignait qu'elle n'eût mis qu'un songe, et il ratait ses devoirs de mécanique.

— Mais votre fiancé, Dora, puisque vous êtes fiancée ?

— Ah ! disait-elle, il est si loin... et il ne reviendra pas... il doit mourir le 15 juin, il me l'a écrit... et il ne s'est jamais trompé...

Elle prenait Fred par les épaules et le regardait droit dans les yeux, derrière un foudre de Médoc.

— Jurez-moi que ce matin-là vous irez à une messe pour lui. Jurez.

Et Fred jurait.

Loin d'elle, il était incrédule. Mais avec moi, il se rebiffait si j'avais l'air de partager ses soupçons. Ses soupçons de quoi, d'ailleurs ? Etait-elle folle ? Avait-elle une vie secrète consacrée à des choses blâmables ? Dora, ayant notre âge, était à maints égards, pour les collégiens que nous étions, une femme plus âgée que nous. Elle nous imposait un peu. Il arrivait pourtant à Fred de l'appeler sarcastiquement « la Veuve de Juin ».

Il n'allait plus aux « Plaisirs de Corée ». Mais il rôdait le soir avec elle le long du fleuve, et tantôt c'était une petite fille qui laissait sortir ses deux tresses, ou qui jouait avec des Chinois, tantôt une jeune fille imposante, et tantôt une musicienne, et tantôt une détraquée, et tantôt une espèce de cheftaine bienfaisante qui dirigeait un étrange patronage, et tantôt la Dora des caves et des voleurs, qui fume, habillée en marin, la pipe garnie de mégots ramassés par le Chat ou la Couleuvre. Mais quand elle riait, on ne pensait plus à rien. Seulement, de plus en plus, son rire se faisait rare.

Le crépuscule les trouvait au Moulin, assis sur des piles de sacs vides. Ils se sentaient bien, l'un contre l'autre, devant un feu qui faisait pleurer les yeux. Ils regardaient les tisons noircir, les sursauts de la flamme y traçaient des figures. Elle se plongeait dans leur contemplation, comme si elle y avait lu l'avenir. Car il y a toujours eu chez elle ces préoccupations de pythie.

Ils se quittaient quand tout était noir depuis longtemps. Ce qu'elle préférait c'était se promener le long du fleuve, et se soûler avec lui de tristesse en allant la main dans la main. Il y avait, au-delà du pont des Petites Ames, un fanal bleu qui luisait sans raison, qu'ils avaient associé à ces tristes promenades et qui servait d'étoile à leur mélancolie.

DEUXIÈME PARTIE

La grande négresse

Quelle est celle qui s'élève sur le désert comme deux colonnes de fumée ?

(Cantique des Cantiques.)

Cependant nous lisions Psichari et Lyautey. Nos aînés nous avaient donné pour nous ébattre, comme un parc à la mesure de toutes les nostalgies, de longs pays d'Europe, fécondés par de grands fleuves, et tous les déserts de l'Afrique. Et l'ascétisme du désert nous exaltait. Nous chantions la chanson du Souss : « Les uns sont jardiniers à Fez, et les autres à Marrakech. Les uns ont des femmes belles comme la lune... D'autres visitent leurs riches tombeaux... Nous, les caravaniers, nous n'avons que le ciel et les sables, mais après la chaleur du jour, vient la fraîcheur de la nuit, de quoi nous plaindrions-nous ?... »

Les sables nous donnaient des leçons différentes. Si Dora en était sortie à l'appel des longs crépuscules, ils nous avaient chanté aussi la chanson des caravaniers, l'air de flûte du berger arabe.

Nos dieux et nos étoiles montaient petit à petit au ciel de notre adolescence, chacun avec ses sortilèges. Nous les adorions au hasard, comme les Chinois jouent de la trompette européenne. Ce ne fut que petit à petit qu'ils prirent leur place en haut de nos nuits, dans leurs niches d'or. Nous ne les connaissions même pas tous. C'est aujourd'hui, autour de ce couple qui se promène tristement le long du fleuve, que je les vois monter un à un dans les maisons de leur Zodiaque.

Nous chantions des complaintes aux « Plaisirs de Corée », nous ramassions dans les sables des Iles des mâchoires de poète breton, nous hantions une tour et des plages, avec une pythie aux yeux verts. Nous servions nos divinités, nous remplissions machinalement notre vocation, nous allions au Moulin à Vent et aux leçons de M. Vantre, bref à l'école de l'Amour, et à l'école du Magnifique, nous leur disions leur messe en somme, nous accomplissions tous les rites, mais nous ne savions pas qui menait le jeu. Or le jeu ne se passe pas entre les hommes, mais entre leurs divinités. On croit raconter les amours d'Enée et de la Reine de Carthage, mais il s'agit de la querelle de Vénus et de Junon.

*

Je les revois tous dans leur niche, M. Vantre qui était la Loi, qui était la barbe et la canne Buffalo, qui était la foudre, qui était Zeus ; Dora qui était l'Amour, la Musique et les Eaux, le Frisson, le Reflet, le Songe et la Sibylle ; M. Vingtrinier peut-être aussi, qui était l'ombre chinoise, l'énigme, le corbeau et le polichinelle ; M. Panado, à coup sûr, qui était l'orang-outang et la grenouille-bœuf, le frisson froid, le Fatum aux pieds palmés, l'absurde génie de ce monde.

Ils arrivaient avec leurs accessoires, comme les dieux qui portent dans leurs mains des animaux et des symboles.

Etoiles, icônes, poupées surnaturelles...

Mais la plus belle fut la négresse, car la négresse fut l'Aventure. « Qui est celle qui s'élève au milieu du désert comme deux colonnes de fumée ? — Elle est noire, mais elle est belle, ô filles de Jérusalem... »

Et si Dora fut la brise du printemps, la négresse fut le vent des sables. Malheur à qui rencontre le khamsin, honneur à qui l'affronte, et gloire à qui l'écrase.

Mais M. Panado fut le plus inquiétant. Ce vent contraire, ce calme plat et monstrueux, cet ennemi du sage Ulysse, celui qu'on ne prévoit jamais...

Si nous avions connu alors M. Panado comme il doit l'être, peut-être nous serions-nous méfiés, mais la jeunesse est téméraire et orgueilleuse. Maintenant je connais M. Panado. Et malgré tout, s'il fallait recommencer, nous accepterions qu'il arrive à cause de cette odeur vraiment mélancolique qu'avait le vent autour du Moulin et de ces longs doigts jaunes dont le soleil venait caresser par la lucarne le mur de la chambre du meunier.

M. Panado n'est pas aussi simple qu'on le pense. Il faut choisir entre ses dieux. Or, « les filles de Louang-Prabang sont les plus belles de la terre ». C'est une chanson d'Indochine, et nous la chantions dans les Iles, et Louang-Prabang, c'est ce qui est très loin. On y va comme à Zacruchlov, sur la barque de Pied-Volage.

Mais la négresse est la plus belle des filles de Louang-Prabang.

*

Je suis allé au pays de sa naissance, sur la barque de Pied-Volage, bien des années après cette histoire de Dora.

Nous étions dans un fleuve et son eau était noire. Mais on voyait à l'horizon un fanal bleu comme une bouteille d'eau de fleur d'oranger, et de l'autre côté deux tours carrées. Une auto passait sur le quai. Et Pied-Volage a accosté. Je suis monté par un petit escalier de pierre. De hautes maisons se dressaient le long de la rive avec des magasins fermés. De loin en loin un café éclairé jetait une flaque d'or sur le trottoir. A l'horizon, au-dessus des toits, le ciel était rose. Une large avenue s'ouvrait devant moi, bordée d'arbres et de maisons immenses. Je la suivis. Sur une place une haute église de village me montrait son clocher pointu, mais je tournai à gauche et pris une rue si longue, si droite qu'elle n'en finissait plus, une rue à courants d'air où soufflaient tous les rhumes, et dans laquelle, si longtemps qu'on pût marcher, on voyait toujours le cadran lumineux de l'horloge qui était au bout, en haut d'un monument.

Je vis poindre une petite lumière, c'était le métro Saint-Placide. J'étais au cœur de Montparnasse, le quartier le plus marin de Paris, qui est relié à la Bretagne par des lignes sur lesquelles les trains passent constamment. C'est dans les bars de ce port de mer qu'on trouve les filles de tous les Louang-Prabang du monde. Je pris le long couloir de la rue de Vaugirard, j'entrai par une porte grillée dans une cour silencieuse où le clair de lune éclairait une maisonnette d'apparence provinciale. Par la fenêtre, dans une espèce de cabinet de Barbe-Bleue, j'aperçus toutes sortes de femmes, des femmes en cire et des femmes en carton, des femmes en toutes sortes de choses, en sparadrap, en argile, en terre glaise, d'autres avec des mains gantées; d'autres n'avaient qu'une tête, avec un chapeau d'aluminium. Car c'était là le laboratoire de la 2 C. A. dont l'algèbre signifiait « Conseils et Créations Artistiques ». C'était de là que sortaient les somnambules de cire qu'on voit surgir dans les vitrines, comme un peuple chloroformé.

Et c'était là aussi qu'était née la négresse — un jour de dépression de la nature — des besoins de la grande épicerie, de la complaisance d'un garçon de bar et de la beauté d'une étudiante en pharmacie. Un docteur russe fut son parrain, une journaliste du Cantal fut sa marraine. Elle naquit internationale, en pure enfant de cet arrondissement. Et sans doute M. Panado eut-il sa part de collaboration dans la chimie qui procéda à sa naissance. Ce fut au sein d'une grande mélancolie que la noire pharmacienne du boulevard Saint-Michel devint la dame plate, l'icône, la déesse en papier, de l'affiche des « Fruits du Congo ». J'ai rétabli qu'à cette époque, on sortait du Cancer pour entrer dans le Lion. Les constellations étaient mornes, abruties par l'excès de chaleur. Toutes sortes de sesquiquadratures faisaient hocher la tête aux mages à la dernière page des journaux. Un soleil perpendiculaire dissolvait le goudron des chaussées, collant au sol les sergents de ville.

Montparnasse subissait l'épreuve dans un flot de bière ou de café-crème, boisson nationale du penseur.

Au milieu de ce quartier de Bretons, de marins, de religieuses, d'artistes, de boîtes de nuit, de magie noire, d'abreuvoirs internationaux et de fermentations géniales, la 2 C. A. montrait sur un palier bourgeois son étiquette de conception cubiste et son pied-de-biche un peu râpé. Il en sortait, dans le pêle-mêle du génie, l'écharpe en laine ou le catalogue de bijoutier, la perruque pâle des mannequins à la mode, des Vénus en nickel coiffées d'un chapeau de zinc et toutes sortes d'autres choses artistiques et breton-chinoises. Il en sortit la grande sphère des couleurs du Palais de la Découverte. Tout le monde passait dans ce couloir artistique, le plus vivant et le plus gracieux du monde. C'était un endroit inspiré, meublé d'une antilope de liège, de masques nègres et d'une couverture de mule castillane. Les deux patrons étaient Hussonnet et Lafarge, que leurs amis appelaient les « Frères-Sisters ». Ils y vivaient en artistes frugaux, vêtus de pantalons de plage et de chemises tyroliennes, à la recherche du nombre d'or. Le capital de la 2 C. A. était formé principalement par une pelisse de vingt mille francs qu'ils partageaient, à peine trop longue pour l'un, à peine trop courte pour l'autre, et d'une serviette de nouveau riche, en peau de reptile, écussonnée d'un monogramme de la 2 C. A. en or blanc. Ils s'armaient de ces accessoires pour visiter les gros clients, l'un de la pelisse du Directeur, l'autre de la serviette du Secrétaire et donnaient ainsi à la firme le prestige de la grande affaire. Ce fut le garçon d'un petit bar de la triste rue du Bon Marché, qui apporta le tuyau de M. Gonzalès, Directeur des *Fruits du Congo,* qui trustait les agrumes sur les marchés du monde.

Pour aller voir M. Gonzalès, l'homme qui voulait une affiche à la gloire des fruits du Congo, les Frères-Sisters exhumèrent la pelisse de son tombeau de naphtaline. M. Gonzalès représentait en effet le client vraiment majestueux. C'était un Portugais pompeux et adipeux, qu'un logique souci d'équilibre obligeait à porter la tête très en arrière, pour garder le ventre très en avant, une tête de vieux toréador aux yeux orange, qui était directement posée sur un ventre d'éléphant blanc, ces éléphants qui ont toujours l'air d'avoir oublié leurs jarretières. Le garçon de bar avait fourni sur lui de très bons renseignements. M. Gonzalès dit : « Hem... hem... », étala sur ses genoux des doigts bagués jusqu'au poignet, décrivit de l'index, en l'air, les merveilles qu'il attendait pour concrétiser dans l'espace le mérite de ses cornichons, fixa un prix, toussa trois fois, répondit à quatre coups de téléphone, et considéra les deux artistes avec des toussotements rythmiques, qui l'ébranlaient depuis la base jusqu'au sommet.

Ce fut encore le garçon du Bon Marché qui trouva Noémi à la terrasse d'un bar du boulevard Saint-Michel. Elle était noire comme un fond de poêle, splendide, luisante, bâtie en long, avec des reflets de piano d'ébène, des creux de main roses et des cheveux pure laine qui mettaient une note de bergerie puérile dans la solennité de sa nuit équatoriale. Elle s'avançait, pour parler comme la Bible, au milieu de la rue Monsieur « comme deux colonnes de fumée ». Le garçon de la rue du Bon Marché lui prouva en deux temps la nécessité absolue de poser pour les Fruits du Congo. Elle s'acclimata en trois secondes à la salle de l'antilope et au cabinet de Barbe-Bleue, se montra architecturale, gazouillante, spirituelle, aimable et parfumée. Son passage laissa derrière elle une recette de bananes frites et une maquette grande comme une carte postale, qui utilisait sa plastique au milieu de la réclame de M. Gonzalès.

Mais, avant qu'elle se présentât telle que nous l'avons connue, génie de l'aventure aux fruits d'or sur les murs de notre mairie, il fallut la porter longtemps, l'allaiter, la lécher encore comme un jeune ours ; la déformer, l'altérer, la fausser, la travailler comme un nain de Bohême, un pied de Chinoise ou une femme-serpent, lui enseigner la boxe de la beauté, le dynamisme de l'affiche.

On commença par l'observer de l'œil gauche, en pliant une main en équerre sous tous les angles pour cerner de diverses façons la tache jaune, noire et verte de l'image. On la mit à l'endroit, à l'envers, en travers, dans tous les sens, on la secoua par les pieds et on la fit vomir.

— Un jaune ici, dit enfin Hussonnet ; fais chanter le vert.

Et le vert, sous le poids soudain du jaune qui appuyait au bon endroit, chanta comme un oiseau des Iles.

On astreignit la pauvre femme à toutes les gymnastiques du monde. On lui enseigna les attitudes des prêtresses, les recettes des fakirs et les danses sacrées. Elle apprit à porter des jarres sur sa tête et des pièces d'or au cou comme les Ouled-Naïls, à jongler avec des citrons et à marcher sur des œufs d'oiseau-mouche. On la cerna de papier de diverses couleurs. On lui fit lever les bras, les mains horizontales, dans une pose hiératique qui faisait jaillir sa poitrine et la projetait hors de l'affiche. On essaya sur ses mains plates diverses sortes de paniers de fruits, découpés dans le papier Canson. On les posa tantôt sur le fond même et tantôt, débordant le cadre, sur une baguette de couleur différente. Après quoi, on changea la couleur de l'horizon, ce qui se faisait d'une façon automatique, à l'aide de différents pochoirs.

Ensuite, on prit un verre carré orné de graduations blanches, qui ressemblait à un appareil de physique, et on examina la tache colorée. On la fit reculer ainsi jusqu'aux vertiges de l'horizon, sur un ciel jaune qui était devenu lointain comme une étoile. La main de Hussonnet, posée tout à côté, parut partir aussi pour le bout de l'univers. Les Frères-Sisters se passèrent le verre et regardèrent cette Noémi comme des matelots sur une dunette observant une étoile nouvelle du ciel austral.

Pour l'habiller, on décida péremptoirement de choisir les mêmes caractères que pour l'affiche des « Mille et Une Chemises ». On essaya pourtant divers modèles de lettres, et on s'arrêta finalement à une espèce de capitale Didot, dont la moitié inférieure, travaillée à l'éponge, avait le grumeleux d'un crépissage dont l'eût éclaboussée le violet d'une pastèque qui se trouvait dans la corbeille.

C'était fini.

— Vulgaire, dit Hussonnet.

Et il n'y eut plus qu'à recommencer.

Ils tentèrent des effets d'ombre, des reflets de soleil, des rouges et des horizons. On essaya de la photographie, et du négatif de photo.

— Il faut faire plus plat, dit Lafarge.

On fit plus plat.

On combina plusieurs maquettes. Les calques s'amoncelaient, les découpures volaient. Cette négresse de dix centimètres mangeait, comme une poupée vorace, des kilomètres de transparent et des kilos de pastels coûteux. Elle buvait à pleins pots la couleur et la gouache. Rien n'assouvissait sa fringale. Elle dévorait comme le ver à soie.

La pièce était pleine de ses restes, de ses copeaux, de

ses stocks de vivres, de ses aliments féeriques et de ses résidus.

— C'est la mère la Colique, déclara Hussonnet.

— Il faudra la mettre au régime, dit Lafarge en repoussant du pied un tas de spirales de papiers qui restaient vrillées à ses jambes. J'arrête les frais.

Une négresse était née, qu'on pouvait disposer sur quatre horizons différents, avec cinq sortes d'inscriptions.

On tira les rideaux de l'atelier. La gazelle de liège, monstre familier du logis, considérait la scène du plus haut des ténèbres, juchée au sommet de son placard, d'un œil rond comme un œil de poule, un œil de mystère africain.

Et tout d'un coup Elle apparut sur le mur blanc, haute de trois mètres (sortie d'un étrange appareil fait de cylindres et de tubes en carton), tissée de lumière, vivante, nimbée d'or, drapée d'émeraude, et dressant vers le ciel un panier de fruits brillants. « ... Quelle est celle qui vient à nous sur deux colonnes de fumée ?... » Jamais mariée n'avait été plus belle.

— Il faudra faire pointer les seins, dit Hussonnet. Colle-lui un reflet de plus sur le gauche, et un rose blanc dans le mamelon droit.

Mais Lafarge était satisfait.

Les Frères-Sisters esquissèrent un pas de danse.

— Ah, la vache ! dit Hussonnet avec un soupir de soulagement.

Il en voulait à cette femme de les avoir fait travailler si longtemps. Et puis tant de nègre les gênait à cause de souvenirs qu'ils n'aimaient pas. Il leur semblait sentir, venue de nuits tragiques, l'odeur lourde, un peu écœurante, qui montait des corps noirs, au repos, sous le drap mouillé des capotes jaunes. Car ils avaient fait division avec les noirs, et ce parfum ramenait les autres, le remugle des masques à gaz, le chloroforme et les tisanes, mêlés de profils de fantassins et de tac tac de mitrailleuses. Un tilleul de cour d'hôpital, le soleil d'une fin de permission sur le trottoir d'une régulatrice, l'irisation d'une pellicule de pétrole sur l'eau d'une flaque, près de Verdun. On ne sait pourquoi l'horreur de cette flaque irisée était le seul souvenir que ne pût soutenir Hussonnet, qui avait cependant tout vu de la guerre.

— Coupe les gaz, dit-il à Lafarge.

— Adieu, beauté ! lança Lafarge en fermant l'instrument d'optique.

Et Hussonnet ouvrit les rideaux d'un seul coup, la négresse disparut et l'envoûtement cessa. On vit l'araucaria de la cour d'en face et l'acacia du jardin du couvent qui s'obstinaient méritoirement dans leurs ambitions végétales.

La journaliste du Cantal était en train de tirer le pied-de-biche. Elle venait encore d'oublier le nombre d'or.

— C'est 53 virgule 37, lança à tout hasard le maître du mystère du haut de la fenêtre du second.

Il n'avait pas fini ses recherches, mais elle partit tranquillisée.

— J'ai peur de m'être trompé de virgule, dit Lafarge.

— Ça n'a pas d'importance, déclara Hussonnet, ça fait un très joli numéro de téléphone.

— Je pense bien, c'est celui de Noémi !

— On verra bien ce que ça donnera, dit Hussonnet.

Pour commencer, ça tua M. Gonzalès... Les *Fruits du Congo* firent faillite.

M. Gonzalès, colosse aux pieds d'argile, en fut secoué de si vifs éternuements qu'il s'en effondra sur sa base.

Les Frères-Sisters allèrent piétiner son cadavre ; mais ce fut par pur acquit de conscience. Il n'y avait rien à en tirer.

Le garçon de la rue du Bon Marché reçut un savon d'importance, et le Bon Marché en conserva un mauvais renom chez les amis de la 2 C. A. Il devint mal élevé d'en parler.

*

Les nécessités du recrutement sauvèrent l'image de la négresse.

Le modèle de l'affiche fut accepté au concours, pour attirer les jeunes Français dans le corps d'élite qui veille, le verre en main, aux frontières de l'Empire. On supprima la mention commerciale et on écrivit à la place : « Jeunes Français, engagez-vous, Rengagez-vous dans l'armée coloniale. »

Hussonnet prit l'affiche, la roula proprement et l'entoura d'un élastique. Lafarge mit la pelisse sur sa chemise tyrolienne et Hussonnet la médaille militaire (c'était la même qui servait pour les deux, ils n'en avaient gagné qu'une seule), et, s'étant fait de grandes civilités, ils partirent en file indienne, comme les garçons de la liqueur Saint-Raphaël.

Le concierge était sur le pas de sa porte. C'était un ancien douanier.

— Rien à déclarer ? demanda-t-il aux Frères-Sisters par plaisanterie.

— Une négresse, répondit Lafarge.

— On lance une femme dans le vaste monde, dit Hussonnet.

— Bois d'ébène, ajouta Lafarge.

— Ananas, bananes, cacahuètes !

— Fruits du Congo !

— Couleur locale !

— On passe l'Afrique en contrebande ! cria finalement Hussonnet.

— Cha va, cha va, dit le douanier avec l'accent de la Lozère, moi j'y vois pas d'inconvénient.

— C'est les arrrtistes, cria-t-il à sa femme par la fenêtre de la loge.

Douanier, douanier, comme disait Henri Heine, douanier, tu ne sais pas ton métier...

*

Elle s'installa sous la mairie. On l'y trouvait en sortant du collège. Elle était belle.

La Beauté ne s'explique pas, elle s'impose, elle vous attrape, elle vous saisit. Quand elle vous lâche, elle laisse des bleus sur vos poignets.

Les romantiques ajoutent qu'elle tue, que son itinéraire est jonché de cadavres et d'assassinats impunis.

Ce fut un soir de printemps, où la nuit tombait vite, que Frédéric se trouva soudain en sa présence. Elle s'était cachée pour l'attendre dans l'affiche des Fruits du Congo. Il y en avait toute une pile sur une chaise, que le concierge avait sorties. Frédéric se trouva nez à nez avec elles. Il s'en approcha, interdit, tendit un doigt, mais, le sortilège étant plus fort, le laissa retomber inerte, puis y revint, tels les enfants qui touchent le nègre pour s'assurer qu'il ne déteint pas, renifla, et partit lentement, d'un pied pensif, selon l'expression de M. Vantre.

Il lui en resta quelque chose pour la vie, comme à ces gens qui demeurent boiteux d'avoir servi de route à la foudre.

*

Le concierge sortit alors de la mairie à pas de loup, par une porte dérobée, avec un képi vert orné d'un cor de chasse et des moustaches de rural de cinéma. Armé d'un pot de colle, juché sur une échelle, il se battit contre la bise pour arriver à coller la négresse. Ce vent la faisait battre comme un drapeau. Dans ce duel contre les éléments, il dut appeler le premier venu à la rescousse. Ce fut M. Vingtrinier. Depuis que son fils Joseph l'avait abandonné, au lendemain du baccalauréat classique, M. Vingtrinier (moins fier, moins noble, moins valeureux que le cheval) rôdait au hasard, sans soutien, sur les trottoirs de notre ville, — ainsi l'aveugle sans caniche —, enrichi d'un col d'astrakan et d'une canne à bec d'argent.

Il maintint le coin de l'affiche avec le bec d'argent de la canne qu'il avait prise par l'autre bout, puis appliqua imprudemment contre le mur, des deux mains, les pieds de la négresse. Il retira ses doigts pleins de colle, les essuya soigneusement sur son mouchoir, et repartit vers ses destinées comme une feuille morte au fil du vent, en redressant lentement sur son nez mauve son lorgnon mélancolique, image du malheur distingué.

Il suivait le la d'on ne sait quel rêve qui s'accentuait aux portes des cafés (dans les endroits où les accents de la mandoline se mêlent aux vapeurs du pernod) et aux portes des pharmacies.

★

Maintenant la négresse luisante se dressait sur le mur avec ses fruits de feu qui exhortaient la belle jeunesse à s'engager et se rengager dans les armées de la France d'outre-mer.

On trouve toujours, à la sortie des vieux collèges, des enfants qui vont contempler sur le fronton romain de la mairie cette imagerie du recrutement. Elle leur promet monts et merveilles. C'est le piège d'or du racoleur, le même qui séduisit les soldats de Dupleix et ceux de Lally-Tollendal, avance de solde immatérielle du mercenaire, acompte de rêve et d'horizon.

Le froid leur pique des nez carotte dans un teint de fromage blanc. Leurs têtes vagues flottent dans la brume à la dérive, mais ils restent cloués par on ne sait quelle hypnose, avec des regards d'opiomanes et des frissons de derviches tourneurs.

La nuit bâcle à coups de poing sa neige et ses ténèbres. Un bec de gaz tremblote au-dessus de l'icône. Un souffle agite un lambeau bleu qu'étoilent encore une femme annamite, une jonque, une pagode, fardées d'or. Et le sergent monté sur un éléphant blanc, du haut de son col brodé d'ancres, transmet à ces petits la chanson de Kipling : « Jaune était son jupon, vert son petit chapeau, son nom Su-pee-gawlath, comme la reine de Thebaw... Je l'ai vue la première fois fumant un long cigare blanc, et gaspillant des baisers de chrétien sur les pieds d'une idole payenne... Car les cloches du temple appellent, et c'est là que je voudrais être sur la route de Mandalay... »

Le refrain de la chanson ne rate jamais son effet. Le collégien s'approche à ses accents comme un serpent qui entend la flûte. L'élève le plus fort en football, qui reste, par tradition pure, le dernier en géométrie, s'attarde plus longtemps que les autres. C'est la race des enfants de la nuit promise à toutes les malarias. Quand il s'en va enfin, traînant dans la neige sale ses semelles défoncées par le choc du ballon, frileux comme un intoxiqué, et promenant sur nos vitrines insignifiantes le regard absent de ses prunelles encore aveuglées du mirage, il se fredonne le refrain magique qui amorça tant de destinées : « N'entends-tu pas les rames qui clapotent de Rangoon à Mandalay?... Emportez-moi pour n'importe où à l'est de Suez, là où le meilleur vaut le pire... Sur la route de Mandalay, où volent les poissons volants, où l'aurore, à travers la baie, vient de Chine comme un tonnerre... »

C'est que l'or du mirage a des lueurs tenaces. La nuit de l'adolescence en reste éclaboussée, et quand on touche l'idole elle déteint sur les doigts. Depuis qu'il existe en Europe des enfants qui rêvent sur des cartes, on n'a pas encore trouvé mieux que de leur promettre, comme un bain bleu, comme une récompense totale et le fruit même de leurs insomnies, cette nuit coloniale qui se garde imperméable, dans ses ombres aromatiques, pour ses esclaves et ses dieux.

Qui n'a été cet enfant visionnaire ? Fred resta là...

— Où êtes-vous, Lamourette ? demande le professeur de chimie. Comment passez-vous pratiquement d'un carbure de la série grasse à un carbure de la série saturée ?

Mais Lamourette écoute la flûte du chamelier, taillée dans un bambou amer. Elle tisse au loin sa maigre mélodie diésée, acide comme un lait caillé, dans un pays qui n'offre à l'homme d'autre récompense, d'autre souvenir et d'autre avenir que lui-même, et où ne fleurit, sur les dunes, que le pavot dément d'une lune vénéneuse, lampe du nomade, veilleuse du vide, rose du simoun..., haute paye du mercenaire.

La Falèze s'y était pris. Le grand Potter devait s'y prendre. Et Frédéric ne s'y prendrait-il pas ?

*

M. Vingtrinier regagna ses pénates (au sommet de la maison David, qui dominait elle-même la ville) après avoir rôdé dans le square Petermaës où il suivait quotidiennement la trace d'on ne sait quel oiseau, l'odeur d'on ne sait quel rêve fragile.

Il grattait la neige par endroits, et seule l'empreinte de ses pas le suivait comme un chien fidèle. Mais ce jour-là, il eut beau démolir à petits coups de canne savants les écumes, les diamants, les bulles, bref les mousses de lessive que la neige déposait sur la grosse plante brésilienne à nom latin, il ne put y retrouver l'odeur ammoniacale qu'elle distillait au soleil quand elle étalait largement ses vastes feuilles cernées de rose pâle et gaufrées de rouge, ourlées de mauve et doublées de brun, pareilles à des oreilles d'éléphant fantastique. Il fut déçu car le bonheur pénétrait chez lui par le nez, porté par les odeurs étranges. (La formule du bonheur devait se trouver dans le Codex.) Il ne détestait pas qu'elles fussent désagréables parce qu'elles lui donnaient à penser. Malheureusement la cage du bouc était fermée. Il s'en alla, fouillant du bout de sa canne les parterres sur lesquels les armes de la ville devaient s'étaler sous la neige fraîche, en plantes de plusieurs couleurs.

L'hiver était dur à passer... L'après-midi, quand il faisait beau, il allait se promener au château des Bergères, il s'y asseyait chez une veuve. Il la regardait faire son tricot, car un rien occupait son temps. L'avocat n'est-il pas le défenseur de la veuve ? Il lui tenait le compte de ses bons-primes du *Family*', l'épicerie dont les succursales couvraient tout le département. Il lui suggérait également des idées pour la construction de la maison qu'elle pouvait gagner dans des entreprises financières qui ne s'annonçaient d'ailleurs pas bien...

En sortant de là, un jour d'été particulièrement poétique, il avait découvert au sommet du jardin un petit édicule en planches dont il s'était servi tout de suite, tant il lui avait paru joli. Les planches étaient mal jointes, on voyait l'horizon. Il y était revenu et il avait pris le temps d'y fumer un cigare. Pendant qu'il fumait le cigare, il avait lu le livre qu'il emportait toujours dans la poche de sa jaquette, car il emportait en promenade les ouvrages qui l'ennuyaient le plus, mais dont il voulait se prouver qu'il désirait les lire quand même, parce qu'il savait qu'en se promenant il trouverait mille excuses à ne pas le faire.

Le cigare éteint, il avait continué, l'agrément de l'endroit lui donnant du courage, puis avait rallumé le cigare, puis de cigares en pages et de pages en cigares, il avait fini en quinze jours le premier volume de la *Conquête de l'Angleterre par les Normands.* Nul ne le dérangeait dans ce charmant édifice qui avait été désaffecté depuis l'envahissement du progrès. Il avait donc apporté le tome II, il l'y avait laissé et retrouvé, et au moment où se passe cette histoire il en était au tome IV. Les volumes étaient posés sur une planchette, juste à portée de la main, avec des allumettes et des brochures professionnelles. C'était ce qu'il appelait sa bibliothèque rustique. Malheureusement, quand il faisait froid, cette ressource perdait beaucoup de son intérêt. Il était obligé d'écourter ses séjours. Les hivers sont durs aux poètes.

Il regagna donc ses pénates. On vit se découper un instant dans la nuit, sa silhouette infiniment correcte, au milieu du rectangle d'or de sa fenêtre, au sommet de la maison du sommet de la cité (il avait l'air de s'y trouver dans une espèce de tabernacle).

Ensuite il disparut derrière les persiennes noires dont il ne resta plus qu'une réglure dorée.

★

Depuis ce jour Frédéric — comme M. Vingtrinier tournait autour du mouflon corse à heures prévues — montait la garde sous l'affiche de la négresse.

Le vent de mars emporta par morceaux l'étoile noire des nuits africaines, un bout de mollet, la main, les fruits. Une des chèvres de l'Espagnol, qui poussait le matin son troupeau satanique en jouant sur une petite corne les premières notes du « Bon Roi Dagobert », mangea un pied qui se détachait, et cette bête parut se complaire au goût de la colle.

Mais l'essentiel du fétiche noir resta quand même, ses cheveux de mouton, ses citrons d'or, sa trace divine, et cette espèce de promesse solennelle qu'il fallait mériter par de grandes vertus.

Elle n'en fut que plus précieuse, comme ces statues mutilées qui reviennent du fond des âges, plus riches d'avoir été tronquées.

*

Ce qu'il y avait de plus curieux dans la fenêtre de M. Vingtrinier, celle où on le voyait de toute la ville, c'est qu'elle n'était pas dans la mansarde même, mais en dehors, sans autres murs que ce qu'il en fallait pour que ce ne fût pas un trou dans le vide. C'était une fenêtre scrupule, qui avait dû être surajoutée par les remords d'un architecte qui l'avait oubliée dans le plan de l'appartement et lui avait dressé après coup ce monument expiatoire. Elle était rapportée artificiellement, comme la Corse sur les cartes, pour arriver à tenir à la maison. Ainsi placée, elle se trouvait bien plus fenêtre que les fenêtres ordinaires, car avec elle regarder par la fenêtre devenait une occupation positive pour laquelle on avait un poste fait exprès. Et, pour aller jusqu'à la fenêtre, il fallait passer par le toit, et monter un escalier de pierre. M. Vingtrinier montait donc à sa fenêtre comme Mme de Malbrough monte à sa tour. Peut-être attendait-il un page qui lui arriverait d'Amérique afin de sauver sa situation bien délabrée.

L'hiver, il observait les tourmentes de neige. L'été, il écrasait les mouches, au moyen d'une grosse règle pareille à un bâton de Guignol. Il avait peut-être choisi exprès cet endroit au-dessus des hommes, qu'on appelait, dans le quartier, l'Arche des David, pour s'y trouver plus près des astres, auxquels il attribuait les déboires de sa vie.

Un jour, alors que son fils Joseph s'engageait définitivement, passé le baccalauréat, sur le sentier d'une vie laborieuse, des cousins d'Amérique s'étaient souvenus soudain de leur parenté avec les Vingtrinier. Ils avaient réclamé Joseph. Son père avait dû l'embarquer.

Ils s'étaient quittés sous le sémaphore ; M. Vingtrinier y revenait de temps en temps pour y réchauffer ses souvenirs. On le trouvait sur le trottoir du dépôt, grattant rêveusement sa nuque sans son faux col, du bout de sa canne à bec d'argent, en tête à tête avec la pompe aux locomotives, qui laissait pendre comme une trompe son gros tuyau de toile si vivant qu'il s'excusait machinalement en passant dessous.

Un soir, tandis qu'il s'apprêtait à aller au square Petermaës, il reçut des Etats-Unis un paquet de cartes postales. C'était de Joseph, et bigarré comme des vues de Nice à l'étalage d'une papeterie. Il s'y trouvait une sorte de Côte d'Azur qui s'appelait *Souvenir Folder of Seattle,* un paysage de gratte-ciel, sur un fond rose, intitulé *Business Section,* un escalier entouré de fleurs qui s'appelait *Rhododendrons in Blum on the Puget Sound,* un *Horseshoe Stadium,* plus une vue détaillée de l'Hôtel Benjamin Franklin, sans compter des lacs de montagne, des pins et une espèce d'obélisque peau-rouge, planté au milieu d'une place, et qui ressemblait à quelque mât de carnaval fait de monstres accumulés, de dieux, de perroquets, de serpents, de gargouilles, et ça s'appelait *Totem Pole from Alaska, Pioneer Square.* Le drapeau des Etats-Unis flottait sur le Seattle Hôtel, et le perroquet en prières qui dominait l'obélisque peau-rouge joignait des mains jaunes et vertes sur un ciel bleu comme l'azur des blanchisseuses. M. Vingtrinier en resta tout chose. Au dos de cette imagerie, il y avait quatre lignes qui témoignaient d'un excellent moral.

Puis, plus rien. Mais ces faunes, ces gratte-ciel, le hantèrent. C'était tout ce qui restait de Joseph : *Hôtel Franklin* et *Totem Pole* et les *Rhododendrons in Blum,* et ces cavaliers qui passaient à côté des *Narada Falls* sur un glacier ! Quelle affaire !... Il restait livré au *Totem Pole* et à ses ressources personnelles, comme un aveugle sans bâton au souvenir de quelque songe.

Il avait perdu petit à petit ses joues et son dernier client, vendu le piano et le guéridon rose. Maintenant il buvait de l'absinthe chez la veuve et attendait dans « l'arche des David » le message de l'horizon en tuant des mouches sur le rebord de pierre quand le soleil brillait un peu.

Loin de ce fils adroit et cynique, il tournait comme un homme sans âme, comme un escargot sans coquille ; il lui manquait une habitude et une cuirasse. On lui avait enlevé sa flanelle. On lui volait son parapluie...

Il promenait de plus en plus fréquemment dans les rhododendrons du square *(Rhododendrons in Blum)* ses cheveux frisés, ses lorgnons tristes et son profil de mouton résigné... *In the Puget Sound...,* disait-il. Le kiosque à musique ressemblait par son architecture canaque à la cabane du bélier zoologique qui était inspirée, elle aussi, par les architectures des Iles océaniennes. Quand M. Vingtrinier rôdait autour de ce monument papou, il ressemblait à s'y méprendre, avec ses oreilles compliquées, feuilletées, rabattues en cornet, roulées comme un gâteau arabe, à un bélier de Jardin des Plantes, un petit bélier timide qui tourne autour de sa cage. Le palmier nain de Tasmanie l'éventait de ses feuilles bleutées, avec un parfum de frangipane. Ce boudoir de la botanique grisait M. Vingtrinier d'effluves surnaturels. *Pioneer Square..., Totem Pole..., Rhododendrons in Blum...* Il y délirait comme un chat dans l'odeur de la valériane, avec sa canne à bec d'argent imitation.

Quelquefois, il y avait de bons jours. C'était ainsi que la veuve du château des Bergères avait gagné tout récemment un lot de douze torchons tout ourlés contre trois mille deux cent cinquante bons-primes dont M. Vingtrinier lui avait tenu le compte. Ce sont les petites fêtes de la vie.

★

Ces images d'Amérique le travaillèrent beaucoup. Il les tournait et les retournait dans sa mansarde. Il les contemplait comme un remède qu'un pharmacien vous a livré sans mode d'emploi... Peut-être au dos ?... Mais le verso n'en expliquait pas davantage. Il les montrait, et en tirait une sorte d'orgueil déconcerté.

— Seulement, disait-il à la veuve des bons-primes, je ne vois pas bien ce qu'ils peuvent faire de ces mâts ornés de reptiles...

— Ça doit être des grenouilles, lui répondait la veuve.

— Ah ! vous pensez ? disait M. Vingtrinier.

Mais ça n'aidait pas davantage. Elle daigna ajouter une fois :

— A mon idée, ce seraient des bâtons à grenouilles.

En dépit de cette explication la situation restait confuse. Qu'était-ce qu'un bâton à grenouilles? Comme la veuve était irascible, il n'osait pas le lui demander.

Et il partait avec ses bâtons à grenouilles. Et jamais nul père de famille ne fut plus perdu, mais en même temps plus mystérieusement consolé que M. Vingtrinier rôdant à petits pas, autour du mouflon corse ou de la plante brésilienne, armé du bâton à grenouilles. Ainsi emplissait-il sa vie.

Il ne maniait que de l'inutilisable entre ses doigts déconcertés, et il n'aimait pas autre chose que de manier de l'inutilisable entre des doigts déconcertés. Tout lui était bâton à grenouilles, tout devenait tel entre ses mains. Lorsqu'il en tenait un bon, comme cette chose étonnante que Joseph lui envoyait d'un continent lointain, a travers les océans jaunes, il le faisait durer longtemps, à la façon de l'enfant précautionneux qui suce un bâton de réglisse. Après le pernod, sur la fin de la journée, il le portait comme un sceptre de roi.

*

Le destin passe dans nos vies avec des semelles de feutre. Il se cache en ne se masquant pas. Ce qui empêche de l'identifier, ce sont ces gestes si quotidiens, cette absence de mystère et de cérémonie. On ne le reconnaît qu'une fois passé. Il faut donc excuser les enfants romanesques qui s'attendent à le voir venir entouré de foudres et d'éclairs, de ne pas sentir quand il arrive, quand sa main saisit leur poignet sous leur pèlerine de collégien, d'un geste qui laissera des traces.

Le vent passait et balayait des papiers jaunes. C'était un soir de mars, plein de cris et d'aigreurs, de lambeaux noirs et d'une bise qui pénétrait partout. Les skieurs des Galeries Petit, encore hagards d'une vision de neige, regardaient de leurs yeux d'émail déferler toutes ces giboulées, crises de nerfs d'un printemps acide. Fred contemplait le gendarme de cire qui visait du fond de la vitrine avec un pistolet Euréka le bandit corse vêtu d'un cuir étiqueté au juste prix. C'était au coin de la rue Bonne-Nouvelle. Théo Gardi passa chaussé de pantoufles, dans une robe de chambre à carreaux. Il se hâtait. Il saisit au passage la main de l'immobile Frédéric, qui pivota d'un seul tenant.

— Tu viens, ce soir ?

— Comme convenu ! je t'apporte le lorgnon !

— Mieux que comme convenu, dit Théo. Il faut absolument que tu viennes. Je n'ai pas le temps de prévenir un collègue ; et personne sous la main. Tu me rendras service.

— Qu'est-ce qu'il y a donc ?

— Trop long à te dire ; ça dépendra... Je te laisserai un mot sur la table.

— Mais quoi ?

— Trop pressé... je te dirai...

— Du drame ? ?...

Car Fred voulait tout de suite du drame.

— Est-ce qu'on sait ! dit Théo, qui, lui, n'y tenait pas (et il eut un haussement d'épaules). J'espère bien que non !...

— Mais où allez-vous si vite ?

— A la pharmacie... T'inquiète pas. A ce soir. Tu trouveras un mot sur la table. Tu t'assiéras sur le fauteuil, et tu attendras que je revienne du Café.

Il était déjà loin.

Fred le suivit des yeux. Théo se retourna et il lui lança encore :

— Promis ?

— Promis.

— Sûr ?

— Sûr.

Fred donna un coup de pied à un fer à cheval qui traînait, et repartit plein de questions confuses. Il fut assailli par le vent qui déferlait sous la porte Saint-Gilles, ce vent du nord, enfant de l'horizon, chargé d'énigmes boréales, qui fait tant de tort au professeur de troisième et tant de concurrence à Boileau.

La bise dévalait la rue, éteignant des lumières et poussant devant elle, butin de pirate, tout un troupeau de coiffures. La nuit se formait sur son passage le long de la pente, les gens couraient, Fred se hâtait. M. Petermaës trônait en haut de son monument comme un pot de confitures sur une armoire rustique.

Fred aimait aller chez Théo. Sa chambre était pompeuse, miteuse et défraîchie mais luisante d'encaustique, criblée de traces de mouche et jonchée de pyjamas. Théo y vivait avec emphase et mystère, dans une odeur de lettres d'amour mêlée à celle du laudanum laissé par l'ancien locataire. Et ce parfum semblait traduire l'âme vénéreuse, confuse et tenace du logis.

Théo Gardi était une espèce de station sur la carte des Grandes Choses. Son mauvais goût et son passé lui composaient, unis à son flegme affecté, une auréole à la Baudelaire. Il parlait une foule de langues et comprenait comme nous l'importance capitale de loger dans sa chambre un lorgnon d'opticien.

*

Le vent secouait les arbres nus, on entendait grincer les girouettes des toits. Fred fut surpris de voir soudain qu'il se trouvait devant la plaque d'émail de la villa de son oncle. Les caractères étaient en elzévir. Il poussa la porte de fer et aperçut la barre fixe qui se rouillait au bout de l'allée de poiriers. Il traversa la pelouse. Une ampoule veillait dans le couloir dallé. La tête de biche aux oreilles râpées présidait au chaos du porte-parapluies avec un œil sauvage et doux. Une lumière filtrait sous la grande porte à deux battants du cabinet de consultation derrière laquelle on entendait des voix confuses. Il éprouva le besoin de monter jusqu'à sa tanière du grenier. Elle était nue comme la main, entre ses quatre murs de plâtre, et meublée seulement d'un lit de fer, de l'affiche des vélos « Cyclamen », et de deux fleurets qui se croisaient sur la cloison. C'était une cellule de moine, un dortoir d'acrobate ou de général de la révolution, tout ce qu'on voulait, sauf un endroit logeable : bref, un territoire de grand homme, un de ces lieux où souffle l'esprit. Il y écrivait au fusain sur le plâtre des maximes qui changeaient chaque mois, ou chaque semaine, au gré de ses lectures et de ses engouements. Depuis l'affiche, une tête de négresse était dessinée sur le mur. Cette tanière exprimait la révolte des fils. Elle insultait l'idée que la génération des parents s'était faite du confortable, le pouf, l'encrier de zinc doré et le guéridon Louis XV. Il en savoura l'ascétisme. Chaque fois qu'il rentrait chez lui, il se félicitait de vivre mal, gelé l'hiver, brûlé l'été, dans une maison confortable.

Il poussa une porte vitrée qui faisait communiquer sa chambre avec une longue mansarde où il prit le lorgnon en fonte dédoré qui avait un verre bleu et l'autre rouge. (Ce lorgnon, comme la mansarde, répondait à d'obscures nécessités intellectuelles. Enfant de l'extraordinaire, il relevait aussi des régions du génie, de la révolte, du fascinant.) L'orteil du dieu s'imprime plus facilement sur le plancher d'un grenier, à cause de la poussière. La vieille Mariette voulait obliger Frédéric à descendre vers des régions moins sublimes et plus habitables. Elle refusait de lui nettoyer ces deux pièces. Mais Fred n'en avait cure. Il refit le nœud de sa cravate en tricot devant un petit miroir de métal que lui avait donné Raoul de la Falèze, le caporal du 6e colonial, un miroir incassable à étui de peau de chamois, qui peut être pratique en campagne. Les miroirs de soldats en campagne sont plus géniaux que les miroirs d'appartement.

Ensuite, il descendit à la salle à manger.

Elle sentait le pain, la confiture et elle paraissait noire parce qu'elle était très grande, que l'ampoule basse n'en éclairait que le milieu et qu'elle était vouée au cuir gaufré.

L'oncle parlait encore de l'autre côté de la porte. Frédéric ramassa le journal sur la machine Singer installée dans un coin où Mariette travaillait quand il n'y avait personne. La dame des Pilules Orientales faisait jaillir sa belle poitrine dans le coin de la page. C'étaient des images de ce genre-là qui devaient faire partie des mystères dont l'idée entourait la chambre de Théo. Surgie d'une taille étranglée par l'art d'un antithétiste savant, cette dame épanouissait brusquement à hauteur des seins des panoramas infinis.

— Que regardes-tu ? dit le docteur en entrant.

Fred rougit et posa le journal sur la table.

— Belle boîte à lait ! fit le docteur, amusé.

Ses yeux bleus se perdaient au fond d'un paquet de rides. Il paraissait plus vieux que son âge.

Tous les matins, en caleçon de bain rayé, il courait autour du jardin avec son neveu, pour lui donner l'exemple.

— « Soldatsss... », dit-il en levant le doigt.

— « Du haut de ces pyramidesses... », répondit Fred sur un ton emphatique.

— « Quarante siècles vous contemplonth... », finit le docteur en se frottant les mains.

Il ajouta, honteux de son enfantillage et pour faire croire qu'il n'y avait pas pris plaisir :

— Ils feraient bien de changer de slogan, à ton collège !

— Tu es de mauvaise foi, lui dit son neveu, c'est toi qui as commencé.

— Raison de plus, dit le docteur.

C'était son argument quand il n'en avait plus.

Le docteur s'occupait de son neveu comme d'un jeune chien. Il fallait qu'il fût propre et sortît fréquemment. Pour le reste, il se fiait au vieux sang des Peyrolles. Ils se retrouvaient sur des terrains frivoles, les mots croisés, les calembours, la gymnastique et deux ou trois plaisanteries qu'on se transmettait dans la famille depuis cent ans. Elles créaient l'atmosphère du *home* et protégeaient mieux Frédéric, pensait-il, contre l'extérieur, que tous les discours de la terre. Elles suppléaient aux manifestations que la pudeur masculine interdit aux jeunes gens et aux vieux hommes.

— Fais voir tes dents, dit-il.

Frédéric obéit.

— Tes cheveux ? (Il tira dessus.)

— Aïe ! fit Frédéric.

— C'est parfait. Peigne-toi mieux la prochaine fois... Et la barre fixe..., où en es-tu de la barre fixe ?

— Je fais le saut du lion, dit Fred.

— Moi, dit l'oncle, à ton âge je faisais déjà le grand soleil.

— J'y arriverai vite, dit le neveu.

— Pas si tôt que ça, dit le docteur, pas si tôt que ça.

Il voulait conserver encore cette petite supériorité. C'était pour cet enfantillage touchant de son affection que Fred aimait surtout son oncle. L'émulation gymnique les mettait de plain-pied. (Si Fred lui cachait ses progrès, c'était par pure délicatesse. Il savait faire le grand soleil depuis longtemps.)

— Fais des parallèles, dit son oncle, c'est bien mieux pour les pectoraux que cette barre fixe qui t'exagérera les triceps.

Mais Frédéric était absent ; il pensait à Théo Gardi, à ce mystère, à ce pharmacien, à la trace brûlante du génie. Qu'allait-il apprendre ce soir ? qu'allait-il voir ? qu'allait-il faire ?

Mariette avait servi la soupe, et le docteur, en la lapant de trois coups de cuillère, enseignait l'hygiène à son neveu.

— Mâche lentement. Soixante-dix coups de dents, c'est la bonne moyenne par bouchée.

— Depuis que tu me dis ça...

— Méthode Fletscher. On ne le dit jamais trop, fit l'oncle. L'homme creuse sa tombe...

— Avec sa fourchette, dit le neveu.

— Raison de plus, répondit l'oncle.

On n'entendit plus que les cuillères.

— Tu as vu le Nimbus ? demanda le docteur. (C'était le dessin humoristique du journal.)

— Oui, dit Fred.

— Ah ! très bien. Ne me le raconte pas alors ; tu me le gâcherais.

Mais ce soir-là l'oncle ne se pressait pas. Fred bouillait.

Le dîner fini, le vieil homme se leva.

— Tu as fait tes devoirs ? tu sais tes leçons ?

— Oui, mon oncle, dit Fred.

Le docteur lui offrit une cigarette.

— Tiens, salopard, c'est la dernière de la semaine. Rappelle-toi que l'homme creuse sa tombe...

— Avec le caporal ordinaire..., oui, mon oncle.

— Le tabac durcit les artères, expliqua l'oncle.

— Tu as raison, répondit Fred ; donne-moi du feu, s'il te plaît.

— Tiens, salopard. L'homme creuse sa tombe avec la flamme de son briquet.

Cette dernière réflexion marquait ordinairement la fin de la conversation, qui se répétait chaque soir à peu près identique. On y ajoutait quelquefois : « Tiens-toi droit », « Efface les épaules », « Prononce distinctement », ou « Ne reste jamais constipé ». Ils se renvoyaient ces maximes comme des balles de tennis. Le docteur les gravait dans le marbre. Dans deux cents ans, les petits Lamourette diront de naissance et sans savoir pourquoi : « Mastique bien », ou « Efface les épaules ».

*

Ce soir-là, comme par un fait exprès, le docteur s'attardait et faisait des charades. Que dirait Théo si Fred était en retard ? Et le lorgnon qu'il fallait transporter ! sans se laisser voir par Mariette !

— Tu ne vas pas te coucher, mon oncle ? proposa Fred.

— Non, dit le docteur, j'ai un malade à dix heures aux Trois Routes. Efface tes épaules.

Fred suait d'impatience.

Comment dissimuler le lorgnon ? La jeunesse a des devoirs. Cette tâche saugrenue relevait des obligations que vous imposent « le Grand et le Magnifique ». Personne ne voudrait comprendre qu'un garçon de bon sens transportât comme un voleur, au milieu de la nuit, un lorgnon d'un mètre d'envergure. Personne ne sentirait combien c'était urgent, philosophique et nietzschéen.

— Mon tout est un comté d'Irlande, lança le docteur.

— Ah ! dit Frédéric poliment.

— Tu ne me demandes pas lequel ?

— Mais si, dit Frédéric.

— Eh bien, cherche, dit l'oncle, je te donne trois minutes.

La pendule marquait neuf heures. Théo était déjà parti. Fred n'avait pas tenu sa promesse.

Neuf heures deux... Pour la centième fois Fred eut le temps d'étudier tout le détail de la pendule noire.

Elle représentait un Breton qui jouait de la cornemuse, en culotte de zouave et en chapeau de vicaire. On pouvait compter les boutons de ses guêtres et de sa petite veste.

— Eh bien ! c'est Cavan, dit le docteur, tu ne devines pas ? allons, allons ! mon premier est Espagnol, c'est Ca parce que Ca fait Ollé !... Elle n'est pas bonne ?...

— ...

— Et van ? tu ne trouves pas ? Van trie loques ! il est donc chiffonnier !... Tu as compris ?... Elle est bonne ?... Monte, va te coucher, tu dors sur place, et ne reste plus dans cette mansarde, tu finiras par attraper le mal de la mort.

— Tu ne comprends pas, expliqua Fred.

L'oncle regarda avec un sourire amusé ce garçon qui croyait passer par des expériences singulières, qui vivait en campeur dans une maison bourgeoise, couchait dans le lit de Bonaparte et dissimulait un lorgnon métaphysique et nietzschéen entre son sommier et son matelas, comme une bombe de nihiliste. Au fait, que faisait-il lui-même à cet âge-là ?

— File, salopard, dit-il en frottant sa moustache sur la joue que lui tendait son neveu.

Fred monta lentement, épiant le départ de l'oncle, mais le docteur ne partit pas.

A la fenêtre du couloir, devant la porte vitrée de sa chambre, Fred regarda longtemps le rideau de fer du garage. Un bec de gaz éclairait l'affiche rose sur laquelle se détachait la tête de Théo Gardi, le nom du Café Russe, les mots « Apéritif-Concert » et un petit groupe de messieurs en habit qui encourageait le spectateur par un tableau suggestif de la grande vie. Ce garage était un petit cube en ciment de l'autre côté d'un chemin encaissé dont les talus étaient couverts d'orties. Enfin, l'oncle apparut dans la flaque de lumière et s'accroupit pour mettre la clef ; le rideau de tôle s'ouvrit comme une gueule de monstre, l'auto sortit, le docteur referma et ne fut au loin, bientôt, qu'une lumière qui s'éteignait dans les tournants et surgissait le long des routes comme une étoile promenée par un esprit de l'air.

Frédéric enveloppa le lorgnon de quatre numéros de journal et s'en alla en rasant les murailles.

★

Rue Bonne-Nouvelle, il prit la clef sous le paillasson. La chambre de Théo était dans la pénombre ; le laudanum répandait un parfum qui semblait animer la pièce d'une présence. Il n'y avait pas de lumière électrique, et l'odeur de la lampe à pétrole compliquait celle du laudanum. Cette lampe était sur la cheminée, la flamme baissée, coiffée d'un abat-jour illustré de scènes humoristiques qui retraçaient la vie du cavalier français. Fred savait leurs légendes jusqu'à l'écœurement.

Il posa le lorgnon dans l'embrasure de la fenêtre, fit des yeux le tour de la chambre, et s'assit finalement sur un fauteuil Voltaire orné d'un canevas au petit point. Il n'y avait plus qu'à attendre Théo. Il lui semblait toujours que cette chambre était celle du mystère. Le plafond était bas. Une poutre visible le traversait dans sa longueur, tapissée d'un papier plus clair que le plafond. Une porte vitrée garnie de rideaux de tulle ornés d'amours et d'emblèmes agricoles donnait sur un petit balcon. Les persiennes étaient ouvertes. Quand le tramway passait dans la rue, il secouait au plafond tout un monde de rectangles qui venaient de l'ombre des rideaux que la poutre tordait autour d'elle. Deux tentures marron, à fleurs roses et jaunes, étaient relevées de chaque côté de la fenêtre. Le même rideau fermait, dans le coin le plus obscur, l'alcôve où était le lit de Théo. Une porte vitrée donnait sur une pièce noire et augmentait le mystère de la chambre. Au milieu de la pièce, une vieille table usée mais proprement recouverte d'une toile cirée, supportait un fouillis de papiers, de prospectus, ainsi qu'un bloc de papier « Moyen Age » à bords barbus et un encrier prétentieux. Des photos de femmes ou d'artistes et des petits pots de toutes sortes de choses envahissaient le dessus de marbre d'une table à toilette d'acajou monumentale, et des chromos étaient pendus par des rubans roses. Enfin, dans une petite vitrine, se trouvait proprement alignée une collection d'objets singuliers ou touchants dont peu de gens songeaient à cette époque à conserver des exemplaires : l'un des plus beaux était un soulier de fonte moulée, à bout pointu, avec crochets, lacets, tirant : une vraie satisfaction de poète.

Au bout d'un moment, dans le fauteuil, Fred s'assoupit à demi, la tête fatiguée par le laudanum et le pétrole. Il aperçut un sac à main, et ressentit plus fortement cette illusion d'une présence qui l'avait accueilli dès le seuil. On disait que Théo prisait de la cocaïne. Peut-être avait-il amené là des clients ? ou des clientes ? des co-intoxiqués ?... Ce sac à main était en cuir rouge. Mais il n'était pas rare de voir des objets de femme traîner ainsi dans le sanctuaire de Théo

Il sembla au garçon, dans son demi-sommeil, qu'une fleur du papier peint se mettait à respirer. Ensuite, il vit deux pieds de femme qui dépassaient le bas de l'édredon, dans l'alcôve sombre, comme sur une photo de fait divers qui représente la chambre du crime. L'âme pharmaceutique et frivole de la pièce rendait ce spectacle angoissant. Enfin, il entendit nettement un soupir qui semblait venir du fond de l'alcôve. Sa torpeur le laissait sensible à ce bruit, et l'empêchait de chercher à se rendre compte de ce qui se passait exactement.

Le soupir décelait-il le mystère de Théo ? Fred imagina un cadavre : il soulevait l'édredon, il découvrait un mort. Pour se réveiller sans remuer, il se contraignit à regarder une photo qui se dressait entre les pots de drogue sur la table de toilette. Elle datait de loin. Théo y possédait encore tous ses cheveux. Pourtant deux rides assez dures, allant du nez aux commissures des lèvres et descendant encore plus bas, lui travaillaient déjà le visage. Sans ces deux rides, il aurait eu une physionomie de benêt. Fred en éprouva une peur : c'était de sa dévastation que Théo tirait ses faux airs de grand homme, de sa calvitie, de ses joues creuses, de cette tête de mort qu'il avait par moments.

Puis Fred revit les deux pieds de femme ; il les regarda, ils n'étaient pas chaussés, et cette fois il lui sembla nettement qu'ils avaient un léger frisson, un mouvement à peine perceptible. Ils avaient bougé. Certainement. Il s'approcha du lit doucement, souleva le rideau. Une femme était étendue. On ne distinguait pas son visage : il était tourné vers le mur et il faisait noir dans l'alcôve. On voyait cependant que les cheveux étaient blonds. L'épaule montait doucement à chaque respiration.

Frédéric resta étonné, tenant d'une main le rideau, de l'autre le bois du lit, à épier le visage de la dormeuse. Il se sentait au bord de quelque chose d'inconnu, comme s'il regardait dans un puits au fond duquel Théo nageait lentement à la façon d'un poisson d'aquarium.

Mais le sommeil de la jeune fille, troublé sans doute par la lumière, semblait traversé d'un frisson. Une secousse lui passa dans le cou, elle poussa un soupir profond, ouvrit des yeux qui ne voyaient pas, et dit : « Venez. »

— Dora ! pensa-t-il subitement en laissant retomber le rideau derrière lui.

Elle avait refermé les yeux et lui tendait les bras dans une nuit déchirée de lumières parallèles, comme un vieux film, par la trame inégale des rideaux. Il s'approcha avec une sorte d'anxiété. Quand il fut à portée de ses mains, elle l'attrapa par le cou et l'attira contre sa bouche, les yeux fermés. Il sentit cette bouche s'écraser sur la sienne et une chaleur lui courir dans les membres. Pourtant, il étouffait un peu. Il tira le rideau comme il put, la lumière l'éclaira et projeta son ombre sur le mur avec emphase.

A ce moment, la jeune fille le vit, fit : « Ah ! » et lâcha prise. Il fut surpris de son sursaut effrayé.

— Que faites-vous là ? demanda-t-elle.

Elle se leva d'un geste brusque, mit ses souliers, saisit son béret qui était posé sur une petite table en acajou, au chevet du lit, et prit si rapidement la fuite que Frédéric resta sur place, stupéfait. C'était bien Dora... C'était Dora.

Le bruit de ses pas décroissait au fond de l'escalier La pièce était restée ouverte, il s'avança jusqu'au palier, la porte de la rue s'ouvrait déjà.

Il rentra, il ouvrit la porte du balcon, des papiers volèrent dans la chambre, il entendit les pas claquer sur le trottoir, des petits talons qui détachaient des notes piquées. Une silhouette tourna au coin de la rue, à l'angle du petit bar-tabac, fréquenté par les journalistes et quelques femmes du quartier neuf, qui restait toujours ouvert très tard ; puis rien.

Il resta là, au milieu du lorgnon, de la lampe à pétrole et des papiers qui tournoyaient.

— Eh bien, mon vieux ! fit-il avec un hochement de tête, et en secouant la main droite par un réflexe de collégien. (C'était par ce geste mondain qu'on était tenu d'exprimer la surprise au club des « Plaisirs de Corée ».)

Drôle de baiser ! Qui donc Dora avait-elle cru embrasser ? Elle embrassait Théo ! Elle couchait sur son lit !

Théo ? non ce n'était pas possible. Mais alors, que faisait-elle là ?

Il alla lentement à la porte, la referma, referma aussi celle du balcon et, les yeux collés à la vitre, épiant la rue comme si, par impossible, l'apparition pouvait revenir, il attendit le retour de Théo, passant de temps en temps encore sa langue sèche sur ses lèvres étonnées.

*

— Alors, dit Théo... Où est la poule ?

Fred se retourna, saisi. Théo était rentré, vêtu, sur

son smoking, d'un pardessus à grands carreaux, et surmonté d'un petit chapeau noir qui avait l'air d'un accessoire de cirque. Il déposait son violon sur la table et mettait ses gants dans sa poche... Mais il ne se déboutonna pas.

— Quelle poule ? demanda Fred... Dora ?

— Dora ?

— Enfin, celle qui était là ?

— Mais oui, celle qui était là !

— Eh bien !

— Eh bien, Dora ! Dora si tu veux, je ne sais pas... Qu'est-ce qu'elle a fait ? Tu la connais ?

— Mais vous, vous ne la connaissez pas ?

— Non, dit Théo, je ne l'ai jamais tant vue que ce soir. Où est-elle passée ?

— Elle est partie. Vous ne saviez pas son nom ?

Théo se pencha un peu, renversa la tête en arrière, inspira bruyamment, puis souffla l'air en se penchant en avant.

— Celle-là ! dit-il enfin. Et il hocha la tête.

— Ce n'est donc pas votre... maîtresse ?... demanda Fred extrêmement gêné.

— Nnnon... Et ce n'est pas sa faute !

— Qu'est-ce que vous voulez dire ?

— Par où est-elle partie ? demanda simplement Théo. Il y a longtemps ?

— Par la place Gambetta, il y a déjà vingt bonnes minutes.

— Et tu l'as laissée faire comme ça ?

Frédéric ouvrit les mains.

— Je ne savais pas, dit-il.

— Tu n'as pas vu mon mot ?

— Quel mot ?

Théo prit un papier qui était sur la commode.

— Et ça ? dit-il. « Reste là jusqu'à ce que je rentre, laisse dormir la petite sur le lit, et empêche-la éventuellement de faire des bêtises. »

— Je ne l'avais pas vu, dit Fred ; je n'y avais plus pensé.

— Quel idiot ! fit Théo.

— Elle a repris son manteau, elle a remis ses souliers, elle a filé comme un lapin.

— Elle a même oublié son sac, fit Théo qui venait de jeter un regard sur la petite table placée dans l'ombre. Et elle n'a rien dit ?

— Si. « Qu'est-ce que vous faites là ?... »

— C'est tout ?

— C'est tout.

— Mais comment ? Quoi ? parle un peu ! Tu ne lui as rien demandé ? Elle n'a rien fait dire pour moi ?

— Non, dit Frédéric, rougissant. Elle était là, couchée, elle dormait, je ne l'avais pas vue, j'ai été surpris. Je l'ai regardée, elle s'est réveillée, elle n'a pas su ce qu'elle faisait. Elle m'a demandé ce que je faisais là. Et elle est partie comme une folle.

— Ma foi, c'est peut-être bien le mot exact !

— Mais comment se fait-il que vous ne sachiez pas son nom ?

Il enleva son pardessus et son veston, ouvrit le placard qui sentait le laudanum, en sortit du pain, une bouteille, du pâté de foie, deux assiettes et deux verres. Ces agapes nocturnes ravissaient toujours Fred, comme une sorte de fête défendue.

Théo écarta le stylo, le sac, les lettres, et mit la table.

— Voilà, mon vieux, dit-il, les femmes sont toutes cinglées, mais celle-là c'est un premier prix !... Elle entre sans frapper, elle se plante devant moi, elle me regarde dans les yeux, elle me dit : « Vous êtes bien M. Théo Gardi ? » Je lui réponds : « Oui. » Elle me dit : « Prenez-moi... » D'un petit air décidé... J'en suis resté comme ça !... Elle jette son sac sur ma table, son béret sur mon lit, crac, crac... et puis elle tombe sur le fauteuil comme un chiffon, et la voilà qui pleure comme une fontaine ! Qu'est-ce que tu en dis ? Attrape une tranche de saucisson.

En même temps, il avalait un verre. Frédéric admirait cet homme égal à toutes les circonstances.

— C'est que ce n'est pas une poule ! dit Théo. Ce serait plutôt une loufoque. Il y a quelque chose là-dessous. J'ai essayé d'en avoir le fin mot. Rien à tirer ! Elle ne voulait pas rentrer chez elle. Pas moyen de savoir son adresse. Je l'ai fait allonger sur le lit. Je suis allé lui acheter des cachets et je t'ai demandé pour me relayer à tout hasard... Et tu la laisses partir, galopant comme une folle ! C'est qu'elle m'a l'air assez piquée ! Moi, je ne veux pas d'histoires ici dans ma cagna ! Pas d'histoires !... Et la petite veut quitter sa famille ! elle m'a dit ça après. Je ne sais plus ce qu'elle m'a dit !... Elle a un fiancé qui doit mourir ! !... Elle voulait que je l'écoute chanter ! que je la place dans un orchestre ! ou au théâtre !... est-ce que je sais ?... Elle n'arrêtait plus. Mais alors quel médium ! C'est de la graine de voyante ! C'est assez fréquent chez les blondes. Et je m'y connais ! J'endors un chien basset à trois mètres cinquante de distance, tout ce que tu veux, un nègre, une vipère mâle... Quelqu'un a dû lui parler de moi. C'est une sentimentale, cette gosse. Elle s'en serait repentie le lendemain... Pourtant, tu sais... pour la délicatesse... Mais bois donc un coup de rouge, ça pousse le pâté de foie ; tu restes là sans rien manger... Quelle heure est-il ?

— Minuit vingt.

— Minuit vingt ! Ecoute : passe quand même, en sortant, au bar de la « Sardine Bleue », tu y trouveras Barestéguy, le journaliste, celui du *Départemental,* je l'ai vu au café tout à l'heure. Il doit repasser à la police. Tu lui diras de leur demander s'ils auraient appris quelque chose. A tout hasard. Et puis ça va, j'ai besoin de prendre l'air, je vais avec toi... Bois donc ton verre. Et demain rapporte-lui son sac, quelqu'un te donnera bien son adresse... C'est le pince-nez que tu m'apportes, dans le coin ?

— Oui, dit Frédéric.

— Magnifique ! Après ça il faudrait que tu me cherches une plaque de concours agricole. Ce serait pour mettre au-dessus de l'alcôve. Tu ne trouves pas que ce serait rigolo ?

*

Quelques minutes plus tard ils tournaient le coin de la rue. Cette année-là, l'hiver ne voulait pas finir. Une neige molle s'était mise à tomber. Frédéric serrait dans sa main le petit sac rouge de Dora. Ils entendirent des coups de sifflet, seules manifestations d'on ne savait quelles activités mystérieuses, quels guets, quelles poursuites, quelles rencontres. Le bec de gaz du Bar-Tabac répandait une lumière confuse. Ils entrèrent à la « Sardine Bleue ». Au milieu de la vapeur, des plats de tripes et de moules passaient en l'air au-dessus des têtes auréolées de fumée. Le patron souriait, commercial, en gros chandail, et les faïences du mur, historiées de toute une charcuterie de déesses, étaient couvertes de buée. Barestéguy, entre deux confrères, plongeait son long nez de Méridional dans le faux col d'un demi. Il portait des culottes de golf, à la fois parce que c'était pratique et parce que ça sentait le globe-trotter, dans la superstition locale. Il aimait s'entourer de l'atmosphère du crime et du châtiment, avait toujours un revolver chargé dans la poche de sa culotte et traînait dans son portefeuille des photos de femmes découpées en morceaux, des rondelles de rentières, de la sciure d'assassiné.

— Messieurs, je vous salue bougrement, dit Théo pour le bon usage.

— Vous en êtes un autre, monsieur, lui répondit Barestéguy.

Théo le prit à part et lui exposa sa requête.

Barestéguy commença par l'insulter dans un vocabulaire de caserne qui lui paraissait nécessaire à sa couleur locale. Il étudiait des dictionnaires perfectionnés qui lui enseignaient prodigalement les façons les moins distinguées de dire les mots les plus orduriers en seize langues européennes avec les variantes personnelles introduites par les raffinés.

— Viens avec moi, dit-il, on leur demandera.

Des femmes empanachées meublaient le fond de la salle. Il y en avait une grande, funèbre, à face étroite, qui ressemblait à un cheval de corbillard, et qui encensait de la tête au récit que lui faisait à mi-voix une grosse compagne assez surexcitée. Un poète à cheveux blancs orné d'une Lavallière, qui se jouait à lui-même le personnage de Verlaine, cherchait à une table voisine une rime parnassienne dans l'espace et souriait doucement d'ivresse. La neige tombait dans le rectangle d'or de la vitre où se lisait à l'envers, en noir : « Escargots, Tripes, Jambon et Huîtres à toute heure. »

Barestéguy enfila un manteau de cuir qui pendait à une patère.

— Messieurs, dit-il, je vous emmerde noblement.

Une petite blonde qui cherchait un client lui lança un sourire servile. Et le groupe partit en file indienne dans le brouhaha du samedi soir. On vit successivement le grand nez de Barestéguy, le petit chapeau de clown de Théo et le melon du long collégien éteindre la mention « jambon » sur la devanture. Ensuite ce ne fut plus qu'un pas qui s'éteignait. Instinctivement, dans le froid, ils s'étaient mis à la même cadence.

*

La neige cessait. Ils traversèrent des rues désertes dont le pavé gras luisait comme un acier huilé. L'eau gelait les pieds de bronze des nymphes de la fontaine. Ils passèrent devant des maisons peintes, éclairées de lumières violentes, dans de petites rues où grelottaient des femmes fardées en grande toilette. L'agent du carrefour Gambetta tapait des pieds. Une descente en pente raide les amena au poste de police devant lequel brillait une lanterne. Ils passèrent sous des voûtes, des grilles. Au bout d'un dédale de couloirs ils trouvèrent une salle au lait de chaux meublée de vieux bancs, avec une fenêtre grillée, un poêle rouge, une atmosphère épaisse.

Un gros agent s'étirait et bâillait. On échangea des cigarettes sous une ampoule à abat-jour vert qui pendait au milieu de la salle comme une espèce de fruit immatériel.

— Rien de neuf ? demanda Barestéguy.

— Je ne crois pas, dit l'agent en lui tendant le « journalier ».

Barestéguy ouvrit le gros cahier relié de toile noire.

— Et celui-là ? demanda-t-il en désignant, auprès d'un jeune agent cycliste, un petit sexagénaire rougeaud qui avait une barbe de prophète et portait une musette retenue par une ficelle.

— Rien, dit le gardien.

Ils étaient arrivés au moment où le vieux gentleman à musette, infiniment digne et barbu, expliquait d'un seul coup toutes ses maladies, les yeux dans le vide, machinalement, comme une vieille qui récite une prière.

Barestéguy disparut par la porte. La conversation languissait.

— Sale temps ! dit le cycliste à Théo.

— Ça m'a remis mon froid sur la poitrine, constata le gros agent à la moustache noire.

— ...

— Ça me faisait frrout dans la courgnole, expliquait le vieux, je vais voir le docteur, il me dit : « Qu'est-ce que vous voulez ? », je lui dis : « Je sais pas », que je lui dis : « Mais ça me fait frrrout dans la courgnole. »

Et il portait la main à son gosier, en levant une tête congestionnée qui avait l'air, dans sa barbe blanche, d'une fraise de choix dans du coton.

Fred se demandait si cette scène allait durer. Que faisait-il là ? En quoi tout cela le regardait-il ? Cette histoire avait l'air pas vraie. Et où pouvait être Dora ? Tout tournait en allées et venues. Il y eut des hommes et des agents. Un inspecteur poussa un garçon dans un box. Un agent qu'on n'avait pas encore aperçu vint remplacer le jeune cycliste qu'on vit passer devant la fenêtre sur sa machine.

Fred et Théo repartirent, ayant perdu leur temps.

Au moment même où ils quittaient le commissariat, ils aperçurent au sommet de la rue en pente la silhouette d'une femme qui marchait hâtivement, toc, toc, en remontant le trottoir gras.

— Voyez ! dit Fred en attrapant Théo par le bras. Ce n'est pas elle ?

Ils s'immobilisèrent tous deux. Ayant entendu le bruit de leurs pas, la femme se retourna. « C'est elle », dit Frédéric, et il esquissa un départ. Mais elle aperçut à ce moment le nouvel agent qui montait rapidement, ayant enfourché son vélo ; elle se mit à courir très vite. L'agent alors doubla l'allure. La petite boula dans une rigole au coin de la rue. Frédéric se mit au pas de course, et Théo essaya de le suivre. Ils virent l'agent qui ramassait Dora. Un dialogue s'engagea. Puis la petite repartit. Quand Frédéric et Théo arrivèrent elle était déjà assez loin.

— Qu'y a-t-il ? demanda Frédéric au gardien.

— Mais rien, dit l'autre. C'est une femme qui rentre chez elle. Je lui ai fait peur, elle a voulu courir, elle a glissé, elle est tombée, je l'ai ramassée.

Dora, au bout de la rue, s'étant retournée soudain, se remit à partir au pas de course.

— Drôle de femme, dit l'agent. Allons, bonsoir, messieurs.

Il remonta sur son vélo et s'en alla.

Frédéric et Théo coururent jusqu'au carrefour où Dora avait repris la fuite, mais ils ne virent et n'entendirent plus rien. Elle avait disparu. Il n'y avait plus de Dora. Tout cela n'avait été qu'un songe.

Ils restèrent là, complotant dans la nuit, au bruit de l'eau d'une fontaine Louis XV.

— Tu n'as qu'à rentrer, dit Théo. Si j'apprends quelque chose, je te donnerai des nouvelles, fais-en autant, et merci du lorgnon.

— Au revoir, Théo.

— Au revoir, mon vieux, il est splendide !... Rapporte-lui son sac si tu peux.

L'air devenait glacial. Le vent nettoyait le ciel, et les constellations luisaient d'un éclat dur sur l'avenue des Bérouliers. Quand Fred poussa la grille de la villa des Buis, avec des précautions de sauvage, l'astronome de la girouette se découpait nettement au milieu des étoiles, mais, dans l'ombre de la maison, le jardin était complètement noir, on ne distinguait que quelques têtes de choux qui avaient conservé un peu de neige.

★

A la même heure, M. Vingtrinier écrivait à son fils Joseph. Le vieux gentleman à la curieuse musette attrapait à pleines mains les barreaux de la grille derrière laquelle on l'avait mis à tout hasard et regardait à travers comme un singe. Théo se curait les dents avant de se mettre au lit. La négresse riait de toutes ses lèvres sous la petite lampe de la mairie, et M. Panado, immobile, se tenait sans doute tapi derrière le moulin, dans les roseaux, les pieds enfoncés dans la vase.

Où était Dora ?

Frédéric mit le sac à main sous son traversin et s'endormit.

« Avec le sac pour oreiller... », ce fut sans doute

cette réminiscence qui le fit rêver d'une musique militaire en train de jouer *Sambre et Meuse.* Une femme courait, passé le kiosque à musique. C'était la folle qu'il avait vue un jour toute nue, échappée de l'asile Sainte-Rose, descendre au grand galop l'avenue des Bérouliers. Les gens qui remontaient l'avenue se retournaient à son passage, successivement, quand elle les croisait, ou plutôt un moment après. Ce n'était qu'après coup, non pour voir, mais bien plutôt pour vérifier, parce qu'ils n'avaient pas cru leurs yeux, et Fred avait compris ce jour-là le sens de l'expression « n'en pas croire ses yeux ». Son rêve reproduisait la scène, seulement c'était la nuit, dans une rue très noire, et cette femme était Dora. Elle courait sans fin, poursuivie par les musiciens transformés en agents cyclistes, et la rue s'en allait jusqu'à perte de vue entre deux files de réverbères. En même temps, il y avait un proverbe espagnol qui disait qu' « on ne saute pas son ombre », et cela avait une importance très angoissante qui se termina par une descente en vol plané. Fred se réveilla en sursaut. Il sortit le sac de Dora et l'entr'ouvrit ; peut-être y trouverait-il une aaresse ? Mais il aperçut seulement un mouchoir, des clefs, un miroir et la photographie d'un groupe. Aucune adresse, pas de carte de visite. Sur le groupe Dora était debout entre une jeune fille qui portait des lunettes et un grand garçon aux yeux clairs et aux cheveux légèrement frisés. Ils se tenaient devant une sorte de comptoir orné de têtes de chevaux, dans un endroit indéfinissable. Le mouchoir sentait la vanille. Il se rendormit dans ce parfum. Le comptoir était étroit, très haut, très ouvragé, surchargé de macarons, de moulures ; on y accédait par des marches comme à la chaire d'un professeur ; et la pièce avait une vitrine, elle tenait de la salle d'attente, ou de conférence, et du magasin vide. Les têtes de chevaux étaient en ronde bosse, piquées aux quatre coins du meuble, au-dessus des têtes des personnages. On aurait dit des hippocampes. Elles montraient curieusement leurs dents. On ne savait si c'était du rire ou de la colère. Rien de tout cela n'avait le sens commun. Surtout dans ce parfum de vanille. Car la vanille dominait tout.

*

Cependant M. Vingtrinier écrivait à Joseph : « Mon cher fils, j'ai bien reçu tes belles cartes postales, elles ne manquent pas d'exotisme et même d'un certain bleuté, en un mot elles sont magnifiques. Elles m'ont rappelé les *Orientales* et le casino de Monte-Carlo que j'ai vu dans un numéro de Noël de l'*Illustration*. Mais je n'ai pas compris très nettement les légendes. Elles sont imprimées en anglais, une autre fois exprime-toi plus clairement. Méfie-toi de tes engouements. Ta voie n'est peut-être pas dans ces reptiles peaux-rouges... Pour tout dire, gagnes-tu ta vie ? C'est une chose qui a tout de même son importance, à un âge comme le tien. Songe à l'avenir, songe à l'avenir, Joseph. Remarque bien que je ne veux pas être indiscret, l'essentiel est que tu te suffises et que tes affaires marchent bien. Lève-toi de bonne heure, plonge-toi dans le travail tout de suite. Au besoin, fais-toi des maximes que tu écris sur des pancartes pour les avoir constamment sous les yeux dans cette existence de palaces que semblent indiquer tes cartes. Pour moi, je suis à un âge où l'on se contente de peu et je ne te demanderai jamais rien tant que la vieillesse ne m'aura pas glacé. Pour me soutenir par des hydrocarbures, j'achetais chaque jour une canette de bière au *Family'*. J'y trouvais le bénéfice de toucher un bon-prime. Ce système de primes qu'ils ont créé est une chose très avantageuse, et même très amusante : on voit grossir le lot à mesure des achats. Des personnes de ma connaissance ont gagné récemment à ce système douze torchons entièrement ourlés. Je regrette de ne pouvoir te les montrer. Quelle qualité ! tu serais convaincu. Etudie ça pour l'Amérique. Ce sera peut-être la clef de ta fortune.

« Mais les charges de la vie se font lourdes, et j'ai dû renoncer à la bière.

« Petit-Monsieur galope dans le grenier comme un cheval (le boucher ne me donne plus de mou pour lui, ce qui me cause de réelles difficultés).

« Ce bruit, la nuit, m'empêche souvent de dormir. D'où migraines et névralgies. J'ai vu dans le catalogue de la Manufacture des Armes et Cycles des bottes pour chiens, à cinq boutons, dont il existe une variété à semelles de feutre pour l'appartement. S'il y en avait pour chats, je leur en commanderais bien. Peut-être le modèle pour basset, prévu à trois boutons, serait-il à la mesure de Petit-Monsieur ? Malheureusement, il faut deux paires pour une seule bête et c'est coûteux. Mais ces insomnies sont si graves ! (et puis, je me demande si l'arrière-train et l'avant-train ont une proportion constante ?) Nous verrons ça quand je serai plus riche.

« Ma santé me tracasse donc et je supprime le tabac. Par paliers progressifs, pour ne pas fatiguer le cœur. J'ai créé des équivalences. Au lieu de trois cigarettes, je ne fume plus que deux cigares et j'opérerai par progression jusqu'à la suppression quasi-complète.

C'est un gros sacrifice, mais j'en attends de bons résultats.

« Une triste nouvelle : je crains de perdre le cactus. Il jaunit, et j'ai dû augmenter l'arrosage. Au lieu de la boîte, je prends le pot-à-eau de l'évier. Espérons qu'il se remettra.

« Assez bonnes nouvelles de ton frère, dont je n'en avais plus depuis six mois. Il se fait tard, je t'en parlerai mieux la prochaine fois. Je t'embrasse tendrement. Ton père. »

Le destin passe comme les bassets de la Manufacture de Cycles, on ne l'entend pas sur les planchers cirés.

*

Le matin, quand Fred se réveilla, il avait la tête affreusement lourde. Il vit son oncle dans le jardin. Un sécateur sortait de la poche de son tablier bleu, et du raphia, comme un scalp de petite fille. Il avait de gros sabots tout englués d'argile, étoilés de noir par des feuilles mortes qui s'étaient collées tout autour. Il faisait froid et le soleil brillait, et Fred rêva qu'un jour, il serait lui aussi un jardinier paisible occupé de greffes et de boutures. Car il était désorienté, assez jaloux de Théo, déçu, embarrassé du sac à main. Et il sentait que toute l'existence de Dora lui échappait.

Le docteur Peyrolles aperçut son neveu. Il tira de la poche de son tablier bleu, avec le geste même d'une mère kangourou, le caleçon de bain rayé de bleu de la course à pied matinale et, pour rappeler Fred à ses devoirs sportifs, il lui cria en agitant son caleçon de bain comme un drapeau :

— « Soldatsss !... »

Il avait de gros poils gris qui sortaient de ses grandes oreilles.

★

Il fallait rendre le sac à main.

Nous eûmes beau fouiller les Iles et le Labyrinthe, le jeudi, le dimanche, et toutes les fois que nous pûmes, nous eûmes beau battre tous les quartiers du fleuve, nous ne trouvâmes aucune indication. Il n'y avait plus de réunion dans les caves, et personne ne venait plus jamais dans la salle du vieux café. Ce fut une triste après-midi que celle où nous dénichâmes la robe verte dans un placard du palier du premier. C'était comme de retrouver la robe de la noyée. Fred emporta la cordelière d'argent, et il la mit dans la boîte aux trésors avec la mandragore des Iles et le chausson de Lily Bürstner.

★

Cependant la saison passait, les jours devenaient de plus en plus chauds, les giroflées doraient le creux des vieux remparts, les « troisième » poussaient des cris de chasse pendant toute la classe de latin. M. Vantre, ayant vendu la vache de la laiterie, élevait une chèvre blanche derrière la salle de gymnastique, et la trayait assis sur un pliant.

Le premier prix de chimie de seconde, surexcité par un printemps si beau, avait confectionné des mélanges détonants avec des drogues volées dans le laboratoire, qu'il délayait dans de la poussière de chocolat, et faisait sauter les dalles du préau. Les professeurs, ornés de noms de chevaux de course, nous servaient à organiser des paris. On les attendait à la sortie, on acclamait le premier, on conspuait le dernier. Ils n'y comprenaient rien, mais Balèze gagnait de l'argent à faire le bookmaker de ces courses scolaires. Le professeur d'allemand, M. Forestier, avait été baptisé « Falbalas ».

On nourrissait de phosphore les poules du Principal et on leur faisait cracher du feu à la récréation de quatre heures.

*

Fuyant les bords de la rivière et les mythologies des « Plaisirs de Corée », Fred, renonçant à joindre Dora, allait de plus en plus souvent rue Bonne-Nouvelle, chez Théo, comme un chien revient flairer le carrefour où il perdit la trace.

La maison était triste et noire, il y restait parfois des heures, tout seul, mais il n'y trouvait rien, sinon les images d'une nuit de printemps travaillée par les ombres, les lampes et la neige. C'était à elles qu'il demandait vainement de le guider, comme au jeu de l'objet caché. Elles ne l'aidaient pas. Le soleil les faisait fondre. Ce qu'apporte la nuit l'après-midi l'emporte. Malgré la jalousie de la porte-fenêtre, une lumière blanche filtrait par toute la pièce à travers les rideaux aux Amours empesés, et Théo qui sortait la bière du placard ne comprenait pas ce qui pouvait tant agiter Fred.

Fred ramenait toujours sournoisement, par des détours imprévisibles, les plus banales conversations sur cette nuit d'hiver où Dora avait surgi soudain de cette alcôve pour disparaître à jamais dans la nuit.

Il regardait machinalement les fleurs jaunes du tapis usé, comme si elles avaient pu lui expliquer quelque chose. Il soulevait le rideau du lit, il s'appuyait à la fenêtre, il suivait le va-et-vient du petit bar, mais rien ne ressuscitait cette nuit de l'amour, de la neige, de la poursuite et des ténèbres. Des messieurs en vêtements d'été restaient assis à la terrasse devant des bocks suants de fraîcheur qui crachaient une bière écumante, et tout était si fatalement ensoleillé que Dora elle-même y devenait invraisemblable. Au bout du square M. Petermaës bravait le soleil. Les joncs jaunissaient dans sa vasque, les végétaux américains se desséchaient. M. Vingtrinier portait du pain au mouflon corse. Et rien de ce printemps brûlant, rien de ces roses sur l'herbe rase des pelouses, rien de l'ombre précise des statues ne pouvait répondre aux questions qu'avaient posées, un soir d'hiver, les giboulées, le vent, les sifflements, les courses dans les rues désertes, les jeux confus de la lumière artificielle et des ténèbres.

La chambre de Théo avait laissé cette nuit-là se mêler à son décor vulgaire quelque chose de triste, d'ardent, de ténébreux, qui semblait contenir une promesse de malheur. Fred grattait ça comme une braise dans une chaufferette. L'image d'une femme en grand manteau qu'il avait vue passer l'hiver, sous un ciel lourd, dans la montagne, et qui luttait péniblement contre le vent, lui revenait comme un présage qui l'accablait, une prévision désespérée qui concernait le sort de Dora.

Théo, agacé à la fin par son mutisme et ses sournoises insistances, l'emmenait faire une manille à quelque terrasse de café, avec des gens pauvres mais éloquents ou des messieurs discrets qui parlaient à voix basse.

*

La chambre de Théo était obscure. Elle s'ouvrait sur un réduit plus noir encore qui prenait jour par une lucarne sur une cour où la lumière n'arrivait pas. Fred m'y envoya un jeudi chercher son livre de physique qu'il y avait oublié la veille. La pièce noire avait sa porte ouverte. On y voyait des portemanteaux, un parapluie et un placard. Dans le placard pendait un long vêtement violet, quelque chose comme une robe d'évêque ; et en haut, sur le dernier rayon, une coiffure brillait, une espèce de tiare. J'en fus extrêmement intrigué. Théo faisait-il du recel ? Avait-il là des costumes de théâtre ? Ce placard était toujours fermé à l'ordinaire. C'était donc qu'il ne fallait pas voir. J'aperçus aussi, dans la pièce noire, un vieux bidet désémaillé et le grand lorgnon rouge que Fred avait apporté à grand'peine. Ce réduit vous donnait un malaise.

D'ailleurs toute la maison vous donnait un malaise : les allées et venues des gens dans l'escalier, Mme Irma, qui s'arrêtait parfois en voisine, avec ses frisettes, ses gros bijoux, son fichu, sa moustache, sa voix d'alcoolique. Et cette cour, hantée par des enfants blafards qui s'ennuyaient au fond de leur cave. Ils semblaient symboliser le triste génie de l'immeuble, et en célébrer les mystères par des rites à la fois barbares et inquiétants.

Ils arrivaient par une petite porte noire, au fond de ce puits, en jetant de côté des regards peureux. Un gros homme les regardait, de l'autre côté de la cour, au-dessus de la cuisine d'un hôtel, sans col, dans une veste marron. On le voyait souvent se faire la barbe à la fenêtre ou lire son journal en mangeant de la salade.

On ne comprenait pas bien les gestes des petits parce qu'on entendait mal les paroles. Ils devaient jouer au théâtre. Un de leurs sketches s'appelait *l'Oncle d'Amérique*. Le personnage principal se reconnaissait à sa coiffure : un mouchoir noué aux quatre coins, et tendu en carré à l'aide de quatre crayons. Il revenait de New York chercher dans sa famille une lampe Pigeon dont on lui avait fait tort. Il s'ensuivait une horrible mêlée. « Après ? après ? » demandaient les spectateurs. « Après, c'est fini », disaient-ils. Ils ajoutaient : « C'est *l'Oncle d'Amérique*. » Mais on restait sur son envie.

D'autres fois, ils dessinaient à la craie sur le sol un contour de femme nue, avec une tête ronde, des cheveux frisés et des jambes sans relief aux lignes parallèles, comme un pantalon repassé de frais. Deux points pour les yeux, deux circonférences pour les seins. Ensuite, ils faisaient cercle autour, en se tenant par les épaules, les têtes se rejoignant presque, de sorte qu'ils formaient une sorte de cabane. L'un d'entre eux entrait là-dedans. Un autre, dans le coin de la cour, tapait sur une casserole. Tous poussaient des cris effrayants. C'était une fête sauvage, un festin de cannibale. Le gros homme marron qui mangeait la salade passait son buste de profil par la fenêtre.

— Qu'est-ce que c'est que ça ? leur criait-il.

— On joue l'histoire du journal, disaient les petits.

— Attendez, je m'en vais vous aider.

Ils effaçaient d'un air honteux, avec leurs semelles de corde, le plus gros de la craie sur le carreau de brique, et s'en allaient par la petite porte en chuchotant, l'oreille basse, avec leur débris de lampe Pigeon, comme des musiciens sifflés qui emportent leurs instruments.

Il ne restait au fond de la cour silencieuse que la tête de la femme sacrifiée, séparée de son long corps plat, relief du sauvage festin, avec son chignon enfantin, ses tempes frisées de raides tire-bouchons et sa face en forme de lune.

*

Frédéric avait fini par participer à la vie sournoise de l'immeuble. Il entendait le pas des femmes qui venaient chez Mme Irma. Le jour où il m'avait envoyé, elle vint frapper elle-même à la porte du violoniste. J'aperçus avec étonnement cette forme énorme et boiteuse, fardée, coiffée comme une caissière, enveloppée d'un châle noir et de bijoux dorés. Elle sentait un mauvais parfum. Deux jeunes femmes étaient derrière elle.

— M. Théo n'est pas là ? demanda-t-elle.

Non, M. Théo n'était pas là.

— C'est qu'on ne pourra pas revenir avant lundi, dit l'une des femmes.

Elles eurent à voix basse un long conciliabule, dont je n'entendis que peu de chose. Je crus comprendre que Théo devait jouer parfois quelque rôle dans les relations de Mme Irma et de ses clientes.

Finalement, Mme Irma demanda une enveloppe et un morceau de papier. Elle écrivit sur le coin de la table pour Théo, difficilement, une courte épître, et glissa dedans un certain nombre de coupures de monnaie que les deux femmes lui donnèrent. (Elles étaient restées dans un coin, d'un air intimidé, se parlant à voix basse, les yeux tristes.)

— Remettez ce mot sans faute à M. Théo, me dit-elle. Dites que c'est urgent.

Elle avait l'accent piémontais ; elle n'était que miel et sourires. Elle raccompagna les deux femmes.

*

La propriétaire n'aimait pas le sourire de Mme Irma. Elle trouvait que cette voyante dépréciait son immeuble. Mais elle ne pouvait la chasser. Fred connaissait tout ça. Il était devenu si bien de la maison que la propriétaire venait au passage lui faire ses doléances. C'était une vieille dame tout en noir, avec des gants de filoselle, qui pouvait à peine se traîner. Elle reprochait à Mme Irma d'être d'origine italienne. Comme Théo lui paraissait plus ou moins Roumain ou Hongrois, et qu'elle avait encore « un autre Polonais », elle disait à Fred : « Voyez-vous, jeune homme, ne louez jamais qu'à des Français. Il a fallu que j'achète cet immeuble pour arriver à connaître les puissances étrangères... » Si bien que nous appelions l'immeuble de Théo la Maison des Puissances Etrangères.

Comme Fred était complaisant et la vieille dame impotente, le temps long, la chambre lugubre, et le souvenir de la grande nuit trop nécessaire cependant à Fred pour qu'il se décidât à se priver du charme noir de cet endroit, ce fut finalement lui qui, à la fin du mois, fit la tournée des locataires pour toucher le paiement des loyers...

Mme Irma lui offrit la goutte dans une salle à manger

où tout n'était que dentelles, linoléum, terres cuites et canaris, mais quand elle lui prit les mains pour lui dire la bonne aventure, il ne put supporter le contact de sa peau qui était d'une douceur répugnante. Il partit et ne revint pas.

*

La grande négresse chantait plus fort. Elle montait au ciel du trimestre, elle avait pénétré dans le Palais des Gémeaux. L'absence de Dora lui laissait toute la place. C'était elle maintenant qui jouait de la flûte et nous faisait danser comme des serpents soumis. De la Falèze avait écrit à Frédéric qu'il espérait embarquer pour le Tonkin.

Tous les matins les chèvres de l'Espagnol venaient lécher le pied qui restait de la sorcière. Fred coupa pieusement l'orteil de la déesse et le glissa dans son portefeuille.

*

Ce fut au *Splendid,* un petit cinéma, que nous apprîmes l'adresse de Dora.

Un soir, à la fin d'un entracte, j'aperçus une jeune fille qui nous regardait. Et tout d'abord nous hésitâmes à la reconnaître.

La salle était toujours dorée et peinte de fresques comme à l'époque où le *Splendid* n'était encore qu'un théâtre.

Dès que nous vîmes Dora, elle détourna les yeux.

Jamais nous ne l'avions vue si belle, en robe de soie, ni si merveilleusement soignée, parée, brillante. A son côté se tenait une amie qui n'était pas moins jolie qu'elle. Les dorures de la loge, encore que fanées, le velours rouge de l'accoudoir, les ombres du fond les faisaient valoir comme un portrait son cadre d'or.

Mais l'entracte s'achevait ; le film nous priva d'elle.

Quand nous fûmes mieux habitués à l'obscurité de la salle, nous la revîmes, en ombre chinoise. On aurait dit un de ces portraits découpés dans du papier noir comme on en trouve beaucoup dans les maisons allemandes.

Nous avions eu une Dora d'or, nous eûmes une Dora noire, et puis nous n'en eûmes plus du tout. La Dora noire s'était fondue dans les ténèbres de la loge. Nos yeux cherchèrent en vain à la fin du spectacle ; elle n'y était plus. Fred se rua vers la sortie. Il l'aperçut tournant le coin d'une petite rue. Elle se hâtait et son amie la cherchait des yeux sur la place. Il courut. Mais la petite rue donnait sur un lacis de ruelles. Il revint vite. L'amie cherchait toujours. Il l'aborda :

— Mademoiselle, lui dit-il, voudrez-vous m'excuser de vous accoster ainsi ? Vous étiez avec une jeune fille dont je ne me rappelle plus l'adresse. J'ai à lui remettre son sac à main qu'elle a laissé chez des amis communs.

— Ils ne vous ont pas dit son adresse ?...

— Je l'avais notée, je ne la retrouve pas. Je voulais la demander à Dora elle-même (il se reprit), à Mlle Dora...

— Dora ?... dit-elle. C'est une erreur, mon amie s'appelle Marthe.

— Ah ! fit Frédéric interdit. Je parle de la jeune fille qui était avec vous... à l'instant même...

— Mais oui, dit-elle, c'est Marthe ! Marthe Perrin-

Darlin, 15, avenue des Platanes ! je ne vois pas où vous prenez une Dora...

— Alors, c'est une erreur, dit Fred, excusez-moi.

Il ne savait plus ce qu'il disait.

— ... Son fiancé..., fit-il.

— Son fiancé ? Mais elle n'a pas de fiancé !... où êtes-vous ?...

Elle nous regarda d'un air surpris, puis tourna les talons.

Nous nous regardâmes nous-mêmes en levant les sourcils.

— Elle est partie par la rue Tor-le-Haut, dit Frédéric à la jeune fille qui s'en allait.

Nous ne sûmes pas si elle entendit. « Maintenant, du moins, dit Fred, nous avons son adresse. »

Il fit semblant d'être joyeux, mais il avait l'air tout penaud. La place était complètement vide. Il lui sembla qu'il venait d'arriver un malheur.

*

Il n'y avait rien de particulier dans l'air de cet après-midi, rien qui ne fût pareil aux autres dimanches, si ce n'est peut-être un anonymat plus grand encore. Les grilles passées au minium, qui attendaient toujours d'être repeintes, les briques, la chaux abandonnée, les arbres noirs, le ciel bleu, l'affiche obsédante des garçons du Saint-Raphaël, la tristesse des prés et des villas de pierre encore humides des bourrasques, et cet âne attaché au loin à un piquet et, bien plus loin encore, les équipes de football qui s'agitaient à la poursuite d'un point noir qui se promenait comme une tache devant l'œil, rien de tout cela n'était de bon augure. Dora était beaucoup trop belle, le dimanche trop découragé.

Des lessives séchaient sur des fils de fer, dans des jardinets neufs, au pied de la route en remblai. Pourquoi ce paysage si semblable à sa banalité courante se grava-t-il pour toute la vie dans la mémoire du pauvre Fred ? Il n'en oublia plus jamais la moindre odeur, le moindre vent, ce nuage qui courait au ciel, coupé en deux par le trait noir d'un grand poteau télégraphique, ni cette désolation immense, née de l'immense banalité.

Des femmes courbées en deux, dans de grands jupons noirs, allaient lentement à travers prés, cherchant on ne savait quoi, une herbe, une plante, une trace.

Il paraît que l'avenue des Platanes devait se trouver là, passé les Petites Ames. Mais personne ne la connaissait. Toutes les indications vous ramenaient au même point, en face de la campagne vide.

Une cheminée d'usine neuve s'empanachait, à l'horizon, des sphères d'une fumée ténébreuse. Un train passa, visible tout entier, avec sa voie, sa gare et ses wagons, comme un jouet d'enfant sur une table.

Fred avait mis sa cravate la plus belle. Il avait traversé la cité ennuyeuse tapie derrière les rideaux de fer des boutiques peintes en faux marbre ou en faux bois.

Il portait le sac de Dora plié dans un beau papier bleu, et savourait jusqu'à la lie l'amertume de cette heure vide.

Il se demanda s'il n'allait pas rentrer. Une fois franchi le quartier des Tanneries, où l'on ne trouve plus de tanneurs, les maisons devenaient plus basses, plus espacées. Dans ce faubourg des Petites Ames, le grand opium du dimanche provincial se faisait encore plus sensible qu'ailleurs.

C'était le coin où, d'autres jours, on entendait l'enclume du forgeron, et quelquefois le clairon des gymnastes.

Il y régnait une espèce de misère qui avait l'air de se conformer à une façon surannée d'être pauvre, une esthétique périmée de la misère, mais Frédéric aimait ce coin-là parce qu'il resssemblait à une image d'un vieux solfège de son enfance. C'était pour lui le souvenir de ses leçons de piano, quand il avait encore un père et une mère.

Le 15 de l'avenue des Platanes ne fut pas facile à trouver. L'avenue elle-même n'existait sous ce nom que sur les plans d'agrandissement de la ville. Quant au 15, c'était une chimère, une pure fiction postale ; il n'y avait sur cette route, en tout, que deux maisons, assez éloignées l'une de l'autre, personne ne connaissait l'endroit que sous le nom du château des Bergères ; depuis les travaux de la route on disait aussi le Grand Tournant.

Fred s'adressa pour se renseigner à la première des maisons. Il y avait là, derrière une vitre obscure, à côté d'un pommier d'amour, la tête d'une vieille femme ornée d'un bonnet blanc. Ce fut elle qui lui montra le 15 : c'était la « Maison du Grand Tournant » !

★

A la porte, sur une plaque de cuivre, il lut une inscription gravée : « Perrin-Darlin, Représentant. »

Représentant ? représentant de quoi ?

C'était encore un de ces mots de passe qu'ont les adultes pour désigner d'une façon sérieuse leurs frivoles occupations. Il se rappela ce que Dora lui avait raconté de son père, cet homme qui achetait des châteaux dans les roses, des précipices, des clairs de lune… La plaque devait dater de cette époque lointaine.

Il frappa. On lui dit : « Entrez. »

Du premier pas, sans vestibule, sans couloir, il fut au cœur de l'appartement. C'était une grande pièce à usage commercial qui avait une vitrine sur la rue. Elle était longue, avec beaucoup de fenêtres, presque nue. Un plancher ciré, une machine à coudre, un buffet, un laurier-rose dans une caisse verte. Dora se tenait debout devant le buffet, elle se gantait, en tenue de sortie. Et, tout à coup, Fred s'étonna. Ou plutôt il comprit pourquoi il s'étonnait. C'était l'impossible décor qu'il avait vu sur la photographie, dans le sac entrouvert de Dora. Ces choses se passaient comme en rêve. Au fond, comme au bout d'un couloir, se dressait le comptoir historique, étroit et haut, avec ses têtes de cheval dorées aux quatre coins. Derrière le comptoir, comme Dieu le père sur son nuage, on voyait trôner M. Vingtrinier. Fred ne le connaissait que de vue. Comme tout le monde, il l'avait rencontré devant la cage du mouflon corse et l'avait vu dans l'arche des David. M. Vingtrinier portait ce costume un peu fatigué, cette calvitie imparfaite, ce lorgnon, ce faux col à coins cassés et cette chaîne de montre à breloques qui sont l'uniforme de tout le monde. Pour ne pas trop se faire remarquer, il avait le nez un peu rouge, les pommettes un peu violettes. Son parapluie était accroché au comptoir. Et on voyait tout de suite, rien qu'à son air pensif, qu'il faisait partie de la race pour laquelle le parapluie est une chose qui tient de la place dans l'existence. Ses yeux étaient timides, son visage sculpté par les alcools de fantaisie et sa moustache (il faut bien être de son époque) à la Charlot.

En somme rien n'empêchait qu'on pût le rencontrer dans un bureau de poste, un café ou un cinéma. Il se distinguait pourtant de la foule par une sorte de mansuétude rêveuse qui pouvait être le fruit d'une sagesse désabusée ou de l'habitude du Pernod.

Il ne lâcha pas le crayon avec lequel il écrivait sur le comptoir, mais il sourit bienveillamment au nouveau venu, sans dire bonjour d'ailleurs, et sans quitter sa tâche, comme un employé complaisant qui sacrifie à l'affabilité sans abandonner son devoir. Par la fenêtre on voyait au loin, sur l'autre maison du Grand Tournant, les deux garçons du Saint-Raphaël.

— Asseyez-vous, dit M. Vingtrinier, comme un professeur dans sa chaire quand les élèves entrent en classe.

C'était une atmosphère étrange. Fred se sentit dérouté, sans courage. Une nuit de drame n'aboutissait qu'à ce sourire de M. Vingtrinier qui lui offrait poliment une place devant quatre têtes de cheval dorées. Il ne restait du Pays sur le Fleuve que ces têtes de cheval à col de cygne qui avaient l'air hérissées et furieuses comme de petits hippocampes d'aquarium.

Mme Perrin leva sur Fred un regard légèrement vague que rien n'étonnait plus depuis la mort de celui qu'elle appelait le « pauvre regretté Perrin ».

Elle tricotait quelque chose de bleu pâle comme ses yeux noyés dans une figure toute molle, blanche et ronde, encadrée de cheveux blonds et blancs. Sa poitrine flottait au hasard, dans un peignoir jaune. Il y avait dans toute sa personne quelque chose de rond, de mouvant, d'énorme et de léger.

— Ah, dit-elle, monsieur Peyrolles ? J'ai bien connu votre grand-oncle ! Et comment va votre pauvre tonton ?

— Mais bien, je vous remercie, madame, dit Fred déconcerté de se savoir connu de gens qu'il n'avait jamais vus.

Il se trouvait tout à coup comme chez lui dans une maison dont l'accès lui avait paru si difficile !...

— Pauvre monsieur, ajouta tristement Mme Perrin, en reprenant son tricot... Vous avez bien eu vos malheurs comme les autres...

Fred se trouva encore plus dérouté. Il ne lui était jamais arrivé de se regarder sous cet angle, de songer à se considérer comme une personne qui a « ses malheurs ». « Avoir ses malheurs comme les autres » est une occupation d'adulte... Mais il valait mieux être prévenu que depuis la mort de son pauvre mari, Mme Perrin noyait l'humanité entière dans une même commisération.

— J'ai bien connu, dit-elle, votre pauvre grand-oncle Panissier.

Fred, lui, ne connaissait ce grand-oncle que par le portrait du salon sur lequel il avait des favoris de notaire et un regard irrité.

— Le pauvre ! dit Mme Perrin... Un si bel homme !... Asseyez-vous... Ce n'est pas la guerre, ajouta-t-elle, ce serait plutôt la T.S.F. Depuis qu'il y a toutes ces ondes, toutes ces choses qui travaillent dans le ciel..., alors tout se brouille... C'est facile à comprendre. Des ondes de 25, de 400..., on dit des chiffres effroyables. Je ne sais pas si vous êtes comme moi, je ne comprends rien à tous ces chiffres. Mais voyez ce que disent les journaux. Cette femme qui avait 43 mètres de fluide... C'était la femme d'un tailleur d'Avallon...

Fred apprit dans une brume qu'il eût été avantageux pour l'un des personnages de cette curieuse affaire de connaître la recette de l'eau décongestionnante au persil. Et Mme Perrin, pour preuve d'une foule de choses, l'obligea à jeter les yeux sur l'article même du journal. Dora, d'abord, avait un peu rougi. Maintenant elle regardait en fronçant les sourcils.

— Tu sors, petite ? demanda Mme Perrin.

Dora ne lui répondit pas.

M. Vingtrinier, à ce moment-là, interrompit rêveusement sa production, mordit légèrement son crayon, gratta pensivement son front du petit doigt et de l'annulaire de la main gauche et dit enfin, l'air ennuyé :

— Il n'y aura pas de place pour le garage.

Il fit « tss tss » de la langue comme quelqu'un qui rencontre une difficulté.

— Mettez-le sur le derrière, lui dit Mme Perrin.

— Tout mon derrière est pris, dit M. Vingtrinier d'un air d'impuissance.

Fred écoutait, avec une sorte d'inquiétude.

M. Vingtrinier, comme à l'appui de ses dires, montra le croquis qu'il venait de terminer au dos d'un faire-part de deuil, mais, de si loin, on ne voyait qu'un enchevêtrement de lignes, de lettres et de cotes.

— Tout mon derrière est pris, répéta-t-il, pensif.

— Mettez-le dessous, lui dit Mme Perrin. En sous-sol, avec une descente en ciment.

— Eh oui, dit M. Vingtrinier, comme chez Mme Sorlot ! Je n'aurais pas osé. A cause de la dépense. C'est du moderne, fit-il avec un hochement de tête qui disait à la fois la déférence et l'amusement, la timidité et l'audace.

Il ajouta, considérant le dessin :

— Il me faudrait un crayon bleu.

— Un crayon bleu ? demanda Dora qui venait de sortir et de rentrer, frémissante.

— C'est pour le plan des sous-sols, dit M. Vingtrinier.

— Quels sous-sols ? demanda Dora.

— Mais les sous-sols de la villa !

— La villa ? dit Dora, la villa du Soufflex ? hier c'était un château.

— Il ne faut pas voir tout à fait aussi grand, dit M. Vingtrinier. Nous nous étions trompés de virgule.

— Que vous êtes enfant ! dit Dora.

Puis, apportant une boîte, une grande boîte de biscuits en métal qu'elle était allée chercher sur le buffet, à côté d'un réveille-matin :

— Tenez, dit-elle, je n'ai pas de crayon bleu, je vais vous donner quelque chose de plus sérieux à faire. Comptez les bons du *Family'*. Vous les attacherez tous ensemble et vous noterez le chiffre sur le paquet, qu'il n'y ait pas besoin de recommencer quand on en aura gagné d'autres.

Et elle partit sans un regard pour personne.

*

Fred ne sut plus que faire. Il tenait sur ses genoux, sous son melon, le petit sac à main proprement plié dans le papier bleu. Mme Perrin sortit par une porte située à côté du comptoir. Fred discerna dans la pièce entrouverte un pêle-mêle de bas, de corsets, des boîtes de cachets, un centimètre.

Elle revint avec une bouteille de pernod.

— Vous boirez bien quelque chose, monsieur Frédéric ? dit-elle. Pour nous tenir compagnie...

Elle apporta trois verres. Sa voix venait à Fred du fond d'un rêve, d'une espèce de tache bistre qui flottait sur le papier peint.

— La chambre du souvenir éternel, monsieur Peyrolles, dit-elle en lui montrant la pièce d'où elle avait sorti le pernod. (Elle ne donnait à Fred que le nom de son oncle.)

— Toutes les reliques de mon pauvre défunt ! Quel homme, monsieur Peyrolles ! quel homme pour l'invention ! C'était dans la tête, voyez-vous..., et quand c'est dans la tête...

Que se passait-il « quand c'était dans la tête » ? Fred n'y était plus. Il entendit pourtant qu'elle disait à M. Vingtrinier :

— Oh ! vous, monsieur Vingtrinier, vous avez toujours été pour le chic anglais !...

Et M. Vingtrinier, derrière les hippocampes, eut un geste de modestie.

Mme Perrin-Darlin remplissait les trois verres.

Un peu plus tard on entendit un bruit de pas. Mme Perrin se hâta d'emporter la bouteille d'absinthe dans la chambre du souvenir.

— C'est Marthe, dit-elle à voix basse.

Puis elle demanda à Fred :

— Quand peut-on voir votre pauvre tonton ?

Mais elle était déjà partie. Elle rapporta la bouteille

de pernod (ce n'était pas Marthe) et un cartonnier vert, comme on en voit chez les notaires, qu'elle ouvrit sur la table avec cérémonie. Elle désirait établir fermement que chez feu regretté Perrin c'était bien vraiment « dans la tête ». Il y avait un cahier à couverture *Labor Improbus* et un bâton muni d'un anneau, parfaitement verni du haut en bas, sans compter deux ficelles de vingt-cinq centimètres.

— « Le Soufflex », dit-elle pompeusement.

C'était un rien, mais un rien scientifique.

— Il ne manquait plus que le brevet... C'était de l'or, monsieur Peyrolles, avec le cerveau de cet homme... de l'or... il avait tout prévu... On venait de loin pour savoir l'idée... C'était là (elle se touchait le front). Quand c'est dans la tête, voyez-vous... Quand peut-on voir votre pauvre tonton ?

Là-dessus elle rentra la relique et, tandis qu'elle la transportait jusqu'à la chambre du souvenir, le petit bâton dans la boîte faisait comme un bruit de tambour.

Le soir tombait, un bec de gaz s'alluma sur l'avenue. Une paresse engluait Fred.

Il faisait parfaitement nuit quand il sortit de son assoupissement. M. Vingtrinier somnolait sur le comptoir, Mme Perrin-Darlin n'était plus dans la pièce. Une porte s'était entrouverte. Il en venait une odeur de bouillon de poireaux. Fred s'apprêta à s'en aller. Tandis qu'il hésitait, par souci de saluer la maîtresse de maison, il aperçut sur le buffet un album de photographies ouvert. Quatre photos sur la page de droite représentaient le même groupe que la photographie du sac, dans des attitudes différentes. Sur l'une des quatre, l'un des chevaux du comptoir-caisse avait l'air de faire partie de la scène. Sa tête se présentait de face, parallèlement à celles des trois jeunes gens. C'était une chose impressionnante.

Fred décida de ne plus attendre. Il alla jusqu'au grand comptoir, en monta le petit escalier, comme un élève qui vient trouver son professeur, et dit au revoir à M. Vingtrinier.

M. Vingtrinier se réveilla en sursaut. Il eut un sourire très aimable. Sur le comptoir, devant lui, s'étalaient des papiers, une carte postale du bâton à grenouilles et le plan de la villa du Soufflex dont on voyait aussi, sur un autre dessin, un profil avec une fumée. M. Vingtrinier se montra civil, mais confus dans son compliment. Il termina en disant à Fred des choses qui prenaient de l'importance du fait de leur tour elliptique :

— Votre cher oncle... des projets très importants... des réalisations... l'intérêt général... le sort d'un inventeur français...

Il lui remettait en même temps un croquis du « Soufflex » au dos duquel la villa était dessinée, et la carte d'Amérique, dont le verso portait des chiffres. Fred s'en alla dès que M. Vingtrinier consentit à lâcher sa main qu'il lui tenait serrée très fort entre les siennes.

Il se retrouva sous l'affiche du Saint-Raphaël, son melon d'une main, dans l'autre le bâton à grenouilles qu'il contempla rêveusement. Dora n'était pas revenue.

Il s'aperçut qu'il n'avait pas rendu le sac. Il le rapportait dans le papier bleu, au fond de sa poche. Il avait envie de pleurer.

*

Des tramways passaient dans la rue, les clairons des gymnastes se mêlaient aux rumeurs du soir, des gens buvaient aux terrasses des cafés. Il était très en retard, il ne savait pas l'heure, il rentra en silence. Il monta cacher le sac dans le lit de Bonaparte. Il s'aperçut en ouvrant ses cahiers qu'il n'avait fait aucun de ses devoirs pour le lendemain.

★

Il essaya de passer sur le chemin de Dora, mais quel était le chemin de Dora ? Et qu'aurait-il pu bien lui dire ? Elle ne l'avait même pas salué.

★

M. Vingtrinier monta dans l'arche. Et le parfum même de la Cité qui s'étendait au-dessous de lui, lui arriva dans une bouffée de lilas blancs. De temps en temps il s'arrêtait ainsi dans l'arche et passait sa main sur son front, comme un homme qui fait halte en route et qui contemple. Ces instants lui profitaient peu. A ses pieds la tente jaune et rouge du *Café des Deux Singes* tendait sa toile rayée. Depuis les chaleurs, toutes les navigations de M. Vingtrinier sur son arche s'ornaient de cette voile de fantaisie.

Le *Family'*, de plus en plus, refusait la bière, et le boucher déclarait que les veaux n'ont plus de mou.

★

Ce fut à cette époque qu'aux « Plaisirs de Corée », le bruit, accrédité par une carte postale, se répandit que

Joseph Vingtrinier menait en Amérique une existence flatteuse, parmi le marbre et les palmiers, au bord d'un lac à tout casser, dans une fabrique de bâtons à grenouilles.

*

Il n'y avait pas trois jours que Fred était revenu de sa visite chez les Perrin, quand son oncle à midi l'accueillit brusquement :

— Tu connais une Mme Perrin ? lui demanda-t-il à brûle-pourpoint.

— ...

— Une Mme veuve Perrin-Machin, Perrin-Martin ? Veuve d'un « feu regretté Perrin » ?

— ...

— Qu'est-ce que c'est que cette folle ?... elle est venue avec un M. Vardinier... Voutrinier... Tu connais un M. Vitrinier ? Une espèce d'alcoolique béat ? qui porte un crayon sur l'oreille et une boîte de ficelles ? ? Elle m'a dit que « les meubles avaient été achetés du vivant du pauvre Perrin » ?... qu'il allait juste avoir le brevet quand il est mort ?... et qu'ils veulent bâtir une villa près de chez nous ?... Tu saurais ça ?... et tu aurais approuvé les plans de je ne sais quel garage ?... et tu lui aurais confessé que je m'intéresse à son affaire ?... Enfin, qu'est-ce que cela veut dire ?...

— ...

— Et l'aide-souffle... le soufflet... le soufflon... le soufflor... le souffle-chose Perrin-Dandin ? Tu connais ça ?...

— ...

— Avec la poche en caoutchouc ?... et l'aluminium garanti ?... et le crache-poussière automatique ?...

— ...

— Et M. Vitrifié ?... Qu'est-ce que c'est que M. Vitrifié ? Et, au lieu de faire de la mécanique et de la philo, tu fréquentes des fous frisés qui sont ivres comme des bourriques à huit heures et demie du matin ?

— ...

— Tu feras bien de ne plus mettre les pieds chez ces gens-là !

— ...

— Je veux bien admettre, puisqu'elle le dit, que j'ai dansé avec sa sœur sur la scène des cours Sainte-Barbe, pour la distribution des prix, quand nous avions l'âge de cinq ans ! mais ce n'est pas une raison !...

— ...

— « Soldatssss ! ! !... »

Et le docteur passa à autre chose.

Fred ne pouvait savoir qu'environ deux fois dans l'année, à des moments particulièrement creux, Mme veuve regretté Perrin prenait le cartonnier du Soufflex, avec l'enveloppe qu'elle baptisait « les documents », et qu'assistée de maître Vingtrinier, dûment dopé de grand matin, elle allait trouver un notable, un notable de plus en plus notable et de plus en plus supposé favorable à son invention, lui expliquait tout d'un seul jet, le bâton, les ficelles, les meubles, le garage, ses petits projets, ses grands rêves, son tempérament féminin, et lui mettait sans hésiter dans le creux de la main la moitié de l'espoir de ses bénéfices. Quand elle était partie le notable, en général, s'épongeait le front et donnait un tour de clef à la serrure.

Maître Vingtrinier la suivait, silencieux, mais fidèle — Perrin-Darlin avait laissé une telle cave... — portant sous le bras une serviette bourrée de papiers ; le nez lilas, le parapluie pensif ; avec cet air mélancolique et ce col de faux astrakan qui lui valaient dans le monde du petit commerce une réputation d'homme vraiment distingué. Des gens timides voyaient en lui l'image même du candidat conservateur. « Le chic bien pensant », disait avec autorité la chaisière de Sainte-Opportune.

*

Les classes devenaient étouffantes. Il était difficile de suivre entièrement ce que professaient les professeurs dans la torpeur de l'après-midi. Le petit Pechmarty avait une longue main fine couverte de taches de rousseur qui ressemblait à celle de Dora, et quand il écrivait, si, perçant le rideau, le soleil tombait juste sur elle, Fred dans sa demi-somnolence, ne voyait plus que cette main.

Elle lui rappelait les Iles. Il allait les regarder sur le rempart à quatre heures. Elles brillaient d'un insoutenable éclat.

*

Rien ne commençait à s'arranger qu'à partir de la troisième absinthe. C'était dur pour M. Vingtrinier. Heureusement qu'il y avait au château des Bergères ce home, ce havre, cette veuve intelligente, cet homme riche qui était mort en laissant tant de bouteilles, cette halte, ce reposoir.

★

L'image de Dora n'était plus dans le souvenir de Frédéric qu'une maquette inachevée qui se déformait au gré de ses rêves et se dissolvait au bout de longues songeries, parmi les fleurs du papier peint.

Quand il la regardait sur la photographie, il était tout déconcerté de la trouver si peu semblable à la Dora qui flottait devant ses yeux, en transparent, sous les platanes du soir. Le souvenir de la maison du Grand Tournant le déprimait. D'ailleurs la maison elle aussi se dessinait dans sa mémoire tout autre qu'elle n'était, plus haute, plus étroite, plus noire, toute plate et probablement retouchée par l'influence d'une lecture, ou les besoins de sentiments obscurs.

Il ne put se tenir d'y retourner un jeudi. Il prit le sac et le replia dans le papier bleu.

Devant la porte des Perrin, comme c'était un garçon distrait, il faillit tomber sur un poêle à pieds Louis XV, un « poêle trois trous », curieusement démonté, fourbi comme un Lebel, dressé comme un paquetage. Les portes des fours et du foyer avaient été empilées par rangs de taille, et les tuyaux dressés autour.

Derrière la porte qu'ils condamnaient, on entendait un gémissement. Une fillette rousse vint ouvrir. La pièce n'était que faiblement éclairée par une petite lampe à pétrole. Il en éprouva un malaise.

— Mme Perrin, demanda-t-il.

— Entrez, dit la fillette rousse.

Il montra le poêle démonté et l'architecture agressive des tuyaux qui bouchaient la porte.

— J'ai failli tomber dessus, dit-il.

— C'est le cordonnier, expliqua la petite fille. Quand il est saoul, il démonte son poêle, et il le range devant le couloir de Mme Perrin, on n'y peut rien.

— ...

— C'est son idée à lui. Quand il fait ça, Mme Perrin me fait venir parce qu'elle dit qu'elle a peur... C'est mon tonton, ajouta-t-elle.

Elle avait l'air très fière de lui.

Fred entra dans la salle obscure avec son petit sac sous le bras. Il vit une vieille dame qui cousait, très loin de la lampe, une grande chose noire et brillante qui ressemblait à un énorme ballon de rugby. Et, au milieu de la salle, sur une table ronde se dressait une bicyclette de femme, entièrement garnie de fleurs y compris les roues et les pédales.

— Qui est là ? criait une voix féminine.

Cette voix arrivait par une porte ouverte. Elle semblait venir d'un étage.

Tout cela parut encore à Fred si insolite qu'il eut envie de repartir.

— Frédéric Lamourette, finit-il par crier.

Il y eut un instant de silence. Ensuite, on entendit des rires.

— Montez, montez... on va se marrer... Félicie, fais monter ce monsieur.

La petite rousse, Félicie, sans doute, se dirigea du côté de l'escalier.

A ce moment la vieille dame dit à Fred (c'était elle qui avait gémi) :

— Ah ! Monsieur, que vous m'avez fait peur !...

— Excusez-moi, dit Fred.

Il ne put se tenir d'ajouter :

— Ne désirez-vous pas que je vous rapproche la lampe ?

— Non, non, dit-elle, tout au contraire, j'ai de mauvais yeux, la lumière me fait mal.

— Vous cousez un tablier ? demanda-t-il pour témoigner quelque intérêt.

— Oh non ! dit-elle.

Elle releva ses lunettes sur son front et regarda Fred.

— Devinez ce que c'est, fit-elle... C'est un derrière de fourmi...

— ...

— Oui, reprit-elle. C'est pour la kermesse. Ça tiendra avec une ceinture, vous voyez, j'y couds des passants. Et deux trous pour les jambes. On gonfle avec du foin. A leur école ils doivent tenir un « Village Scolaire » et ils sont pris pour jouer les *Fables de La Fontaine.* Mon petit Serge aura un rôle dans *la Cigale et la Fourmi.* Et il faut que je fasse le costume. A mon âge, pensez, un derrière de fourmi ! Je n'ai pas l'habitude ! Heureusement que Mlle Perrin est très au courant pour ces choses... Ces dames ont tellement d'idée ! Un premier prix de bicyclette !... Mais aussi il faut voir ces fleurs ! Elles ont déjà eu la médaille au concours agricole !

— C'est mon tonton qui fait le jardin, dit la petite rousse.

— Montez, montez ! criait la voix d'en haut.

Frédéric serra le sac sous son bras et monta comme un somnambule. Il aperçut du palier du premier, par une porte, dans le clair de lune, une table de salle à manger couverte d'une toile cirée dont le dessin représentait des avions et, au milieu de la cheminée, un « obus-souvenir » en cuivre.

Au second une lampe Pigeon éclairait une chambre. A la fenêtre se dressait un groupe composé de M. Vingtrinier, de Mme Perrin et d'une femme inconnue

M. Vingtrinier tenait par les épaules d'un côté Mme Perrin en peignoir jaune et de l'autre l'inconnue en grand manteau et en chapeau à plumes. Ce geste faisait remonter ses manches. On voyait les poils noirs de ses bras entre ses mains et ses manchettes grisâtres. On accueillit Fred en familier, sans cesser d'observer ce qui se passait à l'horizon. Fred essaya de dire bonjour, mais tout le monde pensait à autre chose. Il restait interdit, son sac à main sous le bras. M. Vingtrinier et ces dames se passaient une longue-vue. La grosse inconnue se retourna et fit signe au jeune homme de venir à la fenêtre.

— Venez, venez, lui dit aussi Mme Perrin d'un air assez gros de promesses. Mettez-vous à côté de Mme Vociféro.

Fred vint donc se glisser entre eux. Il sentait avec gêne la grande femme importante qui se tenait pressée derrière lui et lui imposait dans sa curiosité le poids de ses seins. Il se raidit avec un peu de dégoût.

— On le tient, lui dit-elle à l'oreille.

Fred détourna la tête, pour échapper à ce souffle chaud.

— Qui donc ? demanda-t-il.

— Le baron..., le baron, fit M. Vingtrinier.

Il sentait le Pernod, les deux femmes également ; Fred cherchait à ne pas respirer. En même temps il contractait ses reins pour éviter le contact de Mme Vociféro, et il tournait un peu la tête pour ne pas la sentir souffler dans son oreille...

Il était venu chercher Dora !...

M. Vingtrinier regarda sa montre :

— Encore deux minutes, dit-il.

Mme Vocoféro donnait à Fred des coups de coude dans les côtes.

— Oh ! ça, dit-elle, il est réglé comme une pendule. Et vous pensez si je l'ai connu ! Pendant cinq ans que j'y ai fait l'infirmière ! Tenez... tenez... le voilà !... Donnez-lui la longue-vue, demanda-t-elle à Mme Perrin.

Fred prit la longue vue et regarda l'horizon.

— Regardez, regardez un peu plus haut, à gauche... Vous ne voyez pas la tour ?... la tour du Sud-Ouest ?... je dis la tour du Sud-Ouest parce qu'il l'appelle comme ça... Une belle ruine, si vous voyiez ça... même c'est pour ça que je l'appelle le baron du Sud-Ouest. Tenez, Edith, prenez la longue-vue...

— Neuf heures 29, dit M. Vingtrinier en remettant son chronomètre dans sa poche.

Dans le clair de lune on voyait une vieille tour. Un homme armé d'une lampe à pétrole était sorti, extrêmement digne, d'une porte-fenêtre qui donnait sur une petite passerelle formant balcon le long du bâtiment. La passerelle se terminait par un édicule de planches si affaissé qu'il en formait accordéon. On y accédait par un petit escalier. Fred vit l'homme à la lampe monter cet escalier, suivi d'un grand vieillard barbu. Ce domestique portait la lampe avec mille précautions, et la passerelle passait au-dessus d'un abîme, si bien que ces deux personnages à grande barbe avaient l'air de funambules célèbres et anciens. On eût dit qu'ils sortaient des brillantes images du Supplément du *Petit*

Journal qui représentaient un acrobate traversant sur une corde raide les rapides du Niagara.

De fait les grands vieillards gravissaient lentement l'escalier avec une majesté réelle. La lampe s'élevait sans secousse, comme sur le nez des phoques jongleurs qui escaladent une piste en pente dans les cirques.

— Le maître d'hôtel, expliqua Mme Vociféro, c'est M. Berchoux, de Saint-Julien. Il a épousé une veuve... Elle touchait une pension de guerre... Vous pensez bien, ce n'est pas ce qu'il gagne chez le baron... Il faut reconnaître qu'on lui laisse les légumes... c'est lui qui s'occupe du jardin...

Derrière la tour du Sud-Ouest la montagne était surprenante. Le profil déchiqueté des cavernes du Brou traçait au sommet de la crête une ligne de dents et de créneaux. Elles ressemblaient de près à d'immenses molaires déplombées, mais quand on les voyait dans le brouillard du matin, c'était comme une couronne royale. Il y avait eu là un village, des gens qui habitaient dans la roche. Les grottes formaient d'excellentes caves pour les fromages. Un torrent passait au pied de la tour. C'était un paysage de gravure romantique. Il n'y manquait que le chasseur de chamois.

Une motocyclette passa derrière le jardin des Perrin et fut tout de suite sur la pente. Son phare se promenait comme une comète le long du flanc de la montagne, il disparaissait dans les tournants et remontait en faisant des zigzags. On eût dit qu'une étoile était tombée du ciel et cherchait sa route sur la terre en bourdonnant.

Arrivé en haut de la plate-forme, le baron avait disparu dans l'édicule du Sud-Ouest. Le maître d'hôtel, debout, tenant très haut la lampe pour éclairer l'intérieur de l'endroit par une lucarne en forme d'as de pique, faisait un geste de statue.

On n'entendait plus la moto. Mais sa petite étoile s'élevait de plus en plus lentement, vers le sommet de la montagne.

— 9 h 30 ! dit M. Vingtrinier.

— Ce qu'il est ponctuel ! fit la dame, en appuyant la longue-vue sur l'orbite souffrant de Fred.

A ce moment on vit des papiers qui s'envolaient sous l'échauguette. Ils descendaient en feuille morte, contrariés par le souffle du vent.

Le châtelain était sorti de la maisonnette. Le vieux maître d'hôtel y entra à son tour. Et le baron, aimablement, porta la lampe. Des papiers s'envolèrent encore et le vent du gouffre où passait la cascade les faisait remonter parfois : on eût dit un vol de mouettes.

Cette scène frappait surtout Fred par une espèce de majesté, de solennité quasi religieuse. La paix de la nuit, les étoiles, l'aspect shakespearien de la montagne, la vue de ces deux grands vieillards juchés comme des acrobates sur cette passerelle vertigineuse, portant une lampe de statue symbolique, l'harmonie des papiers qui flottaient dans l'espace et qui semblaient tisser des courbes, tout faisait songer à quelque monde plus haut que la vie.

Quand ils eurent disparu, Fred conserva longtemps cette impression de hautaine sérénité qui lui avait laissé dans l'âme comme un sillage. Il eut peur d'entendre une fois de plus la voix de Mme Vociféro. Il se retira doucement du groupe et descendit à pas de loup.

Revenu dans la salle d'en bas, il retrouva la vieille dame qui cousait. Mais cette scène ne le gêna pas. Elle s'apparentait par le ton avec les mystères de la montagne.

— Vous partez ? demanda la couseuse.

— Oui, dit-il, je m'en vais tout de suite.

— Moi aussi, dit la vieille dame, il se fait tard. Je suis fatiguée et l'odeur de ces fleurs m'entête (elle montrait la bicyclette fleurie dont le parfum se mêlait à une odeur d'anis qui venait de la chambre au pernod). Si vous vouliez m'accompagner un peu ? c'est peureux par ici, vous seriez bien aimable. Je ne dis pas adieu, ils s'amusent, je les dérangerais.

Elle vida le foin de la moleskine dans un journal et Fred l'aida pour activer les choses.

Ensuite elle plia son ouvrage et le mit dans un sac.

De derrière de fourmi en derrière de baron, de derrière de baron en derrière de fourmi, Fred se sentait dépaysé par cette nuit au milieu de laquelle les grosses fleurs blanches de la bicyclette brillaient tellement qu'elles formaient un halo autour de l'absence de Dora.

Il ne se rendit compte que les fleurs l'oppressaient que lorsqu'il fut devant la porte. Il s'aperçut qu'il avait toujours le sac à main. Où était Dora ?... Toutes les étoiles brillaient. Il aurait pleuré pour un rien.

*

Mlle Chaufourié était une excellente personne, le verbe haut, le pied fort, la main leste, avec une jolie tête de lieutenant de dragons qui serait un peu féminine. Elle faisait régner sur deux patronages des mœurs viriles et féodales. Elle avait découvert sur le tard les consolations de la poésie et elle s'était vu décerner le prix Sainte-Opportune, récompense régionale destinée à primer un sonnet folklorique. Ce prix consistait en une médaille d'or, mais une médaille d'or symbolique, que nul ne réclamait jamais ; c'était un or fictif, ça signifiait la gloire ; Mlle Chaufourié voulut sa médaille d'or.

Elle mit le jury au pied du mur, toute une écurie de vieux Pégases, et le menaça d'un procès ; et il n'y eut pas d'échappatoire ; elle se cabra, rua, hennit, elle poussa la chose jusqu'au bout, et se fit mouler sa médaille. Ça leur coûta sept cent vingt francs, par le procédé Cardonneau (dont nous aurons à parler par la suite) qui était malgré tout assez avantageux.

Quand Mlle Chaufourié eut décidé de s'occuper de la kermesse, rien ne put résister à sa fougue qui décourageait les bromures. Elle saisit d'une main le vicaire de la paroisse, de l'autre les dames patronnesses, tout ce qu'elle put contacter d'autorités locales, et ce tout dut plier sous sa loi. Elle avait décidé la fête.

La fête était dans l'air. C'était une promesse qui volait dans la nuit de juin comme un papillon bigarré. Et Fred, en attendant de retrouver Dora, dut s'occuper de la grande kermesse. L'abbé Chaumy le réclama pour le patronage, qui aurait son stand dans le « Village Scolaire ». La fête serait d'autant plus importante que l'usine à gaz fêtait ce jour-là son cinquantenaire et devait lancer des montgolfières ! Une chose qui ne s'était jamais vue.

L'abbé Chaumy tenait à sa kermesse. On hésita entre un village gallo-romain, une auberge folklorique et une cité peau-rouge. Le souvenir du bâton à grenouilles influença le choix de Frédéric. Il plaida pour le village peau-rouge. On planterait un bâton à grenouilles, on tirerait à l'arc, on vendrait l'eau de feu. Le Conseil municipal, d'ailleurs, voulait que les choses fussent bien faites ; l'usine à gaz, c'est l'Industrie, l'Industrie c'est la Science, et la Science c'est le Progrès, et le Progrès c'est la République. On réchaufferait le souvenir de M. Petermaës qui avait légué deux cents canards à notre collège. Tout empaillés ; avec les étiquettes en ronde. Il recevrait un compliment en vers dit par un enfant des écoles. Fred, déguisé en Grand-Serpent, jouerait de l'accordéon devant le bâton à grenouilles. Il n'y avait pas moyen de s'en tirer à moins.

*

M. Cardonneau — de la grande fabrique de meubles qui se dressait sur les quais, non loin du pont Saint-Gilles — était mort depuis quelques années. Parti de presque rien, il s'était poussé jusqu'au rang de chef d'une industrie prospère, et de sculpteur quelquefois acheté. A force de graver de la feuille d'arbre, ou de la rose, sur des armoires en noyer clair, il avait fini par sculpter de l'homme. Ce malheur lui était venu d'un buste de Robespierre qu'il avait acheté dans une vente aux enchères. Il savait tout faire, sauf la tête. Le buste, en la lui permettant, l'avait voué aux pires initiatives. Il en faisait prendre un moulage et bâtissait le reste autour. Le résultat (une fois la ressemblance ajoutée) était surprenant mais bon marché. C'était ce qu'on appelait le « monument Cardonneau », qui avait mis la sculpture locale à la portée de toutes les bourses.

Parmentier et Maussert étaient nés de cette méthode. Sans doute aurait-il pu acheter un autre buste que celui du grand Maximilien pour varier un peu ses sujets, mais il s'était fait à cet homme ! Comme il disait : « Je l'ai mieux en main. »

Le procédé Cardonneau à mesures garanties permettait bien de fabriquer des personnages aussi ressemblants que les mannequins des Galeries du Progrès, il interdisait en revanche de représenter toutes les tailles. Il ne souffrait que la mesure « cadet ». Le géant lui était défendu.

M. Cardonneau, de par son procédé, avait été amené à juger de la sculpture avec l'œil du tailleur, le centimètre au cou : « C'est du patron », disait-il d'un Rodin.

C'était dans le catalogue de la Manufacture qu'il puisait, au rayon « Pendules et Objets d'Art », ses idées sur l'allégorie, le classicisme du symbole, les hardiesses permises, les audaces défendues. Le catalogue souffrait la montgolfière ; l'avion, ce téméraire, restait encore tabou. Que de rêves, que d'idées heureuses, ne sont-elles pas sorties de ce grand et fidèle catalogue où il menait pâturer son imagination rêveuse comme un bestiau pensif dans une verte prairie ! « L'encrier bronze, façon tronc d'arbre, avec sujet ours ou canard » lui procura des suggestions bien émouvantes.

Mais son clou, sa gloire, son scrupule, c'était le chapeau démontable. Là-dessus on ne le battait pas. L'important était le tour de tête, la coiffure vraie. Rien ne lui coûtait pour l'obtenir. On le vit sonner la nuit chez une veuve encore humide pour emprunter le feutre du mort. Il ramenait à la « taille cadet » avec un petit coup de pantographe et faisait exécuter le modèle par un de ses meilleurs ébénistes.

Il possédait ainsi dans sa salle à manger, sur un

rayon qui faisait le tour de la pièce, tout le conseil municipal. Le maire avait un feutre en chêne que je n'oublierai jamais de ma vie.

Ce tenace mourut pourtant sans avoir pu réaliser son rêve : le monument du fils Piéprat. Les Piéprat tenaient un magasin de chaussures, au coin de la rue des Mercières Prolongée. Le fils avait abattu neuf avions allemands et tourné en plein ciel de gloire, les pieds en l'air, la tête en bas, exactement comme « l'Homme aux Folies » dans la chanson du vieil aveugle de l'impasse des Trois-Voleurs.

Un jour il avait fait passer son appareil sous l'arche du pont du Péage. Les enfants rêvaient de lui, il faisait des vocations, quand, un beau jour, en essayant un appareil, il fut carbonisé dans le ciel en l'espace de quelques secondes. Cardonneau, immédiatement, alla se procurer sa casquette. Le Conseil municipal mit au concours un projet de monument. Cardonneau prépara sa maquette par ses procédés ordinaires : buste de Robespierre, costume du « catalogue » (le choix était assez délicat), inspiration également du catalogue, et enfin souvenirs personnels.

Le buste de Robespierre fut retouché à l'aide d'une photographie. Le costume, du catalogue, fut une vareuse de cuir, forme croisée, « recommandée pour le canard », avec culotte de sport et leggins à courroies. L'inspiration avait été dictée par le n° 14.637 (l'« encrier-baromètre à sujet montgolfière, article riche en cuivre bosselé »), qui prouvait que la conquête du ciel se traduit dans l'art plastique par le ballon sphérique. Enfin le souvenir personnel fournit pour la coiffure (c'était du 57), la casquette de Védrines, qui se porte à l'envers (il avait vu ça à Toulouse, dans un meeting, autour de 1910).

Les initiés eurent donc un jour l'avantage de voir un fils Piéprat — taille cadet — montrant le ciel de l'index droit devant une montgolfière en plâtre qui s'élevait jusqu'au plafond.

La casquette à l'envers, résultat du compas, était en ronce de noyer. Pour qu'elle tînt mieux, la tête présentait une rainure, comme une boîte de pastilles Valda : le fils Piéprat s'ouvrait et se fermait à la façon d'un grand pot à tabac. Il en était là quand le projet fut refusé par le Conseil municipal, et M. Cardonneau mourut d'apoplexie, ce qui était peut-être sans rapport avec l'affaire. Son enterrement fut riche, son cercueil ouvragé, son monument resta dans l'atelier secret avec le catalogue de la Manufacture.

Cet atelier était une pièce mansardée, sans fenêtre aucune. Elle prenait jour du toit et du mur nord par d'immenses verrières. Comme la montgolfière dépassait, on avait enlevé des vitres, et on lui avait fait un toit de zinc sur mesure.

La pièce fut louée pour peu de chose avec l'appartement du dessous.

Voilà pourquoi M. Vingtrinier possédait l'arche des David et le monument du fils Piéprat ; (la nacelle lui servait de porte-parapluies).

Voilà pourquoi il se réveillait tous les matins en face d'un aviateur debout qui lui montrait le firmament comme un programme devant une montgolfière dont l'élan crevait le toit.

Mais M. Vingtrinier n'aimait pas la casquette de ce professeur d'aviation. Il la lui enlevait avec un geste d'agacement. Le matin, on la trouvait sur sa table de nuit, pleine des mégots de la veillée, à côté d'un paquet de tabac qui perdait un peu ses entrailles et d'un exemplaire des *Trophées*.

Tous les matins, ce fils Piéprat se dressait là comme un reproche et comme une prophétie. M. Vingtrinier le retrouvait avec un mélange curieux de sentiments qui se fondaient dans une sensation de dépression.

Car si M. Vingtrinier, comme nous, était un habitant de mansarde (« Dans un grenier qu'on est bien à vingt ans ! »), ce n'était pas pour les mêmes raisons. C'est parce qu'il n'avait au-dessous — je l'ai dit, — que de grandes pièces d'apparat, et qu'une femme de ménage aurait été coûteuse.

Avec le système de la mansarde, le désordre se trouvait réduit au minimum dans le salon, l'étude et la bibliothèque, ce qui faisait moins mauvaise impression sur le client qui pouvait se présenter : la couche de poussière étant partout égale, M. Vingtrinier avait l'air de revenir de longues vacances.

D'ailleurs, en haut, le désordre était plus chaud et plus intime. On y avait tout sous la main : une table pour écrire, une cuvette pour se laver, du cirage pour se cirer le dimanche, le linge sale sous le lit, le pernod sur un rayon, les *Trophées* sur la table, la galantine dans un journal et le fils Piéprat sur une plate-forme en zinc ; c'était une petite compagnie ; ajoutons la casquette en bois qui était désagréable à l'œil, mais commode pour mettre les fruits, les mégots, les factures impayées ; enfin cette montgolfière qui faisait assez meublant avec son soleil en relief ; et le catalogue, source de connaissances et de méditations ingénieuses ; et l'arche des David pour contempler la ville et prendre le frais en été au-dessus du Café des Deux Singes

Petit-Monsieur s'y sentait comme chez lui ; quand il voulait sortir, on le lâchait sur les tuiles. Toutes les commodités d'un rez-de-chaussée bourgeois jointes à l'altitude, cette véritable hygiène.

Le plus curieux de ce séjour était la porte, car elle donnait de plain-pied sur le toit. De là un escalier d'une dizaine de marches conduisait l'amateur sur le balcon inspiré que la rumeur appelait l'arche. L'arche vous mettait d'un seul coup en face de toute la terre. On embrassait alors l'activité humaine tout en demeurant bien au-dessus d'elle. Elle restait, de si haut, ce qu'elle doit toujours être : un panorama pittoresque, un léger fond de tableau, un spectacle lointain, une gaze, une vapeur, une buée... Autant en emporte l'estompe... L'homme s'agite à l'horizon comme sur une carte muette, l'oiseau pépie, le reste est silence, vide pur, vertige pascalien.

Derrière soi on avait la verrière dont la lumière vous découpait en haut du ciel municipal comme une ombre chinoise ou une image d'affiche, comme une réclame, quand la mansarde s'éclairait. Et devant soi, pour vous encadrer, il y avait cette espèce d'ouverture romane, ce trou dans rien, ce remords d'architecte, cette fenêtre aussi inexplicable qu'une chèvre sur un clocher.

Maître Vingtrinier s'y divertissait prodigieusement ; il y goûtait des joies d'enfant qui a découvert pour ses ébats une cage à poules.

Il y montait le plus souvent qu'il pouvait. On l'y voyait seul, instructif, majestueux, automatique, au-dessus du monde, à la façon d'un saint dans un vitrail ou d'un guignol dans son théâtre. Il fallait lever les yeux. Il siégeait dans le ciel, machinal et de noir vêtu, énigmatique comme le destin. On aurait dit un signe du zodiaque.

Quand il y montait en été, il se munissait de la règle plate à filets de fer et tuait des mouches, jusqu'à vingt-trois. Il en déposait les cadavres dans une boîte de pastilles Valda. Une fois qu'il avait les vingt-trois, il écrivait ce chiffre idéal sur une étiquette en carton, la glissait dans la boîte et passait à une autre. Il en remplit ainsi beaucoup au cours de sa vie.

*

Ses réveils étaient moins pompeux. Le fils Piéprat perdait son temps à lui montrer le ciel. Il ne regardait que la terre, et plus spécialement sa chaussette, et dans cette chaussette, le trou, dans ce trou, l'orteil et dans cet orteil, l'ongle, spectacle encore plus déprimant, car la bordure de cet ongle était noire comme un présage.

Il passait un caleçon qui était la tristesse même, raclait les miettes de tabac sur le marbre de la table de nuit, et demeurait assis sur le bord de son lit, fumant une cigarette bossue ; il regardait l'ongle noir, et il souffrait de la vie.

Ce caleçon de veuf..., ces chaussettes de célibataire..., cet ongle de découragé... Il se sentait orphelin de ses enfants... Tous ses malheurs lui remontaient l'œsophage, comme les restes d'un repas mal cuit. Ses mouchoirs étaient sales, ses dents étaient gâtées, ses cheveux partis, ses factures impayées, les clients rares, l'espoir absent. Les grandes causes qu'il rêvait de défendre dans sa jeunesse devant un jury d'assises, la voix vibrante, les manches au vent, s'étaient réduites à des contestations d'ivrognes et des procès de murs mitoyens...

Il secouait au hasard les cendres du mégot. Il allait en chaussettes tripoter ses factures dans la casquette du fils Piéprat, il les grattait comme un furoncle.

Ensuite il se versait un cordial ; c'était du rhum (une habitude qu'il avait prise depuis le départ de ses fils ; autrefois, il ne buvait pas le matin).

A ce moment-là, ça allait un peu mieux. Il cherchait les dernières missives de son cadet, l'Américain, comme un aveugle qui tâtonne pour retrouver sa canne perdue. En général, il les gardait à portée de la main, sur la table de nuit, à côté du tube d'aspirine. Il considérait une fois de plus les monuments peaux-rouges, en levant les sourcils, claquait la langue, hochait la tête en répétant : « Ce n'est pas sa voie, ce n'est pas sa voie » ; et il les reposait avec découragement. Que pouvait espérer un veuf européen de tous ces bâtons à grenouilles ?

Parfois aussi il jetait un coup d'œil sur les petites annonces du journal qui enveloppait la charcuterie. Ce journal n'était pas du jour ; mais ça n'avait pas d'importance. Après tout, le monde est plein de serrures qu'on ne peut pas ouvrir faute de clefs, et les gens vous donnent des clefs qui ne conviennent pas à ces serrures, mais peut-être trouvera-t-on un jour des serrures que ces clefs ouvriront, des portes auxquelles on ne pense pas ? Toute la vie est ainsi, se disait M. Vingtrinier, jeu de hasards, c'est-à-dire jeu de miracles... La journée pouvait débuter. M. Vingtrinier faisait son petit ménage. Il commençait par mettre le Hérédia dans la cuvette d'émail qui se trouvait sur une chaise, parce que toute la table était prise. Il le replaçait ensuite sur la table de nuit, où il le retrouvait le soir, ce qui l'obligeait à le relire (il n'avait pas le courage d'aller chercher autre chose). Et il le connaissait jusqu'à l'écœurement, mais il le relisait quand même. Et puis ces sonnets lui plaisaient : il se vautrait dans le couchant historique et dans « la mer immense où fuyaient des galères ». Il se penchait sur les yeux de Cléopâtre, pleins de désastres prophétiques, comme sur l'ongle de son orteil.

Ces éloquences l'enchantaient à tel point qu'il ne pouvait se tenir de s'en relire encore en les replaçant dans la cuvette d'émail, ou de s'en déclamer une strophe en face de son miroir à barbe quand il faisait mousser le savon. Il détestait dans ces instants lyriques rencontrer le regard absent du fils Piéprat. Quelquefois il lui faisait « Brrrr !... » en lui secouant sous le nez sa serviette de toilette. Il lui faisait peur comme à une mouche. Cet œil de plâtre l'humiliait.

Ensuite il repoussait du bras des encriers, des porte-plumes et des factures et se livrait sur le coin de la table à de sordides festins de charcuteries roses qu'il sortait d'une feuille de journal dont il raclait ensuite les plis avec un coupe-papier en os. Il y ajoutait du café, des croûtons, de la saucisse froide, et un petit calvados, dans un mélange de fixe-chaussettes et de déshabillé bourgeois. Il y puisait quelque lyrisme.

Dès lors, il se sentait de taille à aborder l'heure solennelle de l'agenda. L'agenda était un gros livre relié de noir, à tranche marbrée, dont le millésime s'ornait d'un paraphe d'or. On l'achetait quatre francs quatre-vingt-quinze au mois de décembre aux *Galeries du Progrès*, et une fois chez M. Vingtrinier, on le trouvait sous la galantine, ou sur le bol de vinaigrette qui restait du repas de la veille et servirait encore pour le poireau du soir. Telle était l'apparence mesquine de l'agenda. Mais dans les mains de M. Vingtrinier, l'agenda s'était transcendé. Il était devenu une grande institution, une représentation de la vie, et finalement la vie même. M. Vingtrinier s'y vouait. C'était une mystique. Il ne vivait plus que pour ce fétiche d'or et de ténèbre, pour ce dieu d'une morale tatillonne sans obligations ni sanctions. Il était entré dedans, il y avait disparu comme Alice dans l'envers de la glace. Sa vie terrestre n'était plus qu'un alibi. Sa vraie vie était celle de ce fantôme surmené que l'agenda traînait à une cadence de rêve, de page en page, de grands projets en grands travaux, du commencement à la fin de l'année.

Car M. Vingtrinier ne faisait rien. Il est difficile de faire moins que ne faisait M. Vingtrinier, si l'on ne convient pas d'appeler faire quelque chose se réciter du Hérédia en face de son miroir à barbe, regarder sa chaussette percée, tuer des mouches par vingt-trois dans l'arche des David, ou compter les bons-primes d'une veuve gémissante. M. Vingtrinier ne faisait donc rien, mais ce rien, il le faisait à l'heure. Son oisiveté ne lui laissait aucun loisir ; elle le poursuivait de devoirs impérieux, elle le harcelait sans trêve. C'était le bagnard de l'inaction, le persécuté de la paresse, le damné du désœuvrement. Sa journée était un néant, mais il n'y a jamais eu de néant si distribué, si ramifié, si réparti et si souvent chronométré.

Nul ne saura jamais les choses magnifiques qu'eût accomplies M. Vingtrinier dans le bref espace d'une vie de mammifère fatigué s'il n'a pas jeté un coup d'œil dans l'agenda de cet homme ardent par la pensée. Nul ne connaîtra sa vraie vie, j'entends celle qui se jouait au-delà des apparences dans les vierges espaces quadrillés de rouge et de bleu où le vulgaire engage des chiffres. M. Vingtrinier ne se servait jamais de chiffres, ils donnent à leurs colonnes l'air d'un papier tue-mouches. Le chiffre est noir, cornu, funèbre, compliqué comme un corbillard ; quand les comptes se font en chiffres, il semble toujours à l'homme que la nature s'attriste ; il lui en reste une dépression. En revanche les rêves, les imaginations, les belles pensées, les vastes tâches, les mille occupations d'une existence savante soutenues d'ambitions distinguées se prennent et gazouillent comme des oiseaux des îles dans les rets bleus et rouges d'un agenda bien fait.

Il y en avait de toutes sortes dans celui de M. Vingtrinier. En ouvrant, par exemple, au 14 septembre, on découvrait à 14 h 15 les nécessités jumelées d'apprendre la langue italienne et de recoudre le bouton du caleçon beige. « 14 h 15 »..., parce qu'à 14 heures, il fallait « rendre le pot à lait de Mme Raffinier ». Toutes ces tâches étaient reportées d'un jour sur l'autre, et d'une année sur la suivante, quand elles n'étaient pas accomplies. C'était la rubrique des « Retards » ou des « A liquider ». Elle comprenait d'abord chaque jour à peu près tous les devoirs de la veille : « visiter le Maroc », « apprendre l'italien », « rendre trois mille francs à H. B. » et « acheter bouton faux col » ; le tout classé en courses ou projets, travaux, courrier, etc. Il s'y ajoutait quotidiennement la tâche du jour répartie en études, travaux, livres à rendre et livres à récupérer, rendez-vous, premières urgences, deuxièmes urgences, troisièmes urgences, etc. Au bout de l'année, cela formait un bloc compact de devoirs géants et de besognes minuscules qu'il fallait un mois pour classer et répartir dans le nouvel agenda. Aussi en laissait-il subsister la plupart dans une section appelée « Partie Fixe », qui comprenait « Dettes, Voyages, Projets », etc., et qui se composait de pages mobiles reliées par un cordon vert qu'il attachait à l'agenda nouveau.

Pour plus de commodité il avait trois classements · l'un par matières, l'autre par lieux, l'autre par heures. Il en répartissait le total sur les mois, et ensuite ces totaux mensuels sur les journées. Trois systèmes combinés lui permettaient ainsi d'établir l'« emploi-du-temps-type » de la journée de vingt-quatre heures pour chaque semaine. Cet emploi-du-temps-type prévoyait pour chaque jour six heures de sommeil, avec une latitude de quatre exceptions, qui demandaient à être représentées aussi. Il obtenait ainsi vingt feuillets différents. Il les pliait par le milieu, les entourait d'une peau de chamois et les gardait toujours dans sa poche-revolver.

Il en extrayait chaque jour un résumé sur une feuille de carton, qu'il portait dans la poche intérieure du veston et qui lui permettait d'avoir à toute minute l'indication de ce qu'il devait faire. Ce néant était si multiple qu'il n'arrivait à travailler que lorsqu'il égarait ses feuilles. Le jour où se présentait par hasard un client, tout était bouleversé. Il devait se rattraper le lendemain en répartissant le « temps perdu » (c'était le nom qu'avaient fini par prendre les obligations de son métier !) sur toutes sortes de semaines et sous toutes sortes de rubriques déjà occupées par autre chose.

Sisyphe n'y eût pas suffi. Il fallait tenir en même temps la carte du jour, la peau de chamois, l'agenda fixe de l'année et sa partie matériellement mobile, qui était en réalité la partie vraiment éternelle et ne faisait que gonfler chaque année. Il résultait de tant de nécessités un travail de secrétariat qui demandait à être fait à chaque heure, rognait sur elle, et, ajouté aux retards acquis (« Retards Fixes » et « Retards Flottants »), ne laissait plus aucun moment libre. M. Vingtrinier s'était fait, pour embrasser toutes ses tâches, le greffier perpétuel d'un Vingtrinier idéal dont les études, les voyages, les travaux et les plaisirs eussent absorbé vingt vies et embrassé le monde. Et ainsi passait-il son temps à perdre son temps à ne pas le perdre, comme un insatiable écrivain qui n'eût eu dans son existence que le temps d'écrire les titres de trop d'ouvrages projetés. Bref, son scrupuleux agenda donnait la plus fidèle image de tout ce qu'il avait réussi dans sa vie à ne pas faire à force de se donner le temps de le faire, et ce génie du néant vous confondait l'esprit. Je passe sur l'algèbre et les sténographies effarantes qu'il avait été obligé d'inventer pour réduire le temps de ses écritures, je passe sur les bouleversements qu'il introduisait dans le système, ses méthodes pour user « les retards » qui allaient se multipliant en proportion géométrique, les perfectionnements matériels de reliure et de format, les hydropisies d'agenda, les reclassements indispensables, et surtout le système des reports. C'était devenu un jeu d'échecs, une jonglerie, et non seulement le rocher de Sisyphe, comme je l'ai dit, mais un rocher de Sisyphe qui faisait boule de neige.

Aussi se donnait-il du bon temps jusqu'à l'heure de cet agenda où le néant libre cessait pour devenir du néant constaté, additionné et comptabilisé. Il enviait le casseur de cailloux. Il avait réussi à se faire un tel bagne de son oisiveté chronométrée que lorsque par hasard il faisait quelque chose, il éprouvait l'impression de se tricher, car c'était tricher l'agenda qui exigeait au même moment que Vingtrinier se fît le greffier de lui-même. On ne peut pas servir deux maîtres. Il s'était condamné à n'avoir plus jamais la sensation du devoir accompli.

La vie ne se composait plus que de retards à rattraper. Cette course contre la montre le laissait épuisé parfois pendant des jours. Il s'alitait comme un intoxiqué. Il subissait le sort de tous les toxicomanes : il était devenu l'esclave de son poison, il le maudissait en esclave. Et sa haine était impuissante à le délivrer de son tyran.

« Je n'ai pas le temps » était sa formule favorite. Et c'était vrai, bien que nul ne le crût.

« Les années passent », disait-il pensivement.

Et c'était vrai aussi.

Il en concluait « Rédigeons ». Au lieu de vivre il écrivait sa vie. Il s'en racontait le conte de fées dans le noir agenda, ces Mémoires d'un Fantôme.

Et il se remettait à écrire la liste exacte et ramifiée de ce qu'il aurait fallu faire au moment où il écrivait.

★

Quand il avait fini cette liste, il s'occupait de Petit-Monsieur, coupait du foie dans son assiette et allait lui acheter de la rate chez le boucher.

Petit-Monsieur était un chat que lui avait confié une dame qui s'en allait, parce qu'il était le plus mou de ses voisins et n'avait pas su refuser aussi énergiquement que les autres. Elle n'était pas revenue, il avait gardé le chat, incapable de le tuer ou de le jeter à la rue, et s'en félicitait depuis qu'il était si seul.

Une autre longue cérémonie était de vider les eaux de toilette. Pour nettoyer ses récipients, il possédait une série de produits chimiques qui lui piquaient les yeux. Il avait des acides terribles dans des bouteilles qui fumaient. Ces odeurs le faisaient rêver tandis qu'il promenait sur l'émail, avec un secret plaisir, des balais et des brosses. Il employait parfois ces drogues à l'état pur, et parfois il les mélangeait, par deux, par trois, il en tirait des gammes. Comme autour du mouflon et de la plante brésilienne, il lui venait dans ces odeurs bizarres le souvenir d'on ne sait quoi d'oublié dont il pensait à tout instant retrouver le secret perdu. Il ne trouvait pas. Mais il se disait qu'un jour il finirait par réussir et ce qu'il trouverait serait pour lui une lumière idéale et parfaite, la clef de l'Eden... C'étaient ses Iles... Un petit balai dans une main, une bouteille de drogue dans l'autre, pensif, comme dédoublé, il vivait un moment sous la caresse d'un grand espoir.

L'après-midi, cherchant irrésistiblement à ressusciter de telles délices, il tournait autour du mouflon (dans le sens des aiguilles d'une montre) ou de la plante brésilienne (en sens inverse). Il s'attardait ensuite généralement à sa « bibliothèque rustique ». Il tenait le compte des ouvrages qu'il y portait. Quand il avait des insomnies, ce qui lui arrivait fréquemment, c'était de ce côté qu'il allait. Il s'y grisait au clair de lune d'un parfum de rose qu'il eût rendu légèrement ammoniacal s'il eût connu l'horticulture.

Son dernier geste avant de sortir était de vider les mégots de la casquette et de la remettre sur la tête du fils Piéprat dans sa rainure. (C'est ce qu'il appelait « ranger sa chambre », il se satisfaisait de symboles. C'était plus vite fait que de tout balancer.) Mais il n'aimait pas la voir là : ce fils Piéprat en plâtre blanc, avec ses yeux de poisson cuit et cette casquette en bois qu'il portait à l'envers sans aucune négligence (non comme une coiffure adaptée aux courants d'air de la vitesse, mais avec une espèce de raideur symétrique, bien sur le front, comme une couronne), ce fils Piéprat avait un air de Guignol à manger les hommes qui gênait M. Vingtrinier.

Ainsi la vie s'écoulait-elle sous l'aiguillon de l'agenda, au pied d'une montgolfière en plâtre, ou au sommet de l'arche des David, fiévreusement poussée du vide au vide entre cet agenda lui-même, les mouches, la lecture des *Trophées,* le mou exigeant de Petit-Monsieur et la contemplation gênée de la casquette en bois d'un aviateur célèbre. Sans compter le mouflon corse et la plante brésilienne, la bibliothèque rustique et le pernod du soir chez Mme Perrin-Darlin. Quelquefois une cause à plaider... Tous les trois mois une visite de notable, pour le ramasse-poussière, avec Mme Perrin..., les bons du *Family'...,* et le comptoir du « Soufflex »..., hippique..., doré...

Cette maison de Mme Perrin était sa halte et son point d'eau. Tous les prétextes lui étaient bons pour y retourner, et il s'en forgeait tous les jours, ce qui était fort inutile car Mme Perrin-Darlin aimait mieux boire en compagnie. Mais il était timide et avait besoin de prétextes.

Et c'est ainsi qu'il avait inventé de « perfectionner la culture de Marthe » en vue de sa carrière dramatique. Il lui enseignait l'italien, et comme il ne le savait pas, ces leçons d'italien consistaient à dicter du haut du comptoir du Soufflex les plaidoyers d'un certain Rombaldi à une Marthe écœurée d'avance.

— Vous le regretterez, disait-il.

— Tu devrais essayer, disait Mme Perrin comme si elle parlait d'une potion.

Il adorait surtout celui du parricide, qui commençait avec grandiloquence : *Causa politica, causa di passione...*

Il lisait donc ses plaidoyers dans le vide. Dora partait et il commentait. Mme Perrin, installée devant son verre, n'y voyait pas d'inconvénient. Mais M. Vingtrinier tenait à son prétexte : il se rabattait sur Félicie, la petite nièce du cordonnier, quand elle venait en commission. Elle y coupait rarement d'une page de Buffon.

Pour être à hauteur de sa tâche, il avait même apporté un Larousse, d'où il tirait mille connaissances inattendues. Il en devenait gênant dans la conversation. Si des amies survenaient au moment de la dictée de la petite Félicie, ces intrusions l'irritaient sournoisement, parce qu'à ces moments-là il se savait gré de lui-même, il se sentait utile et généreux. Aussi lui arriva-t-il de proposer rondement à de vieilles dames en visite de prendre part à l'exercice (il faut dire que c'étaient des intimes, et que le deuxième pernod faisait déjà son effet).

— C'est très amusant, disait-il.

Il se faisait engageant comme la maman perfide qui apporte l'huile de foie de morue.

— Du Bossuet ! expliquait-il emphatiquement.

Mais Bossuet n'a pas d'amis sincères.

Comme le beau temps était revenu, les bons du

Family' comptés jusqu'au dernier, les lots perçus, les torchons engrangés, il se mit alors à songer à de petites excursions dont il fallait s'entretenir un mois d'avance, et il avait de longues conférences avec le vieux Beylandrefour, le cocher de l'Hôtel du Sauvage. Il prépara ainsi une visite de touristes au caveau de Germain Duprat. Il avait obtenu un rabais en permettant à Beylandrefour d'utiliser la jument borgne, Fantaisie.

*

Le soleil tapait sur les têtes, les jardins débordaient de roses et de pivoines. Le Principal trayait sa chèvre dans le pré, derrière la salle de gymnastique, les lapins étaient tous mangés, les élèves de la classe enfantine qui visitaient les cages du clapier comme des grottes, à la récréation de deux heures, étaient crépis de paille et de crottes, on les lavait sous la fontaine avant de les rentrer en classe. Les poules nourries de phosphore continuaient à cracher du feu dans la prairie, et les dalles à sauter dans le préau surchauffé... Telle était l'atmosphère romantique et brûlante du collège Parmentier-Maussert à la fin de ce troisième trimestre. Et les examens approchaient ! Fred avait l'air mélancolique.

— Ça ne va pas, Fred ? lui demandais-je dans notre jargon franco-chinois. Tu as l'air des prisonniers de Tsou !

— J'ai avalé la rivière de l'Ouest, me répondait-il en notre langage.

Il n'y a rien de si dangereux pour un Occidental.

★

Las de ne pas trouver Dora à la maison du Grand Tournant, Frédéric se promit de n'y pas revenir. Et cependant il gardait le sac dans le papier bleu. Il passait là-bas son temps libre. Il n'y faisait rien, n'y disait pas grand-chose, buvait le pernod qu'on lui versait sans mesure, assistait à des scènes étranges, entrait quand il voulait, partait comme il voulait, toujours inaperçu et toujours de la famille, rentrait enfin chez lui, l'estomac lourd, l'âme lasse.

Il se révolta contre lui-même et cessa ses visites au château des Bergères, mais il en fut plus triste encore. On ne le vit plus qu'avec Théo, qui était une mauvaise compagnie.

★

Mais le plus extraordinaire se passa le 15 juin. C'est une chose dont je n'ai jamais eu une explication vraiment claire, un tour vraiment malsain de M. Panado. A partir de ce jour-là, Fred nous parut bizarre.

Voici ce qu'il me raconta :

Le fiancé devait mourir le 15 juin. Du moins, Dora y croyait-elle. Fred, suivant l'heure et le jour, tantôt y croyait ferme et tantôt en eût ri sans le prestige de Dora, mais il avait promis d'assister à une messe, et à la première, le 15 juin, pour le repos de ce fiancé extralucide. Et, une promesse étant une promesse, il n'avait qu'à s'exécuter. Il y trouvait l'amer plaisir de se montrer fidèle à sa belle.

Le soir du 14, il se coucha encore plus tard que

d'habitude. Son réveille-matin ne marchait pas. Il compta sur sa volonté de se réveiller à cinq heures pour être certain d'être prêt. Il se réveilla plusieurs fois. La dernière fois, il venait d'entendre un son de cloche — était-ce en rêve ou en réalité ? toujours est-il que ce furent ces cloches qui l'éveillèrent —. Il regarda sa montre, elle était arrêtée. Il eut peur d'être en retard et s'habilla en hâte. Il n'était pas dans l'avenue qu'il pensa qu'il était bien tôt, car l'aube semblait encore lointaine. Mais il n'avait pas l'habitude de ces heures si matinales. Son impression pouvait le tromper.

Au bout de la rue qui donne sur l'entrée latérale de l'église Saint-Ferréol — la plus près des Petits Ames, celle où viendrait nécessairement Dora — il vit un prêtre arriver à grands pas et pénétrer par cette porte. Il le suivit. La porte était fermée. Il s'acharna, pensant qu'il s'y était mal pris. Mais la poignée ne tourna pas. Il voulut essayer d'entrer par le grand porche. Même aventure. Il revint alors à la première porte et vit deux femmes qui entraient sans difficulté ; deux autres les suivaient à dix pas ; il passa entre les deux groupes et pénétra. L'église était entièrement noire. Il suivit les deux premières femmes, elles remontèrent la petite nef latérale, tournèrent derrière le chœur, et à ce moment-là une très faible lumière vint de la chapelle Saint-Marius.

Ce n'était pas la lumière d'un cierge. Elle était encore plus faible, mais Frédéric ne se rappelait pas comment elle était disposée, sur l'autel, les marches, ou ailleurs. Il croyait cependant qu'elle frappait le mur derrière l'autel en découpant sur un tableau du Chemin de Croix une sorte d'ellipse tremblante. Les fidèles étaient dans le noir, et le prêtre, en ombre chinoise, ressemblait à ces silhouettes qui servent de cibles sur les champs de tir.

La messe était servie par une énorme femme, carrée, petite, assez difforme. J'ai tort de dire que la messe était servie, la femme était bien à genoux à la place de l'enfant de chœur mais elle ne répondait pas, et Fred ne put voir son visage. Le prêtre avait des ornements violets et une longue barbe noire qui surprit Fred quand l'officiant se retourna pour un *Dominus vobiscum.* Il était chauve et il avait le regard de Théo. Ce fut du moins ce que me dit Fred pour me le peindre.

L'assistance ne se composait que des quatre femmes qu'il avait vues entrer. Il faisait si noir, et elles portaient tant de manteaux, de châles et de capuchons qu'il ne put distinguer leur figure.

A peine aussi entendit-il le prêtre, et il n'y eut pas d'élévation. Du moins ne s'en aperçut-il pas, mais, comme il n'y avait pas de sonnette et qu'il était tout somnolent, il n'eût pas juré de la chose.

Il disait qu'au *Pater* il lui avait semblé sentir la présence d'une foule silencieuse. Ce n'était pas à une rumeur, à des murmures, qu'il avait dû cette impression, mais à une sorte de vent, comme si l'air avait remué, et à cette sensation qu'on éprouve, paraît-il, si quelqu'un vous fixe la nuque. Mais il ne se retourna pas. Il en ressentit, pourtant, une espèce d'inquiétude qui devint plus intense quans il revit les yeux de Théo dans la figure de l'officiant qu'allongeait cette barbe immense. Il éprouva alors, pendant un certain temps, l'illusion que ce prêtre noir était vraiment Théo et que la femme à genoux pouvait être Mme Irma. Il secoua cette étrange idée. Mais jusqu'à la fin de la messe il ne put se défendre d'un malaise : il lui semblait qu'une forme sournoise était tapie derrière l'un des piliers. Au dernier évangile, il se passa une chose qui lui parut bien déroutante également. Il avait quitté le prêtre des yeux à la génuflexion du dernier évangile, quand, les relevant quelques secondes plus tard, il ne le vit plus. Le calice n'était plus sur l'autel, et il ne se rappelait d'ailleurs pas l'avoir vu de toute la messe. Le prêtre n'était ni au milieu de l'autel ni à gauche, et la lumière était partie. Il n'y avait d'autre explication que d'imaginer qu'il était sorti sur la gauche de l'autel, pour disparaître par derrière, ce qui était extrêmement bizarre : ce n'était pas le chemin de la sacristie. La femme à genoux n'était plus là. Fred se trouvait seul.

Il entendit des pas légers et aperçut au fond de l'abside deux des femmes de l'assistance. Elles s'en allaient. Il les suivit et allait sortir derrière elles quand, l'ayant aperçu, elles le laissèrent passer et ne voulurent jamais qu'il leur cédât le pas.

A ce moment-là il faisait encore nuit. Au bout de la rue, il entendit sonner quatre heures. Il se demanda s'il rêvait. Qui dit la messe avant quatre heures ?... Peut-être s'était-il trompé sur le nombre de coups de l'horloge ? mais elle répéta l'heure : c'étaient bien quatre coups et quatre seulement.

Il revint sur ses pas. L'église était fermée, la place entièrement vide. A la lueur d'une allumette, il regarda l'heure des offices. La première messe de la journée ne devait se dire qu'à six heures et quart. Il rentra chez son oncle, se recoucha sans bruit, et se réveilla tard. Il eût voulu penser que tout cela n'était qu'un songe.

*

Il me sembla que depuis cette histoire Fred n'était plus tout à fait le même.

Il ne pouvait en parler à son oncle ; il eût fallu lui raconter trop de choses dont le lyrisme le gênait ; quant aux autres, des bizarreries, cela fond comme la neige au soleil sous les yeux d'un docteur Peyrolles, et l'on reste sur son problème. La neige n'en existe pas moins.

La vieille Mariette elle-même, grande habituée de l'au-delà, dont elle parlait comme d'une maison voisine ou d'une pièce de l'appartement, n'osait rien dire au terrible docteur. Elle ne vivait qu'avec les morts et dans l'intimité des anges. Elle leur confiait le lait sur le feu quand elle était obligée de s'absenter. Elle revenait fréquemment du marché en annonçant d'un air de menace et de confidence : « Le bon Dieu est dans une colère !... » On eût dit qu'elle sortait de chez Lui.

Elle ne s'étonna nullement de l'histoire de Fred. Elle lui expliqua qu'il avait assisté à un office de prêtre mort : c'était un trépassé qui l'avait célébré devant ses anciennes paroissiennes ; toutes ces femmes étaient des mortes ; d'ailleurs, quand on enterre un prêtre, on l'enterre toujours exprès vêtu des ornements de messe. Ce prêtre mort rachetait une messe mal dite. Elle pouvait citer à ce sujet tant d'autorités de village, de grand-tantes et de vieux cousins que c'était comme si elle avait vu.

Fred qui se demandait si cette étrange histoire relevait du surnaturel, de l'hallucination ou du commissariat, préféra en parler à M. l'abbé Mignon, l'aumônier du collège. L'abbé Mignon ne tenait pas aux miracles ; ils le gênaient dans son apostolat qui s'adressait à des rationalistes. « Pas de miracles dans mon diocèse », comme disait un évêque fameux. Il chercha à apaiser Fred en mettant l'histoire sur le dos des fantômes de l'insomnie. Il le traita en somnambule et ses apaisements n'eurent pas de bons résultats. D'autre part, sans qu'on le sût, il dut faire enquêter par le curé de Saint-Ferréol et parvenir à certaines découvertes, car il y eut par la suite, — quelques années après — une affaire où des témoignages furent assez ennuyeux pour Théo. (Mme Irma « guidait » coûteusement une dame riche, la veuve d'un soyeux de Lyon, qui avait épousé un gendarme, dans la « recherche d'un trésor », à l'aide de « sourciers » et de messes particulières dites « messes de prospection » ou « d'accumulation de grâces ». Un apprenti boucher défunt et une laveuse de baignoires bien vivante jouaient là-dedans un rôle très actif. Les messes et le sourcier coûtaient cher, et le juge d'instruction s'inquiéta de savoir qui disait ces messes, et où. Ce fut à ce moment-là que le nom de Théo fut prononcé. J'ai su depuis que parmi les prisonniers allemands, dont il était en 1916, il avait, comme à la Légion le fameux Blancador de Bièvre, la réputation de dire la messe. Il transportait dans son barda un énorme missel à rubans de toutes couleurs, dont il tirait un vaniteux mystère !)

Autant que j'aie pu le deviner il était fils d'un organiste de village, et avait des choses de l'église, j'entends du côté sacristie, une connaissance familière. Comme la vanité le tuait, il y avait en lui du bedeau qui voudrait se prendre pour le pape.

Il se vantait d'ailleurs, je l'ai dit, de posséder la « main du lama » et autres secrets asiatiques. Bref, il aimait jouer au mage : c'était le Sâr Théo Gardi. Passer pour évêque défroqué lui paraissait le comble du bon goût. Je le vois mal résistant au désir d'en tirer de l'argent en jouant la comédie, ce qui ajoutait deux épices à la vanité chatouillée. Mettre une fausse barbe à trois heures du matin pour dire dans une cave humide une « messe de Saint-Antoine » à une femme de gendarme blême, un peu flasque et de noir vêtue, semble le comble de l'inconfort dans le ridicule. Mais pour Théo, j'imagine assez bien que ç'ait pu être une volupté. Et s'il y avait l'encensoir et les cierges, j'en suis certain : c'était trop beau.

*

... Pas de lumière, pas de bruit, pas de calice et trop de barbe ; des voiles, des portes qu'on referme derrière soi ; un prêtre qui s'habille à côté de l'autel (faute sans doute d'avoir la clef de la sacristie), une assistance derrière laquelle on referme la porte, une boiteuse qui sert la messe... Fred fut certainement la victime d'une mise en scène de Théo et d'Irma qui ne lui était pas destinée.

Qui sait quel prodigieux insecte se cachait en Théo Gardi sous le smoking du violon tzigane ? J'avais déjà aperçu une fois, dans son placard, ses élytres violettes. — Mais qui sait quelles cuirasses, quelles membranes diaphanes et quels yeux à facettes on eût encore pu y trouver si c'était là le lieu de ses métamorphoses ? Je l'imagine endormi dans son lit, vidé de lui-même, tandis que le vrai Théo Gardi veille dans le placard, caché aux yeux de tout le monde, un grand insecte au ventre mou, compliqué comme un cœur de chou, comme une oreille, comme un poisson des profondeurs, segmenté et articulé comme une machine industrielle, luisant d'un éclat minéral, vert et violet, comme une pierre précieuse, debout, le dos appuyé contre le fond du placard, l'emplissant tout, léthargique, important, inexplicable et triomphal. Bref, l'un des animaux chéris que M. Panado promène dans son sillage.

*

Sylvain Duprat était un vieux propriétaire de la montagne que son fils Germain gardait dans un cercueil en verre pour ne pas le perdre de vue. Il le conservait dans l'alcool comme une vipère de pharmacie. Il avait fait déposer le cercueil dans un pavillon de son jardin. A l'occasion, il y recevait des visiteurs, et comme son père avait aimé les airs joyeux, il lui jouait par attention filiale, les gaillardes chansons qu'il avait préférées. Il y passait de bien bons moments.

Le maire s'en était mêlé. Il avait fallu faire habiller le cercueil d'une espèce de blindage en zinc, à l'exception d'une lucarne, si bien qu'en tapant au carreau on faisait remonter ce père comme une épave remonte à la surface de l'eau. Le mort collait le nez à la vitre. Cette indiscrétion du trépas était une chose impressionnante, car le liquide qu'on avait employé pour injecter le cadavre avait été additionné par mégarde d'un colorant, et le père était rouge comme de l'encre. Germain Duprat en avait fait une pièce de vers de six quatrains.

Ce fut le 15 juin que M. Vingtrinier emmena galamment Mme Perrin-Darlin visiter le fils et le père. Comme il y avait encore de la place dans la voiture, on avait convié le ménage Vociféro. Fantaisie, la vieille jument, faisait sonner tous ses grelots. M. Vingtrinier avait promis que Sylvain Duprat jouerait de la flûte.

*

Le même soir Fred enveloppa le sac à main dans le papier bleu qui commençait à être usé aux plis, et descendit vers les Petites Ames. Il ne vit pas les Iles, elles se perdaient dans la nuit. La fenêtre du Labyrinthe lui parut étrangement noire, la campagne était sombre entre les Petites Ames et le château des Bergères. Avant de voir la maison des Perrin, il la devina à l'odeur des fleurs. La nuit sentait le reposoir et la Fête-Dieu. Il faisait lourd. Pas de lumière aux fenêtres de la façade ; ni sur le côté. Il frappa par acquit de conscience.

Ce fut Dora qui vint ouvrir. Fred resta interdit. Il dit : « Bonjour, Dora. »

Mais ce n'était pas la Dora d'autrefois. Depuis qu'il ne l'avait plus vue seule, il ne se sentait plus de plain-pied.

Elle lui répondit :

— Bonjour, Fred. Que voulez-vous ?

Elle lui disait « vous ». Depuis longtemps, d'ailleurs. Il fit de même.

— Je vous rapporte votre sac.

— Ah oui ? je vous remercie.

Elle n'était pas encourageante... Et puis pourquoi l'eût-elle été ? Pourquoi chaque fois s'imaginait-il donc que les choses allaient être différentes ? Il revenait toujours d'ici sur un crève-cœur.

Il attendait. Il ne pouvait partir. Mais elle ne lui dit pas d'entrer.

— Au revoir, Dora, fit-il enfin.

— Au revoir.

Le ton de Dora ne marquait ni froideur, ni tendresse ; peut-être pourtant une émotion. Il prit gauchement sa main, la serra et partit.

Il sentait son menton trembler ridiculement.

Il n'avait pas fait quatre pas que des sanglots lui montaient dans la gorge. Il se retourna :

— Dora, dit-il comme un enfant qui appelle.

La porte n'était pas encore complètement refermée. Dora rouvrit.

— Je voudrais vous parler.

Elle vit qu'il était bouleversé.

— Entrez, dit-elle.

Elle le regardait d'un air ému.

Elle le prit par la main, elle le fit monter au premier, dans une pièce qu'il ne connaissait pas. Il y avait un piano, un divan, un violon dans sa boîte, de grosses fleurs partout, et une odeur de roses comme dans le jardin. La fenêtre était ouverte, on distinguait la masse des fleurs qui faisaient comme des montagnes blanches. Une petite lampe à abat-jour était posée sur un paquet de musique. Un journal déployé s'étalait sur le divan. Devant la fenêtre un transatlantique. Sur un mur il y avait une grande photographie qui représentait un garçon jeune, le nez court et busqué, les cheveux en arrière, les yeux légèrement ironiques. Il ressemblait à celui du groupe de la photo que Fred avait trouvé dans le sac de Dora, et aussi... il se demandait à qui... il avait le nom sur la langue et ne pouvait pas trouver. Un autre homme emplissait de sa forte carrure un agrandissement photographique : de gros sourcils, une grosse moustache, un col de vareuse d'officier. Sur la cheminée de petites photos, encadrées pêle-mêle, sous un verre. Il en reconnut qu'ils avaient prises ensemble : le moulin, Pied-Volage, les Chinois et le fleuve. (Comment avait-il pu trouver le temps de faire tout ça !... — Il serait sûrement refusé à son bac...) Il savait qu'il était deux fois sur ces photos, et ce détail lui fit plaisir.

— C'est le marin ? demanda-t-il en montrant le jeune homme.

— Oui, dit-elle, c'est le marin.

D'un air de dire « hélas ».

Il s'aperçut qu'elle avait l'air très triste. Elle portait un jersey noir, une robe noire, elle était très belle. Elle le fit asseoir sur le divan après avoir enlevé le journal et se tint debout devant lui, légèrement appuyée de dos contre la table.

— Que me voulez-vous, Fred ? demanda-t-elle.

Il soupira.

— Je ne sais pas... je ne sais plus... beaucoup de choses... et maintenant on dirait que c'est moi qui ai à m'expliquer !...

— Dites toujours, dit Dora, ça vaudra beaucoup mieux.

Elle parlait d'un ton très sérieux, et elle l'intimidait un peu.

Il lui semblait qu'il était plus jeune qu'elle. Jamais encore il n'avait senti cela. Et puis, il la trouvait dans un décor de femme, chez elle, au milieu de sa musique, de son fiancé, de son père (c'était probablement son père que représentait la photo à moustaches — les pères sont des hommes à moustaches photographiés dans des salles à manger, — elle ne faisait pas de ricochets, elle n'avait pas de pantalon d'homme et, chose étrange, elle ne fumait pas).

Elle lui offrit une cigarette (ce n'était pas du tabac de mégot). Elle n'en prit elle-même aucune.

— Que voulez-vous ? répéta-t-elle, dites-le-moi bien.

— Dora, dit-il, d'abord pourquoi m'avez-vous raconté que vous vous appeliez Dora, puisque vous vous appelez Marthe ? Et que faisiez-vous chez Théo ?

Elle eut une expression douloureuse qui passa vite et alluma une cigarette.

— Mon petit Fred, répondit-elle sur un ton de défense, laissez-moi le droit de m'appeler comme je veux. Si je vous ai dit que je m'appelais Dora et pas autre chose, il ne fallait pas chercher à en savoir plus long. Tenez, voilà un cendrier, ne brûlez pas l'étoffe du divan, ce n'est pas la peine, il n'est pas responsable. J'ai bien le droit d'être qui je veux. Ensuite, si j'étais chez Théo... Ne parlons pas de ça, voulez-vous ?

Elle perdait de son assurance. Elle répéta :

— N'en parlons pas.

— Si, dit Fred, il faut qu'on en parle. Vous m'avez fait trop mal, Dora...

Elle le regarda gravement et soupira. Jamais encore, sauf à la mort de ses parents, Fred n'avait eu la sensation d'être mêlé à la vie d'une façon grave. Il ne savait d'elle que le lyrisme, la plaisanterie et le désespoir. Il en connaissait le tragique et il en ignorait le sérieux. Il sentit pour la première fois, devant le regard de Dora, que la vie peut être une sérieuse aventure.

— Allons, Fred, lui dit-elle, vous ne pouvez pas comprendre, vous qui venez ici souvent, que je ne peux pas y rester ?... croyez-vous que ce soit possible ?...

Elle attrapa son mouchoir et le mordit.

— Mais il faut faire n'importe quoi pour en sortir !... j'avais pensé que Théo Gardi pourrait m'aider. Comment ? je ne sais pas au juste, une place de violoniste, de chanteuse, de n'importe quoi... on m'avait dit que c'était un homme à femmes... que dans ce milieu-là on n'obtient rien des hommes si on n'en passe pas d'abord par leurs caprices. J'ai voulu essayer... Un soir qu'il n'y avait plus moyen... je suis allée le voir... je n'ai pas pu... J'aurais fait pire... j'étais prête à me jeter à l'eau... ne me faites pas parler de ces choses...

Elle ajouta, la tête baissée, à voix très basse :

— Que vous m'avez fait honte ce soir-là ! mon petit Fred. Dites-moi que vous ne penserez plus jamais à cette histoire.

— Je vous le promets, dit Fred, d'une voix imperceptible.

Il sentit le ciel descendre en lui.

— Comprenez-vous pourquoi je ne voulais plus vous voir ? Ne l'aviez-vous pas compris ?

— Si, dit Fred à voix basse, mais je n'osais pas le croire tout à fait.

Il lui embrassa la main dans l'ombre. Comme autrefois elle sentait le tabac et la lavande. Et, un moment, il crut qu'il s'en irait heureux. Il n'y avait plus qu'à se faire dire qu'elle l'aimait, et il n'aurait plus qu'à partir pour aller cuver cette ivresse.

Il appuya son front sur la main qu'il tenait.

— Vous ne m'aimez pas, Dora ?

— Mais si, dit-elle, mais si !... Mais si, je vous aime, mon petit Fred..., mais si... mais vous ne comprenez pas...

Et, comme il ne répondait rien :

— Mais si... mais vous êtes un enfant...

— Ah ! dit Fred surpris, et jaloux.

Il vit le portrait.

— Et lui ? dit-il.

Dora porta encore son mouchoir à sa bouche et le mordit.

— Lui ! dit-elle, il est mort.

Il sentit dans sa main les sanglots qui la secouaient.

— Ah, dit-il, il est mort ?...

Il ne sut plus que dire, il ne croyait pas, il ne comprenait pas. Pourquoi était-il mort ?... Non, il n'était pas mort... C'était exagéré...

Elle retira sa main pour s'essuyer les yeux. Elle leva les épaules et poussa un soupir. Alors il lui reprit la main et la caressa doucement. Mais, comme si c'était elle qui eût à le consoler, elle lui passa lentement la main sur les cheveux.

— Tenez, dit-elle, voyez le journal.

C'était un journal de Paris. Elle lui montra en première page la manchette de la catastrophe. Le *Puma* avait sauté en rade de Beyrouth, et le marin faisait partie de l'équipage en qualité de quartier-maître-fourrier. La catastrophe datait de la nuit même. A une heure du matin, la liste des morts n'était pas encore établie, mais on savait déjà que les trois quarts des hommes étaient restés au fond de l'eau.

— Tout ce qu'il a dit se réalise, fit Dora d'un ton amer, en hochant la tête.

Elle joignit les mains et poussa un soupir.

— Vous rappelez-vous, mon petit Fred, que vous m'aviez promis pour ce 15 juin d'assister pour lui à une messe ? avais-je raison ?... Vous l'avez oublié...

— Non, dit-il.

— Comment ? vous y étiez ?

— Oui, dit Fred.

— A Saint-Ferréol ?

— Oui.

— Je ne vous y ai pas vu.

Alors Fred raconta son étrange aventure. Mais elle lui dit : « Vous avez rêvé. »

Et elle lui caressa les cheveux.

— Un drôle de rêve, dit Fred... Je vous jure que toutes les choses se sont passées comme je vous l'ai dit !

— La vie est pleine de choses bizarres, dit Dora ; vous verrez que celle-ci s'expliquera.

— Dora, dit-il, vous êtes incroyable. Vous ne croyez pas une chose qui m'arrive à moi-même, que je vois de mes yeux, que je vous raconte telle quelle et qui est affreusement bizarre, quand je vous ai toujours vue ne croire qu'à des choses incroyables, à des songes, à des prophéties !

— Ne se réalisent-elles pas ? dit-elle amèrement.

Fred resta sans répondre.

— Et puis, mon petit Fred, il ne s'agit pas de prophéties... il s'agit de choses qu'il voyait... il n'a jamais fait de magie noire... il ne faisait pas tourner les tables... Ce n'était pas un somnambule, c'était le plus normal des garçons. Il lui est arrivé de voir des choses, de les voir sans dormir. C'est tout. Et toutes les fois, ce qu'il a vu s'est réalisé. Mais il n'a jamais su qu'après ce qu'avait signifié sa vision. Il ne pouvait pas être sûr de son interprétation. Malgré tout, il avait assez d'habitude pour savoir. Et c'est pour ça qu'il est parti, parce qu'il savait qu'il devait mourir. Il ne voulait pas faire de peine... Et puis aussi, ajouta-t-elle, il n'a pas pu s'empêcher de me le dire, parce que ce qui se passerait après serait affreux, et qu'il n'y pourrait rien... qu'il valait mieux qu'il n'y fût pas.

— Mais, dit Fred, affreusement gêné, puisqu'il savait déjà qu'il serait mort...

— Il avait peur de voir commencer les choses... Et puis aussi, il lui arrivait parfois de mal interpréter. Et là c'était trop net... et puis vous voyez bien qu'il ne s'était pas trompé...

— Ah ! dit Fred incrédule encore.

Tant que ces choses avaient été hors de sa vie comme une histoire que racontait Dora, il les croyait, et plus elles étaient incroyables, plus il aimait y croire, comme les enfants qui disent : « Alors, on serait des chevaux... », ou même, chose étonnante : « Alors, on serait nous !... » Tant que les choses avaient été ainsi, hors de la vie, il y avait cru. Maintenant il ne pouvait plus y croire.

— Pendant longtemps, lui dit Dora, je n'ai pas compris... C'est à force de le fréquenter...

— Bref, dit Fred amèrement, c'était lui que vous aimiez.

— Oui, je l'aimais, je l'aime, dit Dora.

Le coup porta sec et Fred ferma les yeux.

— Et moi ? dit-il, ne sommes-nous pas... fiancés ?... enfin... un peu ?

Il avait dit le mot avec peine, avec gêne. Il sentait bien que ce n'était pas vrai. Il avait été le fiancé de la fête des Cerfs-Volants, du Labyrinthe, d'un jeu lyrique, assez mélancolique et cruel, malgré tout. Devant cette douleur vraie qui remettait les choses à leur place, il redevenait le fiancé pour rire. Il comprit que malgré sa force et son grand corps (de la Falèze, au même âge, commandait une escouade, d'autres, pas plus vieux, étaient déjà tombés à la tête de leur section), il devait retourner au collège. Et il souffrit.

— Fiancés ? dit Dora amèrement. Comme avec lui...

— Pas moins ? dit Fred heureux.

— Pas moins, si vous voulez, dit Dora gentiment.

— Pas plus ?

Et il redevint sombre.

Dora lui prit la main :

— Mon petit Fred, vous ne comprenez pas... je n'ai jamais été fiancée ni avec lui, ni avec vous... Nous nous serions fiancés s'il était resté là, mais il est parti justement parce que nous ne pouvions pas.

— Pourquoi ?

— Mais, je vous l'ai déjà dit... parce qu'il devait mourir.

« Encore ! » pensa Fred agacé ; ce n'était pas sérieux !

— Mais nous étions liés quand même, aussi gravement.

— Ah ! dit Fred... alors pourquoi, Dora ?

— Que vous êtes pénible !... pourquoi ?... pourquoi ?... vous étiez là... c'était la fête des Cerfs-Volants, c'étaient les chansons qu'il avait faites... pour moi... Et puis... c'était loin de tout, sans lien avec le reste... Et maintenant vous êtes là, vous venez me faire des reproches...

Il la regardait, ahuri...

— Pardon, dit-elle, j'ai peut-être eu tort, je vous demande pardon... mais vous ne pouvez pas m'épouser, vous ne pouviez pas me sortir d'ici... Nous jouions à la Reine des Iles et au Roi du Moulin à Vent... Ce n'était pas pareil...

Fred était devenu blême.

— Ne soyez pas injuste ! dit-elle. Vous venez là pour me tourmenter...

Il avait mis la tête entre ses poings et se mordait la lèvre.

Elle s'assit près de lui, lui caressa les cheveux.

— Mon petit Fred... quel mal y avait-il ?... il vous avait prévu... il me l'aurait permis...

Fred la regarda, bouche bée.

— C'était lui qui m'avait appris à jouer à la Reine des Iles ! Il me fallait un partenaire... Vous n'avez pas été content d'avoir été mon partenaire ?...

Elle lui avait demandé ça d'une voix caressante !

— Dora, dit-il, parlez-vous sérieusement ? Dora, vous êtes pire que cruelle !

— Mais non, dit-elle, pourquoi ? Je ne veux pas être cruelle, je ne veux pas que vous me disiez ça... Vous me faites du mal...

Fred se leva.

— Il faut que je parte, dit-il.

Elle lui prit une main entre les siennes et le fit rasseoir.

— Je ne veux pas que vous croyiez que je me sois moquée de vous. Croyez-vous que ce soit si simple ? Savez-vous la vie que je mène ici ? Comprenez-vous que c'est impossible ?...

— Où est votre mère ?

— Ma mère ?... (elle haussa les épaules) savez-vous où ils sont allés ? Ils sont allés à Sédillac voir le cercueil de Sylvain Duprat. Avec la vieille jument de l'Hôtel du

Sauvage, celle qui ne marche plus, la borgne. Ils verseront sûrement...

Puis elle dit avec amertume :

— Vous avez déjà vu la jument du Sauvage ? On lui met un petit chapeau de paille, avec des trous pour les oreilles...

Elle ajouta :

— Un petit chapeau pointu...

C'était un maximum...

— Ils boivent de plus en plus... Ils me font peur... ils se sont battus... Je ne peux pas rester... J'ai peur d'elle, j'ai peur de lui... j'ai peur de tout... Ah ! quelle maison, mon pauvre Fred !... quelle maison depuis la mort de mon père ! Il n'y avait que lui qui avait de la tête là-dedans..., la seule tête..., et il était fou !

— Il était fou ?

— Pas fou, dit-elle... Il se battait avec l'épicier... il achetait des locomobiles... il inventait des aspirateurs... Ah ! mon pauvre Fred... depuis sa mort... il avait laissé trop de liqueurs... et puis ma mère a eu trop de peines... Que faut-il faire ?... je ne peux pas rester là... Olivier m'aurait fait partir... Nous nous serions mariés, tout allait bien... voilà... et puis il a su qu'il mourrait... il était en sursis de service. Il l'a rompu... et il a demandé la marine pour être plus sûr de ne pas être là... Si vous saviez comme il m'aimait, ajouta-t-elle en serrant Fred contre son épaule.

Fred grimaça.

— Ecoutez ça, dit-elle.

Elle se mit au piano et joua la chanson des rameurs. La mélodie de tout cet hiver glacé passa dans l'air avec l'odeur des joncs et les grêles clameurs sur le fleuve.

— Dièse, dit-elle ; vous entendez ce dièse ?... Ah ! mon petit Fred, écoutez-le.

Elle plaqua un accord et ruissela de larmes. Elle sanglotait, les mains sur le clavier, et sa tête en tombant sur elles avait arraché au piano une rumeur qui vibrait encore.

— Dora, Dora, dit Fred doucement, Dora, Dora...

Elle se reprit et vint s'asseoir à côté de lui, et ils se tinrent par les épaules, comme au moulin, et restèrent longtemps silencieux à regarder la petite lampe qui charbonnait en sursautant.

Leurs ombres se dilataient et se rétrécissaient avec des bonds qui les faisaient soudain sauter jusqu'au plafond. On eût dit un combat de fantômes. Et puis la lampe s'éteignit complètement.

— Si vous saviez comme c'était beau ! lui disait Dora cruellement, à voix très basse et presque dans l'oreille. Ce ballet, il l'avait fait pour moi... Le personnage de Dora, c'était moi... C'était moi, la Reine du Moulin... c'était pour moi qu'il l'avait composé... c'était un grand talent, vous savez... un très grand... Vous demanderez à M. Viénay, l'organiste de Saint-Ferréol... C'était lui qui avait eu l'idée du ballet des Génies du Fleuve, et puis du bal des Cerfs-Volants... Oui, c'était moi qui étais Dora... Si bien qu'avant de partir j'étais déjà partie... je pouvais m'en aller, je ne restais plus ici, je n'avais qu'à aller aux Iles, au Labyrinthe, avec mes petits voyous, et mes chanteurs, et je n'étais plus nulle part... Dites, qu'ils étaient gentils... Pied-Volage vient toujours me voir. Mais ce sont des choses qui ne durent pas... ils ont fait des bêtises... moi aussi... c'est fini... et maintenant... et maintenant !... Dites-moi, mon petit Fred, qu'est-ce que je vais devenir ? Il va se passer des choses affreuses... Dites-moi, mon petit Fred, que vous m'aimez un peu... Vous ne m'aimez pas... vous ne m'aimez pas...

Elle était très belle.

Fred l'écoutait avec une tristesse mêlée de peur et d'adoration.

— Je ne vous aime pas, Dora ?... dit-il.

— Non, dit-elle, non. Si vous m'aimiez, nous serions déjà partis... Et ma mère qui ne revient pas ?... Et il va venir des choses affreuses !...

— Quelles choses ? quelles choses affreuses, Dora ?

Il la sentait de nouveau faible et lasse dans son affolement résigné, encore plus proche de lui que la petite fille des Iles qui faisait des ricochets en pantalon de garçon.

— Des choses affreuses...

— Mais quoi ?

— Il ne m'a pas tout dit.

Etait-ce vrai ? et que lui avait-il dit ce garçon qui prédisait les choses ? Il lui sembla qu'elle le regardait avec une sorte de compassion et de courage.

— Il ne vous a pas dit que faire ? demanda Fred.

— Si, il m'a dit d'aller prier pour lui et de demander aux autres de le faire, le 15 juin, et de me confesser et de communier ce jour-là.

— Vous l'avez fait ? dit Fred.

— Je l'ai fait, dit Dora.

Elle rejeta ses cheveux en arrière, elle se leva et s'étira.

— Mon petit Fred, dit-elle, tout cela est vraiment fou.

Elle lui posa les mains sur les épaules. Leurs yeux s'étaient habitués à la nuit. Ils se regardaient.

— Il vous avait prévu. Il fallait un roi dans le ballet, il fallait un roi pour la reine, et il savait que vous viendriez aussi.

— Ah ! dit Fred... moi je ne pourrais pas !... et il pouvait ?... il admettait ?...

Elle lui répondit posément en le regardant avec tant de calme et de certitude qu'il la crut folle :

— Il savait que nos routes se séparent.

— Pourquoi, Dora ? demanda-t-il. Pourquoi ? Vous ne croyez qu'à des sottises. Vous ne faites que des mystères ! Jamais je n'ai su votre adresse, du moins par vous...

— La reine du ballet, dit-elle, n'a pas le droit de donner son adresse, vous savez bien qu'elle meurt quand on apprend son nom.

— Dans la chanson ! dit Fred que ce ton gênait moins, car maintenant elle ne parlait que par métaphore.

— C'est bien dans la chanson que nous nous sommes connus. Est-ce qu'il ne faut pas y croire ? Qu'est-ce qu'il faut croire, mon petit Fred ? qu'est-ce qu'il faut faire ? Il avait tout prévu, vous le verrez un jour... Il avait mis des Oublieurs dans le ballet des Génies du fleuve...

Et elle sourit. Puis elle chanta leur chanson au piano.

Nous sommes tes Oublieurs, sur le fleuve,
Nous sommes tes Oublieurs,
Et tout le long du fleuve
Nous oublierons pour toi.

Un sanglot lui cassa la voix.

— Il y a tellement à oublier ! dit-elle. Tellement, tellement ! mais pas pour vous, mon petit Fred, je ne veux pas.

Elle sourit :

— Ses oublieurs... C'est littéraire, n'est-ce pas ?... Vous ne trouvez pas que c'est bien littéraire ? Dites-moi ça, Fred ! mais dites-moi donc ça !

— Un jour, dit Fred, je pourrai venir vous chercher, vous emmener.

— Mon pauvre petit !

Il se sentait ridicule.

— Il y avait, dit Dora, dans la première figure, une chanson pour m'éveiller et une chanson pour m'endormir... il savait tout ce qu'il fallait faire... et il y en avait une pour partir... il savait... à quoi pensez-vous ?

Sur le mur, devant lui, Fred regardait la grande tache noire et blanche que faisait le portrait du marin.

— Je pense..., dit Fred, je cherche... et depuis longtemps... enfin... à qui ressemble ce garçon ? J'ai vu cette tête ou, tout au moins, j'ai vu ces yeux...

— Je ne crois pas, dit Dora, pourtant... c'est vrai que je ne vous ai jamais dit... mais il me semble que tout le monde le sait... je l'aimais tellement qu'il me semblait que je ne pouvais le cacher à personne... Vous avez peut-être connu son frère au collège... Il y aura deux ans... il lui ressemblait... pas lui, vous ne l'avez pas connu... il était beaucoup plus vieux que vous...

— Son frère ? dit Fred.

— Olivier, dit Dora, était le frère de Marcel qui a été tué à la guerre, et de Joseph Vingtrinier qui a cinq ans de moins que lui.

— Comment ? dit Fred, le frère de Joseph Vingtrinier ?

En effet, c'était là que se trouvait la ressemblance, et il y avait un peu du père, dans les yeux.

Fred en restait abasourdi. Il avait bien entendu parler d'un frère aîné de Joseph Vingtrinier, mais, pour autant qu'il sût de lui quelque chose, ce frère était un musicien de grand avenir, du moins à croire ce qu'en disait Potter et, en ce moment, il devait faire son service, cinq ou six ans après tout le monde. Se pouvait-il que ce fût le même que le musicien de Dora ? évidemment ! Pourquoi en restait-il surpris, comme d'une coïncidence curieuse. Il lui semblait qu'on l'avait triché.

— Ah ! dit-il, c'est donc pour cela que son père vient si souvent chez vous ?

— Son père ? dit Dora, je le déteste. C'est un vieux sale. Quand il trouve une poupée de Félicie, il lui soulève les robes, et il dit à ma mère : « Vous devriez faire habiller ces petites filles. » Est-ce qu'on pense à des choses comme ça ?... Je vous dis qu'il me fait peur. Il a la peau trop douce. Et ses oreilles ! Non, il ne savait rien... Et d'ailleurs je ne veux pas qu'il sache. Et ma mère qui ne revient toujours pas... Ah ! mon petit Fred... Vous m'aiderez ?...

— Oui, Dora, dit-il humblement.

— Maintenant, partez.

— Vous ne m'aimez pas un peu, Dora ?

Il lui avait mis la main sur l'épaule. Elle le regarda gentiment, elle était bonne. Elle eut même un sourire. Elle eut même un sourire très tendre, puis des yeux graves, si merveilleusement graves qu'il ferma les yeux et sourit (parce qu'il lui en venait dans la gorge une douceur irrésistible) et qu'il poussa un long soupir, et quand il rouvrit ses paupières, il retrouva ce même regard de Dora qui le força encore à sourire, au bout d'une espèce de bien-être qui semblait venir de très loin.

— Dora !

Ils s'embrassèrent.

Elle se détacha :

— Partez maintenant, dit-elle..., partez, partez tout de suite..., avant que je pense... avant que je puisse penser...

Il descendit.

— Dora, dit-il dans l'escalier, si je pouvais quelque chose pour vous, faites-le-moi savoir tout de suite. Faites-le-moi savoir sans délai.

Elle ne répondit pas immédiatement, puis elle dit :

— Non, vous ne pourriez pas, il faudrait une auto.

— Il y a celle de mon oncle, dit Fred.

— Eh bien ! à l'occasion, dit-elle, je vous préviendrais, mais il faudrait venir tout de suite... Si ça devenait trop difficile, si je ne pouvais plus tenir... il faudrait m'emmener... je vous ferais savoir où, chez des amis... vous me ramèneriez... deux heures en tout... Vous pourriez ?

— Oui, dit Fred, peut-être... non : sûrement..., sûrement, sûrement, Dora... sûrement. Je vous aime.

Il partit vite. En route il titubait de bonheur. Les fleurs embaumaient tout le faubourg.

En se retournant, il aperçut une petite lumière qui se balançait dans l'avenue et remontait vers la campagne. C'était Dora qui cherchait sa mère.

*

M. Vingtrinier monta dans l'arche. Il salua la nuit d'été, les jardins et le ciel d'orage. La journée s'était bien passée. Germain Duprat avait été joyeux, et M. Duprat père, dans son bocal de verre, n'était pas effrayant du tout, teint par cet accident de liquide. Il avait l'air d'un poisson rouge!

M. Vingtrinier ne se rappelait plus très bien où il avait laissé Mme Perrin-Darlin. La dernière fois qu'il l'avait vue elle expliquait le *Soufflex* aux voisins des Duprat et on ne pouvait pas la ramener. Ça prenait même un tour méchant qui convenait mal au ton de ces badinages. Mais les Vocifero, malgré leur nom terrible, étaient de braves gens, et, où qu'elle fût, Mme Perrin serait très bien soignée par Sylvie... Où qu'elle fût ?... C'était peut-être au bord du fossé?... (Qu'il était beau!... que de coquelicots!... C'était là qu'il avait cueilli celui qu'il avait à sa boutonnière...)

Pourvu qu'elle ne fût pas tombée de la voiture!... Beylandrefour avait tellement crié au moment où le cheval s'était mis à genoux... Il est vrai que ce n'était peut-être pas Mme Perrin-Darlin qui était tombée là? Peut-être était-ce alors Mme Vocifero? Au fond, tout cela était un peu confus. Mais, malgré tout, l'impression générale était vraiment à l'allégresse!...

Pourquoi donc M. Vingtrinier éprouvait-il comme une envie de se pendre? Il imagina son cadavre se balançant au milieu de l'arche, au sommet de la ville, au-dessus de tous ces toits, comme une espèce de cloche d'église. Peut-être serait-il rouge comme Sylvain Duprat? Cette idée lui fit peur et il redescendit.

Le fils Piéprat lui montrait le ciel. Il lui enleva sa casquette — cette casquette qui le gênait toujours — la posa sur le paquet de factures impayées et s'endormit en lisant les *Trophées.*

*

Le plus étrange de l'histoire fut cette explosion du *Puma.*

Le journal du lendemain confirmait la nouvelle avec un cliché du bateau. On attendait pour publier le nom des morts les renseignements officiels du ministère de la Marine.

M. Vingtrinier en devint malade.

Il s'alita, se fit honte, et but double ration.

Le surlendemain, on le vit se promener dans le sens des aiguilles d'une montre autour du petit mouflon corse ; il ne cessait plus de tourner. On aurait dit une souris japonaise.

TROISIÈME PARTIE

Les tours de M. Panado

Hélas ! c'est bien lui, on l'a rencontré il n'y a qu'un instant aussi en démence que la mer courroucée, chantant d'une voix éclatante, couronné de fumeterre, de fleurs des champs, de verveine, de ciguë, d'orties, de cresson des prés, et de toutes ces herbes inutiles qui croissent au milieu de nos blés.

Shakespeare *(Hamlet).*

Le lendemain de la Messe des Morts, un petit boiteux qui avait des bas de sport misérables, et la tête comme un gland jaune sous la calotte d'un béret basque blanc d'usure, remit à Fred une enveloppe.

C'était à une heure trente dans la rue des Cordières, devant la pharmacie Chapron qui exposait à ce moment-là des yeux en verre et en carton gros comme une tête (sanglants et coupés comme des viandes) pour se maintenir à l'avant-garde du progrès par des spectacles répugnants et scientifiques.

La rue des Cordières était vide, rongée de soleil, tuée de torpeur. Il n'y passait jamais personne, sauf aux heures d'entrée et de sortie du collège, et la chaleur, au lieu de descendre, montait de l'asphalte du trottoir.

Le petit avait attendu en regardant les yeux disséqués de la vitrine. Fred reconnut tout de suite en lui son batelier du premier jour. Il lui en revint des souvenirs qui sentaient le jonc mouillé. Il ouvrit rapidement la lettre. Elle disait : « Mon petit Fred, demain quatre heures, n'oubliez pas, au tournant de la route en V, au *Britannic,* si vous pouvez avoir l'auto. Ayez de l'essence. Merci. Dora. »

C'était l'appel du Labyrinthe.

— Tu lui diras que j'y serai, dit Fred.

Pied-Volage partit à toutes jambes, car il avait classe plus tôt que nous.

Fred resta un instant devant la pharmacie, la tête bourdonnante de chaleur et de questions.

Le mince reflet de sa silhouette et de son melon noir flottait dans la vitrine au milieu des yeux en carton. Il avait dit qu'il aurait l'auto. Comment ferait-il ?

Le *Britannic,* il le connaissait. C'était un dancing invraisemblable, une maison toute neuve, pas encore étrennée, moitié bois moitié pierre, vernie, cirée, ripolinée, dans un jardin si neuf que les sapins eux-mêmes n'avaient pas un mètre de haut. C'était une chose géométrique et calcinée, pleine de roses, au tournant de la route, entre les vignes et les pentes qui vont au fleuve, au-dessus d'un horizon fou, passé la réclame gigantesque de la « Benzoline ». Cette réclame est peinte sur le mur d'un jardin, au niveau-même de la chaussée, dans un tournant. Frédéric revoyait encore le soleil aveuglant frapper le mur de chaux et les lettres blanches qui se détachaient en faux relief sur leur fond rouge, doublées de noir. Quand on arrivait dessus, on avait l'impression qu'on allait s'écraser sur le Z.

Il mit la lettre dans son portefeuille. La leçon de physique de l'après-midi lui parut aussi lointaine et futile que le hameau qu'on voit au fond d'un gouffre dans les dix mètres qui vous séparent d'un sommet.

Il passa la classe de chimie dans une torpeur voisine du rêve. Un ciel d'orage emplissait la fenêtre. Il n'y avait que ce ciel qui comptait. C'était un ciel mouvant et noir, avec de petits trous bleus, travaillé par le vent. La campagne et la ville, au-dessous, n'avaient plus l'air que d'un plan en relief. On aurait dit que la réalité avait joué comme un bois vert, ses proportions semblaient faussées. Le coin de la mairie plantait au milieu de l'ombre une place plus grande que d'ordinaire, formée de façades ensoleillées qui faisaient peur. Des acacias en boule avaient pris une couleur qui faisait songer à des bibelots en pâte de verre.

— A quoi reconnaissez-vous l'acidité du mélange obtenu ? demandait le professeur.

Quel mélange ?... quelle acidité ?...

— A la benzoline, répondit Fred.

Et toute la classe éclata de rire.

Une diablerie s'était mise dans les choses. M. Blanchon réussissait ses expériences ! C'était un phénomène qu'on n'avait jamais vu !

*

Fred ce soir-là monta dans sa mansarde et, accoudé, regarda longtemps l'horizon.

— Je vais faire votre chambre en bas, lui dit la vieille Mariette, pendant le dîner.

Il lui lança un regard noir.

A la veillée il remonta dans sa cellule. Les Iles s'abîmaient au fond de la nuit. Elles avaient brillé un moment ; maintenant elles s'étaient éteintes, il n'en restait plus que ce message...

Nulle lumière dans les Maisons Roses, le mystère était revenu. Il roulait dans le ciel orageux, avec ces nuages épars qui n'empêchaient pas tout à fait de voir les étoiles, mais qui dramatisaient leurs plates-bandes monotones. C'étaient des nuages de la Bible, il n'en sortait que de l'énigme et du tonnerre. On aurait dit le passage d'une armée.

M. Petermaës se découpait en plus noir encore sur ces ténèbres. Il était entouré des quatre lapins de marbre qui proclamaient ses compétences zoologiques.

Le grand jeu roulait à pleins bords.

*

L'orage creva dans la nuit. La matinée se leva toute lisse. M. Petermaës fut blanc sur un ciel de satin bleu, les lapins eurent l'air d'être en sucre.

C'était un vendredi, il n'y avait pas de classe l'après-midi. Deux heures de « manipulations » les remplaçaient le matin.

Au déjeuner Fred trouva la table vide.

— Votre oncle ne viendra pas, lui dit la vieille Mariette, il a été appelé au téléphone.

Fred resta tête à tête avec son exaltation.

La salle à manger sentait la pêche. Fred mangea peu. Il n'avait pas faim, il était nourri par sa fièvre.

Les camarades avaient eu beau chiper le sodium et le mercure pour dédorer les palmes des casquettes, il n'avait pu s'associer à leur joie.

Il rôda dans le jardin jusque sur le coup de trois heures.

A trois heures, somnambulique, il alla prendre la clef du garage dans l'escalier de la cave, traversa le chemin abrupt qui se trouvait derrière le jardin, bordé de murs au-dessus desquels s'étalaient d'immenses rhubarbes, des pivoines et des zinnias. Sur ce chemin, on se sentait comme dans un four.

Le garage se trouvait au bord. Fred revit sur son rideau de tôle l'affiche de Théo complètement écaillée.

Il se sentait vivre à toute vitesse. Les sensations semblaient n'atteindre ni son corps ni son esprit, mais une espèce de conscience nouvelle, une conscience d'occasion créée par les circonstances du jour, uniquement pour ces circonstances, et répartie sur tout son corps comme l'enflure d'un énorme mal blanc.

Elle ne sentait rien, et elle sentait tout, comme un endroit où on a reçu un coup. Il ne voyait rien et voyait tout, comme on voit les rayons d'une roue qui tourne vite. Les événements, en effet, tournaient si vite qu'ils avaient l'air de rester immobiles. Ce fut ainsi que le portrait de Théo lui rappela en un instant mille choses qui remuèrent à la fois dans son esprit, des phrases de presse, des légendes de journaux, la « chambre du crime », l'île de la Mâchoire et l'assassinat du Grand Singe ; il voyait tout cela en manchette sur des journaux ; il respirait jusqu'à leur odeur de pétrole. ... Théo, son alcôve, deux pieds de femme qui dépassaient l'édredon de satin rouge, et Dora effarée, et la nuit et la neige, les coups de sifflet, l'agent cycliste... Que c'était loin !... Ça finissait en catastrophe, par une après-midi torride, car il n'augurait que malheurs.

Pourvu que Mariette ne l'entendît et ne le vît pas ! Ensuite, ensuite..., peu importait..., il ne discutait pas une prière de Dora.

Tout se passa bien. Le rideau de tôle ondulée se leva facilement. Le réservoir d'essence était plein. La marche arrière se fit toute seule. Le rideau se rabattit sans bruit. La serrure ne protesta pas.

*

A cinq cents mètres du garage il s'arrêta, bouleversé par son agitation intérieure, épongea son front ruisselant, puis fonça sur la route du nord à toute allure.

Elle décollait comme un avion, avec une pente de dix pour cent, sur un virage qui changeait d'un seul coup la perspective de la plaine. Le moteur carburait parfaitement ; il s'abandonna deux minutes à la pure ivresse du grand jeu. Il y eut du blanc, du rouge, du noir, un tournant avalé en trombe : la « Benzoline » était passée sans accident. Il s'arrêta dans le creux d'un virage, coupa l'essence et descendit.

Il fut saisi par une chaleur de four ; le goudron de la route brûlait, mou, sous la semelle. Une frénésie d'été s'étalait sur les pentes qui dévalaient en crinoline, chargées d'une vigne rôtie, jusqu'au fond lointain de la vallée où le fleuve coudé et aveuglant ressemblait à une lame de faucille.

Plus loin, des pentes fauves remontaient lentement jusqu'au ciel gris à force d'être bleu. L'immobilité bourdonnait ; une substance de feu semblait changer l'espace ; l'odeur des pins qui bordaient le tournant lui donnait comme une épaisseur, une consistance matérielles. Elle grisait. Entre la route et les vignes rôties, il y avait place pour une étrange maison neuve et toute en vitres, sur la porte de laquelle on pouvait lire en rose, sur un fond vert Nil, *Britannic,* et au-dessous « Dancing » en lettres modern' style.

Frédéric regarda sa montre : trois heures vingt-cinq, il en avait pour une grosse demi-heure.

Il entra dans le petit jardin. Les allées en étaient

sablées de graviers rouges. Les rosiers, les arbres, les fleurs, n'étaient encore qu'à l'âge de la bonne volonté. La peinture de la maison, crue, éclatante, était si fraîche qu'on avait presque peur d'y toucher.

Fred entra dans la salle. Elle occupait toute la maison et l'horizon entrait par toutes les fenêtres. Le bois blanc suintait, une odeur étouffante de résine et de plancher ciré flottait lourdement autour du comptoir neuf et d'un grand pianola sur lequel on voyait la Baie des Anges. Un gramophone ouvrait sa gueule ronde découpée comme un liseron, et ce monstre avalait des mouches.

Un homme en casquette, en gilet et en bras de chemise bleus, à moustaches grises, à joues violettes, assis dans un coin sur une chaise parmi des bouteilles vides et lisant son journal, releva lentement la tête et lui demanda ce qu'il voulait.

— Une bière, dit Fred.

— Ça serait de saison, dit l'homme ; mais on ne fait pas café, ici.

Fred leva des yeux étonnés, et désigna le décor peint de neuf, le gramophone, les bouteilles d'apéritif multicolores.

— C'est fermé, dit l'homme, vous voyez. Vous voyez bien qu'il n'y a personne ! Je l'avais fait bâtir pour mon fils. Il n'est pas venu. Vous allez loin ?

— Non, j'attends, lui dit Fred en rougissant un peu.

L'homme le regarda un instant :

— Je vous trouverai bien quand même une bière

Et, appuyant ses deux mains sur ses genoux, il se leva d'un mouvement lourd et disparut dans l'escalier d'une cave.

Fred battit du tambour sur la vitre, épuisa l'examen de l'horizon, but sa bière, lut le journal, paya, examina l'obus-souvenir de guerre qui trônait sur le pianola, entouré d'un ruban tricolore, constata à haute voix que le temps était beau, discuta sans nulle compétence, avec le vieil homme, de l'opportunité comparée du beau temps pour le raisin et pour la pomme de terre, s'imposa de rester jusqu'à quatre heures moins cinq, et finalement se retrouva à quatre heures moins dix sur la route, regardant avec impatience si l'horizon ne lui apportait rien. Mais la route était toujours aussi vide, torride, nue et désespérée. Il crut qu'il ne pourrait plus attendre.

Enfin, dans le sentier des vignes, il vit sortir un béret basque, une jeune fille qui marchait lentement.

Ce n'était pas Dora. La jeune fille était suivie d'une troupe de petites pensionnaires qui jacassaient. Elles s'éloignaient vers la ville, en descendant à travers les vignobles. Elles s'enfoncèrent au loin, sous les platanes d'une allée, et disparurent. Il regarda la poussière fine qui montait derrière elles, blanche comme une farine.

Une auto l'effleura et le saisit dans son vent qui passa sur ses cheveux comme une main rapide. Il recula, il ne l'avait pas vue. Il la suivit aussi des yeux, mais elle filait, indifférente.

Quatre heures dix. Il se sentit seul à en pleurer. Il s'assit sur le marchepied de la voiture de son oncle, tira la lettre de sa poche et la relut. Dans cette atmosphère, le petit papier bleu aux grands jambages avait un air insolite, un air inutile et pas vrai. C'était un peu comme une présence qui se fût refusée. Il se tortura à le relire.

Quatre heures un quart, et elle n'était pas là.

L'homme du *Britannic,* par la vitre, le regardait, en désœuvré. Frédéric en conçut une gêne. Il fourra le papier dans sa poche d'un geste brusque et se mit à faire les cent pas, chassant du pied des plaques de goudron éclaté.

L'idée des examens prochains redoubla son accablement et sa sensation de solitude. Tout lui paraissait faux, inutile et lointain, de son aventure du printemps. Il se sentait affreusement triste, et demain c'était la kermesse. Il devait voir l'abbé Chaumy à cinq heures à ce sujet-là.

La tête de l'homme du *Britannic* apparaissait de temps en temps au vitrage à demi coupé par un rideau léger à carreaux rouges et blancs. Deux jeunes filles passèrent encore en grande toilette, souriantes et la tête haute. Elles avaient des dents blanches et des yeux provocants. L'une d'elles se retourna vers Fred. Il s'arrêta pour les suivre des yeux. Elles se découpaient tout entières, vêtues de couleurs éclatantes, vernies comme une page de magazine...

Cinq heures !... et Dora ne venait pas... Les autos arrivaient de plus en plus nombreuses. Les fêtes attiraient des touristes. La tour du moulin, toute petite, brillait au loin comme du sucre. Il s'obstina. Quelque anicroche ?... Quelque accident ?... Mais son espoir n'avait plus de force. Il se perdait comme un ruisseau dans le sable, bu par le soleil accablant.

Nourries de sa propre substance, des images de soirs d'hiver faites de la nuit et des lampes fondaient sur ce goudron brûlant. Sous un chardon il ramassa un caillou rouge et le fit sauter dans ses mains pour se donner une contenance, puis, voyant un chien jaune qui passait dans les vignes, la langue tendue et haletant, il lui lança furieusement sa pierre. Le chien partit, hurlant, boitant ; un paysan barbu, coiffé d'un chapeau de toile, s'arrêta sur le bord du sentier, les deux mains posées sur les hanches.

— Qu'est-ce qu'y te doit, ce chien ?

— M..., lui répondit Frédéric.

Et il rentra au *Britannic* lentement, à la fois soulagé et honteux de son réflexe.

Le paysan partit en grommelant.

— Une bière, demanda Fred sèchement.

Le propriétaire du café le regarda un peu en dessous d'un air rêveur, que Fred espéra irrité ou ironique ; inconsciemment il souhaitait une querelle qui l'eût tiré de son embarras. Mais l'homme, poussant un soupir et décroisant lentement ses jambes, se leva de son geste pesant :

— Des fois on attend..., on attend...

Il ajouta, en traînant ses pantoufles du côté du petit escalier où il mettait la bière à rafraîchir :

— Des fois aussi, c'est pas la peine.

Fred eut envie de l'insulter. Puis il se demanda si à cette minute-là son oncle n'était pas en train de découvrir le garage vide. L'abbé Chaumy l'attendait depuis longtemps pour régler les détails de la fête peau-rouge. Tout conspirait à le déprimer. Il alluma une cigarette, et vida son verre d'un trait. Le vieux regardait par la fenêtre. Le fond de son pantalon à carreaux noirs et blancs tombait avec découragement jusqu'au niveau de ses jarrets. Il tenait ses mains sur ses reins, entre son gilet et le lien de son tablier bleu.

Il se tourna vers Fred :

— Tant qu'on peut attendre, dit-il, ça va encore...

Fred redouta qu'il ne se mît à bavarder. Mais le

vieux retourna s'asseoir sur sa chaise sans dossier et s'absorba dans son journal, ou dans son rêve.

Il attend, lui aussi, se dit Fred, mais qui ? sa femme ? son fils ? sa vie ?... Il sentait sa hargne tomber.

Une pitié le prenait pour lui-même, qui s'étendait à cet homme assommé dont les paroles paraissaient symboliques.

Tout lui semblait chargé d'un sens. Quelle plus intense image de l'attente, en effet, et de la désolation, que ce dancing battant neuf, et vide, où campaient (au milieu du grand parquet désert dans lequel se reflétait un bouquet de roses) ces deux hommes perdus dans le provisoire ? Quelle image plus aiguë de l'inutilité ?

Des sentiments si mous dégoûtèrent bientôt Fred. Six heures. Il s'acharna. Comment fit-il encore pour passer là une heure entière ? Sans doute la torpeur qui naissait dans son cœur de l'intensité des heures passées l'empêcha-t-elle de se rendre compte.

Les autos se faisaient de plus en plus nombreuses. Fred leur en voulait sourdement. A sept heures, il paya et sortit rapidement, sans regarder, monta dans sa voiture et fit claquer la portière. Puis embraya. A ce moment-là les deux femmes qu'il avait vues l'après-midi lui firent signe. Elles avaient dû s'arrêter dans un café. Que voulaient-elles ? Elles lui demandèrent la permission de monter.

— Allez, entrez, leur dit-il brusquement.

Elles entrèrent, parfumées et jacassantes. Les platanes défilaient sur le bord de la route. La plus blonde lui fit des sourires. Mais Fred arrêta brusquement :

— Foutez-moi le camp, leur dit-il.

— Comment ?

— Foutez-moi le camp.

Elles descendirent furieuses, avec des précautions pour leurs souliers, leurs bas, leurs plis fragiles, leurs chapeaux menacés, leurs coiffures savantes, leur rouge, leur poudre, quoi encore ?... Elles se déballèrent comme des colis précieux, le visage haineux et la bouche pleine d'insultes.

— Goujat, lui dit la brune, avec un air grande dame.

Elle ajouta :

— Quelle éducation !

Il attendait, sans les regarder, les yeux fixés sur la route noire. Il éprouvait une affreuse aversion pour la vulgarité de ces femmes et, dans son corps dur de gymnaste, un dégoût compliqué pour ces paquets mous de lignes courbes, et de dentelles tièdes, ces gélatines... « Femelles ! » pensa-t-il en passant ses vitesses. Le contact froid du levier de métal lui fit du bien. Où était Dora... souple comme une couleuvre, dure au froid, avec ses cailloux, ses rames humides, son odeur de roseau mouillé..., et cet air de reine qu'elle avait, du seul droit de ses yeux, de sa taille mince, de ses hautes jambes aux muscles longs ? Il aimait Diane.

Les deux femmes se répandaient en gestes et en insultes, en remuements d'ombrelles et en talons pointus.

Il fit claquer la vieille portière qu'elles avaient laissée ouverte. Et déjà il filait pleins gaz. Le vent lui apporta des injures : « Malotru, voyou... »

— Gueulez bien, pensa-t-il en pressant le klaxon avant le tournant.

Il jeta un regard en arrière. Leur groupe haineux et fragile s'agitait encore sur la route. Il faillit donner dans un arbre.

— Garces !

Et il fila tout droit, désormais uniquement occupé par la route et vaguement honteux de sa brutalité.

Il accéléra, le vent le calma ; cette vitesse était apaisante. Maintenant il était soulagé, et il lui venait des doutes sur sa conduite : il massacrait les chiens ! il insultait les femmes !... Bah ! quelles femmes ? quels chiens ? rien du tout !...

Il prit le plus long pour rentrer. Tant pis si son oncle le trouvait. Il conduisait encore très mal, mais il se sentait prêt à foncer sur n'importe quoi.

Une auto venait derrière lui, la garde-barrière fermait le passage à niveau. Il fonça, elle poussa un cri, il retourna la tête, il eut juste le temps de voir un groupe de gens, de commères, de badauds, un parapluie cassé sur le bord de la voie, des flaques, l'auto sauta sur une espèce d'obstacle — peut-être était-ce un cassis ? tournant la tête, il ne l'avait pas vu —, il entendit derrière lui le train qui passait... ; il s'en était fallu de trois secondes...

Mais pourquoi ce groupe insolite ?

Ce n'était pas pour lui qui arrivait à peine !

Que se passait-il donc d'étrange sur cette route ? ou dans son esprit ? L'idée du danger le fit rire. Il venait, autant dire, de sauter la barrière ; il ne ralentit en rien dans la rue des Tanneries, et il manqua d'écraser une laveuse. Mais aussi que faisait-elle là ? Et toutes ces femmes sur les portes ? elles avaient l'air de l'insulter... Et toutes ces autos qui arrivaient ? La place Gambetta..., le Café Russe..., le monument Petermaës..., l'avenue des Bérouliers..., la petite traverse..., enfin le Chemin Vert. Il stoppa et ouvrit le garage. L'affiche rose de Théo sur la tôle ondulée rentra comme la langue des chats sur les cartes postales à « sujets animaux articulés ». L'auto fut rangée en trois secondes. Il monta l'escalier de l'antre du génie et il épia sur le palier. Mariette était à la cuisine.

L'antre du génie était torride.

L'odeur de l'auto et la chaleur avaient écœuré Fred. Il jeta sa veste sur le lit de Bonaparte, s'assit au bout et prit sa tête dans ses mains. Il n'était pas sept heures et demie. Il enleva sa chemise et se trempa la tête et les bras dans l'eau froide. Il se sentait l'ennemi de son domaine familier.

Pourquoi Dora n'était-elle pas venue ?... Que s'était-il passé dans cette maison de rats ?

Il ouvrit le coffre aux trésors pour y retrouver ses raisons d'être. Son grenier lui avait menti. Pourquoi Dora n'était-elle pas venue ? Le chausson de Lily Bürstner sentait le talc, la sueur et la vieille chose. Le chausson de Lily Bürstner lui-même lui avait menti !

Il referma le coffret d'un coup sec et descendit lentement à la salle à manger.

*

En haut de la ville, dans sa maison repeinte qui brillait comme un tabernacle au sommet de la butte noire, avec le rose vif de son plâtre, le vert acide de ses fenêtres, le jaune et le rouge de sa marquise, le bleu de Prusse des caisses de laurier et les fleurs rouges des capucines, M. Vingtrinier parut dans l'arche en gilet blanc et veste d'alpaga. Puis, posément, avec la règle à filets de cuivre, il se mit à tuer des mouches.

Il les visait, les aplatissait d'un geste adroit, les attrapait délicatement par une patte et les posait dans leur petite boîte dorée enrichie d'une miniature qui représentait des sapins et une tête de médecin bienveillant. Il cochait chacune des exécutions au crayon dans un carnet de moleskine à tranche rouge. Quand ce fut fini, il vida la boîte sur son calepin et fit son total posément, puis il rentra lui-même dans la sienne, automatique, punitif, insondable, armé de son bâton, comme Guignol.

M. Vingtrinier, rentré dans sa petite boîte, y marchait et y déclamait. Il se récitait les plaidoyers de Théobaldo. Le goût qu'il avait pour eux venait des conditions flatteuses dans lesquelles il avait connu leur auteur.

C'était au cours d'un séjour à Paris, dans une petite pension de famille de la rue Saint-Jacques qui sentait la soupe froide et le parapluie mouillé, et rien n'était plus loin de lui que cet Italien vivantissime qui vivait la vie en tous sens, en long, en large, en diagonale, et sur les mains quand les pieds n'y allaient pas. Théobaldo s'agenouillait sur le trottoir devant les dames et regardait dans toutes les vitrines sa taille bien prise, haute comme trois pommes, et son masque néronien. Il portait des cheveux très longs comme les poètes qui chantent au bord de la mer au deuxième couplet des romances. Trente femmes signaient ici ou là de son nom à lui, dans des hôtels brillants ou misérables, et faisaient régler leurs notes par ses soins.

Jamais personne ne fut plus différent du mélancolique Vingtrinier, qui ressemblait à un bélier triste. Théobaldo se grisait de littérature et assistait à Vingtrinier. Il lui aurait voulu des plumes vertes, il le voyait avec un bec de perroquet. Car il écrivait des nouvelles.

Il projetait un reportage de fantaisie, sur un zoo imaginaire qui grouperait toutes les races humaines, de l'homme nu au cordonnier-poète. Il ne se lassait pas de regarder les oreilles du curieux M. Vingtrinier et de lui voir tuer des mouches avec un geste automatique, piquer une citation latine et la brandir au bout de l'index comme un poulet sur une fourchette. Il lui avait donné le rôle d'un assassin dans *le Crime de la Rue Visconti.*

Il voyageait sur ses étranges oreilles, il se promenait sur leur feuilletage, il se roulait dans leur spirale, il s'égarait dans leur gaufrure, il finissait par s'asseoir sur leur pointe. Il y éprouvait un plaisir malsain et compliqué, car elles étaient touchantes et un peu répugnantes dans leur modestie de moignons roses.

Et quelquefois il lui disait, enthousiasmé (c'était surtout quand M. Vingtrinier tuait des mouches sur la petite table du parloir où il n'y avait jamais personne, — parce que c'était vraiment trop triste —, à deux heures de l'après-midi, dans le rayon d'un soleil timide) :

— *Quest' uomo oltrepassa l'umano !* Monsieur Vingtrinier, vous dépassez l'humain !

— Ces Italiens !... disait Vingtrinier, indulgent, un peu flatté, vaguement confus, en rajustant son pince-nez à chaînette.

Théobaldo lui avait dédicacé trois plaidoyers avec ses sentimentissimes et M. Vingtrinier avait si fort goûté leur éloquence sonore qu'il avait décidé d'apprendre l'italien.

Et c'est pourquoi il se les récitait le soir, en revenant de tuer les mouches, et essayait de les dicter à Félicie.

Il y trouvait pour un instant une espèce d'immatérielle compensation à son nez lilas, ses joues jaunes et sa calvitie sans bonheur. Bref « il marchoit et gazouilloit comme les autres de mesme age ».

Quelques jours avant sa naissance, sa mère avait, en rêve, accouché d'un chat jaune, un peu pelé, avec des griffes terribles... M. Vingtrinier ne s'en remettait pas.

*

Le docteur Peyrolles se lavait les mains dans le couloir quand il vit Fred descendre de l'antre du génie, emportant sur le bras le *Voyage du Centurion.*

Il leva un doigt de neige, cabossé par la mousse :

— Soldatssss..., dit-il.

— Du haut de ces pyramidessss..., répondit Fred machinalement.

Le docteur regarda avec satisfaction les bras épais et durs de son neveu, qui sortaient noirs de soleil des manches courtes de la chemise, et cette taille d'échalas qui retenait mal le pantalon. C'était la santé même. Ce garçon lui faisait plaisir. Pourtant, il refusait de reprendre du potage.

— Mâche, idiot, lui dit-il, profite de mon expérience.

— Et tiens-toi droit, compléta Frédéric.

— Parfaitement, répondit le docteur.

Il avait jeté le journal dans un coin, impatienté, encore plus tôt que d'habitude. Le ciel était bleu, et les hortensias pâles se découpaient dessus en camaïeu. D'autres fleurs, dans le contre-jour, se présentaient en silhouettes. D'autres dans le soleil, avaient l'air à la fois d'un métal et d'une fumée.

Un bout de clocher pointait dans le coin de la fenêtre comme un crayon hexagonal.

L'oncle commentait un article. « Ce n'est pas ton père qui... », disait-il.

— Où étais-tu ce soir ? demanda Fred machinalement. Tu as été en retard d'une demi-heure.

— Un accident au passage à niveau. Un idiot qui a voulu passer... Toujours la même chose... Depuis que je le dis, personne ne veut prendre de mesures... Ce n'est pas ton père qui...

Fred revit le passage à niveau, les femmes ; il entendit le cri de la garde-barrière, ces autres cris... et ces flaques d'un rouge drôle, un peu changeant, d'un rose étrange, comme le rose sec des poumons de bœuf dans les boucheries... — Pourtant le sang est noir ! — Et ce parapluie cassé en bordure de la route..., venu d'où ?...

— C'est grave ? demanda-t-il.

— L'homme est mort, dit le médecin. La petite... (il eut un geste). Je ne crois pas qu'elle s'en tire... Mastique.

— Qui est-ce, l'homme ? demanda Fred.

— Un Brémier..., Brémurier..., Brémaillé... je ne sais plus ; enfin un voyageur de commerce... qui revenait chez lui.

— Et la petite ?

— Je ne sais pas son nom. C'est Dumourier qui s'en occupe. Elle est du quartier des Tanneries, ou des Petites Ames, de ce côté-là...

Frédéric sentit le morceau de pain qu'il avalait lui remonter jusqu'à la gorge. Il laissa tomber sa fourchette, et la ramassa avec une lenteur calculée, pour ne se laisser revoir que le plus tard possible.

— Elle ne passera pas la nuit, ajouta l'oncle. Tu ne sais plus tenir ta fourchette ?

La fourchette était retombée. Frédéric la chercha longtemps.

L'oncle, armé d'un crayon, travaillait le mot croisé :

— Femme d'intérieur... en six lettres... dit-il.

— Marie..., dit Frédéric d'une voix trouble.

— Idiot. Marie, elle a choisi la meilleure part... Marthe !...

C'était le nom que Frédéric n'avait pas pu sortir.

— C'est Marthe qui s'agite ! dit le docteur... Maintenant transport dangereux en trois lettres... R la seconde.

Sur la route du nord toutes les vitres du *Britannic* flambaient dans le soleil couchant, on aurait dit un incendie. Et Fred croyait sentir l'odeur de résine du bois de pins, au-dessus de la « Benzoline ». Elle se mêlait, dans la salle à manger, à l'odeur des fraises et du vin que Mariette venait d'emporter, mais qui traînait encore autour du grand buffet, et les voitures arrivaient pour la fête en plein sur le Z de la « Benzoline »... C'était « Marthe qui s'agitait »...

— Alors ? Transport dangereux ?

— Auto..., souffla Fred qui, cette fois, avait peur de se méfier de son premier mouvement.

— Idiot !... je t'ai dit un R.

— Car.

— Idiot !... « Ire ! »

— « La Benzoline... »

— Tu deviens fou ? En trois lettres !... « transport dangereux... ! » je te dis que c'est « ire ».

— Ire, dit Frédéric docilement.

Il voyait passer le chien, le chien jaune qui tirait la

langue dans les vignes et qui avait glapi sous le caillou... La petite Dora allait mourir.

« Ire »..., et le paysan qui défendait sa bête.

— Euripide ! proclamait le docteur.

Fred eut honte de tout ; d'avoir blessé ce chien et d'avoir insulté ces femmes. Qu'eût dit sa mère ? Le mal s'était peut-être vengé ?

Le docteur se levait en pliant sa serviette.

— Tiens, j'ai le dernier : paraplégie... En sept minutes... est-ce enlevé ?... allons... « Soldatsssss ! »

Et il leva le doigt suivant le rite.

— Que tu es enfant ! dit alors Fred, d'une voix qu'il n'avait jamais avec son oncle, celle qu'il prenait naturellement sur le terrain de foot-ball dans un match, celle qu'il aurait, par la suite, dans son métier, avec les hommes ; une voix sûre d'elle, que les enfants laissent à la porte quand ils rentrent, dès qu'ils reprennent le droit d'être faibles.

Le docteur le regarda sans mot dire, un court moment, derrière son vieux lorgnon.

— On ne le devient pas si vite que ça ! dit-il, lui aussi, d'une voix qui n'était plus celle de la famille, qui n'était plus celle de l'oncle Antoine, et qui livrait soudain, comme par une déchirure, un homme, un homme seul, un homme nu, un homme qui n'était pas « le docteur », mais la personne rarement visible qui s'appelait Antoine Peyrolles, la seule qui était née de sa mère et qui retournerait dans le sol.

Ils se sentirent soudain tous deux gênés et honteux l'un devant l'autre. Qu'une femme manquait dans cette maison !

— Allez, idiot, viens prendre une fine, dit le docteur.

Il lui tendit une cigarette.

« Avant demain, se disait Frédéric, avant l'aube.. avant le soleil, avant qu'on voie le toit de l'usine... »

Ils s'assirent dans les deux fauteuils au coin de la fenêtre, et Frédéric fit semblant de lire son *Voyage du Centurion... Per speculum in œnigmate,* disait un titre. Il lui semblait que tout ça se passait ailleurs... ; « Déjà les champs sont blancs pour la moisson », annonçait un autre chapitre... Il revoyait le jardin du château des Bergères croulant de lys et de pavots blancs... Son oncle parlait de quelque chose, et il savait que c'était pour son éducation.

Et c'était de trop ; l'oncle, d'ordinaire, sentait plus juste. Mais cette fois il fallait reconnaître que le cas était exceptionnel.

*

Ses paroles arrivaient à Fred d'un autre monde.

— .... Je ne pouvais pas le voir, continuait le docteur. Il avait avec les « roupioux » une espèce d'ironie, que je trouvais ridicule. Il abusait de sa supériorité. Je voulais me venger de ça. Mais comment ? Il avait repéré cette répulsion physique que j'éprouvais pour les cadavres. La vue du sang me faisait pâlir. Explique ça... et je voulais être médecin. A la première séance il m'a dit : « Tendez votre tablier », et il m'a jeté dedans toutes les tripes du bonhomme. Je n'ai pas lâché.

L'oncle racontait ses souvenirs ! Décidément, il se passait quelque chose.

— ... Il ne m'a rien dit. A une colle, j'avais massacré le nerf médian. Il m'a repêché en forçant ma note avec le hiatus de Winslow. Et il m'a fait faire une anesthésie, ce qui comblait les roupioux d'orgueil... Mais tu dors... allez, file... Va te coucher, salopard. C'est bien la peine que je me fatigue à te raconter comment on forme un homme ! Et ne monte pas dans ce grenier, tu y attraperas la crève !

Mariette, qui était entrée pour ranger les cuillères, profita de cette occasion, encore qu'elle sût d'avance son effort inutile :

— Faut-il vous faire votre lit au premier, monsieur Fred ?

Fred ne répondit pas. Puis, tout à coup :

— Oui, dit-il, oui, Mariette, demain.

Il ajouta :

— Ce n'est pas la peine de monter si haut.

Et, lentement, pour la dernière fois, il remonta dans l'antre du génie.

*

Une nuit d'étoiles et de parfums entrait par la fenêtre ouverte. Elle pétrissait des odeurs de jardin. Des petites filles chantaient quelque part, dans une ruelle, derrière un mur. Elles chantaient une ronde qui expliquait qu'avec les rognures de quelque chose on leur avait fait des jupons, « tout autour galonnés, galonnés tout autour galonnés d'argent ». C'était la ronde qu'elles chantaient chaque soir. Mais c'était le premier jour seulement qu'il l'entendait d'une façon si précise.

Au loin, dans les lacis de la ville, il aperçut la lanterne rouge du commissariat. Elle lui rappela des pas qui claquaient dans la rue, et cette Dora traquée qui fuyait dans la brume, le gros agent, la neige, l'hiver... C'était le même soir qu'il avait vu sous la mairie la femme noire de la grande image qui appelle les garçons au loin.

Il lui sembla qu'elle lui faisait signe à l'horizon, du fond du ciel, penchée au-dessus de la ligne des montagnes comme au-dessus d'une barrière dérisoire. Elle tenait un doigt sur sa bouche.

Il fit claquer sa langue — « tss tss » — comme devant un petit obstacle, cracha par la fenêtre et revint à sa table d'où il sortit une boîte de punaises ; il éprouvait le besoin de ranger son portefeuille. Il y trouva d'abord une carte de deuil ; « le gros lot », fit-il à mi-voix ; c'était la villa du Soufflex. Il la fixa sur le mur à l'aide de quatre punaises. Le plan du sous-sol était en pointillé.

Une fumée, nostalgie du nomade, symbole du *home* et de l'intimité s'échappait de la cheminée. C'était le Pavillon de la plante du Songe, en même temps que celui de la Fumée. C'était une récompense chinoise. C'était le « Grand et le Magnifique ». C'était un plaisir de Corée.

Il regarda une dernière fois la Grande Ourse et l'étoile polaire, le toit de l'usine, et contempla l'orteil de la négresse, puis le rentra dans son portefeuille.

« Heureusement, murmura-t-il, que nous avons vu M. Panado et que de ce côté-là nous pouvons être tranquilles. » Ensuite, de deux coups de pied et d'une ceinture arrière, il arracha les couvertures au matelas de son lit de camp et les descendit dans ses bras comme une danseuse en son.

— Tiens, Mariette, dit-il à la vieille.

Mariette s'activait avec satisfaction à lui garnir un lit vraiment bourgeois qui avait l'air d'une forteresse.

Il réintégrait sa prison.

Elle le regardait de biais tout en s'affairant. Il devait avoir l'air bizarre.

— Mon petit, commença-t-elle doucement, en mettant les mains sur ses hanches...

Il se retourna hargneusement, il vit ses joues ridées, d'une drôle de matière, ses yeux de faïence.

— Fiche-moi la paix, lui dit-il méchamment.

Il alluma une cigarette, et regarda du côté des Tanneries. De cette fenêtre du premier on ne voyait pas bien les Iles, mais la nuit était pleine de points d'or et de signaux confus, sous le fourmillement des étoiles. Il vit encore la négresse de l'affiche qui se détachait du fond du monde, portant des fruits. Ses joues riaient, ses seins durs et pointus ressemblaient à des citrons noirs. Elle s'avançait à grands pas. Et ces pas faisaient craquer l'espace.

Il frissonna. C'était tout simplement le pas de Mariette qui s'en allait, contrite, mais lui laissant le lit préparé. Il fut fâché de l'avoir peinée.

— Mariette ? appela-t-il.

Mais nul bruit ne répondit. C'était trop tard ? Tant mieux. Retirant ses souliers pour qu'on ne l'entendît pas, il remonta dans la caverne du génie.

S'effondrant d'un seul coup, il prit la barre d'appui de la fenêtre, à pleine poignée, comme une barre fixe et, à genoux, tant que ça pouvait, il sanglota ; avec de grands mouvements de tout le corps, pareil à une femme qui enfante.

Ses épaules noires, sur la nuit lumineuse, sautaient comme le profil d'un sac dans lequel on a enfermé une poule ; il cherchait avec des hoquets à expulser cette bête convulsive. Et, à grands coups, tel un ivrogne, il vomit toute son enfance, dans le secret de la nuit indulgente aux honteux, en retenant ses hurlements et en raidissant tous ses muscles, comme une bonne qui accouche en mordant son mouchoir dans le grenier d'une maison bien tenue.

★

Le docteur Peyrolles, à la fenêtre du rez-de-chaussée, attendit pensivement que ce bruit fût éteint. Il vida lentement les cendres de sa pipe, regarda la lumière d'une auto qui passait sur la route dans la montagne, et ses rosiers greffés qui étaient devenus très beaux.

Puis il ferma doucement les persiennes et monta se coucher sur la pointe des pieds. La lune était toute jaune au fond d'un ciel gris perle. On entendait, comme un barrage de cristal, le chant liquide des crapauds, au fond des prairies de l'Eau Bonne. Ses Romains de bronze sonnaient minuit.

★

Pâle ciel. A une heure du matin, Fred se réveilla transi de froid sur le matelas du génie. Un train sifflait, il franchit le pont de fer avec un bruit d'océan sur la plage. Une lueur blanche pénétrait dans la chambre. Fred regarda autour de lui. Il vit les gros bouillons frivoles de la fumée de la villa du *Soufflex* comme sur un dessin d'enfant et sursauta. C'était cette nuit...

C'était cette nuit que Dora était morte, ou cette nuit

qu'elle allait mourir. Il se leva et courut à la fenêtre, mais cette nuit était pareille à la prochaine, à toutes les autres. Elle gardait ses secrets pour elle... « Où étais-tu quand je fondais la terre ? »... demande Jehovah dans la Bible. Elle ne disait pas autre chose que la majesté du mois de juin.

Il s'affola. Ce cassis, au passage à niveau, était-ce un cassis ? ou une femme ?... était-ce Dora ?... Il ne pourrait être tranquille qu'après avoir revu le cassis ou Dora. Il fallait aller voir. Il ne pouvait plus supporter ce doute. Il n'y avait que cet espoir, bien faible, mais il s'y cramponnait. Il fallait aller voir. Il voulait tellement que ce fût un cassis que ça finirait bien par l'être. Il ne s'agissait que de vouloir très fort. Et il voulait...

Il s'habilla doucement, avec des précautions de voleur. Il descendit, prit son melon au porte-manteau, mit cinq minutes à ouvrir sans bruit la serrure. La villa était baignée de lune. Les buis et les ocubas du jardin ressemblaient à des plantes sous-marines. Son ombre, devant lui, avait l'air d'un autre homme. Il la poussait le long des rues. Elle faisait de grands gestes plats sur les murailles.

Il entendit mugir le fleuve et siffler le vent froid de la passerelle, sous la ventouse de la grande voûte. Des gouttes d'eau l'aspergèrent au passage. Puis, au bout d'un siècle de vie, il se trouva devant la maison du Grand Tournant.

Elle était là, debout, plate, ridicule, banale et inquiétante comme les autres jours. Le clair de lune la rendait effrayante. Toutes les persiennes étaient fermées, toutes les lumières allumées. C'était bizarre. Elle était blanche, d'un blanc exceptionnel, celui des rêves, couleur de plâtre, avec un côté noir et toutes ses fenêtres rayées d'or par la lumière qui filtrait à travers les fentes des persiennes.

La fenêtre du deuxième étage, dans le côté noir, l'attira. Le côté noir c'est le côté du mystère. Il n'eut pas d'autre guide à sa curiosité que cette impression enfantine. Il monta le petit escalier extérieur, qui ne ressemblait, bizarrement, à nulle architecture locale, et regarda entre les persiennes de la pièce qui donnait sur le perron. Il vit le globe vert d'une suspension, la toile cirée ornée d'avions, les meubles rangés depuis des mois, car on n'allait jamais dans cette pièce. C'était une salle à manger morte. Mais partout, sur les chaises, la table, il y avait des montagnes de fleurs, des lys et des pivoines surtout. Et aussi une bouteille d'absinthe, et un verre, sur la toile cirée, au milieu d'un avion à cocarde tricolore.

Il se retourna vers le jardin dont on apercevait un angle du haut de cet observatoire, et plus étrange encore fut ce qu'il vit, ou crut voir car il n'osa pas en croire ses yeux. Un homme en bras de chemise, en pantalon rayé, avec des bretelles de couleur, à silhouette de bureaucrate, coupait des roses avec un sécateur. C'était une chose incroyable. Mais il y avait là dedans une espèce de logique. Il y avait une histoire de fleurs autour de cette maison sous la lune.

Il attendit de ne plus voir l'homme et sauta le mur du jardin, par-derrière, alla au hangar, prit l'échelle, et la posa contre le mur, la fit basculer au dehors, la prit sous le bras, la porta sur le perron, et l'appuya contre le mur de la maison, calée par le dernier échelon contre les barreaux de la grille. Il monta jusqu'au bout, mais elle était trop courte pour qu'il pût voir par la fenêtre.

Il dut faire une traction sur le rebord de pierre pour regarder par un espace entre les volets.

Au fond d'une chambre éclairée, il aperçut un homme en bras de chemise — l'homme du jardin, probablement ! — assis sur une chaise, au chevet d'un lit couvert de lys, de roses blanches et de pivoines. L'homme en tenait encore des brassées sur ses genoux. Au bout des fleurs, en bas, Fred vit les pieds d'une femme, d'une femme couchée, comme chez Théo la nuit de la grande poursuite, et à l'autre bout, dans l'ombre, une tête.

Il n'en crut pas ses yeux. Si préparé qu'il fût à la mort de Dora, qu'il appréhendait atrocement, il n'attendait pas un spectacle si direct, si brutal et si accusateur. Et il n'était venu là que pour ne pas y croire ! Il en eut le vertige au sommet de son échelon. Pourtant, avant de redescendre, il regarda de nouveau, et ce fut encore plus fou : il lui sembla que l'homme était M. Vingtrinier. N'était-ce pas lui, d'ailleurs, qui s'était occupé de faire primer les fleurs au concours agricole ?

Il redescendit de son échelle, la rapporta dans le hangar, en somnambule, et se retrouva, sans se rappeler comment, à la fenêtre de sa mansarde.

Une aube toute pâle se dessinait au-dessus des Petites Ames, où de vieilles maisons aux toits bas, avec de hautes cheminées comme des mâts, avaient l'air de barques de pêche amarrées dans un port breton. C'était un souvenir de grandes vacances : ces aubes immenses sur la mer pâle, avec les petits bateaux qui dressent dans le ciel leurs mâts minces comme des crayons. Il lui en venait une odeur de poisson et de teinture d'iode. Le moulin à vent, avec son aile cassée, ressemblait à une mouche mutilée.

Un train siffla dans les jardins mouillés. Il arrivait en gare, pareil à un mystère, à une chose qui arrive de la lune, avec sa cargaison de voyageurs endormis. Que d'âmes arrivaient en gare ce matin-là ! et par quels trains ?...

L'affiche de Théo Gardi se détachait comme un point rose sur le rideau du garage dans le chemin encaissé. Le garçon blanc du Saint-Raphaël suivait le garçon rouge sur le mur de la blanchisserie, l'heure avait un goût de journal frais, de crime, d'accident, de catastrophe, un goût de guillotine, comme la veille, quand il avait ouvert le garage.

Rien empêcherait-il jamais qu'il eût vu de ses yeux, sous la lune, au fond de la chambre, dans la maison du Grand Tournant, ce bureaucrate en bras de chemise veillant cette femme étendue sous des fleurs ?

Ce qu'il avait aimé le plus au monde ! Le cadavre qu'il avait fait !

Qu'est-ce qui allait lui confirmer que c'était un rêve ?

Mais rien ne vint.

Les bretelles roses de M. Vingtrinier..., les fleurs primées au concours agricole...

Il pensa tant à tout cela qu'il finit par ne plus y croire. C'était devenu faux à force d'être vrai.

*

On ne croit pas facilement tout à coup qu'il y a au milieu de la nuit le cadavre tout frais d'une femme quand elle existe encore en vous si fort par son absence même (jamais Dora n'avait tant existé pour Fred qu'au *Britannic* où elle n'était pas). Cette femme morte gardée dans une chambre illuminée par un bureaucrate en bretelles heurtait le bon sens et la raison. Cette scène d'intérieur bourgeois, cette chapelle ardente qui s'ouvre dans la nuit à la façon d'une grotte lumineuse dans un porte-plume souvenir... Comment admettre que sur cette terre, qui est si grande, en regardant par le trou d'une serrure on aperçoive soudain de l'autre côté une femme qu'on a tuée ?

Il y a des choses qui ne se peuvent pas. Le destin d'un collégien n'a pas de telles emphases. Ce ne sont pas des choses qui arrivent avant le bachot.

Pour se convaincre Frédéric ouvrit le grenier. Il reçut une bouffée de chaleur et, son œil s'habituant à l'obscurité de l'endroit, il distingua des chapelets d'oignons, le marbre cassé d'une table de toilette et un groupe exilé de poules en bronze doré qui comptaient leurs œufs dans un nid, bref l'univers invraisemblable et familier qui prouvait que la vie est réelle, toujours pareille, toujours égale, et qui démontre par sa seule existence l'impossibilité de découvrir des cadavres en allant poser des échelles au clair de lune, sur les murs des maisons, de trouver au milieu de la nuit des bureaucrates en bras de chemise qui cueillent des fleurs dans les jardins, devant des morts extrêmement définitives. Ce qui est affolant, c'est qu'il n'y a pas de mesure dans les choses définitives. Si elles pouvaient n'être qu'extrêmement définitives on ne buterait pas contre ce mur !

Les poules de bronze, par chance, niaient la morte sous les fleurs.

Du moins en faisaient-elles douter. Il referma la

porte, à moitié rassuré. Pourtant le miroir du couloir, frappé par la lumière qui venait de la chambre, lui renvoya une image dramatique : ce col ouvert..., ces cheveux défaits... cette tête de lendemain d'orgie... Il regarda son pantalon, qui était fripé, avec des taches de plâtre aux genoux. Il le brossa, se déchaussa, passa un chiffon sur ses chaussures, se secoua, chassa autant qu'il put les plis, la poussière, les phantasmes.

Il eût voulu se brosser jusqu'à l'âme. Le bois blanc du plancher, au contact savonneux, était calmant pour les pieds nus. Un nuage noir roulait sa masse confuse. Une raideur barrait l'horizon. Le *Britannic* n'était qu'une corne noire sur le profil de la montagne. Le fronton de la mairie se détacha de l'ombre. Et, sous ce fronton, derrière les grandes colonnes doriques, il y avait la négresse avec ses citrons d'or.

Embarquez-moi pour n'importe où à l'est de Suez,

dit la chanson,

là où le meilleur vaut le pire...

L'aube se battait au loin sur les collines contre les restes de la nuit. Elle montait, glaciale et blanche, s'élargissant, pareille à celle « qui vient de Chine comme un tonnerre, de l'autre côté de la baie »...

Fred se jeta sur son lit de camp, tué de fatigue, et tomba dans le royaume obscur où s'agitent et se métamorphosent les déchets des journées des hommes.

Et d'abord il ne bougea pas. Puis il se retourna lentement, et remua le bras en songe, et ensuite il poussa un cri, comme on en entend fréquemment dans les dortoirs ou les chambrées (il y en a toujours un qui rêve : qui passe un examen ou qui attelle des chevaux, ou qui attend l'arrivée de l'attaque pour décharger sa mitrailleuse). Et ensuite il ne bougea plus.

La grande négresse se détacha de l'affiche, comme dans un dessin animé, et sortit de la chambre où Dora disparaissait sous les pivoines. Dora recula jusqu'au vertige et ne fut plus qu'une petite chose lointaine qui faisait danser des serpents à la lueur d'un feu de brousse, dans un monde pâle comme sur une image à demi effacée par le soleil. La grande négresse passa la tête par-dessus le mur du collège, elle y appuyait ses bras et se penchait sur Fred. Ses épaules occupaient tout le ciel, et sa tête se confondait avec le gros nuage noir, et ses pieds nus faisaient craquer le monde.

Tout devint noir, sauf ses dents blanches. Sa peau brûlante comme les noirs tropiques lui promettait la nuit, la mer et l'Equateur. Elle était maternelle, terrible et ténébreuse.

Elle leva sur lui ses yeux blancs, elle l'entoura de ses bras. Il s'éveilla en gémissant. Il s'aperçut que la nuit de son corps avait rêvé de cette femme.

Le soleil éclatait sur la terre. Il avait la tête pleine d'étoiles. Il s'assit sur son lit et passa la main sur son front. Il se sentait vaguement humilié, la tête confuse, vaguement inquiet de quelque chose... C'était un tour de M. Panado...

Il quitta l'antre du génie. Il descendit à pas de loup, honteusement, et se coucha, mort de fatigue, dans le lit préparé par Mariette, à l'étage des simples mortels.

*

La messe de neuf heures à laquelle Fred arriva sale et dépeigné, se passa pour lui comme un rêve de somnambule. Tout n'y était que vitraux, plain-chant et grandes orgues. Mais le clair-obscur se peuplait d'énigmes. La chapelle de saint Marius, revenue à son éclairage normal, paraissait avoir hypocritement caché ses facultés magiques. Ce maléfice masqué augmentait d'un degré l'effrayant.

Fred arriva en plein Credo, boxé par la musique, les lumières, les couleurs violentes des chasubles. La présence des placides bourgeois, brossés sagement, et sagement assis sur leurs sièges, rendait ce spectacle incroyable, car Fred ne pouvait s'empêcher de voir en transparent, au milieu de la nef, le cercueil qui allait s'y trouver bientôt. Il lui paraissait impossible que nul ne se doutât dans ce lieu de prière de ce qui se passait dans la maison du Grand Tournant, de cet homme en bras de chemise qui y cueillait des fleurs au clair de lune, à une heure du matin...

Il avait dû traverser toute la nef et bousculer des gens sur son passage pour arriver jusqu'à sa place. Il en était gêné. Son âme louchait. Tout lui semblait en porte à faux. C'était une messe avec sous-diacre. Trois vieux prêtres aux cheveux blancs et à l'air dégoûté (mais peut-être n'était-ce que le pli de la vieillesse qui affaissait ainsi le coin de leurs lèvres) assistaient l'officiant et, dans ce double éclairage, prenaient un aspect déroutant de sorciers. L'encens avec la petite cuillère, et tout le matériel du rite, favorisaient cette optique faussée. Comme Fred regardait le prêtre avec des préoccupations qui l'empêchaient d'être parfaitement là, il s'apercevait tout à coup que l'officiant n'avait pas l'air de dire la messe, mais qu'elle semblait se réciter toute seule par sa bouche tandis que ses mains s'occupaient d'autres choses, tournant des pages, s'ouvrant toutes grandes au bout des bras, ou manipulant le calice. Une sorte de dissymétrie semblait vouer au ciel ses yeux, sa gravité, son front éclairé d'une lumière, et donner à la terre tout le reste de son corps, la nuque et les mâchoires, la calvitie, tout ce qui faisait de lui un gros homme qui ressemblait à ces gisants du moyen âge qu'on voit sculptés sur les tombeaux tels qu'ils ont été dans la vie. Tout lui semblait double et trompeur, on eût dit qu'un monde mécanique menait son train à l'intérieur de l'autre, et indépendamment de lui, et s'approchait d'une façon menaçante.

S'il était arrivé en retard, c'est qu'il n'avait pas voulu venir sans chercher le cassis du passage à niveau et revoir le château des Bergères. Et, près du passage à niveau, il avait bien vu quelque chose, un trou, mais pas exactement à l'endroit qu'il aurait fallu pour qu'il eût nécessairement passé dessus. Si bien que l'énigme subsistait. Quant à la maison, son aspect quotidien, son air si semblable à lui-même, n'avait fait que renforcer le doute de Frédéric. Tous les volets étaient fermés, et cette fois les lumières éteintes, mais pas dans la chambre du second. Tout au moins lui avait-il semblé qu'il y avait encore de la lumière, mais comme le soleil tapait sur ce mur-là la lumière qu'il pouvait y avoir en était rendue toute pâle. De sorte qu'on ne savait pas. Et il fallait garder ce cadavre sur son âme, et l'image de cette maison qui avait l'air de la maison du crime à force de ressembler par sa banalité, son isolement, et son silence, à un immeuble de faits divers dans une photographie de journal.

A la fin de la messe Frédéric se sentit attrapé par le poignet. C'était l'abbé Chaumy qui l'annexait ainsi. Il sursauta. Deux petits hommes en costumes démodés étaient debout entre les bancs de l'hospice. Ils étaient trop petits, avec des crânes trop ronds, des yeux un peu trop écartés, quelque chose d'à peine anormal qui les rendait plus étonnants parce que les monstres paraissent plus monstrueux quand ils gardent la forme humaine.

Ils se coiffèrent pour sortir, l'un d'un grand chapeau rond, l'autre d'une immense casquette plate qui soulignèrent l'énormité de leur crâne. Ils avaient l'air de s'être déguisés en champignons. On eût dit deux bolets qui se fussent mis à marcher dans un sabbat où ils auraient tenu un rôle.

L'anonymat de leurs vêtements avait quelque chose de si voyant qu'il accroissait le malaise du spectateur.

— Où étiez-vous à sept heures et demie ? demanda l'abbé Chaumy à Fred.

Fred sursauta encore une fois. Il revit la maison et le passage à niveau. Que lui voulait-on ? Peut-être avait-il eu tort de ne pas se confier à son oncle ? Mais non ! Il ne fallait rien lui dire.

— A sept heures et demie ? demanda-t-il pour se donner le temps de répondre.

— Oui, dit l'abbé Chaumy, vous avez oublié que nous avions rendez-vous pour la kermesse ? Et hier soir, à cinq heures ? Où étiez-vous hier soir ?

*

Il le mena par des rues tristes et désertes, jusqu'au patronage de garçons, une grande caserne cubique. Ils traversèrent un long couloir sonore au bout duquel, par une porte, on voyait un jardin poudreux, livré aux ronces et aux orties. Des ânes sellés de bric et de broc y broutaient des chardons en marge d'un terrain nu, un terrain de jeu où trônait une barre fixe.

Dans une pièce qui donnait sur la rue, Frédéric laissa ses habits et posa son melon sur la fenêtre. Puis l'abbé le mena dans une grande salle briquetée d'où venait un bruit de rires et de disputes. Des enfants vêtus en Peaux-Rouges les attendaient, coiffés de plumes et peints en brun.

Par la fenêtre on voyait le soleil taper sur la barre fixe, les chardons et le sol blanc. Des piles de costumes peaux-rouges s'entassaient sur une table longue, et Fred aperçut sur une chaise son accordéon tout brillant de nacres. Il le retrouva avec étonnement. Il avait oublié qu'il l'avait porté là.

On lui fit enfiler un pantalon bleu roi, à pattes d'éléphant, ouvert sur le côté, du genou jusqu'au pied, et orné tout le long de boutons de métal blanc et de franges de cuir multicolores. Des enfants l'attrapèrent, et lui oignirent le dos, la poitrine, le cou, le visage et les bras d'une graisse brune. Il regardait par la fenêtre, hébété, les chardons, les ânes et la barre fixe. Il restait là, le torse nu, comme dans la classe de chimie où on attendait au mois d'octobre la visite annuelle du médecin du collège. Qu'est-ce que tout cela voulait dire ?

Du pouce l'abbé Chaumy, dans la pommade pas sèche, lui dessina un serpent menaçant sur la poitrine et l'estomac, un serpent à lunettes qui ressemblait à M. Vantre, et qui resta couleur de la peau de Lamourette jusqu'au moment où un petit, très excité par son travail de coloriage, le peignit en vert et en jaune pendant qu'un autre attachait à Fred une couronne de plumes sur la tête.

Fred, immobile, se laissait faire en somnambule. Quand on lui noua sur la nuque le lien de la coiffure de plumes qui lui descendait jusqu'aux reins, il pensa involontairement à ces têtes de veau d'expression si humaine qu'on couronne de persil dans les festins de village pour que ce soit plus artistique.

On lui passa une hache en bois dans une ceinture de flanelle rouge. Il se regarda dans une glace et se vit, avec son torse maigre, ses bras musclés et son nez aquilin, méconnaissable et vraiment peau-rougesque. Ainsi paré, il ressemblait à Chingachgook, « le Grand-Serpent », dans le roman de Fenimore Cooper. C'était le nom qu'il porterait toute la journée. Là-dessus il sortit avec Œil-de-Sarigue, Pied-de-Biche, le Grand-Ours, Foie-de-Veau, et Lézard Intrépide. L'abbé Chaumy lui cria :

— Frédéric, n'oubliez pas l'accordéon !

En effet, c'était essentiel ! Il l'oubliait. Et il le prit en bandoulière. Mais ce jour-là, l'accordéon était amer... Il devrait en jouer pendant toute la journée, et danser la danse du scalp, et dire la bonne aventure. Sombre dimanche. Les autres avaient pris des arcs, des carquois et des flèches. Il revint chercher son portefeuille qu'il ne fallait pas se laisser voler : il contenait tous les bulletins de naissance, reçus et autres certificats nécessaires pour le bachot. Il était si épais que Fred eut de la peine à le faire entrer dans sa poche-revolver.

Les petits attrapèrent des banderoles et de grands chapeaux de couleur qui portaient des inscriptions d'or et des calligraphies flatteuses à la louange de la joie, de la kermesse et des « touristes étrangers ».

Et on fit le tour de la ville sur les ânes. Les « touristes étrangers » affluaient. La liesse était grande et le soleil tapait. L'abbé Chaumy, de loin, dirigeait au sifflet les évolutions de l'escadron. Et Fred se sentait démangé par le soleil qui cuisait la pommade et la poussière qui s'y mêlait. Devant le monument Petermaës, il y eut un compliment en vers présenté entre deux chansons par un élève de l'école des Frères.

Petermaës, ton renom fera dire aux échos
Combien tu fus aimé, progressiste et civique.
Au nom de l'école libre et de l'école laïque,
Reçois nos vœux en fête et nos bruyants bravos.

Un cri flatteur s'échappa de l'assistance. C'était la fin du compliment. Et M. Petermaës l'écouta dignement, avec ses beaux favoris de marbre et son grand air de bienveillance, sur un beau ciel de satin bleu ; et les lapins du second étage de monument profilaient sur ce ciel leurs oreilles parallèles qui paraissaient plus blanches, plus grandes, plus solennelles que d'habitude. Et c'était vraiment exaltant. Mais il fallait retenir les ânes qui voulaient brouter les chardons.

*

La kermesse fut magnifique. Jamais le soleil n'a fait suer tant de personnes entre tant de baraques de toile, jamais on ne mangea tant de beignets plus couverts d'une poussière si fine, jamais l'acétylène, la poudre et la guimauve ne combinèrent leurs odeurs plus épaissement sous un ciel plus vraiment bleu ciel.

L'école des Frères avait fourni, à l'intérieur du « Village scolaire », le stand des « Fables de La Fontaine », et le petit Personnel, le fils du pâtissier, y jouait du violon sur l'estrade, costumé en cigale avec des ailes de gaze, et un lion jouait du tambourin, et le petit Choubersky promenait honteusement son gros derrière de fourmi noire en moleskine.

Ce n'étaient que festons, ce n'étaient qu'astragales. Il y avait une baraque de personnages d'affiche où le bébé Cadum discutait avec un Bibendum en pneus et les deux garçons de café de l'affiche du Saint-Raphaël, ou tout au moins leurs silhouettes, car ils étaient découpés dans du bois, l'un blanc et l'autre rouge, et fixés par des anneaux de cuir aux bras de deux jeunes gens qui furent condamnés à n'évoluer toute la journée que de profil. Le stand peau-rouge était couvert de chaume sur le modèle de la cabane polynésienne du cygne noir des jardins Petermaës. Au milieu d'un espace nu, on avait installé le bâton à grenouilles. On tirait de l'arc, pour deux sous, sur un trappeur en costume Louis XV attaché à ce poteau de torture. Foie-de-Lézard lisait l'avenir dans la main, et on achetait des souvenirs d'Amérique. Fred, assis sur une caisse, jouait de l'accordéon. Il débuta par *Sambre-et-Meuse.*

Mille attractions sollicitaient le client. M. Archibald Vesperbaum, « l'Homme-Dynamo », avait prêté son gracieux concours. Il mourut vingt-cinq fois sur la chaise électrique, sans en éprouver d'autre malaise qu'une soif ardente qu'il étanchait dans des flots de bière. Le sable de la baraque était jonché de canettes. A la sortie on pouvait se procurer sa « carte postale scientifique » qui le représentait en pied, un peu chauve, et de noir vêtu ; tricot de corps noir, bras nus, col de taureau, culotte de cheval, bas de soie et mollets Louis XV, chaussures de vicaire campagnard, avec boucles et élastiques. Cet uniforme de savant s'expliquait par le front du penseur. M. Archibald Vesperbaum tenait une main derrière le dos, l'autre touchait de l'index une lampe à pétrole d'un modèle purement forain telle qu'on en gagnait à la baraque suivante, avec le réservoir en verre orné de fleurettes émaillées. Cette lampe faisait jaillir de son verre, au contact de l'index magique, des pointillés naïfs, lourds d'un sens instructif, qui représentaient on ne sait quelle force, quelque chose d'infra ou de supra quelque chose, propre au fluide de M. Vesperbaum, l'homme phénomène, sur le cas duquel se penchaient pensivement les instituts américains. Fred acheta la carte postale. Il la mit dans son portefeuille avec les papiers du bachot.

Mais que dirai-je des « Merveilles de la Mer » où le scaphandrier Johnson, opérant en costume, se battait avec la sirène et taquinait la pieuvre au bout de son trident ! On entendait quelqu'un lutter dans la coulisse. « Elle résiste, disait le patron dans le porte-voix. J'ai peur, j'ai peur... Elle va se jeter sur l'homme. Retenez-la ! Empêchez ce crime ! Augusta, replie tes tentacules. Retenez-la. Le monstre a faim. » Hélas, pour être véridique, Augusta, tremblant de tous ses membres, se réfugiait a ce moment-là dans le pot a eau parce que c'était le seul endroit qui lui rappelât vraiment sa caverne natale et où elle se sentît à l'abri.

Mais le plus beau c'était peut-être la baleine qui était peinte sur la toile extérieure de la tente. Elle renversait une barque et ses douze marins coiffés de chapeaux enrubannés, tandis que le reste de l'équipage fauchait la brousse sur le rivage avec des sabres à canne à sucre.

A midi le village peau-rouge distribuait « l'eau de feu » sous forme d'orangeade. Le petit Choubersky traînait sur son estrade un derrière flasque, à demi vidé de son foin par des camarades exaltés, le lion couronné d'or crevait son tambourin, et Fred, qui se levait de temps en temps pour ramasser dans une sacoche la recette des divers rayons, jouait avec fureur la *Polka des Fauvettes.* Une sueur noire tombait de son front sur l'instrument.

Ce fut alors qu'il y eut dans la foule un grand silence coupé de « Oh ! » suivis de « Ah ! ». Des doigts se tendirent dans la même direction, des pères de famille reculèrent pour mieux voir et prirent sur leurs épaules des enfants poussiéreux coiffés de bérets à pompons rouges, et des dames protestèrent parce que des os pointus s'enfonçaient dans leurs côtes.

La montgolfière du centenaire de l'usine à gaz venait de surgir au-dessus des Galeries du Progrès, énorme, toute ronde, proche à crier, comme si elle allait tomber sur la place. C'était le froid inattendu de son ombre qui avait fait lever les premières têtes.

Dans la nacelle on distinguait deux hommes, un qui était penché sur le bord, ayant mis hardiment sa casquette à l'envers, « à l'aviateur », comme Védrines ou le fils Piéprat, pour le vent et pour le prestige, et un autre debout, qui portait un lorgnon comme les savants des « Lectures expliquées ». Il avait l'air si doux et si timide, tenant verticalement un petit bâton noir qui pouvait être un instrument d'aéronaute, que Fred, en proie à l'idée fixe, le prit pour M. Vingtrinier, tel qu'on le voyait dans l'arche des David, quand il tuait les mouches debout, avec la règle à filets de cuivre. Mais cette fois, de trône en trône, de bibliothèque rustique en comptoir du Soufflex, et de comptoir du Soufflex en arche des David, M. Vingtrinier, le juge, le roi, le guignol fantastique, s'élevait jusqu'au zénith dans une auréole de lunes, de losanges et de soleils, parmi les ovations de la foule, droit comme un serpent sur sa queue.

La montgolfière avançait rapidement, elle était près d'avoir traversé toute la place, et il allait falloir se retourner, quand la seconde apparut à son tour, derrière le toit des Galeries. On la vit franchir la muraille, sortant la tête petit à petit, comme le complice du voleur qui vient de passer. Ainsi monta le gros ballon, toujours plus gros, jusqu'à ce qu'on vît son grand diamètre, et ensuite toujours plus rond ; et les aéronautes regardaient la kermesse, et tout le monde agitait des mouchoirs, et les clients aux terrasses des cafés se hissaient sur les chaises.

La deuxième montgolfière rattrapa la première. On les vit toutes deux, énormes, au-dessus de la place, avec leurs inscriptions géantes à la gloire du gaz d'éclairage et de son directeur-gérant. L'une était rouge et or, l'autre bleu et argent. Et on ne pouvait pas se lasser de s'étonner de les voir si rondes et si énormes, et des grands disques d'ombre qu'elles promenaient sur la place, nets comme dans une géométrie.

Puis il y eut un « Ah ! » général qui finit en *decrescendo.* Elles avaient jeté du lest (un lest qui retombait en pluie fine sur la tête des spectateurs) et fait un grand bond dans le ciel. M. Vingtrinier, ou tout au moins l'aéronaute qui lui ressemblait, en avait été rabattu à l'intérieur de la nacelle, comme un guignol que le commissaire vient d'assommer.

Maintenant, toute petite, l'une rouge, et l'autre bleue, elles filaient vers la cathédrale où on crut qu'elles allaient s'accrocher à la flèche. Mais elles repartirent de plus belle, pareilles à des bulles de savon, ne furent plus que des points noirs à l'horizon, et disparurent.

Sur les balcons, des messieurs regardaient, avec des jumelles prismatiques qu'ils prêtaient à des dames ravies et des enfants en col marin comme dans les vitrines de « l'Union et Progrès ».

Les Peaux-Rouges déjeunèrent de sandwiches, de poussière fine, de bière chaude et de berlingots.

★

A trois heures de l'après-midi il y eut encore un « Ah ! » d'extase. Le vent avait tourné et ramenait un ballon. Il devait se trouver au-dessus du *Britannic.* Il semblait que ce fût le bleu car il avait des reflets d'argent. On le voyait tout petit, descendre en titubant ; ensuite on ne le vit plus. On attendit le rouge. Mais le rouge ne se montra pas.

Puis, à quatre heures, subitement, un remous agita le public. Des femmes fuyaient, entraînant leurs enfants, des hommes faisaient de grands gestes des bras et affolaient tout le monde en criant : « Pas de panique ! » Un agent, jaloux, intervint. Le python du cirque Arthur Winter, celui que son dompteur appelait Fernand, s'était échappé dans la foule.

Des gens bien renseignés affirmèrent l'avoir vu tourner le coin de l'avenue Lombescure, devant la pâtisserie de M. Personnel, spécialiste des amandines. D'autres juraient qu'il était entré dans l'égout de la place Gambetta. Aïcha, la charmeuse, s'était mise à plat ventre, et sifflait devant la gueule du gouffre, à l'adresse de l'enfant prodigue, un air étrange et monotone, quelque romance pour serpent échappé.

La foule diminua rapidement puis, l'alarme passée, elle oublia le python. Les tirs aux pipes retrouvèrent leurs clients, l'eau de feu circula de plus belle au « Bar du Grand Serpent », dans le village peau-rouge. Frédéric, plus noir que jamais, joua *Poète et Paysan.*

La poussière était telle que les yeux les meilleurs n'y voyaient pas à plus de deux mètres. On distingua, dans cette lumière de simoun, des groupes d'hommes et d'adolescents qui partaient pour battre la ville armés de râteaux, de cannes ou de revolvers. Ils cherchaient le python et buvaient aux terrasses. Aïcha distribuait le signalement du serpent.

A dix-huit heures, au maximum de la poussière, de la sueur, de la poudre, de l'huile et des fritures les plus gênantes, ils furent relayés par un groupe exalté qui se dirigeait en sens inverse en chantant le *Chant du Départ.* C'était le club des « Plaisirs de Corée », en uniforme (c'est-à-dire en chapeau breton), biniou en tête, qui, aidé des sapeurs-pompiers, portait avec différents membres de l'Amicale du Souvenir d'Edouard Piéprat, un homme assis sur une chaise de fer, posée elle-même sur le marbre d'une table de café.

Il tenait piteusement une coupe d'argent qui ballottait dans sa main droite et, en jaquette avec son col correct, il avait l'air de Charlot vexé. L'encens de la foule ne semblait pas le griser. Il paraissait surtout inquiet de son équilibre, car la chaise, sur le marbre lisse de la table, faisait parfois des embardées embarrassantes.

Fred reconnut M. Vingtrinier. Cet homme, décidément, n'apparaissait jamais que sur un trône. Il avait dû perdre son melon. On lui avait mis une casquette à l'envers, à l'aviateur, à la Védrines. Il la portait sans hardiesse. Frédéric, hébété, à la demande de l'Amicale, joua la *Brabançonne* pour saluer l'aviateur.

Ses idées lui échappaient. Il lui semblait, des pieds au crâne, que toute sa peau avait une rage de dents. Il n'était plus qu'un diable noir et poussiéreux, coiffé de plumes, en train de danser.

Ce Vingtrinier qui cueillait des fleurs au clair de lune, qui veillait des cadavres frais au plus haut étage des maisons, ce tueur de mouches qui menait à quatre chevaux un comptoir de ramasse-poussière, qui surgissait dans l'arche des David et dans les montgolfières de fête, on le charriait maintenant sur un pavois, au plus épais de la fumée des fritures ! on le voyait s'enfoncer dans le ciel, à midi, raide comme une vipère, l'air légèrement inquiet du sort qui l'attendait au milieu des nuages, sous un globe de papier rouge qu'il redoutait de voir éclater ! Il se montrait entouré de soleils d'or, de croissants de lune, de losanges verts et bleus. Il envahissait l'horizon armé d'un bâton à physique, avec lequel il battait vaguement la mesure comme pour rythmer la valse des planètes, et semblait poursuivre des mouches. Le vent s'étant mis au nord-est, il faisait du 103 à l'heure et gagnait un prix de cinq cents francs ! Les reporters sportifs s'en mêlaient ! Peut-être, après tout, le hasard, la misère, le souci de porter jusqu'au bout une jaquette à peu près décente sans sacrifier le pernod du soir, lui avaient-ils fait rechercher, au péril de sa vie, ce rôle d'enfant de chœur du progrès ? Peut-être ces ébats d'oiseau-mouche étaient-ils un trait d'indigence que Vingtrinier déguisait en fringale de sportif ?

Peut-être aussi son geste s'expliquait-il par cette hantise de trônes, cette frénésie d'altitude, qui le situait toujours sur des sièges pompeux, au-dessus de l'étage des mortels ordinaires ?

Si Frédéric avait mieux vu M. Vingtrinier serrant d'une main gauche convulsive un billet de cinq cents francs froissé qu'il n'avait pas eu le temps de mettre dans son portefeuille, et tenant d'une main droite trop molle la coupe d'argent du centenaire qui ballottait à tous les chaos du pavois, il eût écarté l'hypothèse d'un exploit concerté par cet homme abattu.

Ce triomphateur flottait comme une épave. Ivre, et l'œil fixe, il restait argileux d'avoir été traîné sur dix mètres de betteraves derrière un ballon dégonflé qui sursautait et palpitait comme un paquet d'entrailles chaudes. Terrorisé de sa performance, il n'avait pu reprendre ses esprits au pied du monstre mou qui l'avait déposé dans la désolation infinie de la nature. Tout s'en était mêlé : un instant d'égarement, les remous de la foule, les hasards des passages gardés, le manque d'organisation, l'habitude de trouver toujours une montgolfière à son réveil, l'absence d'un candidat, le quiproquo d'un sergent de ville et une épouvante d'ivrogne qui l'avait fait « fuir en avant », privé de tout contrôle de lui-même. Tout cela l'avait emmené dans le ciel du mois de juin à l'altitude de six cents mètres, et de là dans un champ de légumes, pour le faire rebondir sur une table en marbre portée par des sapeurs-pompiers.

Il se demandait encore comment tout s'était fait, mais il se le demandait peu. C'était une question secondaire parmi celles qui tournaient ce soir-là, comme de grands squales gélatineux, au fond de son âme noyée de pernod, à des profondeurs abyssales, avides de viandes, agiles et mous, au milieu de phosphorences...

Mais que dirait de tout ça l'agenda du lendemain ?

*

La foule s'était raréfiée pour le dîner sur le coup de sept heures. On ne distinguait plus guère dans les rumeurs foraines que la chanson noire du vieil aveugle dont nous faisions M. Panado. Il s'était installé sous le bec de gaz central ; et ce soir-là, ce fut l'*Homme aux Folies !* L'Homme aux Folies, l'aviateur de la mort, une création de 1918 : ce personnage unique et byronien, drapé dans le deuil d'un amour bafoué, se grisait d'oubli sous les balles, dans le tonneau, la vrille et la feuille morte, et tout le front craignait pour sa vie. Les croix de guerre lui poussaient de partout sur la poitrine sans épuiser son désespoir ni apaiser son besoin d'aviation sarcastique. Il avait perdu la raison et tournait en plein ciel de gloire, la tête en bas, les pieds en l'air, sans jamais pouvoir s'arrêter, à la façon des souris japonaises. C'était affreux ! et cependant comme c'était ça ! Car nous savions la guerre et l'aviation française : les aviateurs portent au cou un bas de soie indémaillable de leur marraine. Voilà la guerre, voilà les aviateurs... Voilà la vie.

Et, après l'aviateur de la mort, tout y passa, le *Temps des Cerises* fut trop court, et les *Poupées de Minuit* furent de petites femmes, et l'*Hirondelle du Faubourg* s'affaissa sous le couteau du voyou de la barrière, et « des jeun' gens qui s'raient restés honnêtes » tuèrent père et mère comme rien du tout « pour une nuit de folles caresses ». Ce ne furent qu'exaltations, ravages, écrabouillis. Voilà le néant de la vie humaine, voilà son ardente aventure. Le vieil homme n'avait qu'à tourner la manivelle de l'instrument, il en sortait du crime et du sanglot comme le vin sort de la barrique. « Allons, les gosses, écartez-vous, disait-il entre deux couplets, ne crachez pas vos mégots dans ma boîte, laissez passer le client sérieux. »

*

Fred commençait à être très fatigué, lorsqu'à dix heures du soir il aperçut encore l'obsédant M. Vingtrinier, juché sur l'arche des David comme un marin sur sa dunette, comme l'Homme aux Folies dans le soleil couchant. Il y avait avec lui un autre personnage, une femme, et les deux silhouettes se découpaient sur la verrière illuminée. M. Vingtrinier faisait de grands gestes.

Œil-de-Sarigue avait emprunté des jumelles pour voir passer les montgolfières, et Fred, très intrigué, sauta sur l'instrument. Mais il fallut le mettre au point. Pendant qu'il tournait la vis, M. Vingtrinier rentra chez lui, suivi de la dame.

Telle qu'il l'avait vue dans le va-et-vient des verres,

Fred l'avait prise pour Dora ! Décidément il était obsédé. Il se mit à suer d'angoisse, parce qu'au lieu d'avoir à se battre contre des hommes ou des choses, c'était contre des illusions qu'il avait à se démener, contre les fantasmagories qui s'entre-niaient, s'entr'engendraient et s'entre-détruisaient encore.

Il fallait voir les choses nettement. Il avait écrasé Dora, c'était acquis ; il ne pouvait pas en parler à son tuteur. D'autre part, il ne pouvait plus vivre avec ce souci dans le même décor. Et que serait-ce lorsqu'il serait découvert ? Et il ne voulait pas non plus esquiver ses responsabilités. Du moins, à ce moment-là, pourrait-il être ailleurs. De loin ce serait moins atroce. Et maintenant on eût dit Dora... Dora venait d'apparaître là-haut !...

C'était fou ! Elle ne pouvait pas être à la fois dans la chambre du Grand Tournant, morte, rigide, étendue sous les fleurs, et sur les toits de la rue Quattrebarbe ! Mais n'était-il pas aussi fou de penser à ce bureaucrate en bretelles cueillant des fleurs à minuit pour le cadavre de Dora ? Il fallait qu'une des choses fût vraie, ou l'une, ou l'autre. S'était-il trompé sur le perron quand il avait vu l'homme qui cueillait les pivoines ? S'était-il trompé sur l'échelle quand il avait regardé dans la chambre ? Et pouvait-il s'imaginer, par conséquent, que Dora n'était peut-être pas morte ?

Non, tout coïncidait bien trop : elle était morte, et le reste était un songe, aussi inexplicable et fou que la messe de Saint-Ferréol. Pourquoi, dès qu'on entrait dans le domaine de Dora, tout devenait-il si irréel ? Il fallait voir les choses sans romanesque. Ces aventures, ces fleurs, cette montgolfière, ce *Britannic* et ces histoires macabres relevaient du roman-feuilleton.

Encore une fois, ce sont des choses qui n'arrivent pas avant le bachot, le romanesque est une création des livres, tous les professeurs le confirment ; ils vous apprennent que Corneille dépeint des situations qui ne se présentent jamais. Le romanesque n'arrive qu'aux autres, comme les accidents de bicyclette.

Qu'il eût aimé dormir, changer de soucis, de climat ! Il revit la négresse qui l'appelait dans la nuit. Elle lançait ses citrons dans la cour du collège. Il essaya de faire sa caisse, mais il se trompait à chaque instant. Il enfouit les billets et les pièces dans ses poches. Qu'il y en avait ! Et, sombrement, il se mit à jouer *Dinah* en songeant aux conversations qu'il avait eues avec de la Falèze au Cabaret de la « Femme Sauvage » ou au petit Bar de la « Sardine Bleue ».

*

Les clients se faisaient rares, la poussière diminuait, la kermesse tirait à sa fin. Il ne restait plus que les intrépides, les fétichistes du berlingot, les risque-tout du serpentin.

L'abbé Chaumy, qui était revenu souvent dans le courant de l'après-midi, passa à ce moment-là assez rapidement.

— Tout marche bien ? la recette est bonne ?

— Tout marche bien, la recette est bonne, dit Frédéric.

— Je suis obligé de partir, reprit l'abbé Chaumy. Je vous fais confiance, vous me remettrez la caisse demain. Rangez avec Forel les choses dans la baraque, gardez la clef, ne faites pas de bêtises, vous me la remettrez avec la caisse. Les autres peuvent venir se changer, il est tard pour les petits, les familles s'inquiéteraient. Merci de votre dévouement, Frédéric, c'est parfait. Le stand a été magnifique.

Tout le monde partit. Frédéric resta seul avec Forel, qu'on appelait Œil-de-Sarigue.

Ils rentrèrent les caisses de bière vides, les bancs, les chaises, l'eau de feu, le bâton à grenouilles et le trappeur en costume Louis XV. La nuit était toute pleine d'une poussière lumineuse dans laquelle passaient des couples, quelques militaires, des enfants, des familles...

Là-haut, sur la verrière de M. Vingtrinier, à l'horizon, au-dessus de l'allée bordée de baraques et de lanternes vénitiennes, de grandes ombres s'agitaient avec l'emphase et la rapidité des ombres. On eût dit un massacre affreux. M. Vingtrinier brandissait un poignard, il assassinait la jeune fille ! Frédéric revit la petite barque et la lanterne blanche et rouge de Pied-Volage, la pointe Saint-Gilles, l'anneau du quai, l'eau clapotante et les reflets de la lanterne dans le fleuve. Théo passa au loin, revenant du Café Russe. On entendait l'orgue d'un carrousel.

*

Le vieil aveugle ne s'arrêtait plus. Il racontait d'une voix de théâtre l'amour, l'assassinat sordide, le crime célèbre et la fatalité. Il prodiguait d'une belle voix de basse un peu fourbue l'avertissement précieux et le conseil pathétique. L'expérience parlait par sa bouche, impérative et sans réplique. Elle parlait des pièges de l'amour et du danger de la femme du monde et de la mort fatale des *Enfants obstinés.*

Les femmes du monde du vieil aveugle perdaient les enfants obstinés avec une rose entre les seins par leur décolleté magnifique. Il n'y avait rien à faire à ça, c'était écrit dans les étoiles... On aime, on chante, on tue..., réflexes !... On a beau faire, le crime est au cinquième couplet et la guillotine au sixième... L'homme propose, le couplet le mène, le refrain le condamne, la moralité l'exécute. Ainsi chante la loi du faubourg.

Et les enfants obstinés répondirent. Ils répondirent qu'ils ne voulaient rien savoir, qu'ils voulaient rester à la fête. Ils avaient de huit à quinze ans. Ils arrivaient à l'autre bout de la place, en espadrilles, — de quelle école ? de quel village ? — conduits par un jeune homme frisé, en bras de chemise et béret basque. Et ils chantaient sur l'air des *Allobroges* en traînant un peu la savate :

Cité, jolie cité, dans tes vertes campagnes
Au lieu d' nous en aller, nous voudrions rester,
Les habitants d'ici nous regardent passé-é-er,
Car nous marchons au pas,
Au pas cadencé.

Ils disparurent dans la nuit et la poussière pour rejoindre par le train on ne sait quel village où la nuit fraîche, sous les noyers, près des fontaines, doit avoir le goût même du bonheur.

*

Œil-de-Sarigue partit en hâte pour se changer. Fred ne se pressa pas. « Je sauterai le mur », pensa-t-il.

Il n'avait plus qu'une idée depuis le matin, c'était d'aller revoir le cassis et la maison du Grand Tournant. Pourtant il partit lentement, et plus il voulait se dépêcher, plus il cherchait à se contraindre à la lenteur (à moins que ce ne fût une torpeur qui le retînt ?...). Il s'arrêta à toutes les baraques, traînant les pieds dans la poussière.

Au tir aux pipes, il cassa des pipes. Les enfants s'étaient mis en cercle autour de lui, à quelque distance cependant.

— C'est un Peau-Rouge, disait l'un respectueusement.

— C'est le Peau-Rouge du Village peau-rouge, disait un autre.

On le regardait curieusement. Mais il ne s'en apercevait pas. La courroie de l'accordéon lui coupait l'épaule, et dans ses poches ses mains plongeaient jusqu'au poignet parmi des pièces et des billets au contact savonneux qu'il remuait doucement. Qu'il avait donc d'argent !

Il mesura sa force au chemin de fer électrique et fit monter la locomotive au maximum. Le groupe d'enfants l'avait suivi dévotement.

— C'est tous des costauds, les Peaux-Rouges, expliquait le plus grand, en garçon qui sait beaucoup de choses, car il lisait *Buffalo Bill* tous les jeudis.

Fred s'arrêta au « Baromètre de la Santé » où l'on faisait bouillir dans sa main, au fond de la « Cornue magnétique », un liquide qui se colorait en rouge ou vert selon le tempérament du sujet. Sur un cadran gradué une aiguille gigantesque, reliée à la cornue magique par des tubes de caoutchouc, tournait trois fois et s'arrêtait en vibrant sur un chiffre. Le savant du comptoir commençait le numéro :

— Trente-huit, expliqua-t-il à Fred. Ça n'est pas mal : les nerfs sont plus forts que le sang.

Les badauds accordèrent de la considération à ce client de la dernière heure. Ce diagnostic était très recherché. « Votre chiffre ? le 13. Votre couleur ? le vert. Votre élément c'est l'eau. Le mois de juin vous porte bonheur. Je vous conseillerai comme talisman le fer à cheval. Voici une bague... »

Mais Fred était parti.

★

La verrière de la maison David s'était nettoyée de toutes ses ombres. Elle brillait maintenant comme un triangle d'or derrière l'arche entièrement vide. Ce fut alors que la silhouette de M. Vingtrinier s'y encadra de la façon la plus inepte. Il était seul comme d'ordinaire, et, comme d'ordinaire, puéril et insondable, et armé de son bâton tue-mouches, pareil en son schéma à un symbole freudien. Il avait certainement assassiné la dame...

Le crime était consommé, le diable sortait de sa boîte et venait saluer l'assistance, tel le crocodile de Guignol.

Il se sertissait dans son cadre avec cette netteté qu'on exige des affiches. On eût dit une réclame parfaite pour quelque produit fabuleux, une publicité pour l'homme, « l'homo simplex », cet incroyable mammifère, cette curiosité scientifique, zoologique, cet exotisme, ce désert, ce fond d'océan, cette sardine en jaquette.

Puis il rentra, automatique, dans sa tanière, comme Augusta dans le pot de faïence.

Et la nuit ne parla plus de lui aux Peaux-Rouges qui jouent *Dinah* et *Sambre-et-Meuse...*

*

La lune tombait sur le patronage. La rue était déserte, et cette longue caserne, avec la symétrie de ses fenêtres et ses vitres noires qui brillaient, avait quelque chose d'irréel.

Fred trouva la porte fermée. Il passa par-derrière et sauta le mur du jardin. Le terrain de jeu était tout blanc de lune. La barre fixe luisait. Les grands chardons et les rhubarbes avaient un air extrêmement insolite. On voyait une fleur bleue au milieu de leur groupe noir. Le silence était impressionnant. Il agrandissait tout l'espace, et Frédéric fut d'autant plus surpris d'entendre des pas lourds marteler le trottoir et de voir passer de grandes lueurs fumeuses sur le mur opposé de la rue. Puis les pas s'éloignèrent. La lumière se perdit... Il se passait des choses étranges...

Il comptait trouver sur le jardin une porte ou une fenêtre ouverte. Mais tout était fermé de ce côté aussi. Il ne voulait pourtant plus se promener en Peau-Rouge. Il traversa les chardons bleus et les rhubarbes insolites et explora la cabane de planches coiffée de papier goudronné qui servait à ranger des outils de jardinage. Il y trouva une vieille veste et un chapeau de soleil percé. Il laissa le chapeau, prit la veste, et resta un moment à explorer les lieux pour le plaisir de la surprise.

On entendait, derrière la paroi, toute une agitation,

des pas, des chocs, des fuites. Il alla voir : c'étaient des lapins effarés qui avaient été réveillés dans leur cage par le passage de la lampe électrique. Jamais il n'aurait cru que des bêtes si feutrées pussent mener un tel tapage. Elles galopaient. Fred voulut coller le nez sur le grillage pour mieux les voir, mais sa coiffure de plumes y resta accrochée. Il la pendit avec le chapelet d'oignons. Ensuite il alla à la pompe, et lava comme il put sa teinture de Peau-Rouge. Ce fut le serpent qui s'effaça le mieux, il partit par écailles. (L'onguent tenait plus fort.) Mais la trace resta imprimée ; elle formait une place claire sur la peau. Il s'essuya avec son mouchoir, passa la veste et la boutonna bien pour dissimuler le serpent rose. Il noua même son mouchoir autour de son cou. Ainsi fait il était encore plus inquiétant.

Il sauta le mur avec l'accordéon et prit le chemin qui menait au passage à niveau.

*

Il dut passer par des quartiers déserts dont l'heure, le silence et la lune rendaient le visage si différent de la physionomie habituelle qu'on se serait cru dans une ville étrangère. C'était dans cette ville-là, d'ailleurs, qu'il avait découvert la veille l'étrange amateur de jardins, c'était aussi dans cette cité de la nuit trompeuse que la négresse l'avait appelé de la fenêtre. Fallait-il croire la vérité du jour ou la vérité de la nuit ? Mais le jour était peut-être encore plus surprenant, qui reprenait en plein soleil, sur un mode encore plus étrange, les réalités de la nuit, avec ses montgolfières qui surgissaient soudain, comme un voleur en haut d'un mur, derrière le toit des Galeries du Progrès, promenaient dans le ciel les personnages de la nuit et les ramenaient en triomphe !

Devant le passage à niveau, comme le matin, il constata la présence du trou, mais très loin de l'endroit où passait son itinéraire normal. Il essaya d'une foule de déductions et s'aperçut que sa pensée tournait dans un cercle vicieux. La maison du garde-barrière avait l'air d'un jouet sous la lune, et des pots de géranium qui étaient sur ses fenêtres montait une drôle d'odeur, amère et froide, comme métallique, qui le dérouta sur la piste de ses pensées.

Il finit cependant par partir, espérant trouver d'autres indices à la maison du Grand Tournant. Plus il cherchait depuis vingt-quatre heures, plus son gibier le fuyait dans une jungle d'impressions étranges. La ville n'était plus la même. Transformée par la nuit, c'était la « Ville d'Ailleurs ». Du passage à niveau jusqu'à la route du nord, où se trouvait le Grand Tournant, il ne sortit pas de cette cité de rêves, de ces quartiers transsubstantiés par le silence, et d'autant moins qu'il venait d'échapper au bourdonnement de la fête. A travers toute son inquiétude il en était émerveillé. Boutiques fermées, becs de gaz cassés, ruelles sordides, avenues désertes, longue hantise des trottoirs rectilignes, places lointaines, vastes comme un pays, façades du XVIIIe siècle avec des fenêtres à fers forgés dans des rues tristes et étroites, c'était une contrée sans pareille qui l'exaltait sournoisement. Elle l'accompagnait comme un homme. Les personnages d'affiche lui emboîtaient le pas, les becs de gaz suivaient en file indienne. Il en sortait d'étranges ferments. C'était une carte de l'inquiétude, de l'insolite et du merveilleux.

Le patronage avec sa façade de caserne, le réverbère de la petite rue des Ténèbres, le Village nègre que la kermesse dessinait contre les étoiles, la maison de l'abbé Mignon et l'affiche du Saint-Raphaël, avec ses deux garçons de café, le tourmentaient de sollicitations. Il les dessina par la suite. J'en ai un album sous ma main. Alors qu'il ne songeait qu'à savoir, qu'à vérifier la mort de Dora, il ne put empêcher que la « Cité d'Ailleurs » ne prît en lui une importance capitale. Elle se dilatait dans la nuit et se nourrissait de son souci tout en lui restant étrangère.

Et ce fut elle qui finit par le décider, plus que ses jugements.

L'affiche du Saint-Raphaël, si mystérieuse dans l'image de l'album, il la trouva à la hauteur d'un second étage, sur un immeuble démodé des Maisons Roses, et il lui sembla que les deux garçons, le blanc et le rouge, plats et muets, l'escortaient à partir de là portant le plateau et la bouteille, leur serviette sur le bras, chacun sur un trottoir. Il ne s'agissait pas d'une hallucination, mais de la violence d'un besoin artistique. Il se promenait, désormais, dans un monde léger, brillant comme du coton, dans un univers dilaté, suivi de chaque côté de la rue par ces deux garçons plats. Il en sentait l'impossibilité, et c'est pourquoi, à ce moment-là, il ne croyait plus au Vingtrinier cueillant des fleurs qu'il avait vu dans le jardin lunaire et croyait à l'assassinat qu'il avait vu sur la verrière de l'atelier. C'était une âme embrouillée dans ses songes, entre sa sensibilité et sa création artistique. Il ne savait plus distinguer, et il ne saurait plus jusqu'à une création, entre les choses dont il avait besoin et celles qui se passaient dans la vie. Peut-être était-ce un tour de

M. Panado. (Peut-être aussi les deux garçons étaient-ils ceux de la baraque des personnages d'affiche, qui rentraient chez eux costumés ?)

*

Et ce fut encore M. Panado qui lui remit soudain sous les yeux cette maison du Grand Tournant telle que Fred l'a dessinée dans son album et telle qu'elle s'affirmait depuis la nuit précédente, hofmannesque à force de banalité. Tous les volets étaient fermés, toutes les lumières étaient éteintes, sauf dans la chambre du second.

Fred eut peur de trouver encore M. Vingtrinier cueillant des fleurs au clair de lune. Une sorte d'automatisme le fit monter sur le perron, car il recommençait son rêve et refaisait ses gestes de la nuit précédente, comme dans ces songes où il semble qu'on a déjà vécu ailleurs la scène qui se passe et où tout n'est que réminiscences. Tout n'était-il que réminiscences ? Il avait peur de voir M. Vingtrinier cueillir des fleurs dans le jardin, et il regarda, comme la veille, après avoir fermé les yeux en vertu d'une superstition, pour ne pas mêler sa vision d'éléments qui fussent des restes d'autre chose, pour apercevoir d'un œil neuf, sans aucune idée préconçue, mettre toutes les chances du côté de la vie, du vrai, de la réalité, tous les torts du côté de ce qu'il appelait ses songes, et donner tort à ce qu'il vit en effet : comme la veille M. Vingtrinier, en bras de chemise, en bretelles roses, cueillait des fleurs dans le jardin qui embaumait !

M. Panado le lui montra nettement, comme dans un stéréoscope, et nul n'imagine l'importance de l'émail blanc que mettait dans la nuit le col, pourtant douteux, de M. Vingtrinier, et la gouache de ses bras de chemise. Ce blanc sentait la photo de faits divers. Il faisait peur et gênait l'âme.

Fred repartit à travers une ville de tombes, d'asphalte et de lune. Les arbres avaient l'air translucides comme des algues sous-marinęs. Les dernières lumières de la kermesse s'éteignaient, effaçant cette espèce de cloche rose qui avait fait jusqu'alors une aurore boréale au-dessus de la Cité d'Ailleurs depuis le commencement du phénomène. On aurait dit la fin d'un météore.

★

Les garçons du Saint-Raphaël ne lâchèrent Fred qu'au bout de la rue des Teinturiers (il ne sut où ils étaient passés) quand il vit venir sur lui, de face, du fond de la place Gambetta, à la lueur d'une torche (où trouve-t-on des torches ?...) un groupe d'hommes disparates, en casquette ou en chapeau mou, en veston ou en bras de chemise. Ils étaient encore tout petits. A mesure qu'ils se rapprochaient, il les vit mieux, armés de triques ou de revolvers. On distinguait même, aux dorures, la canne du Suisse de Saint-Eustache, que Brévier portait par le petit bout.

En tête marchait M. Vantre, vermeil et décidé, en barbe et en jaquette, en lunettes d'or, en pantalon rayé, comme s'il allait recevoir le python dans le parloir en présence de la famille. Il tenait par le bras Aïcha, la charmeuse, qui essayait de lui apprendre à siffler. Délaissant la canne « Buffalo », bonne pour le corbeau de pensionnaire, il avait pris un Lebel de 1914 et ressemblait dans cet équipage à un émeutier de 48 se rendant sur la barricade dans un tableau de Delacroix. Avec la torche, le lointain et Aïcha, on aurait dit un soir de Révolution française ou une émeute à la Casbah.

Ils tournèrent à la hauteur de la petite rue des Ténèbres, à quelques mètres de lui seulement. Leurs ombres, aux lueurs de la torche, s'agitaient monstrueusement sur les grands murs de l'étroite ruelle, armées de longs tentacules et compliquées comme un Laocoon. C'étaient eux qui avaient dû passer derrière le mur du patronage. Quand ils eurent disparu Fred chercha vainement dans le lacis des petites rues qui le ramenaient les garçons du Saint-Raphaël. Ils avaient dû partir chacun de leur côté, sans faire de bruit ; le blanc avait pris sur la droite.

Il les retrouva au « Bar de la Femme Sauvage » (en regardant par une fente des rideaux rouges), schématiques et inhumains, réduits à leur contour et leur couleur unie, violente, de personnages en bois découpés, le blanc plus voyant que le rouge, et ce fut pour Fred l'événement le plus étonnant de la nuit.

Il les vit tels qu'on peut les voir dans les images de sa « Cité d'Ailleurs » intitulées : le « Curieux Petit Café », le « Cabaret de la Femme Sauvage » et les « Honorables Gentlemen de la Grande Nuit ».

Le Cabaret de la Femme Sauvage était une étable fumante. Barestéguy, un coude sur le comptoir y perfectionnait son argot. La petite salle voûtée était pleine d'hommes épais, de marchands de bestiaux, de profils d'assassins et de chiffonniers matinaux attablés devant le vin rouge. Au milieu de cette grosse clientèle les « Honorables Gentlemen » introduisaient dans ce monde du volume l'univers plat de la simple surface avec une distinction distante. C'était une chose dont on restait inquiet, comme dans l'image où ils discutent, au coin de la petite rue des Ténèbres, avec la fille empanachée, en bas de soie et en robe luisante, pareille à une charcuterie mauve, qui minaude, une rose énorme entre les seins.

Ils ont l'air de deux lords venus d'un autre monde, pairs de l'hypoténuse ou ducs de l'angle aigu, parfaitement à l'aise, merveilleusement lointains, férocement inadmissibles. Et ce sont les personnages normaux qui ont l'air troublé. Ils s'écartent d'eux, ils les regardent avec gêne. On ne peut, sans les avoir vues, imaginer le malaise que distillent ces images, surtout celle où le garçon blanc fume un cigare traité comme une photographie. (Mais que dire du paysage où ils discutent avec Théo de l'assassinat de son singe, au clair de lune, dans les roseaux, sur le rivage de l'île de la Mâchoire ? Théo y porte un carrick à carreaux et le sac qui contient le grand singe. Il boit dans le verre plat des messieurs, encadré de longs favoris rouges, comme un assassin d'Eugène Suë.)

La fille qui se trouve sur les images, au coin de la rue des Ténèbres, appela Frédéric qui sursauta de dégoût. Elle l'insulta d'une voix râpeuse quand elle le vit s'éloigner à grands pas.

Au guichet de la gare, qui était encore ouvert, on lui donna un billet pour Marseille.

Quand il voulut payer, il sortit tant d'argent que la moitié roula par terre. Il le ramassait à poignées et l'employé ne cessa pas de le regarder avec méfiance après avoir fermé le guichet.

— Le train est parti, lui dit-il brutalement en étiquetant ses bicyclettes.

Fred passa devant la négresse qui chantait la chanson de Kipling, sous les arcades, dans la lumière d'une petite ampoule, comme dans une niche, et ne sut comment il se retrouva sur un banc du jardin Petermaës.

Dans la nuit tiède où l'œillet blanc sentait le poivre, M. Petermaës dressait contre le ciel sa tête de monstre bienveillant. La petite pièce d'eau reflétait des etoiles, la pancarte défendait de marcher sur les pelouses, et les lapins du second étage découpaient, dans le velours des places étoilées, sur le vertige des espaces interstellaires, leurs oreilles de sucre blanc.

Le docteur Peyrolles dormait parmi ses Romains de bronze, si immobiles qu'ils ne sursautaient même pas quand le carillon de leur pendule éclatait soudain sous le rocher, sous la ruine ou la rive illustre sur lesquels ils étaient assis.

*

La maison de l'abbé Mignon était l'une des plus anciennes de la rue des Anciens-Degrés, l'une des plus hautes de la haute ville, une rue qui sentait sale et triste, en dépit de tous les lavages, une odeur fade qui rendait malheureux, un remugle de froid, de vieux, un parfum d'indéfinissable.

Cette maison avait été un hôtel élégant dans les siècles passés. Elle n'était plus qu'un immeuble grisâtre à ferronneries Louis XV. Le vent du nord lui faisait injure, la mousse l'attaquait par les pieds. A l'intérieur, les longs couloirs avaient été dallés d'une pierre qui noircissait les jours humides. On y trouvait de larges portes à tambour et des fenêtres à petits carreaux. Tout y avait des proportions qui ne se font plus. Un vaste escalier de chêne déposait des paliers à mi-chemin de chaque étage. Sur le premier une carte de France qui devait avoir quarante ans semblait se confondre avec le papier peint. Elle montrait les départements et s'entourait d'une frise d'uniformes qui exposait tous les soldats de l'armée française, l'artilleur sombre, le marsouin blanc et le spahi éclatant dans une pénombre triste.

Et tout le long de la rue, des immeubles pareils, ou plus neufs mais aussi vieillis, racontaient des vies misérables derrière les géraniums en pots.

Les petites filles devaient y naître boiteuses. Les adultes avaient des teints de rave, et les enfants sur des trottoirs étroits jouaient sans bruit devant des portes d'ombre pour ne pas réveiller les vieillards qui achevaient de mourir sous des édredons rouges dans des pièces brunies que hantait un serin.

Quelquefois, au mois d'août, une des fenêtres s'ouvrait. On voyait une vieille dame, pareille à une poupée de fil de fer, dont les yeux semblaient en émail, au milieu de choses qui avaient toutes pris, comme sa figure, une couleur de faïence ancienne et d'huile de noix.

Quand Fred laissa retomber le marteau sur la grande porte, on pouvait approcher de quatre heures du matin.

Il attendit longtemps. Il allait repartir quand l'abbé Mignon vint ouvrir, armé d'une lampe à pétrole. C'était un homme grand, large et vieux, les pieds nus dans de vastes souliers ecclésiastiques. Il avait boutonné de travers une douillette qui bâillait sur le col brodé de sa chemise de nuit. Il ne marqua aucun étonnement. Il avait une grande tête chauve et mal rasée, rouge brique, de Huron, de vieille dame et de philosophe du XVIIIe siècle. Il rappelait un peu Marguerite Moreno. Les cheveux qui lui restaient, trop longs et mal peignés, frisottaient encore sur ses tempes et cachaient le haut de ses oreilles. Ils n'avaient pas blanchi et ils étaient châtains. On devinait qu'il prisait au style de son nez et au revers de sa douillette. Le couloir sentait lui-même le tabac à priser, la chaufferette et la chaussette mouillée.

L'abbé Mignon était l'aumônier du collège.

— Que désirez-vous, mon enfant ? demanda-t-il calmement à cet Iroquois insolite chargé d'un lourd accordéon dont les nacres brillaient sous la lampe à pétrole.

— Je voudrais vous parler, dit Fred.

— Entrez, lui dit l'abbé Mignon.

Ils traversèrent le long couloir et montèrent au premier étage. La lueur de la lampe arracha au passage à la tapisserie du palier ses marins, ses chasseurs d'Afrique, ses tirailleurs et ses hussards. Un reste de berger Louis XV jouait encore de la musette au-dessus d'une porte à deux battants qu'ouvrit l'abbé.

Fred se trouva dans un vaste salon qui sentait le meuble moisi. Un affreux Christ sur velours rouge y trônait au-dessus de la cheminée. De beaux fauteuils Louis XIV à la tapisserie usée entouraient un tapis râpé jusqu'à la corde. Sur leurs dossiers on voyait le « Loup et la Cigogne » ou le « Corbeau et le Renard ». Le « Lion » était « malade de la peste » sur la bergère la plus valide. De beaux portraits noircis par le temps pendaient au mur : on y devinait un général Louis-Philippe et un élégant Second Empire. Ils entouraient un curé d'Ars de Saint-Sulpice.

Entre les rideaux mal fermés on distinguait de l'autre côté de la rue une fenêtre avec une cage d'oiseaux. Une vieille femme à bonnet rond s'était levée pour faire de la tisane et surveillait un réchaud à alcool. L'abbé Mignon posa sa lampe fumeuse, pareille à celle de l'Homme-Dynamo, sur un guéridon, et se tint debout, les deux mains croisées sur le ventre, les yeux sur Fred, des yeux d'un bleu faïence, dont on pouvait également attendre une indulgence ou une sévérité lointaines.

Il était grand, et il avait grand air au milieu de son salon moisi. On aurait dit un personnage de Saint-Simon ; il avait quelque chose à la fois de noble, de peuple, de rustique, de vieux, d'intelligent, de triste, d'énigmatique et de patiné, comme les portraits du mur. Son rôle consistait au collège à prolonger dans notre esprit, je ne dis pas dans notre existence, par des cours d'une heure par semaine, l'existence théorique d'un Dieu qui ne fût pas tout à fait contraire à l'inspiration des programmes. Un Dieu qui fît peu de miracles, et ne choquât pas les inspecteurs. Il s'en tirait avec un minimum de mots. Personne ne lui parlait jamais. Mais un enfant qui se noyait pouvait s'apercevoir soudain que sa seule chance de salut était de se jeter dans les bras de cette vieille dame qui, dans sa politesse et dans ses jupons noirs, avait l'air plus homme que les autres hommes.

L'abbé Mignon attendait en silence, les yeux sur Fred, sans expression.

Quand ce fut devenu intenable, Fred se lança :

— Monsieur l'aumônier, j'ai tué une femme.

— Asseyez-vous, mon enfant, dit l'abbé.

★

Quatre heures sonnaient quand il quitta la vieille maison. L'abbé Mignon lui avait donné deux boules de gomme et une image de l'ange gardien...

Le « Bar de la Sardine Bleue » était ouvert d'une façon insolite près du *Petit Départemental.* Barestéguy en sortait hâtivement, Fred le croisa.

— Ça va, Peau-Rouge ? lui dit Barestéguy. Quoi de neuf ?

— Il y a un homme qui cueille des fleurs dans la maison du Grand Tournant, répondit Fred.

Il ajouta :

— Au clair de lune... Je crois que c'est M. Vingtrinier.

— T'en fais pas, dit Barestéguy en lui tapant gentiment sur l'épaule, ça lui passera. A toi aussi d'ailleurs, parce que ça se soigne très bien. Moi ça m'arrive plus souvent qu'à mon tour. Demain matin, un hareng saur, et de l'eau minérale bien fraîche.

— Vous n'y allez pas ?

Barestéguy éclata de rire et s'en alla. Jamais Fred ne l'avait vu quitter si hâtivement une rue où un bar était encore ouvert.

Mais il ne s'étonnait plus de rien.

Son accordéon lui pesait. Au bout de la rue de l'Octroi il aperçut devant une laiterie une chose noire et longue, une espèce de conduit qui finissait par l'un de ses bouts dans une terrine, sur le trottoir. Un homme furieux tapait dessus à coups de balai.

— Salaud ! criait-il, galapiat !

Le rideau de tôle de sa boutique était à moitié levé, et Fred, en se rapprochant, vit que la terrine était remplie de lait. La lumière éclairait un morceau de la chose noire. On aurait dit un bout de linoléum. Mais elle devint sinueuse et fila. On eût cru voir un tuyau d'arrosage d'une grosseur insoupçonnée. C'était le python.

L'homme prit Fred à témoin :

— Vous l'avez vue, cette serpente ?

Il était dans une fureur bleue :

— Ça vient boire le lait du monde !...

Le python monta dans un platane. Sa queue sortait. Elle pendait comiquement, comme la corde de la cloche dans le gros marronnier du collège. L'homme avança jusqu'à un tas de cailloux, en ramassa plusieurs et les jeta dans l'arbre.

— Sacrée couleuvre ! criait-il, moi je crains ça comme le diable ! Mais je te sortirai, feignant !

Et il mitraillait sa couleuvre. (On aurait dit une fable de La Fontaine.) Car le pauvre python, dans son étourderie, avait volé le lait d'un Auvergnat.

Fred n'avait pas le temps de s'arrêter. Il ne savait pas exactement ce qu'il allait faire, mais il fallait le faire vite. Il abandonna « la serpente » aux vengeances du Massif Central, et il marcha pendant six kilomètres, sous les platanes, en allant droit devant lui.

*

Des frissons blancs annonçaient déjà l'aube au-dessus des montagnes de l'est, quand un cheminot qui balançait une lanterne vit arriver avec ahurissement ce Peau-Rouge à accordéon qui partait dans la vie avec deux boules de gomme et une image de l'ange gardien.

Fred grelottait. Les rosiers de la petite gare brillaient comme dans un conte de fées au bord de leur jardin de poupée. Il ne les vit qu'en arrivant sur eux, car le brouillard était épais. Sous une lampe l'herbe luisait d'un vert pas vrai. Le banc rouge du Touring-Club évoquait les routes de Suisse. Un timbre trillait quelque part.

Le pas lourd de M. Panado faisait retentir la salle d'attente et scandait une ronde de petites filles qui s'accrochait au fond de la mémoire de Fred. Il vit venir derrière la vitre de la salle une grande forme indistincte et noire. C'était peut-être M. Panado ? Il faisait un bruit de souliers à clous. Mais une fois la porte ouverte, il n'y eut plus qu'un permissionnaire.

Les rails filaient comme des raies de mercure. Il y en avait tout un réseau car la gare était petite mais les voies importantes. Des feux verts et rouges, en grand nombre, étoilaient l'horizon lointain qui n'était plus, dans son moindre détail, qu'une proie du rail, de l'aiguille, du sémaphore, une pente qui descend vers la mer... De petits tilleuls frissonnaient. Il n'y avait déjà plus d'étoiles.

L'express arriva lentement, presque sans bruit. Fred s'aperçut soudain qu'il était dans son ombre. Elle était longue, immense et percée de rectangles. C'était un express important. Il avait de hauts wagons-lits. Quelques lumières filtraient. Deux ou trois rideaux se soulevèrent. Un officier de chasseurs d'Afrique en leggings de toile claire descendit d'un wagon de première et alluma une cigarette qui sentait le tabac anglais. Une dame sortit des secondes en manteau à carreaux, hardie, pimpante, avec de grandes valises claires. Par une fenêtre de son compartiment on voyait un gros homme..., énorme..., qui dormait assis dans un coin. Le reste était vide.

C'était le peuple de la nuit, des grands express, de la maison roulante. On n'imaginait pas qu'ils eussent d'autre demeure. Ils devaient rouler toute la nuit sur le monde pendant qu'on dort, superposés aux hommes, comme le peuple des animaux, qu'on ne voit pas, mais qui a sa patrie dans les bois, les caches, les trous, les rivières, au milieu de nous, qui vit dans le même monde que nous sans que nous nous touchions jamais, ou comme la Cité d'Ailleurs qui se cache dans notre ville sans qu'on l'y ait jamais soupçonnée. Ainsi ce peuple et sa maison roulante. C'était une Cité d'Ailleurs. Fred allait entrer dans son secret. Il deviendrait l'un de ses habitants. Il passerait sur le monde dans la nuit.

Le train sifflait. Frédéric monta en heurtant son accordéon. Le couloir était vide dans une lumière bleutée, les rideaux des portes fermés, l'atmosphère tiède, il fut saisi de bien-être. Tout faisait silence. Par les grandes vitres extérieures, on commençait à distinguer le brouillard du fleuve. Fred crut apercevoir le toit de sa maison, où le docteur dormait parmi les Romains de bronze, et la silhouette de la maison du Grand Tournant où Dora était étendue sous les fleurs que l'homme noir va cueillir à minuit. Il ouvrit une porte. Peut-être était-elle là ? N'était-elle pas passée de l'autre côté du décor ? et ici c'était une coulisse, l'autre côté, la Cité d'Ailleurs. (On le sentait bien quand on était au pied de la porte du wagon, ce trou noir jusqu'auquel on devait se hisser pour pénétrer comme dans un terrier.) On éprouvait la sensation d'être entré, comme Dora, dans l'au-delà de quelque chose : ce couloir bleu, cette ombre tiède, cette paix profonde..., c'étaient des limbes.

Dans le fond du compartiment où la lumière était entièrement allumée, le gros homme dormait. Il avait mis des espadrilles. Ses bottines, à tige de drap gris, faisaient une tache claire dans le filet, en compagnie d'un melon café au lait et d'un veston de même teinte. Il portait une chemise de soie déboutonnée et, au lieu de col, une haute cravate noire, pareille à celle de Dora et des marins. Ce détail faisait singulier. Sa tête énorme était blonde, rose, d'une propreté répugnante. Ses jambes monumentales envahissaient le compartiment.

Frédéric lui heurta la cheville. L'homme parla sans ouvrir les yeux, comme en rêve et pour lui tout seul, car aucun son ne sortit de son gosier. Frédéric posa sur le filet son lourd accordéon, et il allait s'asseoir, quand l'obèse ouvrit de gros yeux gris, le regarda derrière ses cils couleur de lin et continua de parler sans émettre aucun son. Fred ramena sur son cou, des deux mains, les revers de son veston, pour cacher son absence de linge. Et tout à coup, le gros homme appuya son index sur le sommet de sa cravate noire, comme on appuie le doigt sur le ventre des poupées, et Frédéric entendit nettement une voix de petit voyou de Montmartre qui lui disait :

— Puisque vous êtes debout, auriez-vous l'obligeance d'éteindre la lumière ?

On n'échappe pas à M. Panado...

*

A sept heures et demie du matin je traversais la place Gambetta quand j'entendis un garçon en chandail crier une édition spéciale.

— Demandez le vampire du Quartier Haut... Le crime de la rue Quattrebarbe... Demandez les affreux détails. Edition spéciale du matin... Un bain de sang devant une montgolfière. Voilà, madame... la kermesse de la mort... Sadique et recordman... Demandez le *Départemental !* Une victime sous les fleurs... Vampire et avocat ! ! ! Un crime dans un belvédère... Voilà le *Pe-tit Dé-par-te-mental !*

Un groupe s'était formé, le garçon mouillait son pouce, donnait le journal et rendait la monnaie. Il disparut dans la rue des Cordières. Quatre personnes s'en allèrent dans quatre directions, la tête plongée dans l'encre fraîche.

Je m'arrêtai sur un banc du square. M. Petermaës, au sommet de ses lapins, éclatait de blancheur et de philanthropie. Le journal sentait le pétrole frais. Je vis une grosse photo. Je discernai en manchette le nom de Marthe Perrin-Darlin... Il me sembla que la platebande de géraniums, en face de moi, tournait sur place. Les sauges rouges et les petits caoutchoutiers qui se dressaient au milieu de la pelouse se mirent à danser dans la lumière.

La photo représentait une tête d'homme à lorgnon, aux cheveux légèrement frisés autour d'une calvitie trop blanche, avec des oreilles compliquées, des sourcils hauts, l'air effaré d'un monsieur surpris par le magnésium.

Je ne reconnus M. Vingtrinier qu'à son lorgnon et ses oreilles. Il me semblait qu'il entrait soudain, et avec lui toute la ville, dans une perspective nouvelle qui m'accablait et me dépaysait, l'optique des choses qu'on raconte à l'imparfait, des objets qu'on met sous vitrine. Et l'affaire empruntait au pouvoir de l'imprimé une dignité particulière.

La tête de M. Vingtrinier se posait en transparent sur le caoutchoutier, et la mort de Marthe Perrin s'inscrivait en travers de M. Petermaës dont les doigts de marbre blanc trouaient le texte de l'article.

Le reportage de Barestéguy ne donnait que les premiers détails : « ... A travers la porte fatale, on entendit d'abord mugir le *Dies irae*... L'assassin en jaquette chantait l'hymne des morts, en faisant les cent pas autour de sa victime... Aux pieds d'Edouard Piéprat montrant le ciel... une flaque de sang devant une montgolfière... feuilletonnesque coïncidence..., le recordman de la coupe du Centenaire..., le cadavre inanimé *(sic)*... de Mlle Perrin-Darlin gisait sur le lit, couvert de fleurs ; il y en avait dans toute la chambre..., devant la police il déclara en italien, en levant le doigt, d'un air pathétique : *Causa politica, causa di passione,* puis, solennel : « Messieurs les Juges... » et, gravement, dignement, sévèrement, sur le ton d'un bilan douloureux : « J'ai perdu tout ce que j'aimais : deux fils chéris... une épouse adorée... et une irremplaçable amie... » Réactions anormales... Du sang sur ses manchettes... Il se troubla... « Le sang du python », expliqua-t-il avec un geste de la main qui reléguait ce détail au rang d'une bagatelle... Il ajouta :

« J'ai tué tous les serpents... Hérédia n'a jamais menti... » Cirque Winter... et enfin, dans un grand mouvement qui ahurit tous les assistants, comme une conclusion lyrique, d'un ton vibrant, le doigt levé : « Vive la Société !... » Par la suite, abattu... attitude inquiétante... Une bouteille de pernod à demi vidée et un agenda surchargé, couvert de ratures et d'inscriptions... A l'heure du crime, une série d'occupations invraisemblables étaient notées pour être exécutées à la page du jour, de cinq en cinq minutes : « Rendre pot au lait à M. D. Apprendre l'italien à fond. Faire recoudre boutons caleçon bleu. Lettre à J. Z. Voir tout courrier. Bons *Family'*. Compléter mouches (23-15)... », etc. En travers, il avait noté : « A reporter jeudi dix-huit heures, à rubrique des « à rattraper »... » Le pernod... Edouard Piéprat... le cadavre de Mlle Perrin-Darlin était couvert de roses, de lys et de pivoines, il y avait du sang sur les fleurs... Il se leva soudain et, montrant la victime : « Ce que j'aimais le plus... » (l'air péremptoire). Il ajouta au bout d'un temps, d'un ton profond, comme un acteur de tragédie : « Cadavre préféré ! » « *Le chat léchait du sang.* »

Le chat léchait du sang ? Le chat léchait du sang ! Horreur, le chat léchait du sang... Je faillis hurler.

« Puis, jetant dans les bras de l'agent Durieu, ce gardien de la paix modèle (qui représente dans les compétitions la brillante équipe d'athlétisme de notre police locale), un grand bébé de celluloïd qui se trouvait sur la statue de l'aviateur, il avait dit : « Habillez cette poupée... » On trouva dans sa poche une boîte de pastilles Valda, qui contenait des mouches mortes, et le chiffre 23 écrit sur un carton... La lumière était restée allumée toute la nuit. L'attention d'un voisin d'en face, un garçon boulanger, fut attirée par la chute d'un meuble et les chants de l'assassin qui avait entonné à pleine voix la messe des morts en tournant autour du cadavre de la jeune fille... Prévenu la police... Un des jeunes artistes du Village peau-rouge qui paraissait impressionné du fait, avait signalé la même nuit à un reporter de notre ville la présence de M. Vingtrinier cueillant des fleurs au clair de lune dans la maison dite du Grand Tournant, au 15 de l'avenue des Platanes, qui est le domicile de la mère de la victime... Le mobile reste obscur... on se perd en conjectures... membre éminent du barreau de notre ville... ses confrères sont consternés... qui restera longtemps dans les mémoires..., effroyable mystère... Commissaire Hauzéaux... »

Le 15 de l'avenue des Platanes ?... Personne en ville ne savait le nom de cette rue, elle en devenait quelque chose de nouveau. Ces fleurs, ces mouches, ce chat..., Dora..., le chat qui léchait le sang..., ma tête tournait. Le 15 de l'avenue des Platanes... Dora qui devenait un nom de crime, un nom de rue. Comment Dora pouvait-elle s'appeler maintenant « le 15 de l'avenue des Platanes » ou « le Crime de la rue Quattrebarbe » ?

Dora, Dora... « Cadavre préféré », et « Vingt-trois cadavres de mouches », et « Vive la société !... » Les sauges rouges oscillèrent dans la lumière éblouissante. M. Petermaës dansait au sommet des lapins... « Les fleurs étaient souillées de sang... » ?

Dora, la Reine des Choses-qui-Volent, devant cette montgolfière en plâtre, quelle dérision ! avec ces mouches tuées ! Le cygne noir tournait noblement sur la vasque, le toit de zinc du pluviomètre brillait d'un éclat aveuglant.

On « avait histoire » à huit heures... J'eus la grande chance de n'être pas interrogé.

*

A midi, quand le vieil homme monta chez son neveu, le soleil rôtissait la pièce. L'affiche des cycles « Cyclamen » était brûlante comme les murs et le plancher, on ne pouvait pas toucher les lames des fleurets, on se serait cru dans un four.

Le docteur Peyrolles s'assit sur le lit. A l'horizon on voyait le fleuve et le sable aveuglant des Iles.

Sur la table, un livre de Fred était ouvert à la page 208. C'était une géographie, l'image représentait une rizière d'Indochine. Des paysans aux jambes nues, coiffés de grands chapeaux de paille coniques, y travaillaient dans l'eau jusqu'aux genoux. C'était encore vivant, c'était tout chaud de ses doigts. Le docteur regardait ce livre sans le voir. On aurait dit une pendule qui marquait l'heure d'un irréparable événement. Fred s'en était allé à la page 208...

Ce grand garçon qui lui ressemblait, qui montait l'escalier comme lui, qui vivait ici comme son double, qui faisait la même ombre que lui sur le mur de la salle à manger... Où était passé l'accordéon ? Rien n'était changé dans la chambre. Mais Fred était parti à la page 208 de la géographie de Falloux et Bianchon. Où était-il ? que faisait-il ? quand reviendrait-il ?... Une odeur de pêches et d'œillets blancs montait du jardin par la fenêtre. Des guêpes bourdonnaient autour des pivoines.

Il avait trouvé un beau jour un enfant sous son escalier, ruisselant comme un parapluie. Il lui avait mis des habits secs. Il l'avait élevé, comme il pouvait, avec des doigts d'homme. Il l'avait même très bien élevé : il lui avait appris à mastiquer et à effacer les épaules, à être propre, à tenir sa parole, à respecter les femmes et les vieillards, à ne pas travailler pour l'argent, à être fidèle à ses dieux, à ses sports et à son hygiène... Il ne lui avait jamais proposé d'autres raisons de vivre que des raisons valables pour mourir. Il lui avait même acheté un melon ! Il faisait déjà le saut du lion, il allait faire le grand soleil aussi bien que son oncle lui-même !... Et maintenant ?... Il ne pouvait cesser de voir cette géographie ouverte à la page 208.

Il y avait encore des soucis, évidemment : ces framboisiers..., faire couper ces framboisiers !... mais enfin...

Le coffre aux trésors était entrouvert dans un coin. Il y trouva le chausson de Lily Bürstner (que faisait-il là ?), une racine de mandragore, une bouteille étiquetée « Eau des Iles » et des cailloux en quantité. Il resta, soupesant le chausson, le retournant, machinalement, dans un sentiment d'impuissance. Parfois, il prenait un caillou (qu'est-ce que ce gosse pouvait bien vouloir à ces cailloux ?) et le reposait soigneusement au fond de la boîte. Les framboisiers envahissaient le fond du jardin. « Il faudra les faire couper », pensait-il, inlassablement, comme si ces framboisiers étaient devenus soudain une tâche d'une extrême urgence. Il déboucha le flacon d'eau des Iles et le flaira comme une bouteille de marc, puis le reposa, déconcerté.

Il sentait qu'il était un vieil homme fatigué et redescendit en courbant les épaules. A mi-chemin de l'escalier, il s'aperçut que, dans son désarroi, il avait emporté le chausson de Lily Bürstner.

★

Quand il entra dans la salle à manger, d'où venait une odeur de fraises, il faillit dire machinalement « Soldatsss... ». Il avait même déjà levé le doigt ; mais, en refermant, il fut frappé de voir un vide à la place où aurait dû se trouver le melon de Fred.

Il mangea peu. Il assura à Mariette que son « saltimbanque » reviendrait et il redemanda de la fine.

L'abbé Mignon vint à deux heures. Il essaya d'être rassurant mais ne put rien dire.

— Je ne l'ai entendu, expliqua-t-il, qu'en confession.

Le docteur s'enferma avec ses Romains de bronze. L'odeur des œillets blancs arrivait par la fenêtre, comme au grenier. Elle apportait la page 208, avec l'image de la rizière.

★

L'abbé Mignon avait remarqué dans le journal la phrase qui parlait du Peau-Rouge qu'avait rencontré le journaliste. Il la signala au docteur.

Le vieil homme se rendit à trois heures au *Petit Départemental.* Il n'y trouva qu'un garçon suant et rouge dans une salle de rédaction torride. Par la fenêtre on voyait une cour asphaltée, des fenêtres grillées et un petit conifère. Barestéguy n'était pas là. On ne sut dire quand il viendrait, il s'occupait de l'affaire de la rue Quattrebarbe.

Le docteur Peyrolles l'attendit des heures dans un couloir, assis sur une chaise cannée, en face des caricatures des meilleurs rugbymen locaux. Le lino-léum était brûlant. Le soleil tapait sur une plante verte qu'on avait reléguée dans un coin, sous un petit escalier qui suait la résine. Et on voyait dans le ciel, par une fenêtre étroite, la moitié de l'enseigne aérienne de la fabrique de meubles Cardonneau. C'était le milieu : « ...bles Card... »

« Bles Card, Blescard... » C'était comme un mot de passe.

Le docteur Peyrolles ne connaissait pas M. Panado. Il finit cependant, obsédé, par tourner le dos à la fenêtre.

*

A six heures l'abbé Chaumy se présenta à la villa des Buis, avec un énorme paquet enveloppé de papier journal : les vêtements de Fred. Il venait demander au Peau-Rouge la recette de la kermesse.

Le docteur Peyrolles le reçut dans le jardin. Il faisait soleil. Les œillets embaumaient. L'abbé Chaumy ne savait rien.

Le vieil homme, une fois seul, ouvrit le gros paquet, pensivement. Il resta assommé devant cette veste flasque et ce pantalon vide, comme un père sur le bord d'un fleuve, un jour d'été, les pieds dans l'herbe, en face des arbres et du soleil qui remue, blanc sur les moissons, reste devant les vêtements de son fils sur lequel l'eau vient de refermer un dernier cercle...

Il ne manquait que le melon. On sut plus tard que Balèze l'avait subtilisé de la rue sur le rebord de la fenêtre du patronage, en vue d'une farce dont l'idée restait à trouver.

« Blescard... » et cette page 208..., « blescard », et cette rizière..., maintenant ce paquet de vêtements... Il fallait prévenir la police.

Le docteur Peyrolles ferma les yeux, posa une main sur son front et resta un instant debout, le regard fixé sur le carreau du vestibule, sans savoir ce qu'il voyait au juste... « Bles Card... » Il faudrait faire couper les framboisiers.

★

L'aube entra dans l'express. Elle gifla les yeux de Fred. Elle arrivait « comme le tonnerre de Chine »...

Il y eut la tour du roi René, le pont de Beaucaire, les pâles oliviers pareils à une fumée, les petits cyprès et le ciel gris de la Provence, de ce gris lavande qu'il prend à force d'être bleu. Fred sentit sourdre en lui les forces de sa jeunesse... « Car les cloches du temple appellent, et c'est là que je voudrais être, sur la route de Mandalay... » Le soleil lui entrait dans les yeux, il le chassait comme une mouche. C'est toujours ainsi qu'il en prend au seuil du verger de la négresse.

Il lui sembla qu'il avait fait un mauvais rêve. Il en gardait la confuse vision d'un homme obèse, en espadrilles, qui parlait en se pressant le cou. Et, chaque fois qu'il le quittait en songe, il le retrouvait en face de lui. Il apprit seulement près de Marseille que l'homme, blessé par une balle à Verdun (c'était peut-être rue Fontaine ? ou dans un bar de San-Paoli ?...), avait gardé le cou troué, et que les sons ne sortaient plus de sa gorge que lorsqu'il bouchait l'orifice de cette blessure rare et instructive, — qui en était presque prétentieuse, — de ce signe particulier.

L'homme parla de diverses choses avec beaucoup d'autorité. L'occasion fit qu'il remit à Fred l'adresse de toutes sortes de cafés dans les environs de Marseille, sur des cartons publicitaires que Fred mit poliment dans sa poche de veston en dissimulant son tatouage.

Sans doute l'homme l'avait-il pris, à cause de l'accordéon, pour un musicien de bal musette.

*

L'étang de Berre brillait au loin. Il vit dans la fenêtre une sorte de mur, une barrière de tôle d'un bleu noir : c'était la Méditerranée. Il était toujours étonné de voir la mer comme une chose verticale.

A Marseille, à la gare Saint-Charles, en arrivant, à la sortie, il aperçut derrière le contrôleur deux hommes en costume anonyme qui ne le quittèrent pas des yeux. Leur insistance était gênante. C'étaient peut-être les « honorables gentlemen » de la grande nuit.

*

L'abbé Mignon revint à sept heures Il ne savait rien. Les journaux du soir de Paris reproduisaient les nouvelles du *Petit Départemental*. Ils n'y ajoutaient pas grand-chose, sauf un peu d'émotion et de couleur locale, dont une description de notre ville qui était d'ailleurs assez désobligeante. On y avait abusé de M. Petermaës.

Ce soir-là, je fis des rêves amers. Fred me manqua

sur cette histoire de Dora. Je ne l'avais pas vu de la journée et je pensais qu'il était malade. Je décidai d'aller chez lui le lendemain.

Il devait se terrer dans sa mansarde. Dora... Dora... comme la mort t'a fait vivre ! Roseau des Iles, Fleur des Soirs Tristes, Herbe du Rite... Comme tu es devenue celle que tu étais !

Il faisait une nuit de velours. Le cygne blanc et le cygne noir s'étaient mis à tourner lentement sur la vasque au pied des lapins Petermaës.

★

C'était la même nuit sur Marseille. Fred était assis aux « Tonnelles » en face d'une bière tiède et regardait machinalement un numéro de l'*Illustration* qui traînait sur la table sale. Le marbre était taché de ronds de vin, et des moustiques dansaient sous les feuillages qu'une faible ampoule éclairait par-dessous.

Les longues avenues sentaient l'eucalyptus, on ne savait quoi de vulgaire, de sacré et de balsamique, cette odeur de poisson, de cuisine et de sanctuaire qui est le parfum même de la Méditerranée. Des voitures passaient, surmontées d'un petit toit de toile crème C'était dans l'une d'entre elles, tirée par un vieux cheval pareil à la jument de l'Hôtel du Sauvage avec son chapeau mexicain, qu'était venu Fred en veste de jardinier et en pantalon de Peau-Rouge, l'accordéon sur ses genoux, comme une espèce de roi de Bohême.

La mer avait le bleu de l'indigo des laveuses, ensuite elle devint toute noire, et mille points d'or s'allumèrent, et il n'y eut plus que cette immensité, avec ces points d'or qui passaient, ou restaient immobiles au loin comme des étoiles. Une île, au large, profilait une silhouette singulière. On entendait clapoter les vagues dans la calanque bordée de rochers qui devenaient noirs petit à petit. Au-dessous de lui, dans chaque pli du terrain, des maisonnettes s'allumaient. C'étaient d'invraisemblables cabanes de bois et de métal, des espèces de cages à lapin, familières et emphatiques, peintes de toutes les couleurs, avec des balcons, des galeries, des colonnettes, des arches en bois, des oripeaux qui séchaient sur des cordes, des pans de nuit et des trous de lumière, au fond desquels on voyait des hommes composer des tableaux mouvants. Les fenêtres et les portes les coupaient, comme le cadre d'une image, sans souci de leur enlever leur sens. On eût dit un théâtre étrange d'ombres chinoises, et la couleur de la lumière contribuait à augmenter cette illusion. Un figuier devant une porte avait l'air d'un arbre d'opéra. Mille personnages s'agitaient en bras de chemise, assis à des tables où ils mangeaient.

Fred avait dû traverser le village et, à mesure qu'il passait devant les seuils, les scènes mystérieuses découpées par les portes prenaient un sens et rentraient une à une dans la réalité.

Quand il avait été en bas, il n'y avait plus eu que la rue et une longue maison basse, toute en vitres, avec des stores verts. Quelque part, sur l'une des façades de son architecture compliquée, on pouvait lire le mot « Dancing » en lettres vertes. Mais la grande salle était déserte comme celle du « Britannic ».

C'était là. C'était une adresse que lui avait donnée l'homme obèse à la cravate noire. Il faut bien aller quelque part. Une photographie de paquebot pendait au mur sur une tranche d'arbre accrochée par un ruban bleu.

Fred feuilletait machinalement les pages salies de l'*Illustration* sur lesquelles les verres de café avaient laissé des cercles jaunes. Il trouva au hasard des prototypes d'avions, des hommes en tarbouche, une locomotive, un bateau, des gens cérémonieux autour d'une longue table, puis soudain, en tournant une page, au milieu d'une large avenue entourée de hautes maisons blanches, la marsouille s'avança précédée d'un drapeau.

C'était même plus beau que sur l'image. C'était la coloniale amoureuse du vin rouge, la coloniale qui a deux rangées de boutons et pas de tambour. Avec ses Chinois, ses négresses, ses ivrognes, ses maquereaux, et toute sa gloire, ses sergents et ses mercenaires. La coloniale qui porte l'ancre sur le casque et que la biffe ne commande jamais. Précédée du prestige de l'arme comme d'une impératrice chinoise montée sur un éléphant blanc. Les « binious » fracassaient les vitres de la rue. Les gosses suivaient, électrisés. C'étaient les restes de ce qui est mort un peu partout, dans la poussière ou dans la boue, pour peu d'argent et beaucoup de gloire.

Dans la cuisine, par une petite porte de la salle, près du comptoir, un gros homme qui buvait de la bière rabattit son melon en arrière et se leva lentement, posément, en remontant son pantalon pour le bon usage. Il était en tricot, sans col, il portait une haute cravate noire et des chaussures de deux couleurs ; il vint s'accouder à la caisse.

La Méditerranée était épaisse et noire, à la façon de l'encre à stylo. Des lumières passaient sur les barques, il y avait aussi une voile blanche. Ceux qui savent devinaient au loin toutes ses promesses : l'escalier de Bonifacio que frôlent au passage les paquebots sur la route d'Alexandrie, l'Etna, l'Adriatique et le phare de Brindisi, les nacres des ports orientaux, la baie de Beyrouth et le vent d'Aboukir, les fritures des ports de mer et les clameurs des portefaix dressés comme des prophètes avec leur barbe blanche, ou comme des démons noirs, sur les piles de valises, et qui crient sur un air de messe : « O toi mon fils ; ô toi six mille fois mon fils, porteur numéro huit, viens à moi... » ; tout ce que raconte, du bout de sa pointe, dans une mansarde, le chausson de Lily Bürstner. Voilà ce qu'elle dit à ceux qui savent. Et à ceux qui ne savent pas, elle dit bien plus encore.

Il ne savait pas l'Afrique, assise au bord des sables entre son ânon ophtalmique et son bébé rongé des mouches, ni l'Asie pouilleuse et royale, l'Asie en loques sous son diadème. Mais le vent de la mer portait toutes les chansons du monde dans la brise qui sentait le poisson, l'eucalyptus et l'huile bouillante. (Qui dira ce qu'un soir pesant, lourd des parfums de cette terre mêlés au souffle de la mer, raconte à l'oreille d'un enfant ?) Il lui sembla sentir la main de la négresse qui se posait sur son épaule, ténébreuse mais maternelle.

C'était celle de l'homme au tricot. Il était venu par derrière, de son pas de gros homme léger. Il appuya sur le haut de sa cravate, et il lui dit d'un ton confidentiel, avec sa tête de Hollandais et son accent de la place Pigalle, sa voix de petit voyou fluet, ses grosses bagues de toutes les couleurs et sa croupe de mère de famille :

— Eh bien, jeune homme, je vois qu'on cherche un petit emploi ?

*

L'Hôtel-Dieu se trouvait dans une vieille maison aux voûtes romanes.

J'y rencontrai Barestéguy qui discutait avec un homme à jambe de bois et à casquette de concierge, devant le guichet d'une cage en verre.

— Non, non, rien de neuf, disait le concierge.

Mais Barestéguy insistait.

Une voiture ambulance arriva.

Le gros homme assura un crayon sur son oreille et entra dans sa cage en verre. L'auto lui cacha alors le hall. Barestéguy passa derrière l'auto et traversa cette salle immense. Je voulais lui parler, je le suivis.

Il arriva jusqu'à une petite porte ornée d'un écriteau disant « Défense d'entrer ».

Elle était entrouverte, il entra, je le suivis. Nous étions dans un long couloir, très long, très long, et nu, tout blanc, éclairé de loin en loin par une ampoule fixée aux voûtes. Une fade odeur, doucement répugnante, vous caressait le fond de la gorge, et on cherchait à s'en défendre en se retenant de respirer, d'autant plus qu'elle était violemment combattue par une odeur de désinfectant si âcre qu'elle vous faisait fermer les yeux. J'y voyais mal. Je craignais que Barestéguy ne disparût dans un dédale, mais je ne ne pouvais le rattraper.

Le couloir faisait un coude, et, au bout, une porte ouverte sur laquelle on lisait encore « Défense d'entrer » laissait voir un sous-sol immense, aussi long que le couloir lui-même, éclairé par des soupiraux dont la plus haute moitié s'engageait dans la voûte, si bien que leur partie supérieure avait deux mètres de profondeur. Il en tombait une lueur blanchâtre que coupait sur ces murs d'une blancheur éclatante la lueur moins vive du sous-sol mélangée de jour et de lumière électrique. Les ampoules qui pendaient comme de petites poires en verre au bout de leur fil spiralé étaient le seul meuble de ce désert. Sur le sol cimenté s'alignaient les huit noirs d'un liquide qui exhalait un remugle de désinfectant. On en sentait l'âcre goût dans sa bouche. Au bout de la salle, et tout petits, comme par le petit bout d'une lunette, on voyait deux hommes parallèles, en blouse blanche, devant deux tables parallèles, sur lesquelles étaient étendues deux formes parallèles aussi. C'étaient deux cadavres de femme.

Ils étaient ouverts en longueur, parallèlement, des épaules jusqu'au ventre. Je ne sais plus ce qu'était devenue la partie qui était enlevée, mais on voyait à l'intérieur comme dans une coupe de corps humain sur une planche d'anatomie. Et, de ce lointain, de cette symétrie incroyable des médecins, des tables, des corps et des coupes (comment deux hommes qui étaient différents pouvaient-ils se trouver en même temps à la même étape d'un travail pratiqué sur deux corps également différents ?), la scène prenait quelque chose d'irréel qui tenait du ballet fantastique. L'un des corps avait les cheveux gris, l'autre corps avait les cheveux blonds. C'était Dora qui était là, et sa mère.

Je tournai les talons et partis ; Barestéguy se retourna. Je ne refermai même pas la porte défendue. Le concierge m'appela quand je franchis la grande :

— Eh là ! eh là !...

Mais j'étais loin ; il me semblait que je sortais du cabinet de Barbe Bleue.

Toute la nuit, je revis les deux femmes parallèles, ouvertes comme des placards. C'était d'une cruauté naïve, celle qu'on voit aux dessins d'enfants.

*

M. Vingtrinier était-il responsable ? Le journal du mardi rappela son alcoolisme, ses malheurs de famille, sa veulerie, le caractère méchant de l'ivresse que procure l'absinthe, son goût pathologique pour les odeurs mauvaises et les boîtes de pastilles Valda qu'on retrouvait partout, sur l'arche des David, dans son gousset, dans sa jaquette, le besoin répugnant qu'il éprouvait de les ouvrir, de regarder ce petit grouillement infect de ventres blancs et de pattes filiformes, la monstruosité qu'il avait de les sentir, comme d'autres respirent des sels ou de l'eau de Cologne, et le mystère de ce chiffre 23 auquel il s'arrêtait chaque fois dans son massacre. Pourquoi éprouvait-il le besoin d'étiqueter et de comptabiliser ces petites hécatombes sordides dont il se donnait de si fréquents régals ? Folie de comptable ? L'agenda renforçait cette thèse. Le comble de l'horreur et de l'ahurissement était atteint, quand on songeait qu'au plus fort du crime, de l'ivresse, de l'égarement, il avait eu la froide patience de faire ses petits calculs de temps et de marquer sur l'agenda, en face d'occupations prévues depuis des jours, des mois ou des années pour l'heure où s'était passé le crime : « A rattraper — cf. jeudi. »

Bref, le moins qu'on pût dire était qu'il avait une tendance nettement marquée à l'idée fixe. Quand on trouva les quatre premiers tomes de la *Conquête de l'Angleterre par les Normands* sur la tablette de la « bibliothèque rustique », les partisans de la thèse du dérangement mental poussèrent des cris de triomphe. Ils arguèrent aussi de ses visites macabres au caveau de Germain Duprat et exagérèrent les choses. Ils parlèrent de « processions de curieux » qu'il aurait amenés au caveau. C'était surestimer nettement la jument de l'« Hôtel du Sauvage ».

Un magazine publia la photo de Fantaisie devant la porte du pavillon avec le chapeau mexicain qui avait des trous pour les oreilles. Il rappelait une réflexion de Vingtrinier en face du chat qui léchait le sang : Vingtrinier aurait dit sur un ton désinvolte : « Festin de félin... » Il évoquait aussi son cri de « Vive la Société ! », son mot de « cadavre préféré », ses citations en italien, son « j'ai tué tous les serpents », tout cela plaidait pour la folie ; enfin, ce mobile invraisemblable de l'assassinat de la jeune fille : « Je voulais supprimer un témoin. » Dora ne savait rien encore !

Vingtrinier avait tué Mme Perrin-Darlin le samedi soir, alors que Dora était absente. Elle était allée à Lans-le-Vent voir le beau-frère d'une de ses amies, Mlle Lucie Bert, pour lui demander un conseil en vue de démarches à tenter pour trouver une place au théâtre. Elle ne devait d'abord quitter le Grand Tournant que l'après-midi, mais à la suite d'une scène terrible avec sa mère, qui avait déjà trop bu, elle était partie dès le matin, sans argent, en faisant de l'auto-stop. Vingtrinier, venu l'après-midi, avait trouvé Mme Perrin complètement ivre, une bouteille d'absinthe sur la table. Ils avaient fini cette bouteille.

Une discussion s'était produite sur un sujet dont

Vingtrinier ne se souvenait pas. Mme Perrin l'avait-elle menacé ? L'accusation le niait, Vingtrinier avait l'air de n'y pas attacher d'importance; la reconstitution du crime ne donna rien. Elle permit seulement de rétablir une espèce de bataille de chats. Toujours est-il qu'à la suite d'une querelle, Vingtrinier avait assommé Mme Perrin à coups de marteau. Un marteau qui servait à briser le coke.

Que s'était-il passé ensuite dans sa tête ? Il avait porté Mme Perrin sur son lit et l'avait veillée sur une chaise jusqu'à une heure avancée de la nuit. Puis il s'était trouvé pris de peur, seul dans cette maison noire, en face de sa victime. C'était alors qu'il avait allumé toutes les lampes et qu'il était allé cueillir des monceaux de fleurs. Mme Perrin avait en effet des fleurs superbes (le reporter local rappelait leur succès au dernier concours horticole et le prix de bicyclette fleurie !), Vingtrinier avait eu l'idée d'en couvrir entièrement le corps et d'en mettre partout dans la chambre.

Fred était venu à ce moment-là ; ce n'était pas Dora qu'il avait vue couchée, mais sa mère, et Mme Perrin n'était pas morte, encore qu'elle n'en valût guère mieux ; elle ne devait mourir que quelques heures plus tard. Mais Vingtrinier ne savait plus ce qu'il faisait. Quand il se réveilla le matin, il éteignit toutes les lampes, sauf dans la chambre de sa victime, et sortit en fermant à clef.

Ce fut grâce au fameux agenda qu'on fut mis sur la voie de cet assassinat, comme pour celui de la nuit suivante, qui fut découvert le premier ; car Vingtrinier avait noté « A rattraper », dans la marge de l'agenda, en face des heures étiquetées « Sommeil » pour le samedi et le dimanche. C'était le temps qu'il avait consacré à assommer, fleurir, veiller Mme Perrin ou sa fille.

Personne ne s'arrêta à l'hypothèse d'un crime qu'il aurait commis pour voler. On avait bien retrouvé sur lui, avec un de ces plans de la villa du *Soufflex* qu'il confectionnait en série, quelques actions d'une *Soufflerie indochinoise* qui présentaient une valeur spéculative et qui provenaient de chez Mme Perrin, mais nul journal ne s'y attardait. Et d'ailleurs l'hypothèse du vol n'aurait jamais justifié à elle seule la mise en scène ostentatoire de Vingtrinier, l'opéra, le crime chanté, bref l'assassinat emphatique. Elle y eût même été contraire. (Curieux détail, le boulanger, qui avait de la voix, et le commissaire, qui était abonné au théâtre, faisaient remarquer qu'au plus fort de l'ivresse, Me Vingtrinier avait toujours chanté juste.) On savait qu'il avait des embarras d'argent. On avait retrouvé dans la casquette en bois de la statue d'Edouard Piéprat et dans le placard, sous le gorgonzola, un tel lot de factures impayées que l'hypothèse était tentante. Mais l'imagination, que Vingtrinier séduisait, refusait cette explication qui lui gâchait son héros du crime pur, son guignol, son tueur de mouches.

On admit que le vol était accidentel, pur réflexe d'ivrogne auquel le *Family'* coupait la boisson depuis des mois, et, en fin de compte, enfantillage. On ne retint pas la préméditation dans le cas de Mme Perrin-Darlin. Pour Dora ce fut discuté, et la chose resta douteuse.

Après l'assassinat de Mme Perrin-Darlin, il était sorti dans la ville, en gardant la clef dans sa poche. Il avait rôdé dans les rues, en faisant des détours pour éviter le python, puis, gêné par la foule, il s'était éloigné, et un témoin déclarait l'avoir vu se promener seul dans la campagne.

A onze heures du matin on le retrouvait en ville. Il avait été pris dans les remous de la foule qui se pressait à l'entrée de l'usine, et un détour l'avait amené tout droit dans les coulisses de l'ascension. Le service d'ordre était insuffisant, le sergent de ville l'avait laissé passer. Ses vêtements couverts de glaise l'avaient fait prendre pour quelque machiniste. Quelqu'un avait crié : « Faites venir M. Vouzier. » (C'était le nom de l'aérostier prévu.) Un réflexe l'avait alors fait avancer, un agent l'avait pris pour ce M. Vouzier qu'on réclamait dans les coulisses, et lui, qui avait peur de la foule, avait été attiré par sa peur. Il avait pris une contenance désinvolte qui l'avait enferré plus fort dans le quiproquo. Le même phénomène s'était produit devant le ballon.

Cette odyssée en montgolfière était en somme un alibi d'affolé. Elle s'expliquait d'autant mieux qu'il avait l'habitude de se réveiller le matin en face d'un ballon à nacelle et que, dans son esprit confus, égaré par l'assassinat, la vue de la vraie montgolfière lui avait paru, pour autant qu'il pût garder de lucidité, faire partie d'une vision vengeresse qui le poursuivait en transformant tous les spectacles habituels en fantômes grimaçants ou en réalités hostiles.

Le soir, la petite s'était présentée au logis de la rue Quattrebarbe pour demander la clef du Grand Tournant. Revenue seule de chez ses amis, elle n'avait pu rentrer chez elle. Elle n'avait donc encore rien vu. Il s'était affolé pourtant à l'idée du spectacle atroce qui l'attendait quand elle rentrerait. Il l'avait tuée pour supprimer en elle un futur témoin. Il était d'ailleurs ivre et fou.

Quand elle était venue, il se trouvait prostré et couvert de sueurs glacées. Il l'avait fait monter à l'arche des David, où ils avaient discuté longuement. Il avait voulu la tuer en descendant. Il n'en avait pas eu le courage. D'ailleurs, il ne se rappelait pas tout. Il avait passé la soirée entre sa montgolfière et son chat qui miaulait, n'ayant pas mangé depuis la veille, et il y eut certainement des choses effrayantes dont on n'aura jamais le fin mot.

Il la fit remonter sur l'arche des David. Car il avait encore pris peur dans l'atelier, et la peur de cette peur le poussait à l'action. Il voulait la jeter du haut de l'arche. Une fois de plus il n'osa pas. Il la fit redescendre encore et, au moment où elle franchissait la porte, il attrapa une baïonnette allemande qui était accrochée au mur, — une baïonnette plate ornée d'une tresse blanche, un souvenir de guerre de son fils — et la plongea entre les épaules de Dora.

C'était probablement la scène que Fred avait vue sans y croire sur la verrière de l'atelier comme un guignol d'ombres chinoises. Le reste ne fut que sang et horreurs. Le détail du chat en donne la mesure. Vingtrinier combattit ses terreurs par le bruit, la lumière et la mise en scène.

Son autre victime lui tournait dans la tête. Il ne put s'empêcher de revenir au château des Bergères pour y revoir la chambre de la morte.

Mme Perrin s'était retournée sur son lit depuis le dernier moment où il l'avait vue ! Il en devint fou. Une sorte d'automatisme lui fit refaire les gestes de la veille. Il cueillit des brassées de fleurs, les rapporta rue

Quattrebarbe, — des témoins le virent chargé de pivoines et les genoux couverts de terre, mais rien ne paraissait insolite ce soir de kermesse et de déchaînement. Il recouvrit le pauvre cadavre de ces fleurs pour le cacher !

Ensuite, toujours par souci d'alibi, il but encore et se mit à chanter : c'était la Messe des Morts. Dans son agitation, il renversa l'armoire qui penchait déjà dangereusement.

Un garçon boulanger dont la fenêtre donnait sur la verrière de la mansarde, de l'autre côté de la cour, et qui se levait à ce moment-là, fut frappé par les hurlements et la lumière inhabituelle. L'ombre de Me Vingtrinier faisait des gestes effrayants. Le boulanger crut à un fou et, en allant à son travail, il jugea bon d'alerter la police.

Elle trouva Me Vingtrinier couvert d'une sueur glacée et chantant le *Dies iræ,* comme le racontait le journal de la veille. On fut frappé de ses vêtements terreux, des flaques de sang, des fleurs, de l'armoire renversée, du chat et de la statue de Piéprat qui montrait le ciel devant la montgolfière. Sur la table, à côté d'une bouteille et d'un verre, le billet de cinq cents francs gagné à la kermesse trempait dans une flaque d'absinthe. Toute la pièce sentait la rose et l'anis.

Le journal en donnait une pleine page. Il rappelait que Me Vingtrinier était un membre distingué du barreau de notre cité, que l'un de ses fils était mort à la guerre et qu'on avait tout lieu de penser qu'un second venait de sauter avec le *Puma.* Il reproduisait une photo de M. Fauvrel, le garçon boulanger, — en maillot de corps, une cigarette sur l'oreille, — l'arche des David et la montgolfière de la kermesse : Vingtrinier se trouvait désigné par une croix. Sa silhouette rappelait celle de Charlot. On voyait nettement la canne à bec d'argent qu'il brandissait comme un bâton de chef de musique. Elle se détachait sur le ciel.

Le journal donnait aussi une photographie de la montgolfière de l'atelier, invraisemblable, énorme, absurde et inquiétante derrière l'aviateur nain qui montrait le ciel du doigt.

*

Ce fut l'odyssée aérienne qui étonna le plus l'opinion. Elle ahurit. Beaucoup la prirent pour le trait d'un inconscient. C'était pourtant le plus explicable : un quiproquo, un besoin d'alibi, et le vertige de la chose à ne pas faire.

On se demanda aussi beaucoup pourquoi M. Vingtrinier tuait toujours vingt-trois mouches. Il avait pris cette phobie au cours d'hygiène, quand il était encore potache, à la suite d'une leçon terrible et d'une brochure avec des vues microscopiques. La science voulait qu'on tuât les mouches.

Mais combien de temps y consacrer par jour ? L'agenda ne laissait pas, dans ses colonnes serrées, beaucoup de place pour la chasse aux mouches. Il y avait là pourtant un grand devoir humain. La mouche transportait des microbes ; celles d'Afrique, comme la tsé-tsé, véhiculaient une mort affreuse. On était effrayé de leur nocivité.

Il fallait donc en tuer un certain nombre, aux heures fixées par l'agenda, suffisamment pour que M. Vingtrinier ne pût pas s'accuser de paresse, pas assez cependant pour qu'il pût s'en servir comme d'un prétexte à ne pas faire autre chose. Bref, il fallait en tuer ce qui se tue au hasard pendant un laps de temps donné, mais un hasard impartial et moyen. Ce hasard de choix excluait l'emploi de chiffres ronds, fatidiques ou remarquables, qui n'auraient plus été hasard, qui n'auraient pu être que voulus : 2, 4, 6, 12, 20 ou 26, notamment tous les chiffres pairs. Les gros étaient trop gros, les petits trop petits. 20 était une moyenne classique, trop classique ; 18, divisible par 2, par 6, par 3, par 9 ; 19 n'était pas mal, mais un peu paresseux ; 21 se fait remarquer et dépasse trop peu 20 : il plaint sa peine ; 23 ? 23 était parfait !... Supérieur à 20, sans mesquinerie, ni gros, ni petit, inusité. Il n'y a rien qui aille par 23. 23 n'existe pas, 23 n'est qu'une fiction, un pointillé, une limite. C'est le nombre même du hasard modéré, c'est le contraire de la superstition ! Et c'est pourquoi M. Vingtrinier s'arrêtait toujours, maniaquement, à 23 mouches, pour combattre la maniaquerie. C'était le fait d'un hasard mûri dans la logique en vue d'être le comble efficace du hasard.

Ce chiffre était établi pour l'été. Le réduire cependant aurait été tricher. Il servait de règle moyenne en toute saison. Mais, pour vaillant qu'il fût, M. Vingtrinier y parvenait si rarement, c'était une telle performance qu'il éprouvait le besoin de la noter chaque fois qu'il la réalisait. C'était la raison de l'étiquette.

Elle s'expliquait aussi par quelque vanité. (Il remplissait son devoir d'hygiéniste. Chacun ne se rend pas compte du devoir de tuer 23 mouches 3 fois par jour... « J'assainis », disait-il.) Il y avait du défi sportif, et de la gloriole, dans l'étiquette. En même temps qu'une preuve et un exemple elle constituait une récompense et un souvenir de recordman.

On trouva l'une des boîtes sur l'arche des David, une autre sur la table de travail, une autre sur la table de nuit, trois sous la galantine et une dans la « bibliothèque rustique » ; beaucoup d'autres dans des vêtements ; enfin, cinquante dans un papier de journal, au fond du tiroir du bureau...

Ainsi M. Vingtrinier avait tué dans sa vie n fois 23 mouches plus deux femmes. L'affaire révéla également que c'était lui l'artisan-poète, le Sylvio Marina des complaintes. On ne sait pourquoi il s'en était tellement caché. On découvrit au milieu de ses papiers des brouillons de l'*Enfant Martyr,* de l'*Ouest-Etat,* du *Satyre de Rieutort* et de la *Bête de l'Etang des Viornes.* Il avait pour le crime, sans doute, une complaisance littéraire qui se comprend. Ce qui surprenait c'était qu'il l'eût dissimulée à ses intimes.

Nul personnage plus effacé ne devint en un instant plus curieusement célèbre. Son mouflon, sa plante brésilienne, ses complaintes, son chat, ses oreilles feuilletées, sa canne à bec d'argent et son col d'astrakan passionnèrent l'opinion publique. Ses boîtes de pastilles Valda où, couronnant une carrière d'attrape-mouches, il avait envoyé deux femmes, firent à ce mou, à cet affectueux feutré, une silhouette de vampire bureaucratique dont la caricature présenta l'ombre longue et le col frisé au pied d'un bec de gaz : sous le bras il portait l'Agenda.

*

Le vendredi, à la classe de chimie, on entendit sonner les cloches. Des chevaux de tournoi, juponnés de noir, galonnés de blanc, débouchèrent au sommet de la pente du chemin des morts, comme des élégantes prétentieuses ou des monstres préhistoriques. La ganse qui entourait les trous du caparaçon autour de leurs yeux leur mettait des lunettes blanches qui leur donnaient un air d'insectes rares, et des plumets se balançaient sur leurs têtes. Un enfant de chœur portait devant une croix d'argent ; un prêtre chantait un latin solennel. Jamais le ciel n'avait été si bleu.

« L'huile ne coulait plus sur nos barbes. » Le temps était venu, comme l'eût dit M. Vantre qui citait le roi Salomon, le temps était venu des « terreurs en chemin », le « temps où l'amandier fleurit », où « la sauterelle devient pesante », où la « câpre n'a plus d'effets ». Car Dora « s'en allait vers sa demeure éternelle ».

Il eût fallu des princes et des cortèges, il eût fallu les funérailles que réclame la princesse birmane, et que Dora « descendît dans la terre avec ses ascètes, ses danseuses et ses attelages de gazelles, comme les rois d'Angkor et les princes d'Ayouthia, comme le Roi des Eléphants ou le Seigneur des Crocodiles »... Hélas, c'était Beylandrefour, le vieux cocher de l' « Hôtel du Sauvage », qui conduisait Tango et Falbalas. Au lieu du roi des éléphants, il y avait les vieillards de l'hospice, au lieu des princes d'Ayouthia, la classe moyenne des orphelines...

« Et les pleureuses courront les rues », dit Salomon. Pauvre Dora ! Il y avait tous les garnements des Tanneries, Pied-Volage, le Chat, la Couleuvre, Choubersky et le Grand Bossu qui était le cousin du petit Bonheur. Il y avait ses petits rameurs, ses petits voleurs, ses petits frondeurs, ses petits jongleurs et ses petits musiciens, et le plain-chant traînait dans l'air ses robes à traîne. C'était quand même la Reine du Labyrinthe, la Reine des Iles, des Maisons Roses, la Reine du Fleuve, qu'on enterrait...

Pareils au chœur, dans la coulisse, des chants qui montaient et s'enflaient, puis décroissaient et s'éteignaient, reprenaient sur un rythme tragique que le vent brouillait parfois comme une piste dans le sable.

La salle de chimie donnait au-dessus du grand mur qui s'enfonce dans les pulmonaires, les ellébores et les daphnés. Il y avait là des plantes vernies comme on en voit dans le maquis corse, d'autres qui avaient l'air découpées dans de la tôle ou du papier. Il en montait une odeur lourde, une odeur pourpre et on voyait, dans les jardins qui dégringolaient sur la pente, des verges d'or et des pavots de Turquie, dont la pompe était insolente.

La croix d'argent se balançait dans les jardins du faubourg des Petites Ames; elle dominait un long serpent d'hommes et de femmes qui ondulait selon les contours de la route. Des lambeaux de latin flottaient comme des banderoles. Le corbillard, compliqué, menu, et tout en courbes, avec les huit pattes de ses chevaux qui semblaient sortir d'une seule tête, avait l'air d'une lettre turque, d'un hiéroglyphe, d'un symbole adroit et compliqué dans la farine poussiéreuse de la route. M. Blanchon exposait posément les propriétés du sodium.

Le cimetière neuf ressemblait à un petit jeu de construction ou à un paysage d'Afrique, avec le blanc aveuglant de ses pierres. On le voyait comme du haut d'un avion.

L'état civil, la tombe et la complainte se partageaient ce qui restait de deux femmes, et les faire-part faisaient bien mention du décès de Mme Esther Perrin-Darlin et de sa fille, mais je crois que nous nous sommes doutés qu'avec Dora on enterrait notre jeunesse, et c'est pourquoi il y avait deux cercueils.

M. Blanchon dicta la dernière phrase.

Il y eut des gens autour d'un trou, de plus en plus rares, ensuite plus rien. La classe était finie.

On venait d'enterrer nos seize ans, le miroitement du soleil sur nos sables, le songe des Iles et la princesse d'Angkor.

*

Comme nous sortions, je vis venir Balèze, qui me prit vivement la main, et la serra en pouffant de rire :

— Condoléances, me dit-il... Tu transmettras à Nick !

Ce fut une affaire qui se régla sauvagement à la récréation de quatre heures, derrière la salle de gymnastique. Je lui fis sonner trois fois la tête contre le pilier, et il me mit la bouche en tel état que je ne pus la fermer de trois jours.

Avant de sortir, je regardai furtivement le cimetière du haut du mur. Il était redevenu vide ; rien ne marquait plus que quoi que ce soit se fût passé sur cette terre, qui se fût appelé Marthe Perrin.

*

Cent fois je revis ce cortège. Il s'inscrivait comme sur un vitrail, dans l'émail bleu de la fenêtre de chimie, avec ce chemin sinueux qui descendait et remontait la pente où l'enterrement traînait comme un petit ruban noir. Je revoyais les galopins des Tanneries, Pied-Volage, le Borgne, le Chat, Choubersky, l'Alouette, la Couleuvre et le Bègue. Je récitais les litanies de Dora : Reine du Labyrinthe, Reine du Fleuve, Princesse du Moulin à Vent, Soleil des Iles, Rose de nos âmes, Herbe des Dunes... Mais tu étais descendue sous la terre avec une mère assassinée dans le pernod... Dora, Dora, comme tu nous as trompés ! Comment fis-tu pour devenir cette marionnette épouvantable, cette victime grecque du pur *Fatum ?...*

Qui t'avait dit que tu serais la Reine des Choses-qui-Volent ? Tu tombes sous le bâton d'un maniaque dans la boîte de pastilles Valda.

« Mieux vaut le chagrin que le rire, mieux vaut la fin que le commencement... » Il y a des morts qui ont quelque chose d'humain. Nous étions plongés dans la Chine. Les morts chinoises sont habitables. « Je règne avec douceur, dit l'empereur de Chine du fond de son vaste tombeau, et mon palais noir est plaisant, je n'étouffe pas, je ne gémis point... Cependant laissez vivre là ce petit village paysan. Je veux humer la fumée qu'ils allument dans le soir. Et j'écouterai des paroles... »

Ainsi pouvait parler l'empereur des Chinois, qui était entré solennellement dans une mort préparée d'avance. Mais toi, Dora, qui étais entrée en te battant avec le concierge, mais toi Dora, sanglante et décoiffée ?...

Ainsi parlait l'empereur de Chine, et toi, la Reine des Choses-qui-Volent, et la Fiancée des Cerfs-

Volants, un tueur de mouches t'enferme dans sa boîte...

« Avant que le cordon d'argent..., que le vase d'or..., que le seau..., que la roue... » Mais « le cordon d'argent se détache, le vase d'or se brise, le seau se rompt sur la source, la roue se casse sur la citerne, la poussière retourne à la terre, l'esprit à Dieu qui l'a donné ».

Cette pauvre mort de Dora, nous la vécûmes dans toutes les langues, en hébreu, en français, en chinois, en latin.

Ainsi pars-tu « au temps où l'amandier fleurit », « où la sauterelle devient lourde, où la câpre n'a plus d'effets ».

Dora, je ne veux pas que tu sois morte ainsi. Je ne veux pas que tu sois enfermée dans cette boîte avec les mouches. Dora, Dora, je te choisirai une autre mort, je te la choisirai comme pour moi, je t'y ferai une « maison habitable ». Tu « sentiras la fumée d'un village », tu reverras le soir sur les Iles, tu entendras la chanson du faubourg, et tu « écouteras des paroles »...

Mais la vie ne laisse pas choisir.

M. Panado s'est assis sur ta tombe et ne permet pas d'en approcher.

★

Fred sursauta, revenant d'un grand songe :

— On m'appelle M. Paul, dit l'homme à la cravate..., et on me respecte...

Il ajouta :

— J'ai de l'influence et du crédit.

Fred était devant la vaste mer, comme Faust devant

la jeunesse (et Méphisto lui parle dans l'oreille). Il ne lui manquait que le mot de passe. Alors M. Paul s'assit, étala un jeu de cartes et fit remarquer qu'on s'ennuyait.

En même temps il commandait le pastis et faisait, en se posant l'index sur la cravate, quelques réflexions sur le temps. Puis il battit le jeu d'une manière si légère que les cartes avaient des ailes, et perdit une ou deux parties.

A la fin du deuxième partie il parla d'une voix allusive de choses qui ne se disent qu'à voix basse. On aurait cru, à l'écouter, qu'il suffisait d'un rien à un jeune homme sérieux pour faire son chemin dans le vaste monde et convertir le plomb en or. M. Paul était un alchimiste, la terre appartenait aux forts et aux adroits, la mer aussi, les ports, les villes, les jeunes filles les plus sérieuses et les fonctionnaires les plus droits.

Fred n'avait d'yeux que pour s'étonner de ses bras de catcheur, de ses seins de nourrice, de sa voix de ventriloque et de l'agilité prodigieuse de ses doigts.

M. Paul parlait peu, mais, quand il le faisait, c'était avec l'autorité précise de l'expérience. Car la jeunesse, sur les routes de la terre, trouve toujours des hommes étranges et merveilleusement compétents pour orienter ses inquiétudes dans les endroits les plus inattendus et lui montrer combien les choses sont simples. Et les cartes volaient dans les doigts de M. Paul qui faisaient scintiller leurs bagues comme un jet d'eau, et la chance se mit à le favoriser.

On avait l'impression qu'il les magnétisait, que son regard cueillait les atouts sur la table et les envoyait dans son jeu par la seule vertu de son fluide. Fred avait peut-être eu tort dans le train de ne pas compter sa recette en cachette.

On en était au sixième quitte ou double, au cinquième pastis et au dernier billet de la recette de la kermesse quand Fred crut voir que M. Paul s'aidait de ses doigts et se leva en renversant sa chaise.

M. Paul fut le plus fort. Il lui fallut deux gestes, mais c'étaient deux gestes précis. Ensuite, aidé d'un jeune homme pâle et admirablement discret, il porta Fred au bord de la mer, au pied d'un escalier glissant, et déposa à son côté un litre vide.

L'eau venait battre les pieds du corps.

*

Le samedi soir, au cinéma, on passait les actualités quand le silence qui commençait à s'établir devint complet. Le public venait de reconnaître sa ville : le 15 de l'avenue des Platanes, la rue Quattrebarbe, l'arche des David.

On vit aussi un Vingtrinier à peine distinct porté en triomphe par la foule (ce devait être l'agrandissement de quelque photo d'amateur) et la montgolfière presque vide qui se dégonflait sur un champ plat de betteraves. Elle devint raide, et ce fut celle de Cardonneau.

Il y eut un rire lorsque apparut Edouard Piéprat, coiffé de sa casquette en bois, montrant le ciel à l'assistance. La bande se terminait sur une boîte en gros plan : c'était la boîte de pastilles Valda. On distinguait à l'intérieur un grouillement de mouches posées sur le dos avec leurs petits ventres blancs, et l'étiquette aux coins coupés portant le chiffre 23 en écriture moulée.

Ce fut la séquence la plus impressionnante. Des femmes se cachèrent les yeux derrière la main.

*

Que fut-ce dans *Hebdo-Crime !* Il y en avait deux pages ! En vedette Petit-Monsieur, le chat jaune de Vingtrinier. On ne voyait que ses yeux, deux trous au milieu d'une fourrure lustrée. En gros plan, comme au cinéma, en bas et à droite de la feuille, la boîte de mouches, et autour de la page un rectangle de petites photos, comme dans les souvenirs de ville d'eau : l'arche des David, le petit square Petermaës, avec le cygne et un promeneur, vu de dos, sur le pont chinois.

Il y avait la « kermesse sanglante » et une photo du moulin, avec cette légende nostalgique : « Elle aimait se promener dans l'Ile, et y retrouver des enfants. » Le reporter avait dû se renseigner auprès de Barestéguy, auquel Fred avait raconté les réunions des galopins des Tanneries, car le papier commençait ainsi : « Ce fut par un étudiant déguisé en Peau-Rouge qu'un journaliste de la ville apprit à trois heures du matin qu'un avocat du barreau local cueillait des fleurs en bras de chemise dans le jardin du 15 de l'avenue des Platanes... »

Je revois encore l'encre de l'*Hebdo-Crime,* plus brune que noire.

« Elle aimait se promener dans l'Ile.. » S'agissait-il bien de Dora ? C'était elle et ce n'était pas elle. Ce n'était plus notre aventure. Je ne l'y retrouvais que comme on retrouve, un an plus tard, dans la carte postale de la gare, un pays où l'on habita.

« Elle aimait se promener dans l'Ile... » Les femmes s'étaient caché les yeux au cinéma ; moi, je ne voulais plus voir cette phrase, et je jetai le magazine.

Je ne voulais plus voir Petit-Monsieur.

*

Les étoiles étaient magnifiques, les pianolas jouaient des tangos.

Quand la tête de Fred arriva dans l'eau noire, bientôt suivie par le reste du corps, il y eut un plouf, et immédiatement de grandes rides concentriques.

Fred suffoquait. Toute l'histoire de sa vie lui passait dans la tête, avec la vitesse de l'éclair, pareille à une annonce de film. Mais très haut et inaccessible, hors de portée en quelque sorte de la main, comme un express sous lequel on a roulé. Elle s'arrêta avec un coup de cymbale sur le défilé de la coloniale et l'image de l'*Illustration*. Et ce fut alors que vint la grande négresse.

Quand il vit ses mains ténébreuses s'avancer au-dessus de la mer et son corps se pencher sur lui du fond d'un ciel rempli d'étoiles, il pensa qu'elle allait le sauver.

Elle s'était avancée dans la nuit, comme le train dans la petite gare de Sédillac. Ses yeux luisaient. Il était dans son ombre, il se confiait à ses bras maternels. C'était la grande vivandière ténébreuse qui, de Madagascar au Tchad et du Tchad à la Martinique, verse le vin rouge au mercenaire fatigué jusque dans l'auberge éternelle.

*

Du haut des marches du jardin, sous les marronniers séculaires, notre Principal, M. Vantre, lançait des livres défraîchis enrobés de papier mousseline aux pensionnaires groupés sur les bancs de la cuisine, comme on lance du pain aux poissons. C'était la distribution des prix. Il fallait que tout le monde en eût, ne fût-ce qu'en miettes.

Il avait tout raclé, chez les plus petits libraires ; il avait pénétré dans des ruelles sordides oubliées depuis les Gaulois pour quémander des fonds de tiroirs dans des magasins tristes aux devantures poussiéreuses où un taille-crayon en faux plomb attend l'acheteur depuis Philippe-Auguste à côté d'une mappemonde au papier décollé.

Tout ce que tout le monde, depuis toujours, refusait de lire, tout ce qui était jauni par le soleil, lavé des pluies, léché à sept heures du matin par les chèvres de l'Espagnol, il l'avait acquis au rabais, au kilo, à des prix sordides, pour l'effet de masse, pour impressionner les familles.

Car les familles allaient se décourager. Il fallait rattraper le trépas de Forcefil dans l'opinion alarmée des parents. Le trépas de Forcefil, l'élève publicitaire, l'enfant le plus gras de la soupe du collège, à la veille des grandes vacances, portait le coup de pied de l'âne à notre établissement. Pour effacer la fâcheuse impression M. Vantre s'était mis en grand deuil de cet enfant qu'il admirait au fond de son âme d'avoir résisté à sa soupe. (Forcefil était mort avec une mine superbe, « juste au moment où nous l'avions guéri »...)

Aussi les prix, cette année-là, n'allèrent-ils pas seulement au mérite ; ils allèrent surtout à la publicité.

Le palmarès lu jusqu'au bout, M. Vantre s'était levé, en toge, un crêpe au bras, un crêpe à l'épitoge et, comme la pluie allait tomber, s'était mis à lancer les livres au jugé pour sauver ce qui restait sauvable.

Il savait bien que le vrai remède n'était pas là. Il ne manquait pas d'idées, mais il manquait d'argent. Il avait dû vendre la vache. Il savait bien qu'il eût fallu la ramener à la laiterie que les rats eux-mêmes avaient fuie depuis longtemps et où ne broutaient plus que quelques araignées ; seulement il manquait d'argent, il en convenait d'ailleurs lui-même dans ses heures de grande confidence. Il avait donc cherché une solution de compromis. Cette vache publicitaire, au lieu de l'acheter, il l'avait louée ! à quinze jours des grandes vacances ! et pour quinze jours ! Mais comme il ne trouvait personne pour la soigner à cette époque de travaux agricoles le vendeur lui avait fourni aussi un chômeur roumain intellectuel d'immigration toute récente, peu au courant de notre langue et de nos mœurs. Ce rêveur avait commencé par demander de la peinture. Huit jours après, il avait peint l'étable comme dans son pays, paraît-il, plafonds, piliers et tout, de raies rouges, blanches et violettes : on eût dit l'église orthodoxe. Et s'il s'en était tenu là ! Mais, comme dans son pays encore, il avait peint aussi la vache, de ces raies rouges, blanches et violettes, qui lui donnaient l'air d'une page de géométrie en couleur. Si bien que les parents d'élèves, quand ils visitèrent ce musée, s'imaginèrent que le professeur de mathématiques, devenu subitement fou, prenait la vache de l'établissement pour le tableau noir de sa classe. Les citadins entraient là-dedans comme dans un sanctuaire, en marchant sur la pointe des pieds ; les campagnards revenaient consternés, en se disant des choses à l'oreille...

Bref les plus belles initiatives de M. Vantre valurent plus par l'intention que par le succès. Ce fut à Peyrehorade, qui avait sept ans et demi, qu'échut le *Discours de la Méthode,* dans l'édition des « Classiques pour Tous » qui coûtait 0 fr. 60 au prix de détail, mais qui était enveloppée de papier mousseline et ficelée d'une ficelle en or, à l'instar d'une confiserie rare, et plusieurs élèves de première découvrirent avec étonnement, dans les livres qu'on leur lança, de petites brochures grivoises aux titres anodins qu'un libraire d'une ruelle triste avait glissées dans le lot des ventes au poids. M. Vantre, sur la foi de leurs titres, les avait prises pour des manuels de langue étrangère ! Le chanoine Magny, l'oncle de Poulmarie, qui avait eu l'un de ces rossignols enluminé d'images libertines, en avait poussé des cris rauques et parfaitement justifiés qui parvinrent jusqu'à l'Evêché. « Et le rire des insensés en crépita comme l'épine sous la chaudière. »

Ainsi finit en vaches bariolées l'ère des choses « grandes et magnifiques ». L'un s'en allait avec deux boules de gomme en face d'un monstre montmartrois d'origine internationale, l'autre recueillait sur sa tombe une couronne jaune citron de format « Mignonnette » étiquetée « article demi-luxe » dans la série « Pro Patria ».

« Tel est le sort des enfants obstinés » et quand, avant de partir, nous montâmes sur le rempart regarder les sables arides qui miroitaient au grand soleil,

Dora la Fabuleuse nous avait dit adieu. La Reine du Labyrinthe et du Moulin à Vent reposait dans un cimetière.

Six fois le professeur qui lisait le palmarès avait appelé le nom de Frédéric Lamourette, six fois Frédéric Lamourette, de Mathématiques élémentaires, n'avait pas répondu à l'appel de son nom. Le *Comte Kostia,* qui lui était destiné, resta sans preneur sur l'estrade.

Il y aurait appris que « la vie n'est que le songe d'un chat-huant ».

Mais les Iles scintillaient au loin dans la lumière.

★

Nous n'irons plus au Labyrinthe, aux Iles et au Moulin à Vent. Quand la foule se dispersa et que les parents emmenèrent les derniers pensionnaires dont les mains rouges pendaient comme des gigots de mouton hors de leurs manches devenues trop courtes, on eut une impression de débâcle.

Parmentier, sur le bas-relief, dans sa nudité prophétique, avait l'air d'un joueur ruiné auquel l'autre a gagné sa chemise et ses chaussettes, Maussert, dans sa redingote, d'un brigand confortable qui vient de dépouiller un bourgeois : Parmentier lui vendait ses restes de librairie, on les pesait dans la balance, et Maussert en faisait le poids, avec sa fameuse maquette qui ressemblait au Moulin à Vent...

Il y eut dans cette journée splendide une telle odeur de désastre que M. Vantre, très abattu, se prit à regretter de s'être laissé retenir par le Conseil des Professeurs dans l'exécution de son projet le plus ingénieux et le plus magnifique. Car il avait eu l'idée folle, pour appâter la clientèle, de reculer la distribution jusqu'à l'heure du crépuscule et de la compliquer d'une fête folklorique, avec costumes dits régionaux, couronnée d'un feu d'artifice. Il avait même acheté de sa bourse ridée quelques « marrons » et quelques « gerbes », dont le nom technique l'avait séduit et dont il attendait merveille pour la réclame. Les examens avaient été une hécatombe. Il n'avait rien trouvé de mieux, pour essayer de rattraper ce désastre, que d'illuminer le champ de bataille, de pavoiser sur les tombeaux !

Son feu d'artifice lui resta.

Il se le tira tout seul, le soir, dans les pivoines, au milieu du jardin désert. Il l'avait retrouvé dans son coffre-fort vide, comme un remords, et n'avait pu dans son enfantillage résister au plaisir de s'en donner la fête pour n'en pas avoir le dédit.

On le vit donc entouré de soleils vertigineux qui crachaient la poudre et la flamme. Les rares passants se retournaient surpris, sur les promenades, levaient la tête vers la butte du collège, et se découvraient à tout hasard comme pour quelque *Marseillaise.* Car il y a dans le feu d'artifice on ne sait quoi de patriotique et même de républicain. Il fut pris dans les feux de Bengale, il apparut en rouge, il apparut en vert. Il était là, frivole et solennel, avec son ventre et sa grande barbe, de dos comme une ombre chinoise, de face comme un démon de toutes les couleurs. Il y eut au ciel des étoiles bleues, des étoiles roses, et des pluies d'astres embrasés.

Il y prit un plaisir extrême.

Mais la plupart des fusées firent long feu. Il les avait achetées au rabais et la moitié étaient humides. Elles crachotaient, bouillaient avec un jet de vapeur, comme la marmite de la soupe aux corbeaux, et mouraient sur place, épuisées.

Les baguettes embrasées retombaient dans les roses et noircissaient en un clin d'œil.

*

Sombres et torrides vacances !...

Comme je passais à bicyclette à Lans-le-Vent, le premier août, jour du marché, j'entendis sur la place du bourg les accents de la *Paimpolaise.* Des gens avaient fait cercle autour d'un homme barbu, vêtu d'une grande blouse rustique d'une naïveté préméditée. Il était armé d'un roseau et montrait des images collées sur un panneau. La *Paimpolaise* avait cessé, il discourait. Je me mêlai à la foule. Des enfants se haussaient sur la pointe des pieds, d'autres passaient entre les jambes des hommes, tout le monde tendait le cou et regardait.

— « Crime d'aviateur », annonçait l'homme. Demandez « le Vampire de la rue Quattrebarbe, en cinq parties entièrement différentes, avec le plan et les explications complètes. Première partie : Vampire et Recordmant... »

Il y avait une grande page en couleurs affichée, où le crime était distribué comme sur une image d'Epinal, avec le chat, la montgolfière, l'arche, les mouches et la maison du Grand Tournant. Je n'osais pas regarder le rectangle dans lequel on voyait Dora. Elle avait les cheveux noirs et elle semblait baigner dans une confiture de groseilles. Ce fut tout ce que j'en vis malgré moi. Il ne faisait grâce d'aucun détail. Le crime entrait dans sa légende, dans son schéma cruel et enfantin, dans le drame d'Eschyle et le souvenir populaire.

— Et voici, ajoutait le présentateur en blouse, en montrant le panneau central, le sanguinaire Vingtrinier... (Il fit une pause. On regarda attentivement, au bout du roseau qu'il tendait, une tête de M. Vingtrinier qui ne ressemblait plus à personne, sauf à tout comptable modèle, par le lorgnon et le col d'astrakan, un uniforme de vampire qui a de l'instruction, de tueur mondain, d'attrape-mouches distingué.) Le sanguinaire Vingtrinier, continua-t-il, qui vient d'être interrné en maison centrrale... (il se retourna vers le public, leva le roseau comme un maître d'école en regardant fixement la foule et fronçant des sourcils furieux) ...en attendant qu'y crève... (une pause) comme un salaud... (et le bâton s'abattit) ...Vas-y, Emile, du sentiment... et vous, les gosses, n'approchez pas de ma boîte, laissez passer le client sérieux.

Emile pressa l'accordéon, et une femme en foulard, tannée par le soleil, une grosse mémère à béret basque et à cheveux gris, recommença l'affreuse complainte. C'était sur l'air de Fualdès.

La poussière montait du champ de foire. Le soleil tapait verticalement. Les buveurs de l' « Hôtel de l'Ecu » avaient quitté la petite terrasse pour venir écouter de plus près, et le trottoir en ciment, d'où montait la chaleur, restait désert entre ses caisses de lauriers-roses.

Dora, crevée de trous rouges, distribuée en tranches mauves, se couvrait de poussière au soleil du champ de foire. Des mouches tournaient autour des lauriers-roses, la foule tournait autour de Dora. Les sous tombaient entre deux couplets dans le quart de soldat que promenait la grosse femme... Dora, Dora, Fleurs des Iles, Maison Blanche, Rose de nos Ames, Mirage des Sables, Tour d'Ivoire, Algue du Matin...

Une horrible curiosité me fit écouter une fois de plus l'interminable litanie du musicien.

Vingtrinier s'y voyait traité de « serpent systématique » et de « vautour en faux col ».

Je sautai sur ma selle et filai.

L'accordéon m'apportait par bouffées, dans les tournants, l'air de Fualdès. Dora y passait titubante à l'horizon d'une strophe monotone, éteinte, rallumée par le vent.

*

Le vieil homme garda longtemps l'habitude de monter dans la chambre de Fred. Il regardait machinalement le paysage. Il se brûlait les doigts sur les lames des fleurets et revenait toujours chercher dans la rizière, à la page 208 de la géographie. Il laissait là le livre ouvert à la même page. Il avait défendu que personne y touchât et, d'ailleurs, il gardait toujours la clef sur lui.

D'autres fois, il ouvrait le coffre et il restait longtemps rêveur devant le chausson de Lily Bürstner, les cailloux bleus, le flacon d' « Eau des Iles » ou la racine de mandragore.

Il laissait parler toutes ces choses au fond de sa tête et redescendait chaque fois un peu plus courbé. Elles ne remuaient plus au fond de lui que des souvenirs de plus en plus rares, plus lents, plus fixes et plus aigus. La poussière tournait dans un rayon de soleil, et le fantôme de Fred devenait de plus en plus pâle devant la page 208.

Il regrettait de plus en plus souvent maintenant de n'avoir pas épousé Miss Cavendish, — l'Anglaise qui peignait l'Alpenhorn avec un premier plan de fleurettes, — au moment de la mort de sa belle-sœur, le jour lointain où il avait trouvé ce neveu qui s'égouttait sous les marches de l'escalier, — et désormais il avait eu quelqu'un avec qui partager en frère, pendant cinq ans, les Romains de bronze et les courants d'air de la villa. — Miss Cavendish était retournée en Angleterre C'était la grande chance de sa vie, mais on ne sait jamais ces choses-là. Et, comme il ne pouvait savoir à quel point c'était sa grande chance, il se mit à la regretter.

Il lui envoya encore une fois une carte postale qui représentait l'avenue de la gare. Elle lui répondit à Noël par une chaumière sur l'Alpenhorn, entourée de boules de gui et de fioritures dorées, avec une formule imprimée accompagnée de sa signature. Il la mit dans un coin de la glace au-dessus de la cheminée de la salle à manger, derrière le berger breton.

La politique, dans son journal, lui paraissait de plus en plus détestable. Le portrait de sa sœur, aux repas, dans la salle à manger, lui parlait d'une époque de plus en plus lointaine et il était gêné par le regard de son beau-frère, cet œil de bœuf qui rêvait de papillons. Il lui semblait qu'ils lui reprochaient quelque chose ; il finit par faire mettre sa chaise de l'autre côté. Mais il garda toujours l'assiette de Fred en face. Mariette le voyait parfois qui restait la fourchette en l'air, les yeux dans le vide. Il lui arrivait de dire brusquement :

« Tiens-toi droit », en se tournant vers l'assiette de son neveu.

Ce qu'il ne pouvait pas supporter de voir, c'était la place du chapeau de Fred au portemanteau, sans le melon. Un soir, il alla chez Piéprat et il en acheta un autre à la pointure de son « saltimbanque ». La coiffe en était en soie blanche et le cuir portait une signature en or.

*

L'homme qui chantait la *Paimpolaise* à Lans-le-Vent s'était trompé dans sa complainte et ses promesses : Me Vingtrinier ne fut pas guillotiné.

Il n'y eut même pas de jugement ; il fut mis chez les fous. On ne voulait pas déshonorer le barreau de la ville. Des psychiatres prouvèrent nettement que M. Vingtrinier était un « olfactif ». C'était une notion nouvelle. Elle en parut d'autant plus convaincante.

Un olfactif... Comment n'y avait-on pas pensé ! Tout le prouvait : le mouflon corse et la plante brésilienne. Ce diagnostic jeta une vive lumière sur le cas de M. Vingtrinier.

On le soigna d'ailleurs par des méthodes si sûres qu'il ne se souvint bientôt plus de son effroyable aventure que pour se rappeler trop souvent qu'il avait une fois six heures, et une fois quatre, à rattraper dans l'Agenda. Il lui en resta cette idée fixe. Comme il avait une belle écriture, on l'employa à tenir les comptes. Son anglaise fut trouvée frivole, sa ronde classique, sa bâtarde ouvragée.

Et son cas servit à une thèse.

*

Le lendemain de la kermesse, le docteur Peyrolles achevait son repas quand on avait sonné à la villa des Buis. Il pouvait être dix heures du soir car il avait dîné très tard. L'abbé Mignon était debout dans le couloir, immense, massif, avec ses yeux lointains ; il apportait un télégramme : « Prévenir docteur Peyrolles Fred engagé 6e colonial. Frédéric. »

Les pièces du baccalauréat avaient servi pour l'infanterie de marine. Fred rejoignait sa destinée dans la rizière de la page 208...

Le docteur raccompagna l'abbé jusqu'à la grille. Il faisait très noir. La soutane de l'abbé agitait au passage les branches des ocubas. La lampe électrique du docteur tirait de la nuit des bouquets de fleurs blanches, des paquets de feuilles vernies tachetées de blanc, et, quand il faisait un geste brusque, de sombres feuilles de marronniers qui se remuaient sur les étoiles comme des mains noires.

*

Avant de rejoindre son dépôt, Fred ne passa que pour vingt-quatre heures. Son train partait à six heures du matin. En se levant, il eut beau regarder dans la nuit, il ne put apercevoir les Iles. Aucune lumière ne signalait les Maisons Roses des Petites Ames, ni les fenêtres du Labyrinthe. Il voulut voir du moins la tombe de Dora.

Il dut sauter le mur du cimetière, comme un voleur. Il faisait froid. Les allées étaient encombrées de tas de ronces, parce qu'on préparait la Toussaint et qu'on faisait la toilette des tombes. Il y avait du verglas. Il dut chercher longtemps. Il se perdit parmi les concessions, leurs pierres blanches et leurs couronnes de perles noires. Il s'apprêtait à s'en aller quand, au bout de la lumière de sa lampe électrique, il lut les noms d'Esther et Marthe Perrin-Darlin.

Une grille rouillée entourait le terrain fraîchement débarrassé des herbes envahissantes. La terre était gelée, et nue comme un crâne chauve. Le fer de la grille glaçait les doigts. Sur le sol un vieux bouquet tout noir n'avait laissé que son squelette dont le givre emperlait les tiges et les feuilles. Les noms étaient inscrits sur une table de pierre pareille aux tables de la Loi que porte Moïse dans l'Histoire Sainte. Et ce qui le surprit le plus d'abord fut ce nom d'Esther. Qu'avaient de commun ce nom d'héroïne de Racine, ces maisons de la mort, cet endroit solennel et cette femme épaisse et molle qui buvait du pernod au château des Bergères, en peignoir jaune, dans un magasin désaffecté ?

Il avait froid. Il se sentit gêné.

Il lui aurait fallu des fleurs. Il chercha dans ses poches quelque chose à laisser. Il fouilla dans son portefeuille. Il y trouva l'orteil de la négresse... Après tout, ce serait l'hommage d'un grand amour...

En se penchant pour le jeter sur la tombe, il aperçut sous une pierre quelque chose qui brillait dans le rayon de sa lampe. Une chose dorée. Il ramassa ce trésor étrange. C'était une boîte de pharmacie rouillée qui gardait un petit bout de dorure. Il y trouva avec étonnement trois bons-prime du *Family* et, avec horreur, des mouches mortes : ainsi ces pains, ces nourritures que les anciens portaient sur les tombeaux. Il se souvint des Choses-qui-Volent et de la matinée glaciale et lumineuse où il avait épousé la Reine des Cerfs-Volants.

Nul ne saura jamais d'où cette boîte était venue. C'était sans doute un tour de M. Panado. Il allait la jeter au loin avec dégoût quand, se ravisant, il réfléchit que le vent emporterait bien vite le fétiche léger qu'il s'apprêtait à déposer. Il glissa donc avec les mouches l'orteil de la grande négresse et planta la boîte dans le sol nu.

Et Dora dormit désormais sous ces idoles inexplicables, barbares offrandes de l'enfance et de la folie.

★

Au moment où le train traversa le faubourg des Petites Ames, les cloches du Nord se mirent à sonner.

L'Antiliban était couvert de neige. Les déserts de l'Asie s'étendaient au soleil. Le Régiment colonial de Marche du Levant s'y couvrit de gloire et de poussière. Il vit les ruines de Palmyre, la lune qui se lève sur les sables, les plus vieux déserts de l'Asie et les palais que le soleil forme de nacre et de feu sur le sel de la terre. Les chameliers, en haut de leurs bêtes, avaient l'air de vieilles femmes sévères. Les mitrailleuses brûlaient les doigts des mitrailleurs... La grande négresse riait dans le ciel et jetait ses citrons à pleines mains. Ils éclataient comme des grenades, et elle riait à s'en fendre la bouche, comme le Principal dans le jardin du collège quand il tire pour lui seul tout son feu d'artifice... Puis, au plus fort de sa kermesse, elle balança tout ce qui restait dans un fracas épouvantable juste au-dessus de la troisième section. Et la poussière des vieux déserts but une fois de plus le sang frais de la marsouille.

Ensuite la lune se leva sur les sables. Il n'y eut plus que les étoiles, le vide et les chacals.

Le docteur Peyrolles mourut le 28 décembre.

Le caporal Frédéric Lamourette disparut devant une ville défendue par les Turcs.

*

Balèze avait pris son melon sur la fenêtre du patronage. Il le donna à notre club. On le pendit à une poutre et on y planta une plante verte, dont les feuilles retombaient comme une chevelure, qu'on appela *l'Herbe du Songe.* C'était le style des « Plaisirs de Corée ».

Épilogue

Qui est-ce ? Qui se promène sous les arbres du quai ? Qui est à jamais perdu ? Qui ne peut-on sauver ? Sur la tombe de qui pousse l'herbe ? Des rêves sont venus en remontant le fleuve ; avec une échelle ils escaladent le mur du quai. On s'arrête, on cause avec eux, ils savent bien des choses, ils ignorent seulement d'où ils viennent. L'air est bien tiède ce soir d'automne. Ils se tournent vers le fleuve et lèvent les bras. Pourquoi les lever au lieu de nous étreindre ?

Franz Kafka *(Aphorismes.)*

Ce fut à la fin de cette époque que notre slogan préféré s'usa, tomba et disparut comme le yoyo. On ne monta plus sur les « Pyramidesses ». Elles étaient peut-être trop hautes. Elles furent remplacées par M. Panado qui n'avait été jusqu'alors que le produit confidentiel d'un clan.

Le club le nomma docteur ès « Plaisirs de Corée », au cours d'une séance solennelle où les discours furent tenus en latin. On ne sait si ce fut pour le récompenser de ses activités de l'année ou pour capter sa bienveillance, pour acheter sa neutralité. Ainsi les sauvages des Iles, quand ils veulent apaiser leurs dieux avides de sang, les nomment-ils très bons et très sages avec de grandes cérémonies.

On releva encore parfois la trace de ses pieds palmés sous les roseaux de l'étang des Viornes. On entendit encore son cri au crépuscule : c'était le « cri fondamental ». On le distingua de plusieurs autres meuglements de moindre importance qui n'exprimaient que des besoins particuliers, comme celui de crucifier M. Vantre sur la porte des cabinets. Ces cris secondaires pouvaient se comprendre, mais le cri fondamental resta intraduisible. Il exprimait l'essence même de M. Panado, la violence de son néant, la raucité de son existence. On s'accordait à le dire semblable à celui de la grenouille-bœuf. (C'était une idée que Potter, le fils du riche minotier, avait puisée dans une relation de voyage, et ne rêvait plus que de vérifier dans le pays.) M. Panado poussait ce cri de loin, de préférence au bout des allées de chênes, à la vue de l'explorateur.

On continua aussi, suivant la tradition, à relever de loin en loin, dans la forêt, la trace de ses campements, de ses feux et de ses papiers : il brûlait tous ses documents. On ne le connut que par ses victimes et sa puissance universelle. Il avait envahi la scène à la façon d'un ténor d'opéra.

Nul ne jura plus que par lui.

Son existence eut le droit d'être justificative ; M. Panado excusa tout. Avait-on un zéro d'histoire ? « Heureusement, disait-on pour se consoler un peu, que nous avons vu M. Panado, et que de ce côté-là nous pouvons être tranquilles. » On le jetait à la tête des professeurs. Qui avait mêlé de bouillon de poireaux l'acide nitrique ? Qui avait fait ci, qui avait fait ça ? Panado, toujours Panado. Il était à la fois le lutin, le mauvais génie, l'hôte inquiétant, l'âme noire du collège, sa mauvaise conscience, son triomphe et sa joie.

Aussi devint-il de bon ton d'avoir trouvé M. Panado chez l'épicier ou chez le libraire. Une conversation devenait-elle languissante : « A propos, jetait l'un ou l'autre, j'ai rencontré M. Panado... » Et tout le monde concluait en chœur, trompeusement, que cette rencontre était heureuse.

On lui inventa des professions. Il était assez habituel de le concevoir comme un banquier ruiné ou comme un musicien des rues. On établit l'orthographe de son nom, on discuta du journal qu'il lisait, mais il ne s'intéressait qu'aux résultats des courses.

Des professeurs finirent par s'inquiéter. Ce Panado était mauvais esprit. Il fournissait l'anarchie de mots d'ordre. Il couvrait de sa silhouette, de ses slogans et de ses conseils perfides les murs des cabinets et le bois des pupitres. C'était lui qui avait introduit au sein de la classe de troisième l'inexistant élève Baffeyre qui s'y était maintenu six mois avec des notes de devoirs et de compositions et qu'on avait dû renvoyer finalement pour excès d'absence.

M. Panado devint l'alibi général de notre jeunesse sacrifiée aux études. Il apparut sur les murs des Petites Ames, dans le chemin des Vêpres et de la rue des Ténèbres, au « Cabaret de la Femme Sauvage » et dans l'impasse des Trois-Voleurs. Il pénétra dans la cuisine. Le Principal le trouva sur le mur de son bureau.

Ce fut ainsi que l'obsédant M. Panado, fruit du rêve d'une âme collective, devint le responsable universel. Mais, contrairement à ce que nous affirmions, pouvions-nous vraiment être tranquilles ? Nous savions bien que nous ne l'avions pas vu.

*

Amusons-nous, Dora, amusons-nous de lui puisque aussi bien il nous aura quand même.

Il y a eu de grandes discussions sur l'orthographe de son nom, que nous ne connaissions que par l'oreille. Et certains préféraient l'écrire à la française : d, e, a, u, ce qui fait plus affaissé. Cette orthographe découragée ne correspond pas au personnage : c'est méconnaître ce qu'il y a d'italien dans la physionomie de M. Panado. D'italien sans emphase, peut-être, sans sonorité, je le veux bien. Comment donc m'exprimer pour faire saisir la nuance ? Disons : d'anciennement italien. Une sorte d'italianisme éteint. Il y a de la fin de feu d'artifice dans la personne de M. Panado. Il restait en lui d'italien ce qui reste d'une fleur après la fête. Ce n'est pas la fleur, mais ce n'est pas rien ; un parfum qui a été, le souvenir d'une étoile rose.

Rien ne l'empêchait par exemple d'avoir été un ténor réputé. Mais il a perdu l'éclat de l'œil, le vernis de la joue, le bleu de la barbe. Il s'est terni dans le brouillard avec l'âge, les revers et l'épaississement... En un mot, c'est M. Panado. Si vous ne le sentez pas, ne cherchez pas à comprendre. On le sent ou on ne le sent pas. Mais vous ne serez dans la bonne voie, vous ne devinerez M. Panado, vous ne serez à sa longueur d'onde que si vous discernez en lui ce grain d'Italie desséché qui lui laisse un peu de l'odeur de ces longs cigares qu'on fume avec une paille, ce qui reste de l'âme d'un Chianti dans le rond rouge qui a taché une nappe.

Abandonnez surtout l'idée entièrement fausse que M. Panado est un voisin de palier. Je vois bien d'où vient votre erreur. (Elle procède d'une sensibilité fort juste.) Vous imaginez ce voisinage parce que Mme Panadeau est nécessairement cette dame légèrement floue à laquelle on emprunte le panier à salade ou le tire-bouchon ou autre chose. (« ... Va demander du fusible à Mme Panadeau », etc.) Mais ne vous y laissez pas tromper. D'abord il s'agirait de Mme Panadeau — d, e, a, u —, et M. Panad*o* dépasse, nous l'avons vu, la personnalité du simple Panad*eau*. Et, ensuite, et surtout, il n'était pas marié. Peut-être veuf, d'ailleurs, on ne sait pas son passé, mais, en tout cas, entièrement seul dans l'existence.

Voilà des éléments certains. Je sais bien qu'ils restent négatifs, mais le reste est trop mystérieux. Pour le moment, je ne peux vous éviter que les erreurs les plus grossières.

Ne croyez donc pas ceux qui vous disent qu'il s'appelle M. Panad*eau*. Non qu'ils aient entièrement tort : il y avait des moments où il ne valait pas mieux ; mais ce n'étaient que des moments, quand il était en espadrilles par exemple, les blanches, celles qui ont l'air écrasées.

Voilà ce qu'on peut concéder, et aussi ce qu'on doit refuser, aux partisans de l'orthographe à la française. En revanche, sur son physique, il n'y a pas de concessions à faire en ce qui concerne trois points : il était entièrement rasé, il portait un melon clair et un complet croisé, très clair aussi, et pas très frais d'ailleurs, mais de couleur café au lait.

Qu'il fût obèse, je n'ai pas besoin de le dire, tout le monde le sait. Avec légèreté ; un peu dans le genre de M. Paul. Quant aux chaussures, assez souvent les espadrilles. Et surtout la bottine à deux couleurs tranchées. Parfois la chemise de soie, parfois le maillot rayé.

Sa grammaire était excellente. Malgré son ventre et ses cinquante-cinq ans, il restait pas mal de ressource dans sa mollesse pleine de virilité. Il était encore capable de gagner une course sur route avec un vélo d'occasion.

Il avait beaucoup d'expérience dans certains domaines limités : il connaissait le monde des sports et du théâtre. Un fervent du Pari Mutuel. Il jouait, d'ailleurs sans beaucoup de chance. Dans des petits cafés miteux, où il venait toujours en voisin, et où on lui réservait sa table.

En général, il se tenait devant une porte. On ne savait pas où il allait passer. Tout ce que je peux dire, c'est qu'on le voyait debout, toujours, dans quelque endroit extrêmement anonyme, et sur le trottoir de la mairie par exemple, comme s'il venait d'en sortir et qu'il se demandât, avant de prendre à droite ou à gauche : « Voyons, par où dois-je prendre ? est-ce à droite ? est-ce à gauche ? » C'était toujours dans ces instants qu'on le trouvait.

Je crois, entre nous, qu'il n'était pas intelligent, mais il était plein de grandes idées et les disait avec une importance physique, d'une façon un peu confuse qui impressionnait sur le moment. On pensait au trombone et à la prophétie, à cause du décousu et du volume sonore. C'était comme un voile de théâtre, un peu déchiré par endroits, qu'il étendait sur sa pensée. Et comme il ne faisait pas de longs discours, on se figurait, et peut-être était-ce vrai — mais je penche à croire le contraire — qu'il y avait beaucoup de choses derrière tout ce qu'il disait, derrière, autour, que c'était le fruit de longues pensées, de longues expériences. Pour ce qui était courses de chevaux, je crois qu'il était imbattable, et n'y attachait d'ailleurs nulle importance, mais pour le reste il ne se lançait pas.

Nulle vanité, nulle modestie non plus. Indifférent surtout, indifférent et vague, avec beaucoup d'autorité physique, je le répète, dans toutes les choses qu'il disait. Oui, si on le croyait si savant, c'était à cause de ce physique important qui créait sur le poids de ses idées un préjugé beaucoup trop favorable. Car tout ce qu'il disait, forcément, s'appuyait de ses grandes joues, de ses gros yeux globuleux, de ses gros sourcils, de son ventre énorme. C'étaient des opinions de trombone, de bœuf, de cloche, de gros bourdon... Il est évident que quand un bœuf ou un trombone se met à résonner sur une place publique, dans un village désert, à minuit par exemple, c'est une chose qu'on entend beaucoup et qui impressionne, mais qui ne prouve pas nécessairement le bien-fondé de la théorie qu'exprime ce bruit.

Et d'ailleurs « théorie » est un mot ridicule quand il s'agit de M. Panado. Il procède par impulsion. C'est un brutal et un sommaire.

J'espère maintenant que vous l'avez bien compris... Le voyez-vous, à l'heure du brouillard, en automne, vers six heures du soir, dans le café-tabac qui fait le coin de la petite rue des Vêpres ou de l'impasse des Trois-Voleurs ? Il a un vermouth sur sa table, les yeux dans le vague, l'air bienveillant, mais d'une extrême indifférence, et aussi le dos fatigué ; les clients le respectent. Le voyez-vous ?... Ne le perdez pas de vue. On parle de lui rarement sans doute, mais n'oubliez pas qu'il est là.

Que fait-il ? Il est là. On ne sait pas bien ce qu'il fait, et c'est justement ce qui m'inquiète. Qu'est-ce qui vous prouve que ce n'est pas lui qui mène le jeu ? Je ne l'affirme pas de toute évidence, mais je vous le suggère pour des raisons sérieuses. Croyez-moi, j'ai souvent réfléchi à ces choses, et je ne les dis pas sans raison.

*

On pourrait rejeter comme frivoles ces inventions d'écoliers désœuvrés ; malheureusement, l'expérience a créé beaucoup trop de présomptions sérieuses en faveur de l'existence de M. Panado. Nos histoires ne l'inventaient pas, comme elles se figuraient le faire, elles le constataient plutôt.

Le Verrier n'avait pas vu l'étoile qui troublait le ciel des astronomes ; elle n'en était pas moins, on dut le reconnaître, une conclusion inévitable du calcul.

Ainsi de M. Panado. On n'évite pas M. Panado. L'erreur généralement répandue dans le siècle c'est de penser qu'on l'évitera. On ne l'évite pas. Et notre erreur à nous, qui connaissions son existence, c'était d'affirmer légèrement, par insouciance, par bravade, par défi, que nous l'avions vu, et que nous pouvions être tranquilles.

Je sais bien que toutes ces histoires se sont passées avant sa naissance officielle, mais il était déjà baptisé, suspecté et, au fond, reconnu.

Depuis, rien ne va mieux. Sans doute a-t-il disparu de l'horizon, mais comme personne ne sait où il est allé, personne ne peut dire qu'il n'y est pas, et l'aventure n'est pas plus rassurante.

Peut-être aussi qu'on se trompe, peut-être qu'on l'a vu, mais que, même quand on le voit, on ne peut pas être tranquille, parce qu'on ne sait pas si c'est lui qu'on a vu. Il apparaît sous des identités trompeuses. J'ai souvent pensé, par exemple, qu'il se cachait sous le visage de M. Vingtrinier lui-même, dans la pelisse au col râpé. Peut-être était-ce lui qui s'appelait Vingtrinier et qui montait dans l'arche des David ? Peut-être a-t-il été parfois le vieil aveugle aux lunettes vertes ? Et peut-être encore M. Paul ? Peut-être aussi n'est-il lui-même pas très tranquille, d'un certain côté tout au moins, s'il se cache dans la peau des autres et si c'est lui qui a tourné dans la pelisse de M. Vingtrinier autour du mouflon corse et de la plante brésilienne, puisqu'à ces moments-là il cherchait vainement, sur de faibles indices et des réminiscences, quelque chose d'un pays qui avait été le sien et qui restait encore plus le sien que celui où il se trouvait ? Patrie lointaine.., pays perdu... qui n'était peut-être qu'une inquiétude ?... Ainsi notre inquiétude tourne autour de la sienne, qui tourne lentement autour d'autres inquiétudes dont nous avons oublié l'existence. Qui sait où tout cela nous mènera ?

Enfin, c'est une idée qui m'est venue quelquefois, M. Panado n'est peut-être qu'un des visages du néant. Peut-être n'existe-t-il que par sa propre absence ? J'ai connu un homme qui disait : « J'ai vu le néant. Je l'ai vu de profil. »

Il ajoutait : « Il est encore plus mince qu'on ne pense. » Et la chose paraît vraisemblable. Et il m'est venu assez souvent à la pensée que M. Panado, c'était peut-être ce profil du néant qui a été vu par certains hommes, ce qui est bien le comble de l'abstraction.

De toute façon, comme on le voit, jamais personne ne peut dire avec une entière certitude qu'il a vu M. Panado, puisque au cas le plus favorable, et dans des conditions uniques, voir M. Panado c'est justement ne rien voir. Par conséquent, je le répète, jamais, jamais personne ne peut se dire tranquille du côté de M. Panado. En tout cas, à l'époque lointaine où ces choses se sont passées, nul encore dans le vieux collège n'avait vu M. Panado. Rien ne pouvait rassurer personne à son égard.

*

Dora fut sa première victime. Il y en eut d'autres... Il y en aura encore.

Les enfants du brouillard ont été les premières. Ils ont été trompés par les vapeurs du fleuve. Fantômes glissants, divinités absurdes... c'est dans des boîtes de vingt-trois mouches qu'ils se sont pris...

Parce que Dora est partie la première, elle ne sait pas tout ce qu'il nous a fait. Mais moi, je me rappelle ces enfants qui la saluaient à genoux dans la maison du Labyrinthe et qui récitaient des formules à l'heure où les lampes s'allumaient au sommet de la tour Saint-Gilles. Ils sont tombés l'un après l'autre, l'un dans une chambre meublée, un autre dans les bois, — et les loups l'ont mangé — un autre..., un autre... à quoi bon raconter ? Si elle savait comment il est venu, à quelles heures, et dans quels endroits, elle ne serait certainement pas jalouse. C'est elle qui nous l'a fait connaître, mais il est resté dans nos vies.

*

Je sais qu'un jour il m'aura moi aussi de ses doigts mous, qu'il m'écrasera entre ses ongles pâles, qu'il me fera éclater comme une vessie de poisson, machinalement, et sans même me voir. Il m'écaillera dans sa cuisine, sur sa chaise de bois habituelle, sans même avoir enlevé son melon, sur un papier, en regardant au loin de ses gros yeux de batracien, ou en les promenant sur le journal qu'il aura laissé sur la table. Il y aura du soleil dans le petit jardin, l'été brûlera les pentes, et l'ombre de l'arrosoir sera toute noire dans l'allée de roses. Mais M. Panado ne regarde pas par la fenêtre, il ne pense qu'à son petit horaire, à ses petites cuisines sordides. Peut-être aussi que ce sera l'automne, dans le temps où les vignerons se répandent sur les collines pour porter au pressoir les raisins les plus mûrs. Mais M. Panado ne s'inquiète pas de ces choses.

*

Il n'a jamais jeté les yeux par la fenêtre ; il ne sait pas que la lumière d'automne est la plus belle. Il n'a jamais regardé les étoiles de septembre...

Je le sais, Dora, j'y ai assez réfléchi, car on ne tue pas M. Panado. Je sais ce qui est arrivé aux autres. Il connaît tous les raffinements. Quand il veut qu'on ne l'entende pas, il fait jouer le vieil aveugle au coin de la rue. Mais maintenant il ne peut plus nous tromper.

*

Si on ne peut pas le tuer, on l'aura par l'usure. Nous en ferons un tel polichinelle qu'il ne s'en relèvera pas, et les petits enfants le suivront dans la rue en lui chantant des chansons offensantes. Peut-être n'est-il que le nom courageux que nous pouvons donner aux tourments de la vie. (« J'ai donné un nom à ma douleur, a dit Nietzsche — au moins en substance, dans *Saint-Janvier* —, je l'appelle chien. Elle m'obéit et je m'en amuse. ») Il n'y a qu'à le traîner dans la boue. Plusieurs fois il m'a pris déjà dans sa main gauche, et il m'a posé sur le papier qu'il avait étalé sur son tablier bleu, et puis, je ne sais pas pourquoi, il m'a remis dans le bocal avec les autres. C'est une chose qu'il fait à tout le monde. On le voit d'ailleurs venir de loin. Quand il met son tablier bleu, il faut toujours se méfier de quelque chose. Vous êtes là comme ses poissons rouges. Il vous prend, il vous laisse... on ne sait pas bien pourquoi. C'est un caprice de l'appétit. Il a un estomac qui rêve.

Quand il a fait frire sa victime, il compose une chanson sur elle. Ou plutôt on lui en fait une, car de lui-même il n'en serait pas capable. Il est trop bête. Et trop bête c'est trop dire, mais trop indifférent. On les lui fait. Qui ? des tas de gens, des fous frisés. Peut-être lui en ai-je fait moi-même ; sans savoir que c'était pour lui. Et, on se demande comment il peut trouver des imbéciles assez brumeux pour lui barbouiller ses complaintes.

Mais, c'est le pire, et il faut bien l'avouer, il arrive à séduire les hommes ; c'est un vertige qui les prend, ils sont éblouis par le silence dont il s'entoure comme d'une profondeur, et parce qu'il est énorme ils s'en font une idole.

*

Un jour je suis parti en promenade sur la barque de Pied-Volage. Elle m'a mené dans de drôles d'endroits. C'est la barque du Labyrinthe. Quand on la prend on ne sait jamais où on ira.

Je ne m'en plains pas d'ailleurs, la lumière était belle ; la terre est grande et la barque va vite. Mais M. Panado s'était caché partout. Si on ne le rencontre pas lui-même, on aperçoit partout son ombre sur un mur, son fusil qui dépasse d'un arbre, la trace de ses pas au coin d'un champ de betteraves, ou sur le sable, entre les cannes à sucre. Quelquefois on sent son odeur, une odeur de cigare italien ; c'est qu'il vient de sortir de la pièce.

C'est alors qu'il faut bien se méfier. J'ai bien failli le rencontrer, un soir, sur un plateau, dans un nuage, au bout d'une allée de tournesols. Sans le nuage, je l'aurais vu lui-même. En allongeant le bras, j'aurais saisi sa veste. J'avais un mousqueton chargé. Il a profité du nuage. Mais c'est une autre histoire, je la raconterai ailleurs. Ce que je voulais dire c'est qu'il n'est pas d'endroit de la terre où ne rode M. Panado. J'ai relevé la trace de son passage jusque chez les « Tueurs de Chats ». Je l'ai cherché dans la « Cité d'Ailleurs ». J'y ai retrouvé les « Honorables Gentlemen » de la grande nuit. Nous avons fumé bien des pipes au « Cabaret de la Femme Sauvage », et vu les choses sous un étrange aspect. Qui dira les curiosités de notre vie dans le faubourg des Petites Ames, entre la petite rue des Ténèbres et l'impasse des Trois-Voleurs ? Oui, nous avons vu bien des choses de la barque du Labyrinthe.

Où ne conduit pas Pied-Volage ? Il m'a fait voir des fêtes orientales dans des villes dont il ne restait que le théâtre et le jet d'eau. Il m'a mené jusqu'au bord de la terre, là où elle n'est plus qu'une éponge gonflée de nuage et d'océan. Il m'a conduit chez d'étranges vieux hommes couverts de bijoux et vêtus en poupées. Et c'est chez eux qu'il m'a fait voir, dans un endroit mélancolique, la tombe du soldat Pitoux.

C'était lui qui l'avait tué. Je l'ai entrevu dans une fabrique d'accordéons, au clair de lune. Je l'ai deviné au grand soleil, sur tous les chemins et notamment dans des endroits perdus où quatre épaisseurs de cadavres n'étaient pas plus hautes qu'un Larousse et où un mort ne pesait pas plus qu'un carnet de timbres.

Maintenant, je me méfie de cet être sordide. Je le trouverai dans un endroit sombre et nous saurons quel est le plus fort. Il faudra qu'il soit bien robuste, ou bien agile, car une chose est très certaine : c'est moi qui serai le plus méchant. Je l'accuse de trop de choses, et notamment de m'avoir tué tous mes amis. Après quoi, il monte sur un arbre, il va se cacher dans les branches comme le voleur dans les devinettes ; il s'évapore ou s'engloutit. Il a des chambres sous la terre, il se met dans les saules creux.

Puis il rôde sous des noms d'emprunt dans les villages. Il possède cinquante alibis, il sait prendre toutes les formes. Il se cache dans les fers électriques et dans les portillons de métro, dans les ressorts de briquet, les machines à écrire et les billets de la Loterie Nationale. On parle ensuite de sorcellerie, ce n'est jamais que M. Panado.

Je l'accuse d'un tas de petites saletés mélancoliques qui feraient de la vie, si on n'aimait pas rire, une pauvre et répugnante misère.

C'est lui qui a cinglé ma jument un jour d'été juste au moment où je roulai une cigarette. Quand je me suis relevé, je n'ai plus vu que de la nuit. Il y tirait le feu d'artifice. Sans le casque il aurait eu mon crâne. Depuis, tous les matins, il me réveille à trois heures et me gratte le fond de l'œil droit avec une petite cuillère. Il le vide comme un œuf à la coque : il a toujours un reste de blanc à y racler. Je l'insulte, dans toutes les langues que je peux connaître ou ignorer (c'est en arabe que c'est le plus beau). Je lui invente des supplices raffinés. Je lui rendrai celui de la petite cuillère ! Mais je sais bien que c'est lui qui m'aura. Un beau jour je n'y verrai plus. Il aura gagné la partie. Je serai dans la nuit comme un idiot, avec un bâton blanc, sur le trottoir du métro, et on me poussera pour me faire entrer. Il m'approchera d'aussi près qu'il voudra, je ne pourrai même pas le reconnaître. Je serai sur un banc, dans un jardin, et j'avancerai mes mains dans le vide... Qu'il ne passe pas à ma portée !...

Il a fait bien pire à bien d'autres. Nous nous liguerons. Et on verra...

*

L'un lui réclamera ses chaussettes, un autre ses yeux, un autre ses morts.

Qu'as-tu fait de nos morts, Panado ? Qu'as-tu fait du petit Bonheur ?

Le petit Bonheur n'est pas revenu des mers de Chine. On lui a mis les gants blancs qu'il ne voulait pas mettre quand on le menait au mois de Marie, et on l'a jeté à l'eau avec un lest en plomb. Et sûrement les gants blancs sont de M. Panado, on y reconnaît sa fioriture.

Et Montarand, de mathématiques élémentaires ? Il a fini dans un bois de pins, il s'est fait sauter le crâne avec un fusil de chasse. C'était pendant les grandes vacances. Il était marié depuis huit jours.

Et Pechmarty, le petit roux, celui qui avait les mêmes mains que Dora ? Il était devenu l'Homme-qui-marchait-au-Nord. Il paraît que c'est un sport qui venait des Anglais. Il se réglait sur une boussole, et il marchait en ligne droite. Il allait de Lyon à Copenhague en coupant les buissons et passant sur les toits.

C'est Vimond qui me l'a raconté (Vimond, l'aventureux, le Peau-Rouge, le cosaque, le champion de lutte, bref, celui qui est devenu pharmacien). Le petit Pechmarty était tombé chez lui par la cour derrière l'officine ; il descendait du poulailler, et il traversait le magasin, afin de rester fidèle à son itinéraire, pour ressortir sur la route nationale. Il portait toute sa barbe, une jolie barbe blonde, bien frisée, qui faisait homme des bois, et une culotte de boy-scout, et naturellement sa boussole. On ne l'a plus revu. On a retrouvé ses os, dans une forêt d'Alsace, très proprement nettoyés par les bêtes. Il était ingénieur-chimiste quand cette histoire lui est arrivée.

Et Balèze ?... Qu'as-tu fait de Balèze ?... Quand il a vu, sur la montagne, en face de lui, la fameuse porte chinoise pareille à celle du club des « Plaisirs de Corée », il a perdu son appétit, et il est mort huit jours après. Ce n'est pas le froid qui l'a eu : il lui restait encore un petit bout de manteau de femme dont il pouvait se protéger les épaules. Ce qui l'a eu, c'est la porte chinoise. Il faut dire que c'était celle d'un camp qui avait la pire réputation, et que les Français, les Hollandais et les Grecs y restaient tous dans les trois semaines. (Il n'y avait guère que les Polonais qui pouvaient tenir un peu plus.) Et la porte chinoise, on ne me l'ôtera pas de l'idée, c'est un tour de M. Panado.

*

Je le connais, je l'entends venir de loin, j'évente ses ruses. Mais je le rendrai si ridicule et si grotesque qu'il n'osera jamais recommencer.

Nous sommes dans son bocal, sous la cage du serin,

sur la fenêtre de sa cuisine, comme dans la vieille rue des Degrés. De temps en temps, il en prend un et il le jette dans sa friture. Ça fait le même grésillement qu'un fer rougi qu'on plonge dans l'eau.

Voilà comment il nous traite tous, ce porc infâme. Mais tout n'est pas dit entre nous. Et il ne s'est pas vanté de tout ce que nous lui avons fait. Et nous nous expliquerons encore. Nous nous expliquerons sérieusement. Tu auras beau prendre ton grand couteau, fripouille, et ton vieux tablier de cuisine, nous connaissons maintenant tes tours depuis longtemps ! Avant que tu nous crèves les yeux, nous aurons deux mots à nous dire, nous sentirons nos pouces enfoncer dans ta graisse. Nous donnerons ton foie au chien du chef de gare et nous te ferons ronger les oreilles par les rats.

Que ferons-nous de toi ? Nous te roulerons dans la boue, nous te mettrons une couronne de carton, une barbe en coton hydrophile, nous t'empaillerons bien proprement et nous te ferons promener avec les géants des ducasses, au bout d'une perche, sur les chars, comme on fait dans les villes du Nord. Nous te planterons jusqu'aux genoux dans les vignes pour faire peur aux moineaux. Nous te plongerons dans la fosse d'aisance et nous te ferons sécher au four.

Nous te traînerons tellement dans la rue sous ton masque de carnaval que les petits enfants viendront cracher sur toi et que ta vieille peau de crocodile s'usera aux genoux et aux coudes. Le savetier te rapiécera comme il pourra. Les petits Arabes couverts de mouches te rouleront dans les ruelles des soukhs, l'urine de buffle et les tripes de mouton. Des bébés noirs t'attacheront par une patte et te tireront comme un crapaud.

Oui, je sentirai mes pouces enfoncer dans ta graisse, dans tes veines bleues, ta graisse nacrée, ton cou de crapaud, tes yeux de grenouille. Je t'ouvrirai comme une carpe, je t'arracherai la peau jusqu'aux genoux, comme aux lapins, je la ferai doubler de satinette rouge, avec des festons ouvragés, et nous en ferons une descente de lit pour les pieds de nos petits enfants. Et nos petits enfants crieront de joie.

*

Hélas ! ainsi parlent tous les réformateurs. Et ils ont tous une recette infaillible pour guillotiner Panado. Mais le cou du vieil hippopotame résiste à toutes les guillotines et brise le fer de toutes les haches, et les balles blindées rebondissent sur sa peau.

Ils montrent tous, sur leurs programmes, des illustrations magnifiques où Panado ne figure, au plus, que comme une carpette pour leurs bébés. Et ils se figurent l'avoir tué parce qu'ils l'ont chloroformé pour cinq minutes ou dessiné comme un tapis d'appartement. Mais Panado se réveille tout de suite et pousse le « cri fondamental », celui qui fait peur au crépuscule. La descente de lit se lève et meugle. Ils s'aperçoivent que le vieux vampire se dresse sur ses pattes de derrière dans la chambre de leurs enfants.

Ou alors ils le suppriment carrément de leur schéma, et ils vous montrent leur paysage, leur « Age d'Or », leur Puvis de Chavanne, au bord d'un fleuve, avec des pommiers de billets de banque et des hommes nus qui font cuire du poisson. Ils ont bien cru ne pas l'y mettre et l'éliminer par l'oubli. Ils se figurent qu'en fermant les yeux ils l'ont supprimé de l'existence. Ils ne se sont pas aperçus que les branches du pommier de l'Eden qu'ils dessinent ont recomposé son profil et qu'il lui suffira de cette ombre d'existence pour ressusciter plus avide, plus frais, plus vigoureux, plus lourd et plus agile, plus machinal et plus indifférent que jamais, ce gros homme léger, cet escarpe en redingote, ce ventriloque libidineux, ce génie mou des catastrophes, cette vessie de saindoux, cette pastèque vide avec une chandelle au milieu, ce graffito d'urinoir, ce *Fatum* de faubourg.

*

C'est lui qui a ressuscité de vieux frissons qu'on ignorait depuis l'an 1000. Quand notre ami Patrick chercha à s'échapper de la cage de la girafe, à la suite d'un bombardement, pendant l'incendie du Zoo où il se trouvait prisonnier, ce fut lui qui voulut en même temps faire évader le chat sauvage par la même porte, mais de l'autre côté, comme dans un gag de Charlot. Et ce gag c'est sa signature.

Il a spiralé des festons autour d'une qualité de terreur oubliée depuis le xe siècle et inventé de dissoudre moralement le Petit Poucet avant de le porter à sa bouche. On peut l'accuser tranquillement de tout ce qu'ont raconté les rescapés de Belsen, et non pas tant d'avoir mangé des millions d'hommes que de les avoir dévorés distraitement sans se rappeler — on l'a entendu ! — combien de millions ça pouvait faire. Accusons-le d'être un chef de bureau. Car les anciens avaient le *Fatum* qui était féroce, qui était glacé ; le moyen âge avait le diable qui était machiavélique ; mais nous avons M. Panado qui est stupide, machinal, sordide et tatillon.

C'est pourtant lui qui a inventé de costumer en toréadors balkaniques les musiciens de la fanfare des crématoires.

Mais je l'accuse encore plus de s'être fait aimer.

*

Il est au-delà de l'homme et de la bête, rien d'inhumain ne lui est étranger. Il vous regarde comme un bœuf, comme un animal inconnu dont on ne voit que les yeux, la nuit, au fond d'un bois. Et ce regard vous suit sans bouger. On le sent dans le dos quand on se retourne.

Pascal a dit que tous nos malheurs nous viennent de ne pas rester dans notre chambre, mais il sait bien qu'au fond de notre chambre, par la fenêtre, si transparente qu'on puisse imaginer la Bête, on trouve ses yeux, ses yeux de faïence, en boule, tantôt gris, tantôt glauques, sa face de lune, et son nez blanc sur le carreau.

Entendez-le. Vous n'y prenez pas garde. Entendez-le qui monte dans l'escalier... Ce n'est pas lui ? C'est l'horloge. Attention, c'est son pas. C'est lui qui vient ici. Cachez-vous rapidement derrière la porte du vestibule. Faites doucement, attrapez une matraque... Pan ! Quel coup sur l'enclume ! Mais il se relève, la brute, plus frais que jamais, et il n'en fera que ce qu'il voudra. Vous n'aurez eu que l'honneur et le plaisir de lui flanquer un grand coup sur la tête. Rassurez-vous, il n'en crèvera pas.

Il est sorti par la fenêtre ?... Entendez-le ! il descend

du grenier !... Ecoutez. C'est son pas, son style, son pas glissant, son style feutré, son dandinement..., sa danse légère de gros reptile. C'est son vertige. Il tient l'oiseau dans l'insistance de ses gros yeux qui deviennent tout petits, et tout noirs, comme des yeux de vipère en colère. Et on y voit son propre vertige, au fond, très loin, et on s'y jette.

Il a cent mille façons d'aborder sa victime, et deux cent mille de lui échapper. C'est l'absurde génie de la vie. On le trouve au fond de tout, et au-dessus, immuable. C'est la limace, la blatte, le têtard monstrueux, l'insecte cartilagineux, le monstre mou, la pieuvre indifférente. C'est Augusta dans le pot à eau. Cache-toi, vilaine. Rentre dans ta faïence ou M. Johnson va venir s'occuper de toi. File. Envole-toi, ne viens pas te poser sur la viande, on va te chasser à coups de torchon... Mais il se cache toujours au fond de ce qu'on préfère et dans ce qui semble le plus loin de lui.

Je reviens du quai des Petites Ames. Il n'y avait rien, il n'y avait personne, il n'y avait que les rues désertes et l'ardeur du soleil sur les platanes gris : leur écorce craque par places en se décollant ; et tout à coup, au grand soleil, une dame qui passait sur le quai... Je suis certain que c'était la même que sur l'image de Frédéric. Elle portait en bandoulière un lapin blanc qui avait des yeux roses et, sur un chapeau somptueux, les deux mêmes, en plus petit, aussi mutins que sur une carte postale. On aurait dit une fable de La Fontaine, et on en cherchait la morale. Cette exposition de quadrupèdes était un tour de M. Panado. C'était une telle apothéose perdue d'on ne sait quoi de pire que le rien, de l'idée fausse, de l'ombrelle ou des talons pointus, qu'on en ressentait un malaise. Ce soleil, ces rues vides et ces animaux morts appelaient un texte de l'*Ecclesiaste*... Ce triomphe ensoleillé du mammifère posthume sur un trottoir d'asphalte, à trois heures, en province, au bord d'un parapet brûlant, était prévu dans Salomon. Je suis sûr que M. Panado était complice des lapins aux yeux roses. Je suis certain qu'il se cachait dans ce décor prémédité, comme le loup qui cache son profil dans le dessin des devinettes. Cherchez le loup, disent les devinettes. (Mais elles sont faites pour qu'il y soit. On ne le trouverait pas n'importe où. Au lieu que, devant tout ce qui se propose à l'homme, on peut dire à coup sûr : cherchez M. Panado.)

Dieu punit le monde. Il a prévu M. Panado.

Jamais, jamais nous ne pourrons être vraiment tranquilles du côté de M. Panado. A le voir qui vend des bagues dans le son les jours de foire, vous le prendriez pour une épave inoffensive. Vous lui en achetez. Vous l'écoutez. Il vous fait boire au « Cabaret de la Femme Sauvage ». Et après ça, il vous emmène chez lui...

Nous le traiterons selon les recettes des prophètes que M. Vantre nous enseigna. Nous lui déchirerons l'enveloppe du cœur. Nous ferons cesser sa joie, ses fêtes, ses sabbats et ses nouvelles lunes ; nous rendrons ses chamelles stériles, nous mettrons du bois dans son pain.

★

Au mois de janvier qui suivit la rentrée, l'oubli était déjà tombé sur Frédéric, et le vieux médecin dormait au cimetière sous une grille de fer rouillé.

Il ne se passa qu'une chose que je n'ose pas dire, parce qu'elle est incroyable, mais Mariette me l'a affirmée.

Une nuit de janvier, peu avant l'aube, un marin vint sonner à la villa des Buis. Mariette ouvrit sa fenêtre au second étage, et le vit bien. Elle lui dit :

— Qui demandez-vous ?

Il réclama « Frédéric Lamourette ».

Il portait sur l'épaule un de ces grands sacs verts qui se ferment avec une corde comme celui du singe de Théo. Et Mariette lui répondit :

— Attendez-moi.

Elle se rendit à la salle à manger pour voir de plus près ce garçon. Quand elle eut ouvert la fenêtre, elle l'aperçut dans la lumière. Il portait un béret sur lequel était écrit visiblement en lettres d'or le nom du *Puma.* Il répéta que ce n'était pas elle qu'il voulait voir, mais le fils de son patron, Frédéric Lamourette. Et elle lui dit : « Il n'est plus là, et le docteur est mort. Attendez-moi. »

Quand elle ouvrit, le marin n'y était plus. Elle regarda à droite, à gauche, et ne vit personne. Le couloir éclairait pourtant jusqu'aux rhododendrons de l'allée. Elle vit nettement dans la neige la trace des pas du matelot, mais ils s'arrêtaient à la porte. Et nulle trace n'en repartait, exactement comme dans les histoires qu'on racontait de M. Panado. C'était proprement incroyable. Et le *Puma* avait sauté le 15 juin !...

La vieille Mariette ajoutait qu'étant allée à la salle à manger, comme elle priait saint Esposito, pour lequel elle nourrissait une dévotion particulière, elle avait vu soudain dans la cuisine comme s'il n'y avait pas eu de cloison, et au milieu se dressait un cercueil qui était couvert d'un drapeau, et sur la chaise de bois était assis un homme, un très gros homme, qui écaillait du poisson. Il portait un tablier bleu, et sa chemise était ouverte sur sa poitrine couverte de poils gris. Tout cela se passait d'une façon si proche, si vraie que, par un réflexe naïf, elle avait jeté son serre-tête dans la cuisine, un serre-tête noir d'Espagnole, comme on lance du pain aux poissons. Quand elle avait baissé les yeux elle n'avait plus rien vu de ces choses, mais elle n'avait jamais retrouvé son serre-tête.

Saint Esposito, disait-elle, récompense toujours ainsi par des visions ceux qui lui brûlent un cierge à Pâques en récitant neuf *Pater* à genoux et la formule d'invocation spéciale de la petite Sœur Incarnacion qui s'est battue avec le diable sur la route de Badajoz, à l'endroit où l'on montre encore la pierre qui est marquée des griffes du Malin.

Elle disait que le gros homme était un marchand de poissons qu'elle avait connu à Majorque quand elle vendait des mandarines, et que le cercueil était celui de Fred.

*

Quoi qu'il en soit, M. Panado a d'étranges itinéraires.

La piste de D. en Afrique est aussi loin que Zacruchlov. On ne la voit pas sur les cartes. On la trouve dans le pays, en écartant la feuille, derrière laquelle des fruits qui luisent embaument la nuit hantée par les serpents.

Quand on l'a refaite, les pluies l'effacent, la végétation la recouvre et on recommence. Elle permet probablement à des gens qui ont besoin qu'elle existe dans des bureaux de la Métropole, de dire qu'elle est là et qu'elle n'est pas un mythe, puisqu'elle existe de temps en temps, qu'elle mange du monde et coûte de l'argent à l'Etat. Elle naît, elle meurt, elle vous appelle et elle vous quitte. C'est un fantôme des tropiques. C'est un fruit du Congo. Fred est allé le cueillir. Et c'est là qu'il a pris son mal.

Il avait déjà disparu plusieurs fois quand il est revenu à Marseille, debout mais le couteau dans la gorge. Cent fois M. Panado, caché dans les buissons, dans la mer, ou derrière une porte, l'avait tenu au bout de sa mitraillette, ou de son fusil, ou de son canon, et lui avait porté des coups bas. Il l'avait tiré par les pieds. Ils s'étaient battus en apaches. Cent fois Fred l'avait assommé. Ça n'avait pas toujours été facile. L'autre le tirait comme la grenouille qui entraîne le rat dans la mare. Cent fois il en était sorti. Cette fois M. Panado avait visé très bien.

Quand le bateau arriva, comme les docks le cachaient, il sortit déjà grand de derrière les bâtiments, et il fut là, pareil à toute une ville. Je vis Fred en levant la tête, au milieu des hommes et des femmes qui tendaient leurs bras vers la côte, comme le sergent en haut de l'éléphant sur l'affiche, et notre jeunesse était déjà si loin que c'était lui, par ancienneté, qui était commandant d'armes à bord.

Il riait. On le mit dans une chambre, sur une terrasse, devant le ciel et la poussière. Deux palmiers coupaient sur la gauche une mer de carte postale. Il regrettait ses cocotiers.

Peut-être se souvint-il de la nuit où il avait épousé la négresse. Depuis, il n'avait pas cessé d'être à son service exigeant, sur toutes les routes du monde, le centurion qui mène les enfants du mirage à la conquête de leurs vices et de leurs vertus, à tous les rendez-vous de la mort et du vin rouge... Il avait été le terrassier, le mercenaire, le pirate et le chamelier de l'empire. Il avait joué le jeu jusqu'au bout et il payait. Car la négresse exige qu'on paie.

Mais jusqu'au bout elle lui fut fidèle, comme il l'avait été pour elle. Elle fit son devoir d'épouse, elle remplit les conditions du pacte et le tua en maître et seigneur. Un nègre lui lavait son linge, c'était avec lui qu'il parlait et les dernières nouvelles qu'il eut furent de vieux nègres et de vieilles négresses qui pilaient le mil dans la forêt. Il ne pouvait exiger davantage. Il connaissait les conditions du pacte. Et le pacte s'exécuta. M. Panado serra plus fort.

Alors on l'emmena sur la plus haute montagne. On dut l'y monter en traîneau, dans une vallée pleine de neige où n'habitent que des malades, comme chez les lépreux d'autrefois ; une pancarte à l'entrée, sur la route, dit aux autos de ne pas faire de bruit : la loi ordonne le silence à tout le monde, à certaines heures, et les magasins n'ouvrent pas. Les hôpitaux flambent dans la nuit, de toutes leurs fenêtres, sur les crêtes, comme des paquebots sur la houle. Ils se balancent au-dessus des gouffres et des grandes forêts de sapins.

On le monta dans le plus haut. La neige s'était mise à tomber. Les montagnes formaient en face une masse bleu sombre qui devint blanche en face de lui, de l'autre côté des abîmes. Peut-être se souvint-il alors de ces nuits glacées de son enfance où il allait monter la garde dans le jardin. On le retirait au clair de lune d'un carré de choux, raide et violet, un fusil coincé dans sa main. Il n'y avait plus qu'à casser le cocon de glace, à en retirer l'habitant et à le faire sécher au four comme une serviette. Ses rêves de neige le ramenaient dans le carré de choux, sous l'amandier aux branches nues. Il s'enfonçait jusqu'aux genoux dans la terre et se réveillait en sueur.

De petites feuilles jaunes pleuvaient sur la montagne blanche comme des poignées de confettis ; à d'autres endroits c'était sur des sapins vert sombre, à d'autres c'était sur le brouillard. Le soir, tout était remplacé par une nuit légère qui flottait sur l'abîme, avec l'air pur et les étoiles transparentes, d'autres fois par des nuits épaisses, riches, compactes, ornées d'une lune très importante. Autour, on se perdait dans le noir sur les plateaux. On trouvait tout à coup un château, une tour, parfois un chien, ou la lumière d'un concierge qui vous égarait doublement parce qu'elle ne semblait pas loin et qu'en allant droit dessus on rencontrait des gouffres. Les glaciers avaient l'air coupés d'un coup de couteau, leurs tranches étaient d'un bleu de sulfate. Mais Fred regrettait sa mer sombre, ses cocotiers, son sable nu, son ciel d'émail.

Les hôpitaux flambaient dans la nuit sur les cimes, pareils à des châteaux de l'enfer. C'est comme à la porte chinoise. Le jour ils s'effaçaient au sein du paysage, disséminés dans tous les coins et sournois comme des attrape-mouches. La mort était organisée. C'était le principal personnage, encore qu'on le tût et le cachât, entre l'église décorée par des artistes d'avant-garde et le dancing tenu par un couple frivole couleur de couverture de magazine en couleurs, qui était venu de Normandie à quatre pattes, sous un nuage de trente-cinq mille avions, après être sorti des pierres comme les lézards.

M. Panado donna un tour de plus. La sœur apporta des seringues qui contenaient des choses très sérieuses. Fred alluma des cigarettes, car ça n'avait plus d'importance.

Il continuait, dans les songes de l'opium, assis sur son lit gris de sueur, à glisser dans le traîneau qui l'avait porté là. Il vit nettement, au sommet des glaciers, ses cocotiers, son sable et ses Iles promises, et cette maison dont le toit fume, où le nomade met enfin ses pantoufles ; on ne sait pas si c'est le Moulin à Vent, le Pavillon de la Fumée ou la Maison de la Plante du Songe. Dora y prépare au soldat le café maure et le conte de la nuit. Peut-être était-ce le vieux collège ? Peut-être était-ce le D. I. C. ? C'est de là que partent les « isolés ». Il le vit, un peu sur la droite, comme d'un avion. A l'aube grise, dans la grande cour, les nègres s'alignaient derrière leurs sacs marins ; ils avaient l'air d'être gantés de noir et on eût dit de grands singes savants. Des femmes basanées passaient devant le corps de garde, des anneaux d'or dans les oreilles... « La Buona Madre ! » criaient-elles ; elles vendaient la photographie de Notre-Dame de la Garde et des bateaux qui vont en Indochine.

Les cris des Italiennes lui parvenaient encore, mais le Pavillon de la Fumée n'était déjà plus qu'un œil d'or dans une vallée vertigineuse. Soudain, il n'y eut même plus cette petite lumière jaune. Une épaule de la montagne la cachait. Il n'y eut plus que la nuit, les grelots du cheval, et les étoiles d'un ciel glacé. Et parce qu'il y avait tant d'étoiles, et qu'il n'y avait plus qu'elles au monde, on aurait dit que c'étaient elles qui carillonnaient dans la nuit. On eût dit qu'il y avait mille ans que ce traîneau glissait sur la route, et il ne s'arrêtait jamais. Et tant il traînait sur la piste qu'il s'usait et s'effilochait, et devenait tout transparent, et n'était plus qu'une ombre bleue dans le bruit des grelots qui devenait plus fort.

Il n'y avait plus qu'une ombre de cheval traînant une ombre de traîneau et des ombres de voyageurs. Et M. Panado prit les rênes... Et Fred sentit qu'il n'était plus qu'une ombre errante et sans vouloir, au cœur de la grande montagne qu'emportait le souffle du temps, vite, plus vite, et à toute vitesse, dans une mitraille de grelots, à la poursuite de l'ombre bleue du vieux cheval (« car les cloches du temple appellent, et c'est là que je voudrais être, sur la route de Mandalay ») vers l'auberge où la grande négresse prend enfin dans ses bras ses enfants éblouis.

On l'habilla de son meilleur uniforme, on le mit dans une bière, on le couvrit d'un drapeau et on chanta la messe des morts. On le porta dans le village de ses grands-pères. De vieux hommes vêtus de noir qui avaient vu beaucoup de choses vinrent hocher la tête autour de son cercueil. Mais, comme ses enfants étaient au-delà des mers, au pays des Fruits du Congo, on le mena seul au cimetière. Il faisait froid. Un soleil un peu rose éclairait les croix et les tombes. On le descendit sous la terre. Et il y restera pour le reste des temps, dans l'orgueil et l'humilité d'avoir été toute sa vie sur cette terre, en habit jaune, au service de la grande négresse, le sergent des enfants perdus.

*

J'ai retrouvé au fond de ses cantines une boîte en fer-blanc, une vieille boîte de biscuits. Elle contient un kilo de vieux ressorts, de limes et de pièces de montres, de crayons bleus, de gommes, dont l'une que j'ai reconnue parce qu'on y voit encore le dessin d'un kangourou qui avait la tête de M. Vantre. Cette ferraille a fait le tour du monde. Il l'a portée pendant toute une campagne, en plus du barda réglementaire, ou à la place d'une chose indispensable. C'était du souvenir ou du rêve... Comme la bourse bleue, c'était de la poésie... Cette bourse bleue était elle-même au fond, déchirée par les clous, et usée par le temps. Et dans la bourse bleue, il y avait un sou de bronze, un sou percé sur lequel était écrit « Dora » avec la pointe d'un couteau. Et, en plus de la bourse bleue, il y avait aussi dans la boîte un petit flacon d' « Eau des Iles ».

*

Voilà les tours de M. Panado.

Il n'a eu Fred que de haute lutte, au bout de vingt ans de ruses d'apache, de défaites et d'humiliations. Il a dû mordre la poussière avant de l'avoir, mais il est opiniâtre et il gagne toujours. On fera de ses meurtres un gros livre. Mais qui se rappelle celui qu'il commit sur Dora ? Les générations se succèdent, les voisins changent, l'horreur même se met en chansons.

Le crime de M. Vingtrinier a gardé pourtant une espèce de célébrité folklorique, car il se mêle mystérieusement au soleil de l'avenue des Platanes, à la désolation du château des Bergères, au vide effrayant du faubourg, au calme hypocrite du tournant, à cette poussière de la lumière, à cette chaleur des pierres torrides qui fait éclore les œufs de serpent dans les Tanneries, quand vient juillet.

Je suis allé à Lans-le-Vent. J'y ai pris le café à l'« Hôtel de l'Ecu ». Il faisait un jour faux dans la petite salle d'un vert malsain où je suis entré, à cause des grandes arcades de pierre. Je ne pensais pas que tout serait si triste, la moleskine si poussiéreuse, les chaises renversées sur les tables et la serveuse aussi souillon. Autrefois tout était si beau !

La bonne arriva près de moi en s'essuyant les doigts sur son tablier blanc, la savate traînante. Elle était rouge, un peu mafflue, et parlait avec un accent bizarre qui me frappa comme un souvenir d'enfance.

— Vous n'êtes pas d'ici ? lui demandai-je, cherchant à situer cet accent si spécial.

— Oh non !

Et, en disant ce non, elle avait un tel air d'orgueil et de défi, un sourire si satisfait qu'on eût pensé qu'elle venait d'un pays plus beau, plus illustre, dont on dût regretter de ne l'avoir pas vu.

— Je ne suis pas d'ici, dit-elle, comme pour me donner à deviner.

Elle ajouta presque aussitôt (mais en prenant un temps, tout de même, pour accentuer ma surprise) :

— Je suis de la ville : des Petites Ames.

C'était bien l'accent des Petits Ames, des Tanneries, et des Maisons Mortes. C'était l'accent du fleuve. Et cette fidélité me toucha. Mais cet orgueil me paraissait étrange.

Je lui demandai un journal.

Elle en apporta un. Mme Tardivel, âgée de cent deux ans, souriait au milieu de la page, sous un bonnet orné de jais. L'éditorial, en italique, disait : « Nos modernes édiles... » La bonne s'était campée devant moi.

— Je suis née, me dit-elle, dans la dernière maison après le château des Bergères. Vous savez ? La maison du crime.

Ses yeux brillaient.

Ça me fit une très drôle d'impression... Mme Tardivel souriait toujours. L'éditorial était toujours en italique. Les mouches tournaient sur un rond de vin... Qu'allait-elle dire ?

Elle ajouta, les yeux toujours brillants :

— Y a des sauvages, voyez-vous, dans ce pays !

On eût dit qu'elle s'en vantait ! Elle avait mis les deux poings sur les hanches. Elle avait bien l'accent du fleuve ; on aurait cru entendre Pied-Volage au *Family'*.

J'attendais ses révélations. Mais elle n'avait plus rien à dire. Je m'aperçus avec étonnement qu'elle avait simplement tenu à faire savoir qu'elle avait habité dans la zone d'un crime car elle se tut, et me servit désormais avec un air d'importance rentrée et de dignité satisfaite. Elle s'était parée d'un reflet de sang. Elle s'en jugeait imposante. Cependant, comme un gros chat jaune était sorti de la cuisine et s'était mis sur son chemin, elle l'écarta d'un coup de pied. « Espèce de Vingtrinier », dit-elle...

— Pourquoi, lui demandai-je, l'appelez-vous Vingtrinier ?

— Je l'ai toujours entendu dire, répondit-elle.

— C'est une expression du pays, me dit la vieille en se tournant de mon côté et en relevant ses lunettes. La petite peut pas savoir. C'est plus vieux qu'elle. Elle est venue dans le pays y a pas trois ans. C'était un juge qu'y y avait qui tuait des femmes... Quand on aime l'argent !... Y menait des avions ! Il en a fait ! Il en a fait ! de toute espèce ! C'était pour donner à son chat... Un homme de la ville. Un gros. Pas comme nous. La petite peut pas savoir. Et ça n'écoute pas les vieux. Si je venais ici plus souvent (elle avait pris un air pincé), je pourrais beaucoup lui apprendre. Mais on n'écoute plus les vieux... On en a dit, on en a dit du Vingtrinier ! Maintenant on n'en parle plus. Il avait un chat, un vrai tigre, Petit-Monsieur qu'on l'appelait... Il lui donnait le sang à boire. C'était pour lui... Mais c'étaient des trop gros. Ça s'est pas laissé dire. Les gros ont pas voulu à cause des familles. Ils en ont payé un pour le tuer, sans qu'on sache. Et celui-là il a dû en toucher des sous ! Y-z-ont de quoi, ces gens ! Ou alors ils l'ont envoyé aux colonies, chez les Arabes. Enfin ils l'ont débarrassé. On a su de deux femmes. Mais combien en a t'y tué ? On ne saura jamais. Aux Petites Ames, voyez-vous, il y a des puits dans les jardins, qui communiquent avec le fleuve. Et avec ces avions tout ce qu'y pouvait faire ! Il en avait un dans sa chambre, on a dit, le toit se soulevait... Enfin comment savoir ? Maintenant les enfants, quand y en a qui sont pas sages, on leur dit : « Ramasse ta langue, ou je te donne au Vingtrinier » ; ou au « Petit-Monsieur », y en a qui disent... C'est pour dire... Monsieur n'est pas d'ici ?

Pendant tout ce discours, la bonne avait affecté de ne pas écouter. Pourtant, lorsque ce fut fini, elle dit :

— Tout ça, moi j'y couperais le cou. Ça devrait pas être permis.

— Peut-être, fit la vieille femme, en lâchant de nouveau le bas qu'elle tricotait et en relevant ses lunettes, peut-être que de lui-même il était exalté (elle se tapait sur le front avec l'aiguille à tricoter). Y en a, voyez-vous, de ces gens qui sont exaltés de leur nature, comme celui de chez Pionchon le maréchal, celui-là qui lui aide à la forge... Quand on veut faire sa carrière, c'est d'être le garçon sérieux, surtout si c'est pour le mariage (elle regardait la bonne). C'est pas seulement du bout des lèvres qu'il faut l'être.

Elle rabattit ses lunettes, reprit son bas, releva la tête. « C'est réellement », ajouta-t-elle.

Et elle se remit à tricoter.

Je sortis ahuri. Vingtrinier était devenu une espèce de monstre flatteur dont on fait les honneurs au touriste.

Mais toi, Dora, qui fus la grâce et la jeunesse, qui se souvient encore de toi ?...

*

Un Vingtrinier, c'était ce vieux chat jaune. Il avait repris sa forme primitive. Un vieux chat jaune d'Apocalypse, un corbeau, un polichinelle. C'était ainsi que sa mère l'avait conçu et c'est ainsi qu'il est resté dans mon souvenir. Je le retrouve un peu partout, au hasard de mon existence, oiseau des ruines. Je l'ai rattrapé sous une brique dans les décombres de Berlin.

Car Berlin n'est plus que brique pilée. Mais au milieu il y a une planche qui dépasse. Elle porte l'inscription « Wertheim ». (C'était le plus grand bazar d'Allemagne.) Et c'est là, sous cette planche, que j'ai trouvé l'oiseau. Il n'est resté de la place de Potsdam que ce petit hibou qui est venu dans ma poche. C'est un monstre philosophique, un hibou lumineux qui a des yeux surpris, un bec crochu, un profil d'aigle, une face de chouette et un corps de grand-duc, un de ces insondables bibelots qu'on vendait autrefois pour la joie des enfants et le plaisir des surréalistes. Il a la taille d'une pomme de pin, et il est fait effectivement d'une pomme de pin, la pointe en bas, sur un petit disque vert. Il a pour tête une boule, pour bec un croc de fer-blanc ; deux yeux ronds lui tiennent toute la tête, et le milieu de son crâne est percé pour y planter une bougie verte : quand on allume ça fait assez impressionnant ; c'est du hibou transcendantal destiné aux revues d'avant-garde ; et je ne sais pourquoi cet accipitre hirsute, monstre de sagesse et d'étonnement, ce perroquet d'apocalypse, se croisement de chat jaune, de crâne de mort et de cacatoès, cet hurluberlu de la nuit, ce produit des ténèbres et de la lubricité, me fait songer irrésistiblement aux dieux lointains de notre jeunesse, à M. Vingtrinier et à M. Panado.

Comme eux il se niche dans les ruines. Sa « maison » c'est un trou dans une ville de décombres, au milieu d'une capitale morte.

Ma fille, l'ayant trouvé, m'a demandé ce que c'était.

— Un petit Vingtrinier, lui ai-je répondu d'instinct.

Je suis certain d'avoir dit juste. Le hibou est l'oiseau de Minerve, et l'oiseau Vingtrinier est fils de l'éloquence. Il est venu au monde en ersatz de chat jaune. Il surprend. Il est insolite. Il tue et il survit au drame. Il fascine par son néant.

Les capitales sont entrées dans la tombe, le petit hibou en est sorti. Les monuments se sont effondrés, il en est resté le petit monstre. Une fois les avions partis, il s'est extirpé de sous sa brique, et il persiste. Sa vocation est de subsister. Il a certainement un sens. D'ailleurs, il ressemble au vieux Gœthe. Il a une tête d'examinateur.

Il me mesure la vanité du monde, il manifeste les voies de la Providence ; elle brise les empires et sauve un chat-huant, qui doit être quelque chose comme le Mal, ou du moins je ne sais quelle démangeaison humaine. C'est un monstre métaphysique. C'est le hibou de M. Panado.

Je l'ai gardé. De temps en temps, j'allume sa bougie verte et je descends dans les caves du passé. Il éclaire mes souvenirs et ce qui reste des choses et qui doit tenir dans sa cervelle puisque aussi bien ce monde terrestre n'est que « le songe d'un chat-huant ».

Je me promène dans mes vieux rêves avec ce bâton à grenouilles, comme M. Vingtrinier autour de son mouflon.

Ainsi survit injustement M. Vingtrinier, sous forme d'un corbeau magique.

Mais toi, Dora, qui se souvient encore de toi, qui fus le songe du brouillard sur le Fleuve, et le rêve du Soleil sur le Moulin à Vent ?

★

Théo Gardi est colonel d'artillerie dans un château. Pendant la clandestinité il ravitailla des puissants et inventa, dit-on, une fusée lumineuse. Il eut la croix de guerre en 40, à la Légion des Volontaires étrangers. Il dirige un château-école. Je le reconnus mal et il ne me reconnut pas.

Je l'ai trouvé à la fois sobre et digne. Plutôt Napoléon que Murat. Génie studieux, gravité pâle ; son front blême dit l'arme savante. Il ressemble à l'Artillerie elle-même.

Après m'avoir montré son parc et ses cuisines, ses

garages, sa piscine, son tennis, l'immense bar entièrement décoré de sujets patriotiques, et le salon, qui pourra servir de salle de bal en abattant la grande cloison de la bibliothèque quand la formule de l'école sera parfaitement au point, il me fit visiter sa roseraie et attendit, comme j'en eus l'impression, mon exclamation d'enthousiasme.

— Magnifique ! dis-je, mon colonel, je n'ai jamais vu chose pareille !... Et vos canons ?

— Quels canons ?...

— Les canons !...

— J'avoue que je ne saisis pas, dit-il.

— Enfin, vous êtes bien artilleur ?

— Quel rapport ?... Je ne vois pas... Ah ! fit-il subitement, revenant d'un grand songe, je ne vous aurais pas cru aussi superficiel. C'est une association d'idées ! Artilleurs, canonniers, canons...

— Où sont-ils ?

— Qui ça ?

— Les canons !

— Il y tient ! c'est bien ça !... c'est un souvenir d'enfance ? On voyait ça sur les images du chocolat... Des canons ? des canons ? que voulez-vous que j'en fasse ?... D'abord où voulez-vous les mettre ?

— ...

— Et sur qui voulez-vous tirer ?

— ...

— Qu'est-ce que vous voulez démolir ? Vous allez tirer sur le village ? Allons, dites-le ? Mais dites-le donc ?

— ...

— Et vous savez ce que ça coûte, un canon ?

— ...

— Eh bien, on a bien fait de ne pas vous mettre ici !... Je me demande si vous vous rendez compte... Mais vous dévoreriez le budget ! Si vous croyez que la France, au point où elle en est, peut se payer toutes ses fantaisies !...

— ...

— Et vous imaginez que c'est avec des canons, au siècle de la bombe atomique, qu'on décidera des combats ?... Nous serons toujours en retard d'une guerre !... C'est effrayant !... Ah non, vous entendez ! tant que je serai ici, vous entendez, tant que je serai ici (et, de l'index, il me montrait le plancher), on n'y verra pas un canon ! La spécialisation tue l'homme et je dirai même qu'elle tue l'arme. Mais l'arme, vous vous en moquez ! L'essentiel pour vous, littéraire, c'est de satisfaire un souvenir d'enfance..., un besoin freudien, le souvenir d'une image d'Epinal !... ; au fond, tout cela ce n'est pas autre chose qu'un peu d'obsession sexuelle !... Eh bien ! Eh bien ! je ne suis pas loin de le dire, le canon, monsieur, oui, le canon, ce serait la fin de l'artillerie !

— Pourtant, fis-je encore faiblement, le but même de l'artillerie... Si on a mis ici le terrain...

— Ah, ça, me dit-il, ce n'est pas ma faute ! On est loin de tout, je le reconnais comme vous. C'est le gros ennui. Mais j'obtiendrai des cars. D'ici deux mois nous serons à moins d'une heure de Nice. En attendant ne confondez plus artillerie et canonnade. Nous ne sommes plus en 1916 ! Notre école, voyez-vous, d'abord, c'est une école d'Aération. Notre but c'est, essentiellement, un grand rafraîchissement de l'armée... Je suis un éventail, je suis un ventilateur ! de l'air ! de l'air pur ! de l'air bleu ! Un esprit clair par un corps sain !

Libérons la pensée. Dégageons! Déblayons! Tenez, venez voir la grande salle de billard. On y dispute les éliminatoires... Voilà notre discothèque! Feuilletez le livre d'or! J'y ai la moitié de l'Académie! Toutes les vedettes des Folies-Bergère! Plus de quatre-vingts députés! Nous avons eu des conférences de trois émules de Picasso! Parfaitement! Je compte en ce moment sur un poète existentialiste! Et vous verrez que j'amènerai Fernandel. Aérons! des fenêtres! du ciel! Quand je pense à l'armée d'autrefois, il me semble respirer une odeur de chambrée! Ouvrons tout! Je suis un courant d'air! Et mon plus beau rêve, dites-le bien, ce serait d'en faire bénéficier la France entière. Il me suffirait de dix officiers, que je formerais dans une école spéciale. Dix officiers d'Aération. Qu'on me donne un terrain, un P.C., des crédits, je fais mon affaire de tout le reste.

Là-dessus, il me serra la main, le regard droit, le menton énergique...

Une belle tête de penseur grave, mais un peu sombre; de beaux cheveux blancs; une calvitie de méditatif; un regard génial. La tenue sobre, peu de médailles, mais les plus belles. Bref, le style de Napoléon, celui qu'il saura garder quand il sera ministre...

J'avais retrouvé Théo Gardi, à Zacruchlov.

*

J'ai retrouvé aussi le vieux collège.

Il a toujours sa tour et son portail en fer. La campagne déferle encore jusqu'à son mur du côté nord, précipitant jusqu'au-dessus de son enceinte délabrée des vagues de ronciers sauvages et des plantes à n'en plus finir : des digitales à larges feuilles et à fleurs roses, des arnicas, des pulmonaires ; il y en avait qui se tenaient raides et toutes droites, d'autres qui s'étalaient en rond ; des herbes qui coupaient les doigts, d'autres qui étaient bonnes pour les tisanes, d'autres qui servent pour des philtres et rendent les filles amoureuses ; il y avait de l'herbe à vipères et de l'herbe qui tue les lapins.

— Où est le temps où M. Vantre, les nuits d'été, allait rendre visite aux roses du jardin, une grosse lanterne à la main ?

Mais, de l'autre côté, on découvrait la ville, le fleuve, les Iles et le pont du Nord, l'entrée des allées Lombescure, le Grand Mail et le kiosque à musique, pointu comme un chapeau chinois. Les Iles brillaient au-dessus du toit d'ardoises de la pâtisserie Personnel. Où sont nos vieux bonheurs d'alors ? dans quels tiroirs dont nous avons perdu les clefs ?

Les pensionnaires étaient fiers de leurs correspondants ventrus, des breloques de ces messieurs et de leur journal préféré. Le Café Russe avait des arcades et on savait le nom de tous les hommes qui s'y asseyaient, et si on ne le savait pas on le demandait au garçon, et le garçon le demandait au patron, et le patron le demandait à la bonne. L'été tous ces messieurs portaient des gilets blancs, et c'était si frais et si digne, et quand ils caressaient leurs moustaches étonnantes après avoir posé leur bock, en regardant la toilette d'une dame qui en souriait de plaisir, on se sentait si confortable et si flatté d'appartenir à une telle compagnie qu'on rougissait de satisfaction quand le monsieur abordait la dame et son mari et leur disait des choses si galantes qu'elles arrachaient à la belle dame des gazouillis de protestations voluptueuses ; et alors tout le monde s'asseyait autour de la table de la dame, et le garçon venait poliment, et il avait l'air si content que tout le monde fût si satisfait, et c'était vraiment si navrant d'avoir des petits derrières pointus que meurtrissaient les chaises de fer, alors que toutes les grandes personnes s'asseyaient sur le leur comme sur un petit sofa !

Puis subitement, tout devenait terne, on se rappelait qu'on ne savait pas la leçon de Virgile, on digérait mal les quenelles, les grandes personnes s'intéressaient à des choses tristes, à l'arthritisme, à des maladies de foie... L'externe le plus mal vêtu passait libre et narquois dans son bonheur de Siou, et les internes se sentaient mélancoliques...

J'ai revu la cour, le vieux tilleul... Je me suis rappelé ces grandes vacances où il n'y avait plus que le petit Schmidt qui était mulâtre, et qui avait le droit d'aller partout. On le gardait parce que son père était quelque chose comme « gouverneur du Pacifique », ce qui l'obligeait à résider à Tahiti. Il s'en vengeait en lançant toutes sortes de cailloux pointus sur les tomates de M. Vantre, et ses mélancolies ravageaient les jardins.

C'est ici, sous cette porte obscure, au retour d'une promenade du jeudi, que M. Panado est né un soir d'été d'une réflexion, d'un souvenir de lecture et d'une gravure d'un livre anglais, à l'heure où les internes, seuls, ayant quitté leur uniforme, songent aux prairies de leur bourg et au prunier dont les prunes tombent entamées, avec un bruit mou, sur la terre, et les guêpes viennent tourner autour. Les cousines ont des robes blanches, et on ne sait quel espoir flotte entre ciel et terre, au-dessus des prés fauchés, jusqu'à la nuit de septembre qui amène des étoiles fourmillantes bien plus belles que n'importe où.

J'ai revu le vieux collège avec ses marronniers. M. Blanchon n'y sévit plus. C'était lui qui faisait la chimie. Il s'est retiré les cheveux verdis, et les sourcils brûlés par trente ans d'expériences ratées, d'explosions réussies et de prédictions contredites, car le résultat de toutes ses expériences sur n'importe quel corps chimique fut constamment le contraire de ce qu'il annonça. Trente ans de rébellion des acides et de désobéissance des bases ! Sous sa coupe tous les corps chimiques protestaient contre la nature : le phosphore trichait, le sodium narguait, l'acide nitrique prenait le maquis. Les métaux avaient décidé d'opter pour une vie romanesque. Les mariages se faisaient à pile ou face, et leurs produits étaient inattendus.

Il n'y avait plus de vache, même peinte, à la laiterie, le chardon envahissait le jardin, la cloche se rouillait dans l'arbre, sa corde noire pendait comme la queue du serpent dans le pommier de la Genèse, M. Vantre ne venait plus le matin dans la rhubarbe, tel un brigand, mouillé de rosée jusqu'aux moustaches, épauler la canne Buffalo. Une tristesse tombait du ciel trop bleu comme sur une fête qui aurait été décommandée. La dame n'était pas venue.

Elle avait dû savoir que Dora était morte et que Fred s'en était allé. Le feu d'artifice était tiré d'avance. Il avait brûlé la rhubarbe, il avait roussi les pivoines. Garde-champêtre, as-tu fait ton métier ?

★

M. Blanchon était à la retraite. Mais je ne pense aucun bien de ceux qui l'ont remplacé. J'aimais sa chimie romanesque. C'était celle du soir sur le fleuve. Dora, Dora, comme tu savais chanter ! Comme la négresse nous promettait monts et merveilles ! et maintenant, sachant ce que je sais...

Mais je ne suis plus qu'un vieil homme perdu parmi ses anciens songes, comme un élève qui revient dans la cour de l'école, longtemps après les classes, un jour de grandes vacances, et la cour est vide sous le soleil. Il ne reste plus dans le jardin que les tuteurs, et les abeilles qui bourdonnent sur les fleurs rouges. Et le soir tombe sur cette mélancolie, comme il tombait autrefois sur les Iles. J'entends les cloches du Nord qui sonnent et les « mères qui demandent pour qui c'est ». Et les voisines qui le leur expliquent... « Tel est le sort des enfants obstinés. »

J'entends dans les vieux escaliers les pas des bateliers qui rapportent les corps sur des civières improvisées, et les lourdes chaussures, noires de l'eau du fleuve, qui laissent une trace dans l'escalier... Je vois des robes noires et des fleurs qu'on apporte...

Je revois ta robe verte au bal du Labyrinthe, et ta ceinture d'argent qui accrochait des lumières.

Mais tu ne reviendras jamais.

Jamais je n'accepterai ta mort. Jamais je n'accepterai cette mort inhabitable.

Je ne veux pas que tu sois morte ainsi, que ton fantôme traîne dans ce grenier au pied d'une montgolfière en plâtre, ou sous les orties d'un tombeau. Je t'ai choisi souvent une mort habitable, je te l'ai choisie comme pour moi. C'est dans un vieux village, du côté de Zacruchlov, un vieux village de montagne, couleur de bure et de fumée, sur un horizon de même couleur.

Il n'accueille que des morts paisibles. Les enfants de la mort violente n'ont pas le droit d'entrer ici, mais je te passerai en contrebande pendant la nuit sur la barque de Pied-Volage.

Le village est mort, on le voit tout de suite. On n'y trouve que des gens éteints, derrière des vitres sans lumière. On n'y reçoit que des morts tranquilles et réguliers qui touchent des fleurs tous les dimanches sur leurs tombeaux, et l'autobus ne débarque à huit heures que des défunts garantis bien élevés, qui ont eu les pieds lavés par leur propre famille... Dora, tu n'étais pas une morte bien élevée...

Nous ferons venir Fred ici. Nous nous referons une existence au petit hôtel du Labyrinthe qui a une enseigne d'or ternie, au-dessus d'une salle basse aux poutres apparentes. Il y fait sombre, autour d'une petite lampe jaune. Nous y vivrons comme au moulin à vent. Ton marin reviendra, nous ne serons pas jaloux, il sortira de son sac vert des choses brillantes. Et nous vivrons au fil de l'heure une vie de fantômes sans profession. Tu nous chanteras les chansons tristes qui faisaient plaisir à ton marin, et Fred nous dira les histoires qu'on racontait à la « Sardine Bleue ».

Nous nous pencherons sur la terre quand nous serons sur la terrasse, après le dîner. Nous respirerons la brume des Iles. Quelquefois, nous prendrons la barque et nous irons jusqu'au Moulin à Vent.

Nous garderons, comme l'empereur de Chine, un petit village dont on voit la fumée. Nos yeux y trouveront le vieux collège et le grenier des « Plaisirs de Corée », le Pavillon de la Plante du Songe, et le soir, en nous penchant sur eux, nous écouterons des paroles... pour nous souvenir de la terre et de son odeur de joncs mouillés.

*

Elle nous apportera le souvenir des Iles. La vague verte et la chanson du vieil aveugle y ont nourri notre frivole jeunesse de reflets et d'ombres tremblantes.

Quand il avait chanté ses plus jolies histoires, les fanaux sur le fleuve étaient plus inquiétants, les Iles sombraient au fond de la nuit comme un grand décor de théâtre. Et le vent de la fatalité travaillait dramatiquement sur les vieux murs lépreux de l'impasse des Trois-Voleurs des ombres de rois et de filles, de femmes du monde et de rôdeurs.

*

Quels bonheurs on pouvait s'inventer dans les Iles ! Qu'elles étaient belles de l'adieu déchirant qu'il fallait leur dire si vite ! Ah, Dora, que nous fûmes bien les pauvres enfants de la terre pour avoir tant aimé ce sable où rien ne pousse, cette poussière où s'amuse le vent !

Les choses périssables ont péri. Le monde s'est vidé des choses, il n'est resté que leur reflet.

Car c'est le reflet qui demeure. Les Femmes du Monde du vieil aveugle sont enterrées depuis longtemps dans leur robe noire, avec leur rose sur la poitrine et leur cortège de poètes en habits ; elles vivent encore machinalement dans sa chanson mélancolique. Berlin n'est plus, ni Lorient, ni Hambourg, mais va voir sur les routes du Sud ; le soleil y bâtit encore, dans le reflet du sel, sur les sables, des villes de nacre et de feu.

Telle était la sagesse des Iles qui nous apprirent à aimer l'apparence pour l'apparence, et le reflet plus que la chose, et la vague plus que la barque, et la chanson du vieil aveugle plus que ce que chantait la chanson. Elles nous ont gardé le pain creux de nos vieux jours, ce pain noir et léger. Comme nous, Dora, tu les avais comprises, et c'est par là que tu fus notre sœur.

Les Iles ne reviendront pas, du moins les Iles que nous avons connues, celles dont nous fûmes comme toi, Dora, les patriotes... Il y a des miroitements du soleil sur les sables dont les yeux restent clignotants.

*

Du haut des remparts du collège je les ai regardées encore, et j'ai songé aux fortunes diverses que Dieu nous a faites en ce monde, donnant aux uns des chaises, des coffres en banque et des maisons obscures où le vin reste frais, des femmes grasses et des journées égales, aux autres la route et les sables, et l'argent qu'on prodigue et l'argent qu'on n'a pas, les soirs amers et les matins légers, la fête au caravansérail et le cadavre sur la route. Et je me suis rappelé la chanson de ces caravaniers du Souss, que nous chantions aux « Plaisirs de Corée », car c'est une des plus belles du monde : « Les uns, dit-elle, sont jardiniers à Fez et les autres à Marrakech... Les uns ont des femmes belles comme la lune..., d'autres visitent leurs riches tombeaux... Nous, les caravaniers, nous n'avons que le ciel et les sables, mais après la chaleur du jour, vient la fraîcheur de la nuit. De quoi nous plaindrions-nous ? »

Oui, de quoi nous plaindrions-nous puisque nous n'avons eu que le ciel et les sables ? Le ciel et les sables sont grands.

*

L'abbé Mignon s'est retiré dans un village. Il est retombé presque en enfance. On le trouve assis dans une grande salle à moitié vide, sur le fauteuil du « Lion Malade de la Peste », où il écoute la radio toute la journée. C'est Mariette, la bonne des Peyrolles, encore plus vieille que lui, qui lui tient son ménage.

Il a traversé toute la guerre, comme les Hébreux ont passé la mer Rouge, sans y mouiller le bord de sa soutane, dans une espèce de songe confus.

Sa maison servait à tout le monde : on y cachait des Juifs et des parachutistes, des mitraillettes, des évadés, des communistes. Le village était plein de maquis.

Quand Mariette vit entrer les Chleuhs, elle crut son dernier jour venu et demanda au sous-officier : « Est-ce qu'y faudrait que je me cache ? » (elle pensait qu'un gradé saurait mieux ces choses-là).

Tant de candeur désarma l'homme des représailles. « Ce n'est pas la peine », lui dit-il en riant.

Ils partirent sans insister. Par acquit de conscience, cependant, le sous-officier jeta un coup d'œil dans la chambre où l'abbé Mignon écoutait à longueur de journée les encouragements de la radio anglaise. L'abbé le reçut avec des larmes dans les yeux et des transports d'allégresse enfantins : « La France, lui dit-il, dans ses pires moments a toujours trouvé un sauveur : hier Jeanne d'Arc, aujourd'hui vous. »

Et il l'embrassa comme un fils.

Il l'avait pris pour un Anglais.

Il fallut longtemps pour lui faire comprendre sa méprise. Il tenait à sa joie.

Nous parlâmes de M. Vantre, de Fred, du vieux collège, de la guerre, et il me conta cette aventure qu'il avait fini par comprendre. C'était un tour de M. Panado ! Je le lui dis. « Mais, au fait, ajoutai-je, avez-vous connu M. Panado ? »

— Si je l'ai connu ! me répondit-il, mais je n'ai connu que lui ! je l'ai beaucoup fréquenté autrefois !

Son œil bleu cherchait dans le passé. Et il me parla de lui avec beaucoup de détails. Si bien que je finis par lui dire :

— C'est de M. Panado que je voulais parler ! Je crois que vous le prenez pour M. Vantre.

— Dieu m'en préserve, il y a longtemps que je le fréquente. Au Petit Séminaire, nous le connaissions déjà, il nous faisait des cours d'éloquence. Il portait un chapeau « Frivole ». Nous l'appelions « le Péché Originel ».

Je fus saisi. Je n'y avais pas pensé. L'éloquence, le chapeau frivole..., c'était bien lui !... Les très vieux hommes en savent plus long que nous.

M'apercevant que l'abbé Mignon déraisonnait avec tant de sagesse je lui parlai du marin de Mariette et de la messe des morts de Fred.

Il suivait dans l'espace on ne sait quel fil bleu. Quand j'eus fini, il leva les deux mains.

Il avait toujours cette grande tête, un peu de travers,

de Peau-Rouge et de vieille dame distinguée, de paysan, de roi et d'encyclopédiste.

J'allais partir quand il tira de sa poche un petit sac de papier déformé et il m'offrit deux boules de gomme. Puis il chercha dans un tiroir :

— Excusez-moi, me dit-il enfin, avec un geste d'impuissance... Depuis la guerre, on ne fait plus d'ange gardien !

*

Le monument de M. Petermaës domine toujours le square de notre jeunesse comme la pensée domine la vie. Il est resté au milieu de sa pelouse, solitaire et présidentiel. Fait pour la beauté du coup d'œil, l'embrassement panoramique des styles et l'exaltation d'un homme-tronc (car M. Petermaës était un cul-de-jatte), il excite l'instinct artistique. Sans doute ne joue-t-il aucun rôle dans l'existence municipale. C'est un personnage muet. Il est là comme le soulier dans la soupe de l'Auvergnat : l'Auvergnat ne mange pas ce soulier, mais aura-t-on décrit cette soupe si l'on ne parle de ce soulier ? Le monument de M. Petermaës est important comme un beau meuble. C'est un buffet de salle à manger. Nous avons vécu dans son ombre, et la substance de cette ombre a influé sur notre chimie. A ses pieds, entre le marbre lisse, un peu gluant de la margelle et le corps principal du gâteau entouré de dauphins de bronze qui crachent de l'eau par les narines, on a élevé des rocs poreux d'où s'échappent mille herbes folles et planté des roseaux tremblants. Ce rez-de-chaussée surabondant et symbolique dégage une forte impression de marine et de mythologie. Les

Remerciements de la Ville s'y ébrouent autour des dauphins, sous la forme de petits anges qui sonnent l'hymne à la gratitude dans des trompes enrubannées. Un berger les surveille en pantalon bouffant. Il symbolise la bucolique, le laitage et l'agriculture. Les campagnards saluent ce zouave machinalement.

Il continue à s'entourer l'été d'un haute poussière d'or que soulèvent les voitures d'enfants. Tout en haut, M. Petermaës, avec ses favoris de cocher, conduit ce fiacre incohérent vers les étoiles. Quand il emporte vers le ciel des nuits d'été ses roseaux, ses poissons, son mouton et ses anges, son berger, ses dauphins et sa photographie, son homme-tronc, sa croix de guerre, ses vingt-quatre lapins, chacun s'exalte dans la ville. Les cœurs des citadins triomphent en secret.

On ne discute pas un tel souvenir d'enfance. C'est une donnée de la nature, c'est un Pôle Nord, c'est un Mont Blanc, on ne propose pas de retouche au Gaourisankar.

Nul bombardement n'y a rien pu. C'est à peine s'il manque une oreille à un lapin du second étage et une trompette à un Remerciement de la Ville. Il perpétue notre inquiétude et ses ferments.

Tant qu'il sera là dans la nuit, Frédéric ne sera pas mort. Tant que les roseaux frémiront dans le soir, tant que la lune se lèvera au-dessus de l'if sombre et que le train de Paris sifflera sur le viaduc, tant qu'un enfant tremblant du désir de partir se lèvera sur la pointe des pieds et viendra s'offrir au grand vent par la fenêtre du dortoir, dans l'odeur des lilas et des tabliers noirs, et que la calvitie de M. Petermaës brillera sous la lune de mai comme un morceau de sucre géant offert aux petits chiens attachés, comme un disque de voie ouverte sur ce monde, Frédéric sera encore là… Tant qu'il y aura un collégien se penchant sur un garde-fou et prêt à le faire craquer, sur les vagues d'un soir amer et ridicule plein de choses qui luisent et qui passent et de l'odeur de cette terre que nous avons aimée à en mordre les fleurs, en égratignant nos mollets aux ronces de tous les buissons pour le seul plaisir de la chose, ô province, quand tu t'endors au pied des vignes et des monts, sous l'arc des étoiles filantes, vaine, illusoire et désirable, lourde des parfums d'ici-bas…

*

Je suis allé un soir au curieux petit village. Il faut finir à bicyclette quand on a passé la forêt. Le soleil se couchait derrière des maisons basses entourées de jardinets qui étaient croulants de roses. Une femme chantait à sa fenêtre un air que je n'oublierai pas, parce qu'on eût dit la chanson même du bonheur. On ne voyait presque personne. Et la lumière était si belle et si étrange qu'on aurait dit aussi la lumière du bonheur.

Une femme passait dans la petite rue. Elle poussait une bicyclette ; ses genoux étaient protégés par des sortes de genouillères, comme on en met aux chevaux, bourrées de papier journal. Je pensai qu'elle souffrait de rhumatismes : « Pas du tout, me dit la buraliste, c'est Mme Percerat. Elle a sa théorie. C'est pour se protéger des “ ondes vagabondes ”… » J'éprouvai un léger malaise.

Mais ce pays était celui du bonheur. Il avait l'air oublié par l'histoire. Le spectacle des rues datait de mon enfance. Tout y était fidèle à l'idée d'une vieille félicité provinciale et française qui a dû péricliter autour de 1910.

Une allée de marronniers splendides me conduisit à de beaux bâtiments où je trouvai mon ami le docteur Vermerette.

Il me fit visiter la chambre de l'originale aux genouillères. Un fourneau de cuisine y trônait, dont le tuyau était armé de fils de fer disposés de plusieurs façons : les uns partaient comme des fils télégraphiques, en réseau dense, pour s'accrocher au mur d'en face, d'autres dans plusieurs directions comme des cordes à sécher le linge ; un autre enfin dessinait dans l'espace une espèce de profil de clef et finissait dans le vide, à mi-chemin du plafond. « Protection contre les ondes », m'expliqua le médecin.

— Quelles ondes ?

— Mais les ondes vagabondes ! chacun a ses marottes, n'est-ce pas ?

Il me fit voir, pour changer, un autre de ses malades. C'était dans une chambre en sous-sol. Cet homme à grosses moustaches avait l'air sombre et pâle. Au garde-à-vous, un pied chaussé et l'autre nu, il nous vit venir sans faire un geste, d'un œil noir.

— Je suis l'adjudant principal, expliqua-t-il d'un air sinistre.

Le docteur le complimenta des beaux dessins qu'il trouva sur sa table. Ces paysages représentaient le soleil entouré de rayons jaunes et rouges, au-dessus d'un village pareil à celui où nous nous trouvions... Et c'était peut-être Zacruchlov, le Zacruchlov du Labyrinthe. Chacun finit par se trouver son Zacruchlov...

Le couchant était magnifique. La forêt se trouvait à deux pas. On m'apprit qu'autrefois une femme s'y était brûlée vive sur un bûcher qu'elle s'était dressé elle-même à force de se prendre pour Jeanne d'Arc. Bref on sentait nettement partout le travail de l' « onde vagabonde ». M. Panado se cachait dans tous les coins. On le devinait près à le toucher.

— Nous devrions mettre des genouillères, dis-je au docteur.

Et comme la théorie de l' « onde vagabonde » me paraissait curieusement proche de celle de M. Panado, je lui parlai de ce personnage. Il m'arrêta.

— Ne m'en dites pas plus. Je le connais trop. En médecine, nous l'appelons l'angoisse. Ne m'en dites pas de mal. Ce que l'homme a de meilleur, ce n'est pas le chien comme on le croit communément, c'est l' « onde vagabonde » ! Il n'y a rien de si fécond pour l'homme, dans le courant d'air de l' « onde vagabonde », que d'être au bout du fusil de M. Panado. Ce qui crée, ce n'est pas la digestion. Ce n'est pas l'homme repu qui invente, qui se passionne, ou se dépasse, c'est l'homme de M. Panado.

Je me rappelai involontairement les genouillères, les soleils couchants de l'homme noir... Mais il m'aurait cité Pascal, l'abîme à gauche, et il savait tout ça mieux que moi. Il m'expliqua que Napoléon, Paganini et bien d'autres encore connaissaient M. Panado et qu'ils avaient constaté son passage. Napoléon, la veille de chaque grand événement, voyait un petit homme rouge ; Paganini était toujours accompagné d'un esprit familier qui lui apparaissait parfois sous la forme d'un épagneul et parfois sous la forme de « feu George Harris ». Ainsi pouvaient-ils être tranquilles.

— J'achève en ce moment une étude, me dit le docteur Vermerette, sur les vertus de M. Panado.

— Vous êtes orfèvre, lui dis-je.

Néanmoins je fus très satisfait d'avoir approfondi l'histoire naturelle de l'inquiétant M. Panado. Jeunes gens qui m'écoutez, adoptez des genouillères. Et pour faire des choses grandes, sachez vous promouvoir au grade d'adjudant principal.

J'allai prendre congé du docteur Vermerette dans le jardin de son établissement. Des vieillards y fumaient la pipe, parmi les roses, sur des bancs verts, comme dans tous les squares de province. Ils étaient dignes et solennels. J'avisai, un peu à l'écart, un personnage aux cheveux gris et aux joues creuses qui ressemblait à Charlot, mais en vieux, par la silhouette, par l'attitude, les cheveux frisés, la coupe de la moustache. Il avait la poitrine couverte de sous percés, pendus à des ficelles accrochées elles-mêmes à la veste par des épingles de sûreté, comme des décorations glorieuses. Il se tenait appuyé contre le mur, son canotier penché sur le front, les deux mains dans les poches, légèrement affaissé, et regardait le bout de ses chaussures. Il n'avait ni col, ni cravate, et sa barbe était mal rasée.

— Qu'est-ce que c'est que cette panoplie ? demandai-je au docteur Vermerette.

— Demandez-le lui, vous allez voir, me dit le docteur.

Je posai donc la question.

L'homme releva la tête :

— Médailles des enterrements civils et militaires, expliqua-t-il laconiquement.

Il me sembla que j'avais déjà croisé ce regard.

— C'est sa marotte, me dit le docteur. Il suit les enterrements. C'est peu de dire qu'il les suit. Il vient au chevet du malade. Il sent venir la mort, on dirait qu'il la flaire. Dès qu'il y a un mourant, il y court, il y vole. Si on le laissait faire, il confesserait le malade, il l'administrerait lui-même et il fabriquerait le cercueil. Il porte la bière, c'est sa grande distraction, et il pousse des cris déchirants. Il suit le mort jusqu'au cimetière en hurlant et en gémissant. Et il reste au bord de la tombe jusqu'à ce que les fossoyeurs aient fini leur travail.

— Et on le laisse faire ?

— Ma foi, en Corse, on a les vocifératrices... Et en dehors de sa manie il est parfait. C'est mon caissier, il a une écriture modèle. Même quand il devient dangereux — et c'est rare, il faut qu'il ait bu, et on surveille —, son écriture reste moulée et ses additions impeccables. Il écrit simplement plus petit. C'est un maniaque de l'écriture. Il a lui-même son livre de comptes, son emploi du temps personnel. Prêtez-moi l'agenda, demanda-t-il à l'homme.

L'homme tendit un grand livre noir.

J'y lus, en écriture soignée, à la date de la journée, une série d'occupations extravagantes.

— Il a rendu beaucoup de services, me dit le docteur, il est instruit. Les gens d'ici l'ont même élu comme conseiller municipal avant la guerre. On a eu toutes les peines du monde à l'empêcher d'exercer ses fonctions.

— Quelle plaisanterie !

— Quelle plaisanterie ? Vous savez que ces gens-là sont tous en liberté ? Ils travaillent dans le village. Il y a d'excellents spécialistes ! plus compétents que leurs « nourriciers » ! Ce sont eux parfois qui emploient leur tuteur ! Pour que l'élection soit illégale, il faudrait qu'ils fussent interdits par leurs familles, devant notaire. C'est une formalité dont personne n'a l'idée. Mais cette fois-là c'était plus grave...

— Pourquoi, docteur ?

Le médecin ne répondit pas.

— Et quelle est sa manie ?

— Il a une idée fixe. Il se rappelle que, d'après son agenda, il a six heures à rattraper, d'une nuit de juin d'il y a peut-être vingt ans, et quatre heures de la nuit suivante ; mais il ne se souvient pas de ce qu'il avait à faire : apprendre l'anglais ? recoudre un bouton de culotte ? porter un pot à lait ? « régler pernod café » ?... On retrouve ça partout, dans tout son agenda. Des choses de cette force-là ! Il ne peut plus reconstituer la série. Il passe son temps à chercher. Il n'en sort pas. A part ça et les enterrements, il est normal : je lui confie ma petite fille. Mais il ne peut pas se faire à l'idée qu'il a contrevenu à son emploi du temps... Il pleure son pot à lait ou ses boutons de culotte...

— Qu'a-t-il donc fait, ces deux nuits-là ?

— Il a cueilli des fleurs ; ça, il s'en souvient bien.

— La nuit ?

— La nuit. Au clair de lune. Des fleurs splendides, primées au concours agricole. Il en délire ! Mais ce n'était qu'une partie de la nuit. Le reste, il l'a oublié. Je lui ai promis de le relâcher dès qu'il l'aurait retrouvé ! Et je vous garantis qu'il le cherche.

— Et il le retrouvera ?

— Jamais.

Le docteur ajouta :

— Ce qui l'occupe davantage, c'est de savoir ce qu'il avait à faire d'après le texte de l'agenda.

— Et qu'a-t-il donc fait de ces six heures ? et de ces quatre heures ?

Le docteur hésita un instant.

— Il a assassiné deux femmes, me dit-il enfin en haussant les épaules. La première nuit la mère, et le lendemain la fille...

Je venais de revoir M. Vingtrinier...

— Et il reproche à ma fille de tourmenter la chatte ! conclut le docteur en souriant.

M. Vingtrinier, sur la prière du directeur, voulut bien me raccompagner jusqu'à la gare en me portant ma valise.

— Le docteur m'a dit, monsieur, lui dis-je, que vous aviez beaucoup de peine à empêcher sa fille de tourmenter la chatte ?

— Hélas oui ! me dit-il, les enfants sont cruels. Ils ne se rendent pas compte du mal qu'ils font.

— Vous craignez la souffrance des bêtes ?

— Des bêtes et des gens, monsieur. Par expérience. Je peux bien vous le dire, vous n'êtes pas de la maison... j'ai tué deux femmes.

Je restai ahuri.

Il ajouta :

— Ne le dites à personne. On dirait encore que je suis fou...

*

Les années ne font rien aux choses.

Dora a laissé dans nos cœurs le regret d'un bonheur que nous n'avons plus connu. Il y a peut-être un « bonheur des Iles » qui n'est pas fait comme les autres.

Les routes sont longues et magnifiques. Elles n'imitent pas le « bonheur des Iles ». Elles en font connaître d'autres. Mais celui-là, on ne le retrouve pas.

Je suis retourné au vieux collège. C'était l'été. On réparait la grande entrée. Une brèche avait été ouverte dans le rempart. On avait enlevé Parmentier et Maussert, les maçons leur avaient construit une cabane dans le jardin du Principal. Les tilleuls émaillaient le ciel de bouquets jaunes et répandaient dans l'air une odeur de tisane. Une porte percée d'un cœur avait servi à fermer la cabane et, à la lueur d'une allumette, on voyait au fond de ce clapier Parmentier et Maussert qui pesaient les songes des hommes : juste le poids d'un Moulin à Vent.

Quel feu follet, quel élève somnambule venaient leur tenir compagnie ? On les apercevait là-dedans comme une image de la Vierge de Lourdes dans un porte-plume souvenir. Un grillon se mit à chanter. On entendait le bruit du barrage, et les tilleuls sentaient trop bon, et il venait de la cabane une petite odeur de cigarettes.

*

Je sais bien, sans les avoir vus, que j'ai laissé derrière moi, dans un coin du vestiaire, assis sur des malles campagnardes et cachant dans leurs mains coupables ces cigarettes défendues, des garçons qui parlent tout bas et qui croient au secret des Iles. Ils reviendront un jour ici comme les autres en soufflant sur leurs doigts brûlés.

Parce qu'ils auront cru aux autres et à la légende des anciens. Comme nous. Ce que font les autres est toujours beau, ce que font les autres a toujours je ne sais quoi de parfait et de subtilement admirable que rien ne permet de contester. Comme ils doivent être heureux d'être eux ! Que n'est-ce pas quand ils sont la négresse de l'affiche ! Pourquoi attendons-nous tant d'eux ?...

Si les histoires ont du succès cela tient sans doute en grande partie à ce prestige mystérieux des « autres ».

Nous imaginions que dans leurs Iles « les autres » devaient mener une vie étonnante. Nous ne songions pas un instant que nous sommes les « autres » des autres, que nous pouvons par là tout savoir de leur vie et qu'ils ne voient pas plus la leur que nous n'apercevons la nôtre. Le romanesque est une optique de spectateur.

Le merveilleux commence à notre voisin, l'exotisme est à notre porte. Tout le romanesque tient dans un mur mitoyen : c'est une défense de franchir, c'est un défi et une barrière, c'est un mica qui laisse voir, mais s'interpose. L'amour est une façon de traverser le mica ; ou bien plutôt de se figurer qu'on le traverse, et parce que c'est une illusion, mais violente et hallucinante, il s'accompagne de folies, si pondéré qu'il puisse paraître. Il m'a semblé bien souvent en effet, quand j'ai songé au Fred de cette époque, qu'il ressemblait au personnage de Shakespeare : « Je l'ai — dit Polonius, je crois, — rencontré il n'y a qu'un instant, aussi en démence que la mer courroucée, chantant d'une voix éclatante, couronné de fumeterre, de fleurs des champs, de verveine, de ciguë, d'ortie, de cresson des prés et de toutes ces herbes inutiles qui croissent au milieu de nos blés. » (Oui, pour les herbes inutiles nous étions réellement très forts...). « Et à quoi le reconnaîtrons-nous ? » demande ailleurs un personnage. Et quelqu'un, je crois que c'est sa mère, dit qu'il porte un habit de roi...

Il avait un habit de Peau-Rouge...

*

Je sais bien aujourd'hui que les pommes du voisin ne sont pas meilleures que celles du verger familial, et cependant toute notre vie est réglée sur cette illusion. Nous ne croyons qu'aux fruits de la négresse.

*

Le fils de M. Vingtrinier, Joseph, a pris le nom de Duchemin. Aux dernières nouvelles que j'eus de lui, il était directeur-adjoint du cabinet du ministre de la Justice. Ses amis le croient promis à un brillant avenir.

Quant à son frère, j'ai eu également peur d'apprendre qu'il était mort dans l'explosion du *Puma* à Beyrouth, ou qu'il était enfin devenu chef de bureau dans un service logé sur une rue noire. Peut-être était-ce lui le marin de Mariette qui vint demander Fred à la villa des Buis ? peut-être aussi est-il cet Olivier qui est devenu le chef de file d'une nouvelle école musicale ?

Mlle Chaufourié est morte à Buchenvald. A la porte du crématoire, elle n'a plus eu peur d'« enjamber », et le génie lui est venu quand le papier lui a manqué. C'est elle qui a écrit, sur une planche, cette *Ballade de la Geôle de Minuit* que vous avez lue sous le nom de Cécile Maurienne, son pseudonyme de résistante. Depuis huit jours, elle délirait : elle ne vivait plus que dans les souvenirs de sa petite enfance et des livres d'histoire qu'elle avait dévorés. Elle se croyait à la septième croisade, celle de saint Louis. Elle s'inquiétait de Blanche de Castille. Elle réussit le tour de force de mourir en plein XXe siècle à la bataille de Marignan, en s'écriant : « François, François !... » Elle eut le temps d'ajouter : « Que ta victoire me coûte cher ! » Elle pesait vingt-six kilos et sa poussière tient dans une bouteille d'eau Perrier.

On a donné son nom à une rue fréquentée.

Le petit Brévier a trusté les agrumes. Il a fait perdre toute foi au vieil huissier de son ministère, depuis qu'il a dépecé un cochon à l'intérieur de son bureau au plus fort de la crise de la viande.

Les autres sont devenus colonels, juges, médecins ou acrobates, bonnetiers, merciers, banquiers, professeurs, écrivains, ingénieurs ou marchands forains (l'un cumule même ces deux derniers métiers).

Maurice Piéprat, le cadet d'Edouard, a repris la chapellerie de ses parents, dans la rue des Merciers qui porte maintenant le nom glorieux de son frère. Il y a eu un anthropophage, comme Théo qui disait au hasard que l'homme a le goût de la chèvre. D'autres sont devenus ministres de Vichy et d'autres généraux de de Gaulle. Ils ont fait de tout. Ils ont déplacé, dans les livres, l'emplacement des champs de bataille de l'histoire gallo-romaine — transporté des montagnes en somme —, sauvé le Puy-de-Dôme d'être vendu aux enchères, cuit du pain ou vendu des machines à écrire, ils ont été nommés docteurs d'universités étrangères, traduits en tchèque et en roumain, ils ont découvert sous la terre des alphabets plus vieux que ceux des Phéniciens et donné leurs noms d'écoliers à des places neuves qu'on a ouvertes ici ou là devant de nouvelles

Postes blanches traitées en style néo-arabe avec ce genre de toits-terrasses que M. Vantre jugeait audacieux. L'un d'entre eux se cache sur une montagne, au carrefour de trois nations, pour sauter d'un pays dans l'autre suivant la police qui le traque : il se lève en Suisse, il se couche en Autriche et prend ses repas en Italie : il joue sa vie à la marelle sur un glacier.

Ils ont fondé des écoles littéraires, bâti des villes, gagné des courses..., les citrons d'or de la grande négresse ont plu sur le monde ébloui... Ils sont morts dans des camps, dans des trous, dans des geôles. Il y en a qui ont creusé la terre avec leurs ongles. Il y en a qui sont morts sans vivre, d'autres qui ont vécu sans mourir.

Sur le bord du lac de Constance, j'ai rencontré la comtesse Van D... vêtue du « battle dress » des correspondants de guerre. Elle est toute petite et toute mince, avec une grosse tête de cheveux blonds. Cet endroit était très remarquable. On y interviewait à la nage, par des clairs de lune romantiques, des gens qui se jetaient dans le lac avec vous, et, avant de s'être rhabillés, vous avaient déjà fait le récit de leurs trois condamnations à mort, de leurs six évasions et de leurs quinze vengeances, et confié comment, dès l'enfance, ils avaient défendu la France dans leurs compositions allemandes contre leurs professeurs nazis, et de quelle façon leurs bourreaux les frappaient. Ils ne réclamaient comme récompense qu'une petite grammaire française et un poste payé en francs. La comtesse revenait d'Afrique Equatoriale. Elle me parla des hommes étranges qu'on y rencontre, elle me vanta leur politesse et leur pudeur. Car, du plus loin qu'ils aperçoivent une blanche, ils dissimulent entre leurs jambes, pour la saluer, tout ce qui dépasse de leur costume d'Adam. Elle avait connu, me dit-elle, un Européen que le pays avait si bien pris à son charme qu'il ne voulait plus revenir. Arrivé à Dakar très jeune, sur un bateau dont il était le commissaire, il était allé chasser le lion, puis, conquis par la vie sauvage, il était resté là, vivant dans la forêt avec ses femmes négresses et tous ses enfants nègres, et il prenait part à leurs fêtes. Elle lui avait demandé s'il désirait qu'elle donnât de ses nouvelles à sa famille. Il n'avait pas dit oui, mais n'avait pas refusé. Il s'appelait Raoul Potter. C'était le mien. Ses parents le croient mort. Voilà pourquoi les grandes minoteries Potter seront héritées par l'Etat. Potter s'est fait nègre en Afrique ; il a appris la politesse, et quand il croise les dames blanches il les salue selon l'usage acrobatique du pays, et je crois qu'au moment du solstice il crie à la lune comme les chiens dans les clairières de l'Equateur.

Voilà ce qu'est devenu le grand Potter. Il a joué à « alors on serait nous », comme les enfants de la rue Bonne-Nouvelle. Sa famille en a fait diverses maladies. Ça ne s'était plus vu chez eux depuis Charles VII, époque où un Potter de Hüe s'était fait loup-garou avec Gilles de Rais. Le grand Potter s'est fait nègre et danse sous la lune.

*

Quant à la coloniale, mesdames, elle s'est couverte de gloire et a honoré ses drapeaux. Elle s'est permis toutes les folies : sans aller dans l'extravagance jusqu'à adopter des tambours, elle ne porte plus qu'une rangée de boutons, et on a vu des « brigadiers » de coloniale ! ce qui mesure un bouleversement.

Quand le 6e arriva sur le Rhin, il ramassa les bicyclettes et finit la campagne en course de vélo. Il remonta ainsi aux sources du Danube. Il y versa du colorant et constata que cette teinture ne ressortait pas dans le fleuve après son passage sous la terre. Il découvrit par là l'une des supercheries les plus surprenantes de l'histoire, et qu'un fleuve, pendant deux mille ans, s'est fait passer pour le célèbre Danube sans jamais avoir été lui ! ce n'était qu'une ruse de Bismarck, une réclame pangermaniste, bref un tour de M. Panado. Il s'aperçut que le Danube est un ruisseau jaune et fangeux au bord duquel les municipalités allemandes ont distribué par groupes de trois, sur des bancs verts, des vieillards qui parlent tout bas de la rareté des cigares. Il l'a fait tenir dans son verre.

Des petits Allemands l'ont suivi dans les rues en imitant le bruit de ses clairons et en chantant la *Marseillaise* comme sur les images d'Epinal. Les petites Allemandes se sont émues. Les sous-officiers de tirailleurs n'ont plus su où donner de la tête.

★

La grande négresse a profité de cette réclame. Ce n'est plus la même, c'en est une autre, mais, quelle qu'elle soit, comme les filles de Louang-Prabang elle est toujours la plus belle de la terre.

Fred a laissé des petits Lamourette dans plusieurs coins du vaste monde. Ils rentrent à l'école en octobre, et lorsqu'il tombe de la neige, ils mettent les capuchons pointus, et quelquefois, sous les arcades de la mairie, ils s'arrêtent devant la négresse. Si elle a changé de pagne, elle chante toujours la même chanson qui berce le sommeil des petits mâles, et ils reconnaissent leur nourrice. Elle les prend dans ses bras ténébreux, et ils sont étonnés de la douceur de sa voix. Des anneaux d'or ornent ses oreilles noires, elle a le velours des nuits d'été et l'odeur des feux de la brousse.

Elle leur dit la clairière sous la lune d'équinoxe, les roseaux et l'hippopotame, les étoiles d'Arabie et les chameaux dédaigneux qui se lèvent un à un avec tous leurs ressorts, toutes leurs bosses et tous leurs segments ; elle leur chante le feu du bivouac, la pipe du soir et les moustiques. Elle leur promet, songe de suie, vertige de houille, refrain toxique, les noirs prestiges de la bagarre et l'ivresse de la mort violente. Elle leur parle en style de spahi : elle leur promet « Missiou li quart de vin » et, au lieu de la vie ou de la mort, qui sont des filles de boutique, « Mme la Vie », « Mme la Mort », ces grandes princesses, qui sont filles de Louang-Prabang et qu'on ne trouve que sur la route, montées sur des éléphants blancs...

Qui refuserait Mme la Vie, au milieu des poissons volants, quand elle vient de Chine, comme un tonnerre, à côté de Mme la Mort, à l'heure où le soleil se lève, montée sur son éléphant blanc ?

J'ai vu les petits mâles s'arrêter dans le brouillard du mois de décembre, devant elle, les mains transies.

Et M. Panado les guette au coin de la rue.

Etait-ce lui qui tenait le marteau et qui allumait des bougies dans l'espèce de grande cave où entra un soir un étranger qui ne se rendait pas très bien compte ?

C'était dans une rue des Tanneries, en contrebas ; on aurait dit une messe, à cause du faible jour et des flammes des bougies, ou un grand jeu, très excitant. Tout le monde criait des numéros. « Deux mille », criaient les uns, « trois mille », criaient les autres ; c'était à qui crierait le plus étonnant. L'étranger avait beaucoup bu. Cette fantaisie des hommes lui parut délicieuse comme ces appareils à sous qui crachent des jetons dorés quand la roue gargouillante s'arrête sur la pomme ou la cloche en faisant sonner des grelots. Il se joignit à ces gens aimables. Les chiffres étaient de plus en plus beaux. Il cria plus fort que tout le monde. « Cinq mille ! » dit-il. Tout le monde se tut. Les bougies s'éteignirent. Un grand silence se fit partout.

C'était comme dans un rêve. Il lui semblait que sa voix avait eu une vertu magique. Elle créait la paix et la nuit. Tout se taisait devant sa puissance, comme devant Dieu. Sans initiation, sans étude, il avait trouvé le maître mot. Là où toutes les clefs tâtonnaient, du premier coup, sans nul effort, il rencontrait le trou de la serrure. Quelle performance ! Car c'est une chose très rare, il en faisait l'expérience chaque soir. La Providence était pour lui. Il lui en venait une indulgence, un orgueil et une euphorie.

Ensuite ce fut l'envers des choses. On voulut immédiatement lui faire verser cinq mille francs. Il cria comme un porc qu'on tue. On le regardait avec stupeur. On le traduisit devant le commissaire de police, et il dut payer une amende. On lui apprit enfin que les Iles étaient à lui.

— Quelles Iles ? demanda-t-il.

Quelles Iles ?... C'étaient « nos » Iles... L'étranger les refusa... Quelqu'un les a refusées !...

On l'obligea bien à les prendre. Il ne sait qu'en faire. Il veut les vendre pour ne pas en payer l'impôt. On lui fait raconter l'histoire dans les petits cafés de Montparnasse. Il dit parfois « mes eaux territoriales » pour leur donner quelque importance, mais plus généralement il peste et invective parce que ses Iles n'ont pas d'eau douce et ne nourrissent qu'une race de lapins bacillaires.

Mais ce qui m'a le plus étonné a été d'apprendre que les Iles appartenaient à un vivant.

Le fils Cardonneau lui a proposé, dit-on, un système d'irrigation qui permettrait de semer d'improbables pelouses autour d'un pavillon chinois qui servirait de kiosque à musique.

En attendant elles restent aussi nues que les assiettes du vieux collège et le Moulin sur le soleil couchant garde toujours une aile cassée comme une mouche mutilée par M. Vingtrinier.

*

Le Principal est mort d'ivrognerie en faisant le cours de morale.

Ai-je dit qu'il avait tué le python ? Il le tua devant la boucherie Hauzéaux, juste au moment où il sortait de l'égout, d'une balle blindée, comme un ennemi de la République. Et il s'en fit vertement attraper par M. Winter, le directeur de la ménagerie, et par Aïcha, la charmeuse.

*

Jeunes gens, méfiez-vous de M. Panado. Méfiez-vous de lui, enfants frivoles que vous êtes, quand la grande négresse de l'affiche vient envahir tout le ciel du côté du rempart.

Que sont devenues ses promesses ? Nous n'irons plus danser au bal du Labyrinthe, Dora ne prendra plus sa robe verte, sa bourse bleue et sa ceinture d'argent.

Où est le temps où la grande négresse s'appuyait pour nous sur le mur, immense, rieuse et crevant toute la nuit, ses cheveux crépus dans les étoiles, pour nous lancer ses citrons d'or ?... Fred est mort de l'avoir aimée. Le grand Potter danse sous la lune. « Tel est le sort des enfants obstinés. »

Où est passée notre jeunesse ? Il en reste deux sous dans le chapeau d'un aveugle, et je suis seul pour la raconter. N'allez pas au Moulin à Vent, vous iriez danser sous la lune.

M. Bonheur a vendu les « Plaisirs de Corée ».

Ne laissez pas à la sortie de l'école vos petits garçons tourner autour de la négresse. Mettez-leur les genouillères de M^mme^ Percerat, car il y a des « ondes vagabondes ». Surveillez-les. Je les ai vus encore ce matin juchés sur le rempart du collège, une main en visière sur les yeux. Et moi qui ai eu leur âge sur ce mur de collège, je sais bien ce qu'ils regardaient : c'étaient ces sables inutiles, cette poussière où s'amuse le vent.

Méfiez-vous du sable des Iles. On ne trouve pas la Reine des Iles. Quand on la trouve, elle vous porte malheur. N'approchez pas de la grande négresse quand elle vous jette ses citrons d'or. Quant à moi qui suis un vieil homme, j'ai déjà payé les péages. J'arriverai peut-être encore à temps.

Mais que Dieu ait pitié de ce monde que gouverne la grande négresse, qui serait « maîtresse infaillible du vrai si elle était maîtresse infaillible du faux », comme l'a dit Pascal, l'homme qui l'a le mieux connue. Car c'est toujours elle qui gouverne, sous les arcades de la mairie, tandis que M. Panado, dont on ne voit jamais que le bout du fusil, vise, derrière le pilier, le gibier qu'elle attire..., sur cette planète où les soirs sont si tristes dans les faubourgs, à l'heure où chante le vieil aveugle, mais où chaque matin, mes enfants, le soleil se lève sur les Iles comme une fanfare d'embarquement.

Et de quoi vous plaindriez-vous ? Vous n'aurez « que le ciel et les sables » ? Le ciel et les sables sont grands.

APPENDICE

Véritable complainte de la mort de Dora,
telle que la chantait l'aveugle
au carrefour de la rue des Petites-Vêpres
et de l'impasse des Trois-Voleurs.

CRIME D'ARÉONAUTE
OU
LE VAMPIRE DE LA RUE QUATTREBARBE

en cinq parties entièrement différentes avec le plan et les explications complètes pour les réunions de société, qui se chante sur un air fait exprès, et aussi sur l'air de Fualdès qui va très bien pour ceux qui ne savent pas la musique.

Paroles de SYLVIO MARINA, l'Artisan-Poète.

(« Vas-y, Emile, du sentiment. Et vous, les gosses, n'approchez pas de ma boîte, laissez passer le client sérieux... »)

PREMIÈRE PARTIE
VAMPIRE ET RECORDMANT

Un soi-disant aréostier, monstre de fureur si on ose le croire, mais avocat de son métier, sème la terreur la plus sanguinaire dans le quartier des Petites Ames en assassinant les fillettes, après avoir gagné la coupe des montgolfières du Centenaire de l'Usine à Gaz.

I

Ecoutez le crime atroce
Du plus grand des scélérats,
Aviateur et avocat
Qui du crime avait la bosse,
Dont le vice a boul'versé

Toute une localité.

II

S'il continuait dans la ville
A exercer ses forfaits,
Malgré nos braves policiers
Nul ne serait plus tranquille :
Les personn's les plus char-
[mant's,
Les femm's les plus différent's.

Abusant de ses instincts pervers, ce vautour en faux-col tuait dès son jeune âge, malgré son instruction bourgeoise, les animaux les plus utiles à l'agriculture, et remplissait des boîtes de pastilles Valda, célèbre spécialité pharmaceutique, de cadavres de mouches au nombre de 23.

III

Depuis son âge infantile
Ce scélérat consomme
Tuait des mouch's tant qu'il [pouvait
Et mêm' des oiseaux utiles :
Les mâles et les femell's,
Rien n'échappe à ce cruel.

IV

L'instinct qui le pousse au crime
Se satisfait dans le sang ;
Dans une boîte en fer-blanc
Il enferme ses victimes :
23 cadavres raidis
De muscidés refroidis.

V

Ces cadavres homicides
Qui n'lui avaient jamais fait [d'mal
Tomb'nt sous le bâton fatal
Dans la boîte fratricide ;
Et voilà tout l'idéal
De ce vautour infernal.

VI

Non content de ces diptères
Dont il tient un compte exact
Sur un carton qu'on trouva
Dans la boîte carnassière,
Ce scélérat inhumain
S'en attaque à l'être humain.

VII

Dans les jardins de la ville
Une plante d'Hindoustan
Attirait ce dégoûtant
Par son odeur incivile :
Il allait la respirer
Comme un vrai dégénéré.

VIII

Pour tromper la bourgeoisie
Vêtu comme un président,
Il met un col d'astrakan,
Article de fantaisie,
Et un faux-col cellullo,
Qui l'déguis' en aristo.

Non content d'enfermer, en véritable anthropophage, les pauvres petits cadavres par groupes de 23 dans des boîtes pharmaceutiques, ce dégénéré à tête de mouton avait des oreilles en spirale et respirait les mauvaises odeurs.

Un chat monstrueux de couleur jaune, Petit-Monsieur s'il faut l'en croire, servait de complice à ce sinistre individu.

IX

Ce serpent systématique
Avait un chat monstrueux,
Appelé Petit-Monsieur,
Qui n'mangeait que d'l'extra-
[chique
Il lui dit : « Tu n'veux pas
[d'foie ?
J'te donn'rai beaucoup mieux
[qu'ça. »

X

Choisissant pour sa victime
Une veuve et son enfant,
Du couteau qui les pourfend

Il prémédite le crime :

Les quittant le vendredi

Il leur dit : « A samedi. »

Veuve et mère de famille, cette femme excellente vivait paisiblement sur un coquet jardin, dans l'élevage de sa fille orpheline, pauvre héroïne de ce sinistre aventurier auquel elle confiait sans malice les bons primes du Family', notable établissement local d'alimentation générale de réputation bien connue.

XI

Excellent' mère de famille
Abonnée aux *Beaux-Vergers*,
Bien connue dans son quartier,
Bien appréciée dans la ville,
Madame Perrin-Darlin
Habitait sur un jardin.

XII

Connaissant ce bon apôtre,
Toujours prête à son devoir,
Bien portée de bon vouloir
Pour les recettes et autres,
Elle avait gagné le prix
Des bicyclettes fleuries.

DEUXIÈME PARTIE
LE CRIME DU GRAND TOURNANT

Mais l'alcool, cette mauvaise passion, dont le travailleur ne se connaît plus, parce qu'il provoque tant de crimes dangereux quand il se met sur les agglomérations ouvrières, par le chômage et le taudis, vrais fléaux de misère sociale, va déchaîner dans cette intéressante famille l'homicide malhonnête de cet individu.

XIII

Ayant pour le bon usage
Proposé l'apéritif
A ce vrai monstre rétif,
Une discussion s'engage :
Elle cache le Pernod
Derrière un coin du fourneau.

XIV

Mais ce monstre d'impatience,
Vrai vautoure en faux-col,
Par les vapeurs de l'alcool
Excité dans sa démence,
Avec le marteau du coke
La déchire comme un roc.

XV

Allant prendre à la cuisine
Un sécateur Vilmorin
Qui servait pour le jardin,
Des roses de sa victime
Il recouvre tout le corps
Pour dissimuler ses torts.

XVI

Non content de ce carnage,
En alcoolique inconscient,
Exécrable déficient,
Il ne connaît que sa rage
Et chante la mess' des morts
Pour étouffer ses remords.

TROISIÈME PARTIE

LA KERMESSE SANGLANTE

Le misérable, abusant de la kermesse qui avait lieu ce jour-là pour s'échapper sur un ballon sphérique inventé par l'Usine à Gaz pour fêter le centenaire de cette utile société, si pratique pour la ménagère, ne songe qu'à narguer les lois de son beau pays, au lieu de poursuivre avec les honnêtes citoyens le serpent-python Fernand, du grand cirque Winter, qui, échappant à Aïcha, célèbre charmeuse orientale, a disparu dans la poussière et se jette dans l'égout de la place Gambetta. Tandis que le subtil ophidien tombe dans les entrailles de la terre, une forte brise du sud-est emporte Maître Vingtrinier vers la Bretagne, presqu'île si féconde en primeurs.

XVII

Laissant au 2e étage,
De l'infortunée victim'
La pauvre dépouille opim'
Il se mêle au voisinage.
Pour se faire un alibi
Il sort de son cagibi.

XVIII

A la kermesse sanglante
Pour mieux fuire la justic',
La foule était très propic',
Car les gens sont dans l'attente .
Les ballons d'l'Usine à Gaz,
Vont déboucher sur la plac'.

XIX

Car cette invention prospère
Qui donn' du travail aux gens
Voulait fêter ses cent ans
D'une éclatante manière
Avec les quatre-vingts ans
De son Directeur-Gérant.

XX

Dans la montgolfière il monte,
Il s'élève dans le ciel,
Applaudi des officiels,
Pour la police quell' honte !
Narguant la maréchaussée
En véritable évadé.

XXI

Ce maître de l'éloquence
Emporté par un vent froid,
Se riait de toute loi
Du joli pays de France,
Car sur le firmament bleu
Il filait quatorze nœuds.

XXII

Tous les bourgeois de la ville,
L'paysan et l'ouvrier,
L'artiste et le salarié,
L'militaire et le civile,
Regardaient au ciel là-haut
Ce grand maître du barreau.

XXIII

Quel est, demandaient aux [autres
Les touristes étrangers,
Dans ce fragile panier
Ce bouillant aréonaute ?
Les habitants répondaient :
C'est Etienne Vingtrinier.

XXIV

Ils auraient bien dû leur dire :
Pour un membre du barreau
C'est plutôt un vrai bourreau,
Un cannibale, un vampire,
Car pour être un avocat
Il n'est pas très délicat.

XXV

Usurpant sa fausse gloire
Quand on est si criminel,
On n'mont' pas dans un' nacell',
Pour fair' croire à des histoires,
On ne cherch' pas d'artific'
Pour égarer la polic'.

XXVI

Pendant ce temps, dans la ville,
De courageux citoyens,
Notamment hommes de bien,
Poursuiv' un ideux reptile :
Le python du cirqu' Winter
Qui s'est enfui ventre à terr'.

XXVII

Abusant de la poussière
Sur la place Gambetta
Il échappe à Aïcha,
Car l'ingénieux mammifère
Ayant aperçu l'égout
S'est jeté au fond du trou.

XXVIII

Au lieu de voler en l'aire,

Comme un triste désœuvré,
Qui mépris' la société
Aux règles si salutaires,
Il eût été plus util'
De poursuivre ce reptil'.

XXIX

Le globe d'or et de pourpre
Le transporte au Nord-Ouest
Vers le joli port de Brest,

De la loi bravant les foudres
Avec un ricanement
Il défie l'gouvernement.

XXX

Mais la nature s'indigne
De ce forfait audacieux.
Le vent, tournant dans les [cieux,
Le ramène à Valmondigne :
Il a gagné le grand prix
Mais il sera bientôt pris.

QUATRIÈME PARTIE

LE MEURTRE DE L'ENFANT

S'acharnant tour à tour sur la malheureuse famille, ce criminel de mauvaise foi, après avoir privé de sa mère une malheureuse orpheline, la dépossède encore de la vie, qui est si utile, surtout de nos jours, pour la gagner, et s'acharne sur l'infortuné cadavre de Mlle Marthe Perrin-Darlin, fleur de jeunesse et du printemps de la vie. Répandant des roses et des pivoines sur le corps de la pauvre petite au milieu de son tapage nocturne, pendant que son chat, on frémit de le penser, lèche le sang de la malheureuse demoiselle, fleur de tendresse et d'intime poésie, devant la maquette du monument du fils Piéprat, gloire locale de l'aviation française par une coïncidence troublante. Ce magnifique morceau, haut de trois mètres vingt, avait été laissé dans la sordide mansarde par l'ancien occupant, le regretté sculpteur Cardonneau, cet ébéniste du même nom si apprécié par toute la ville, qui se composait d'une montgolfière grandeur nature et d'un sujet de taille cadet à personnalité humaine, de casquette plate à la Védrines en bois tourné par les ateliers de son usine, montrant le ciel aux enfants de la cité d'après le véritable dessin du catalogue de la manufacture. C'est bien dommage pour ce triste goujat.

XXXI

Couronné par le Jurye
D'un billet de 500 francs,
Il rentre en son logement,
Caverne de barbarie,
Vrai rebut de l'aviation
Qui ne promet rien de bon

XXXII

Mais la fille de la mère,
Au logis voulant rentrer,
Trouv' le rez-d'-chaussée fermé
Par le monstre sanguinaire.
Ell' dit : pour avoir la clef,
J'vais d'mander m'sieur Vingtri [nier

XXXIII

Une blouse en satinette
Couvrait ses jeunes appats,
Soldée par Monsieur Grappat
D'la Maison Conchon-Quinette,
D'grande réputation local'
Par ses nombreuses succursal's.

XXXIV

Elle dit au misérable
« Je viens vous d'mander la clef
Pour ouvrir le rez-d'-chaussée »,
Mais d'un ton désagréable,
Ce sans-gêne lui répond :
« Tu l'auras d'un' bell' façon. »

XXXV

Se ruant sur la pauvrette
Le féroce Vingtrinier
La perce dans son grenier
D'un vieux sabre baïonnette,
Puis il la couvre de fleurs
Pour fair' croire à son bon cœur.

XXXVI

Pourtant d'vant la montgolfière
Du regretté Cardonneau,
De 3 mètres 20 de haut,
Dans une postur' très fière
La statue du fils Piéprat
Montrait l'ciel à ce goujat.

XXXVII

Ces merveilles de la science,
Ces progrès de l'industrie,
Rien n'arrête sa furie,
Rien n'entrave sa démence,
Ce spectac' si instructif
Le rend plus rébarbatif.

XXXVIII

Mais le chat qui le regarde
Voit le sang qui rejaillit
Sur la descente de lit
Dans la sordide mansarde,
Et lèche ce sang humain
Comme un vrai monstre inhu-
[main.

XXXIX

Grand Dieu, quelle boucherie!
Quel malheur dans un' famill'!
Surtout la mère et la fill'!
Quelle affreuse tragédie,
Quel malheur incomparabl'
Chez des bourgeois respec-
[tabl's!

XL

Chacun se sent pris aux moelles
Par un tableau si touchant
Chez de dignes habitants,
Notamment marchands de toile,
Car c'est de cette industrie
Que vivait tout le pays.

XLI

Mais le boulanger qui veille
Pour pétrire le froment,
Sur les vitres du forban
Voit des ombres qui l'éveillent ;
Il se pense : « Mon gaillard,
Pour t'échapper c'est trop [tard ! »

XLII

Fauvrel, c'est l'nom de ce brave,
Qui a son portrait dans [l'journal,
Artisan très matinal,
Voyant ce conflit si grave,
Va prév'nir l'agent Durieux
Qui s'transporte sur les lieux.

CINQUIÈME PARTIE
L'ARRESTATION

Heureusement le courroux de la justice, qui veille sur son exécution, même à l'heure du repos légitime, ne se laisse pas faire par ce maudit, et la main de l'équité s'abat, dans les forfaits de sa malveillance, comme tous les crimes sournois qui bravent l'œil de la société.

XLIII

Enivré de fausse gloire,
L'avocat dénaturé
Chantait le *Dies Irae*
En renversant les armoires.
L'agent dit : « Au nom d'la loi
J'vous arrêt', v'nez avec moi. »

XLIV

Alors, montant sur la table,
Pour n'être pas inquiété,
Il crie : « Viv' la société !
Non, je ne suis pas coupable. »
L'aut' dit : « Tous les assassins
Sont coupabl's, on le sait bien. »

XLV

Dans son flair très perspicace
Il lui fait r'marquer le sang
Qui couvre ses vêtements,
Mais le sinistre rapace
Dit : « Du python c'est le sang ;
J'ai tué tous les serpents. »

XLVI

Quand surgit le commissaire
Monsieur Emile Hauzéaux,
Il se saisit du bourreau
En disant d'un air sévère :
« Si vous êt's un recordmant
Vous n'êt's pas un gentle [mant. »

LA RÉPROBATION PUBLIQUE

Mais l'opinion publique de la localité s'émeut d'une pareille malfaisance. Chacun est unanime dans son indignation. L'artisan et l'instituteur, les dames de l'école laïque, l'ouvrier, le paysan, l'artiste, et les gens les plus conséquents se racontent à l'oreille les plus affreux détails de ce monstre sanguin, véritable oiseau de mauvais augure. La panique est à son comble, la fureur ne se connaît plus. Ses amis mêmes en disent de toute sorte, et ses clients lui retirent leur cause, n'attendant plus rien de bon d'un pareil assassin.

XLVII

A la suite de ce crime
La France frémit de peur,
Tous, dans leur for intérieur,
Lui retirent leur estime,
Car il sème l'épouvant'
Sans circonstanc' atténuant'.

XLVIII

Les professeurs du Collège,
Les hommes les plus savants,
Et mêm' les sœurs du couvent,
Maudissant ce sacrilège,
Flétrissent en mots choisis
L'attitud' de ce bandit.

XLIX

L'Président du Tribunale
Dit, dans la boue le traînant :
« Il faut lui causer froid'ment,
Car c'est un monstre infernale.
Si on l'voyait dans les rues
Nul ne le saluerait plus.

L

« Les avocats estimables
Ne tuent pas dans les famill's
Surtout la mère et la fill',
Ils sont bien plus équitables ;
Mais aussi qu'allait-il fair'
Juché dans cette montgol-
[fièr' ? »

LI

Non, personne ne l'approuve,
Il est maudit des mortels,
Considéré criminel,
L'agriculteur le réprouve,
Et des cris d'indignation
Lui font sa réputation.

LII

Indigné de sa démence,
Dans sa crise de furie,
Véritable barbarie,
Le professeur Richepance
Le considère « olfactif »,
C'est bien fait pour ce fautif.

LIII

Tuons-le comme un coupable
Qui a commis de grands for-
[faits ;
Afin d'bien en délivrer
Les personnes charitables,
Et pour que chacun respir'
Courons sus à ce vampir'.

LIV

L'avocat tueur de veuves
Et d'jeun's fill's également,
Pire que les Allemands
Ira embrasser la veuve ;
Ça lui apprendra l'mépris
Des lois de son beau pays.

LV

Puni de la guillotine,
Enfermé chez les déments,

Il ne boira plus le sang
De ses lèvres vipérines.
Recherchons tout crime affreux,
Plus d'avocat variqueux.

LVI

Le juriste-aréonaute
Ne rôdera plus la nuit,
Macabre chauve-souris,
Dans les rues d'la ville haute,
Menaçant dam's et d'moisell's
Du sort le plus criminel.

MORALITÉ

Combattons sincèrement ces crimes, qui sont si funestes de nos jours, surtout dans les démocraties, où tout le monde doivent être égaux, et empêchons de nuire à autrui par ces procédés malhonnêtes ceux qui veulent être plus égaux que tous les autres par le vice et la barbarie.

LVII

Puisque l'opinion publique
Partout fait autorité,
Pour n'être pas discuté,
Coupant court à la critique,
Il ne faut jamais tuer d'femm'
Car ce crime est trop infâm'

LVIII

De ces mauvaises manières
Evitons la tentation,
Mais rendons à l'aviation
Sa place qui est la première :
Pour servir sous ses drapeaux
Demeurons de purs éros.

LIX

Etudions tous les microbes,
Cultivons les maladies,
Faisons la chasse au taudis
En démocrates très probes :
C'est en sauvant son semblabl'
Qu'on se montre charitabl'.

LX

L'Avocat et l'anarchiste,
L'progressiste modéré,
Feront alors éclater,
Loin de tout Militariste,
De tous les pays du mond'
La Fraternité profond'.

DU MÊME AUTEUR

Aux Éditions Gallimard

BATTLING LE TÉNÉBREUX, *roman.*

LE FIDÈLE BERGER, *roman.*

Chez d'autres éditeurs

Nouvelles :

BADONCE ET LES CRÉATURES

Voyages :

L'AUVERGNE ABSOLUE

Chroniques choisies par Ferry Besson :

DERNIÈRES NOUVELLES DE L'HOMME

ET C'EST AINSI QU'ALLAH EST GRAND

L'ÉLÉPHANT EST IRRÉFUTABLE

ALMANACH DES QUATRE SAISONS

Ouvrage reproduit
par procédé photomécanique.
Impression S.E.P.C.
à Saint-Amand (Cher), le 18 avril 1991.
Dépôt légal : avril 1991.
Numéro d'imprimeur : 975.
ISBN 2-07-072298-8./Imprimé en France.

51950